U1020407

国家级教学成果奖

"十二五"普通高等教育本科国家级规划教材

中国人民大学会计系列教材

基础会计
（原初级会计学）

主编　秦玉熙　袁蓉丽　朱小平

第12版 · 立体化数字教材版

中国人民大学出版社
· 北京 ·

总　序

中国人民大学会计系列教材（简称“系列教材”）自1993年推出至今，已30余年。这期间我国经济高速发展，会计制度与会计准则发生巨大变化，大学会计教育无论规模还是质量都有了长足进步。回顾30余年的发展历程，系列教材中每一本的每一版，都在努力适应会计环境和教育环境的变化，尽可能满足高校会计教学的需要。

系列教材第1版是由我国当时的重大会计改革催生的。编写时关注两个重点：一是适应我国会计制度的变化，遵循1992年颁布的“两则两制”的要求；二是教材之间尽可能避免内容重复。系列教材包括：《初级会计学》《财务会计学》《成本会计学》《经营决策会计学》《责任会计学》《高级会计学》《财务管理学》《审计学》《计算机会计学》。

自1997年10月起，系列教材陆续推出第2版。为适应各院校的课程开设需要，将《经营决策会计学》与《责任会计学》合并为《管理会计学》。

自2001年11月起，系列教材陆续推出第3版。根据修订的《中华人民共和国会计法》、国务院颁布的《企业财务会计报告条例》、财政部颁布和修订的企业具体会计准则以及财政部颁布的《企业会计制度》等对教材内容进行修订。

自2006年7月起，系列教材陆续推出第4版。进一步修订了教材与2007年1月1日起施行的企业会计准则和中国注册会计师审计准则之间的不协调之处，并将《计算机会计学》更名为《会计信息系统》。

自2009年6月起，系列教材陆续推出第5版。对《高级会计学》《财务管理学》《财务会计学》等的框架结构做了较大调整，新增《会计学（非专业用）》一书。

自2012年6月起，系列教材陆续推出第6版。针对教育部强化本科教育实务性、应用性的要求，新增“简明版”和“模拟实训”两个子系列，并为《初级会计学》和《成本会计学》配备实训手册。

自2014年4月起，系列教材陆续推出第7版。深入阐释了财政部自2014年1月先后发布或修订的多个会计准则，并新增《财务报表分析》一书。

自2017年8月起，系列教材陆续推出第8版。体现了营改增、会计准则、增值税税率变化等最新动态，并新增《政府与非营利组织会计》，在“简明版”中新增《会计学》《中级财务会计》。为适应数字化对教学的影响，《财务会计学》率先推出“立体化数字教材版”。

自2020年11月起，系列教材陆续推出第9版。根据《高等学校课程思政建设指导纲要》对教材的要求，以及数字时代线上线下教学相结合的特点，着力打造立体化数字教材，并重点体现课程思政等内容。

2023 年是“中国人民大学会计系列教材”出版 30 周年，系列教材陆续推出第 10 版。我们将党的二十大精神融入教材内容，并开始第二轮立体化数字教材的升级工作，为主要教材配套双题库（主教材和学习指导书），以方便教学。

至此，围绕会计专业课程，系列教材形成了如下体系：

<table>
<tr><th>主教材（11 本）</th><th>学习指导书（7 本）</th><th>模拟实训（5 本）</th><th>简明版（7 本）</th></tr>
<tr><td>《会计学》</td><td>√</td><td></td><td>《会计学》</td></tr>
<tr><td>《基础会计（原初级会计学）》</td><td>√</td><td>√</td><td></td></tr>
<tr><td>《财务会计学》</td><td>√</td><td>√</td><td>《中级财务会计》</td></tr>
<tr><td>《财务管理学》</td><td>√</td><td>√</td><td>《财务管理》</td></tr>
<tr><td>《成本会计学》</td><td>√</td><td>√</td><td rowspan="2">《成本与管理会计》</td></tr>
<tr><td>《管理会计学》</td><td>√</td><td>√</td></tr>
<tr><td>《审计学》</td><td></td><td></td><td></td></tr>
<tr><td>《会计信息系统》</td><td></td><td></td><td>《会计电算化》</td></tr>
<tr><td>《高级会计学》</td><td>√</td><td></td><td></td></tr>
<tr><td>《财务报表分析》</td><td></td><td></td><td></td></tr>
<tr><td>《政府与非营利组织会计》</td><td></td><td></td><td>《政府会计》</td></tr>
<tr><td></td><td></td><td></td><td>《会计专业英语》</td></tr>
</table>

系列教材在 30 余年的出版历程中，以高品质荣获众多奖项，并多次入选国家级规划教材。2001 年，系列教材入选由教育部评选的“经济类、管理类专业和法学专业部分主干课程推荐教材”；2003 年，系列教材入选“普通高等教育‘十五’国家级规划教材”；2005 年，系列教材以“精心组织，持续探索，打造跨世纪会计精品教材（教材）”荣获“第五届高等教育国家级教学成果奖二等奖”；2008 年，系列教材入选“普通高等教育‘十一五’国家级规划教材”，其中《会计信息系统》被教育部评为 2008 年度普通高等教育精品教材，《审计学》被评为 2009 年度普通高等教育精品教材，《财务管理》被评为 2011 年度普通高等教育精品教材；2012 年，系列教材入选“‘十二五’普通高等教育本科国家级规划教材”；2014 年，系列教材以“以立体化教材建设支撑会计学专业教学改革（教材）”荣获“2014 年国家级教学成果奖（高教类）二等奖”。

《高等学校课程思政建设指导纲要》指出，培养什么人、怎样培养人、为谁培养人是教育的根本问题，立德树人成效是检验高校一切工作的根本标准。具体到会计学专业，在会计准则国际趋同的大背景下，要着力培养既能立足祖国大地又有国际视野的时代新人。基于此，系列教材积极融入习近平新时代中国特色社会主义思想，深刻把握会计学专业学生培养目标，积极应对数字化对教学的冲击和挑战，更加重视学生的长远发展，注重培养学生的基本素质和能力，尤其是培养学生发现问题、分析问题和解决问题的能力。

系列教材是在我国著名会计学家阎达五教授等老一辈会计学者的精心呵护下诞生，在广大兄弟院校的大力支持下逐渐成长的。我们衷心希望系列教材能够继续得到大家的认可，也诚恳地希望大家多提改进建议，以便我们在今后的修订中不断完善。

中国人民大学会计系

前 言

甲辰龙年，斗转星移。随着新质生产力的蓬勃发展，一个开放共赢的中国巍然屹立于世界东方。泱泱华夏五千年的悠久历史和璀璨文明助推我们朝中国式现代化不断迈进。中国式现代化不仅指引着中华民族的伟大复兴，更为人类文明的多样化提供了中国智慧，是人类和平发展、追求幸福的优选模式。

会计在人类历史长河中的功能近乎“史记”，书写着人类商业文明的演进。会计不是简单的文字记录，而是以数为矩，不仅记载着各个行业的产业格局和管理变革，更丈量着中国式现代化高质量发展的进程。

高质量发展离不开高质量的会计信息。会计要做到不负众望，完成历史重托，唯有守正创新，诚实守信，如实记录。从财务视角，利用大数据、人工智能技术，助力企业战略研究、战略制定、战略执行、战略考核、战略评价和战略修正，深挖企业发展潜力，推动管理创新，提升企业新质业务的发展。从监督视角，不断矫正人们的商业行为，使之更加合理、合规和高效。

会计教育如何跟上时代前进的步伐，教材建设是根本。《基础会计》作为会计学专业的入门教材，更要担负起入好门、起好步、扣好“第一粒扣子”的重任。

基础会计的核心是将企业纷繁复杂的经济业务转化为规范有序的会计信息的一套逻辑、程序和方法。这个转化过程犹如一只“黑箱”，入口端是企业大量的经济业务，其载体是发票、车票和入库单等原始凭证；出口端是会计信息，其载体是财务会计报表。“黑箱”中则是八种具体的会计方法和要遵循的会计原则。在信息转化过程中，对相关概念、原则的理解和选择很大程度上依赖会计专业人员所具备的职业道德水平和专业判断能力。由于会计准则给出的方法具有多样性，往往会导致选择的弹性和计量偏差，如果为了个人或者小集团利益滥用会计准则，甚至公然造假，将会严重扰乱资本市场和商业社会经济秩序。①

第 12 版特点如下：

1. 将课程思政融入教材的每个章节，将党的二十大报告精神落到实处

如何培养出一代又一代有正确的价值观、心系国家、诚实守信的会计专业人

① 秦玉熙. 将思政有机融入会计专业教材的探索——以《基础会计》为例. 财务与会计，2022（12），26－30.

秦玉熙：将思政有机融入会计专业教材的探索——以《基础会计》为例

才，是教材编著者的历史使命。本书第 11 版形成了以“**信达天下诚为贵，德法兼修济世民**”为核心思想，以“**诚信为本，合规如矩，以数为镜；洁身自好，左借右贷，如实反映；专业匠心，业财融合，精益管理**”为核心要素，各章以“**价值塑造、知识传授和能力培养**”为主要内容的育人体系，将立德树人切切实实落实到教材的具体内容中。具体内容阐述见二维码“秦玉熙：将思政有机融入会计专业教材的探索——以《基础会计》为例”。

为全面贯彻党中央、教育部部署的党的二十大精神进教材的指示，第 12 版我们认真研读了党的二十大报告，深入领会其精髓，将其融入专业知识，并牢记“教育是国之大计、党之大计。培养什么人、怎样培养人、为谁培养人是教育的根本问题”。

2. 对全书做了全面的梳理、补充和完善

（1）对第 1 章作了结构调整，重新梳理、补充和完善了第 1 章的主要内容。

1）将原 1.4 节调至 1.7 节，新增 1.8 节“数智时代下会计的发展趋势”。

2）重新梳理核实中国会计文明，新增元代设立的中央监察机构——御史台，弥补了中国会计文明制度方面的建设内容缺失问题。

3）补充会计拓展职能的叙述，完善“财会监督”的解释，突出会计在国家治理和企业治理方面强大的监督管理职能，以及不断矫正人们的商业行为，使之更加合理、合规和高效的作用。

4）完善了会计循环各个步骤的叙述。

5）按会计学专业培养目标，重新绘制会计主干课程图。

（2）在第 2 章收入确认处新增二维码“合同的前世与今生”，旨在“弘扬社会主义法治精神，传承中华优秀传统法律文化，引导全体人民做社会主义法治的忠实崇尚者、自觉遵守者、坚定捍卫者”。①

（3）第 3 章重新提炼试算平衡表的作用。

（4）第 4 章替换了绝大部分原始凭证和会计凭证，新增专栏“电子会计凭证”和二维码“电子凭证样式”，以拓宽对电子会计凭证的知识。

（5）第 7 章新增二维码“银行存款日记账、明细账（多栏式、数量金额式）”，更好地展示实务工作中的账簿。

（6）重新编写第 8 章成本计算，删减了与第 5 章的重复内容，增加了成本计算的其他重要知识，使本章内容更加精简、完整。新增二维码“产品成本计算的源起”。

（7）第 9 章新增财产清查案例“用 AI 数猪”，展现人工智能在财产清查中的应用场景。

（8）完善第 10 章账项调整四张图的结构，新增二维码“会计分录知多少”。

（9）第 13 章增加会计职业道德方面的规范。

3. 配备丰富的新形态立体化教学/学习资源

（1）提供“**可视化**”**凭证与账簿**，有效解决传统教学与实践相脱节的老大难问题。

---

① 习近平. 高举中国特色社会主义伟大旗帜 为全面建设社会主义现代化国家而团结奋斗：在中国共产党第二十次全国代表大会上的报告. 北京：人民出版社，2022：42.

会计是理论与实践并重的学科。为了将课堂教学语言与实务进行对接，本书不仅为第5章45笔经济业务配齐了150多张原始凭证、50多张记账凭证、100多个账簿，还进一步丰富了大美同心口罩有限公司及其供应商和客户的基础信息，健全了财务制度，绘制了人物分工图谱，并根据业务开设会计账簿，刻制各种财务印章和人名章。读者扫描二维码即可查看，实现教材“可视化”。

上述业务单据不仅包括经济业务所涉及的原始凭证（外来和自制），如增值税专用发票、收款收据、出库单、领料单，还包括更为重要的内部流程、手续等，如出资协议书、请购申请及审核单、采购合同、销售合同等，以强化学生的合同意识，培养合规思维，感受企业每一笔业务发生背后的流程思维和履约责任。切实做到：**有请求必申请，有申请必审批，有审批必签字，有交易必合同，无票据不支付，无签章不会计。**

（2）开发**在线实训平台**（https://cssx.rdlearning.cn）。

为了方便教学，本书为第5章“企业主要经济业务的核算”开发了在线实训平台，读者不仅可以免费在线查看每一笔经济业务的原始凭证，还可以在线观看记账凭证的填制过程。

（3）电子教材、PPT、教学大纲、**教案**、知识点。

（4）**双题库**。题库除提供题干和答案，还配有**详细的解析**、知识点和难易程度。

1）**主教材题库**。主教材以**节**为单位新增题库“即测即评”，主要包括判断题、单选题和多选题。

2）**学习指导书题库**。学习指导书以**章**为单位新建题库，不仅可在纸质书上做题，还赠送扫码做题的方式，可查看详细的解析。

双题库一方面便于学生在课后随时随地扫码做题，提交后可查看分数和详细的解析；另一方面支持教师**无限次在线随堂测、期中期末组卷并导出**。教师无须打印试卷、无须判卷，系统自动打分；可随时查看班级随堂测完成情况，方便做好过程考核。

凡购买正版图书的读者，均可通过扫描前折口上的贴片二维码，注册后即可免费使用上述资源，使用方法见前言后面的**“新形态立体化数字资源使用说明”**。

《初级会计学》自1993年出版以来多次荣获国家级大奖，这是全体作者和读者共同努力的结果。很多读者对本书的内容提出了许多宝贵的修改建议，如淮阴工学院的谢万健老师、河南工学院的孔祥威老师等。我们谨向选用本教材和提出修改建议的广大读者朋友表示衷心的感谢！

《基础会计（原初级会计学）（第12版·立体化数字教材版）》已入选中国人民大学首批“十四五”规划教材。具体分工如下：第1～6章、第10～11章由秦玉熙副教授负责；第7～9章、第12～13章由袁蓉丽教授负责；第5章业务单据二维码由秦玉熙副教授制作。全书由秦玉熙副教授和朱小平教授总纂。

尽管本书作者进行了多次交叉修改核对，但书中难免会出现错误。恳请各位老师和同学在使用过程中，一如既往地提出宝贵意见和建议。你们的回应是我们继续前行的最大动力！

编者

新形态立体化数字资源使用说明

本书是纸介质教材和数字化资源一体化设计的新形态教材，配备了丰富的立体化数字资源，主要包括与纸质教材同步的**电子教材、双题库**（主教材题库+**学习指导书题库**）、**在线实训平台**、**可视化凭证与账簿**、**PPT**、**教学大纲**、**教案**等。针对不同用户、不同教学应用场景提供不同的使用入口。

1. 书中二维码资源免费获取和使用方式

（1）注册：微信扫描前折口上贴片的第一个二维码→输入手机号（微信绑定）→点击“确定”（已绑定用户直接进入下一步）。

（2）点击左侧“**学习中心**”模块→点击“确定”。

（3）随时随地扫描教材中的二维码，即可免费学习。

2. 数字教材平台资源获取方式

微信扫描前折口上贴片的第一个二维码→点击右侧“**数字教材平台**”模块→点击“确定”。

（1）学生：设置密码→完善个人信息→添加公开课程（可下拉选择）/添加新的私有课程。

（2）教师：设置密码→完善个人信息→添加课程（可下拉选择）→新建课程。

激活后也可在电脑端使用注册手机号登录人大芸窗官网（www.rdyc.cn），教师可在平台上激活课程、创建班级。

3. 教师利用双题库进行随堂测、期中期末组卷并导出

输入网址（tk.rdyc.cn）→登录（手机号+验证码）→组卷（自动/手动）

题库使用教程

4. 在线实训平台

输入网址（https://cssx.rdlearning.cn/）→注册→登录→激活教材序列号（刮开封面前折口上贴片下方的序列号）→点击“课程目录”→“立即实训”。

人大芸窗数字教材平台咨询（工作日 9:00—17:00）：

电话：010-62515969　　010-62511532

QQ：3382421809　　2292205778

目 录

二维码目录

第1章　总　论

素养提升

1. 价值塑造

● 树立正确的唯物主义历史观，敬畏会计在人类历史长河中参与安邦治国和理财制用的贡献。

● 明确唯有诚信、客观、公正、科学、专业才是会计学科不断发展壮大的不竭源泉。

● 增强受托责任意识，培育经世济民、报效祖国的情怀。

2. 知识传授

● 以史为鉴可以知兴替。通过对中西方会计文明的介绍，让学生理解每一种会计制度、每一种会计方法的产生都有其深刻的社会背景，受到政治经济和技术的影响。要知其然，更要知其所以然。

● 会计最初的萌芽始于记录和分配，发展于官厅会计，完善于现代企业制度的建立。通过"周公制礼与财计制度"知识的拓展，使学生追根溯源，明白中国先贤以德治国、用好税赋收入、奖罚分明的制度基础是财计制度的建立和完善。

● 通过孔子最早提出的会计原则"会计当而已矣"的讲解，明白会计收付存要平衡、准确无误的道理；通过"嘉量与汉代酿酒成本计算"知识的拓展，了解计量器具标准化和酿酒用量的统一是建立和维护社会公平、公正的基础。

● 充分了解会计的职能，尤其要理解"会计治理"在个体、组织和国家层面的作用，逐渐培养学生作为"会计人"的社会责任和家国情怀。

● 微观领域，随着所有权与经营权的分离，经理人受股东的委托，负有使股东资产保值增值的受托责任。

● 道德品质方面，通过案例“区分会计主体与非会计主体的活动”的训练，培养学生严格区分“公与私”的界限，恪守诚信原则，约束在职消费、化公为私、侵吞公司财产的犯罪行为。

3. 能力培养

● 培养学生开阔的视野，具备从宏观到微观、从微观到宏观，透过现象看本质的能力。

● 培养学生的自信心，建立对中国文化的认同，使学生拥有为中国的会计文明而自豪的情怀，树立传承会计文化的信心和决心。

● 基于受托责任的视角，培养学生有担当并勇于承担责任的优良品质，具备高度的受托责任感和有效解决代理问题的能力。

素养提升

学习目标

1. 掌握：会计的含义、会计的基本职能、会计目标及会计信息使用者。
2. 理解：会计的程序和方法、财务会计的一般原则。
3. 了解：会计的作用以及会计产生和发展的历史。

1.1 会计的产生与发展①

1.1 即测即评

会计（accounting）的产生和发展可以说是伴随着人类的产生而产生，伴随着人类的发展而发展，是一部浩瀚的发展史。从旧石器时代、新石器时代、农业时代、远洋贸易时代、工业时代到现代的泛金融化和数智化时代，会计从简单的结绳记事到今天的智能财务系统，一直伴随着人类进步的阶梯而不断成长和成熟。其演化的历史可以从东西方会计文明的发展中得以窥见。

1.1.1 西方会计文明

大约一万年前，农业结束了人类的采集狩猎生活，人们慢慢定居下来，开始驯化各种动植物，积累财富，并逐渐形成私有财产。

① 会计产生和发展的历史跨越几千年，根本无法在短短的几千字中得以完整呈现。文中只摘取了部分有典型意义和有文物支持的史料，难免挂一漏万。本部分参阅了大量文献、书籍、视频和上海立信会计博物馆的资料，在此一并向原作者表示敬佩和由衷的感谢。

由于农业受气候影响，人们开始观察天象，出现对上天的敬畏和对神的崇拜，各种祭祀活动庄严而神圣。但祭祀用的物品需要清点登记，需要建造神殿来加以供奉，公元前4000年左右，两河流域的美索不达米亚人在泥板上用楔形文字记录神殿的财物收支、工资支出、现金收入、贷款利息和不动产等多类交易事项，开创了有文字记录的人类会计文明。

大约公元前3400—前3000年，古城乌鲁克（今伊拉克境内）的一块泥板上清楚地记载了37个月内，收到29 086单位的大麦（大约3 800蒲式耳），并由“库辛”签发。

公元前3100年，史上第一个埃及王朝法老王统一了数千平方公里的整个下尼罗河谷，他们将泥板按照时间顺序插进长杆中，渐渐产生了某种意义上的会计账簿。

公元前1776年，世界上最早的成文法典《汉谟拉比法典》记录了古巴比伦的经济关系以及刑事、民事与商业标准，并认为会计账目不仅是政府征税的依据，也是诉讼的证据。

公元前4世纪，雅典已经拥有了一个审计法院，并配有在法庭上作证的会计。

公元4世纪左右，罗马帝国皇帝（奥古斯都）制定的政府预算表上详细分列了整个罗马帝国的收入和支出，并且收支互相平衡，体现了“量入为出”的理财思想。

1096—1291年间，十字军东征带来的贸易计算和汇票业务对会计记录提出了新的要求。

1494年，意大利数学家卢卡·帕乔利（Luca Pacioli）出版了《算术、几何、比与比例概要》一书，在计算与记录要论这一章中全面总结了当时流行的威尼斯复式记账法，该方法于16世纪、17世纪先后传入德国、荷兰、法国等欧洲国家。

1602年，荷兰政府为荷兰东印度公司颁发了特许状，授予它为期21年的好望角至麦哲伦海峡之间的贸易垄断权，公司于1606年9月9日发行了世界上第一张面值150荷兰盾的股票。股份公司的诞生意味着所有权与经营权的分离，股东加大了对会计信息的需求。

1673年，法国颁布《商事王令》，规定每一个批发商均应设置反映自己经济业务的账簿，破产时若发现未设置账簿，应视为欺诈破产，以死刑处之。

18世纪，以蒸汽机为代表的工业革命带来了生产率的大幅提高，高利润又吸引了大量资本投资建厂，造成恶性竞争，在1815年及随后多次经济危机中，大批工厂纷纷倒闭，英国法院要求倒闭公司必须聘请一名会计师参与清算工作，会计师成了最赚钱的职业，没有工作的人开始学习会计。为了加强对会计师的管理，1854年世界上第一个会计职业团体——爱丁堡特许会计师协会成立，会计的作用获得了社会的认可。英国在审计、复式簿记原理及早期成本会计理论方面的贡献，使其成了世界会计发展中心。

1830年，美国进入铁路经济时代，当时最长的伊利铁路从开工到完成历时19年，修建预算也从最初的1 000万美元增加到2 350万美元，伊利铁路的开发商不得不想尽办法利用各种金融工具如股票、债券和可转换债券进行融资。大量金融工具的出现，一方面加大了会计核算的难度，另一方面促进了美国家族企业向公司制的转变。

1929—1933 年的经济危机让人们发现了会计缺乏统一规范的危害，美国于 1933 年和 1934 年分别颁布了《证券法》和《证券交易法》，并成立证券交易委员会（Securities And Exchange Commission，SEC），监管上市公司财务报告程序，规定上市公司的报表必须交由会计师事务所审计，并制定统一的会计原则和报告格式。1938 年，美国 SEC 将公认会计原则的制定交由会计程序委员会（Committee on Accounting Procedure，CAP）来承担。1939 年，CAP 发布了第 1 号会计研究公报（ARB. No. 1），美国会计师协会（American Institute of Certified Public Accountants，AICPA）开始组建正式的会计准则制定机构，系统的财务会计概念体系也逐渐建立起来。

1.1.2 中国会计文明

以中国为代表的东方文明，具有悠久的历史和璀璨的文化。作为中国优秀而丰富的历史和文化的重要部分，会计不仅有自己的发展道路，而且以其明显的独特性影响着世界。

在仓颉造字之前，先民便学会了结绳记事。《周易正义》中讲“事大，大结其绳；事小，小结其绳，结之多少，随物众寡”[1]。在文献《易 · 系辞下》中有记载，“上古结绳而治，后世圣人易以书契，百官以治，万民以察”。

约公元前 21 世纪，大禹在完成国家建制的基础工作后，在茅山大会诸侯，汇总稽核他们的功德业绩，奠定了古代财计报告、审查与考核的基础。

周公制礼与财计制度

在先秦时期，国家大事如《左传》所言，“国之大事，在祀与戎”。祭祀占卜供奉的祭品需要记录。河南安阳殷墟出土的大量甲骨卜辞中有按时间、地点、种类和数量的详细记录，其中的“卯”和“埋”表示用牲的支出；此外，这些牲是通过田猎获得的，甲骨文中用“毕”和“获”表示田猎收入。这样的支出与收入记录，可以认为是会计的雏形。

西周时期设立“司会”掌管王朝的税赋财政，对财务收支活动进行日成、月计、岁会，考核各官府的政绩，且每三年还会有一次更为全面和严格的考核，即“三岁，则大计群吏之治”。

嘉量与汉代酿酒成本

春秋时期的孔子，提出了会计最早的会计原则“会计当而已矣”，意指会计的收、付、存要平衡、正确无误。

秦汉时期建立了以“入”“出”为符号的会计记录，以“入（收）－出（付）＝余”的三柱结算法。同时，有非常严格的审计查对制度，形成由郡国向朝廷呈报的财务收支簿——上计簿。除此之外，还有一套完整的成本计算、财税分配的方法。《汉书 · 食货志》有这样的记载：“一酿用粗米二斛，曲一斛，得成酒六斛六斗。各以其市月朔米曲三斛，并计其贾而参分之，以其一为酒一斛之平。除米曲本贾，计其利而什分之，以其七

① 郭道扬. 会计史研究：历史 · 现时 · 未来第一卷. 北京：中国财政经济出版社，2004：81.

入官，其三及醋截灰炭给工器薪樵之费。”

南北朝时期的苏绰主张用账本来管理国家财政，并制定了一种记账格式，规定用红色记录支出，用黑色记录收入，即“朱出墨入记账法”，它通过颜色区分来清晰记录财务收支情况，提高了财务管理的效率和准确性。

唐宋时期中国会计理论与方法得到进一步的推进，不仅产生了《元和国计簿》《太和国计簿》《会计录》等代表性的会计著作，还创立了四柱结算法，四柱是指旧管、新收、开除和实在，通过“旧管（上期结余）＋新收（本期收入）－开除（本期支出）＝实在（本期结存）”这一平衡式，定期结算账目。这种方法既从结算时间上区分了上期（旧管）与本期（新收）的界限，又从数量（金额）上得到平衡，起到相互校验、确保账目准确无误的作用。

至元五年（1268年）设立的御史台，是中央监察机构的核心，与中书省、枢密院并称为中枢三大官府。御史台的主要职责之一是纠察百官的善恶，对官员进行廉政考核；通过委派监察御史，定期检查各级官府的财政收支账目，对财政收支进行严格的监督和审查，以核实财政资金的来源和去向。忽必烈曾比喻说：中书者（政务）是我的左手，枢密院（军事）是我的右手，御史台是我用来医治左右手的。

明初产生的“三脚账”也称跛脚账，是中国单式簿记基础上产生的一种不完全的复式记账。其记账规则为：凡现金收付的事项，只记录现金的对方账户，非现金收付事项则需同时记录来账（收账）和去账（付账）。这种记账方法是单式记账法向复式记账法发展的一种过渡形态。

明末清初的龙门账，以“来”和“去”作为记账符号，遵守“有来必有去，来去必相等”的记账规则，把全部项目分为“进”（相当于收入）、“缴”（相当于支出）、“存”（相当于资产）和“该”（相当于资本和负债）四类，采用“进－缴＝存－该”的平衡式计算盈亏，将“进”和“该”列在总账的上方，“缴”和“存”列在总账下方，分别编制“进缴结册”和“存该结册”，两表计算结果相等称为“合龙门”。龙门账的诞生标志着中式簿记由单式记账向复式记账转变。

清代在龙门账的基础上又出现了“四脚账”，这种方法的主要特点是对经济业务的收方和付方都进行详细的账务处理，形成了以现金收付和往来转账事项并重的记录法则，无论是现金收付事项还是非现金收付事项，都会在账簿上记录两笔账目（来账和去账），并且来账和去账所记录的金额必须相等，这既保证了账目的准确性又保证了账目的平衡性，是一种比较成熟的复式记账法，与西方复式记账法大致相当。

综上所述，会计是伴随着人类的生活方式和经济活动逐渐发展起来的。可以说，一部人类发展史就是一部人类理财（或会计）发展史，中国会计的产生和发展同样贯穿于中国社会上下五千年经济发展与政治变革中。正如王安石所说：“一部《周礼》，理财居其半。”

当然，会计的发展离不开技术的发展，包括文字的发明、货币的使用、阿拉伯数字的推广、算盘的运用以及印刷术的发明等，使会计的记录、计算和传播技术日臻完善。

随着计算机技术、互联网的不断发展，一个公司在不同国家、不同账户之间可以实现互联互通，支付指令瞬间就可以传递到世界上的每一个开户银行，凭证、账簿和报表等传统的账务处理将被计算机取代。

毫无疑问，随着人工智能、大数据、云计算、区块链、物联网等技术的不断发展和成熟，对会计工作模式、会计核算程序、会计监督方式、审计抽样方法等都会产生深远的影响。但只要人类还存在商业行为，还需要讲求经济效益，会计就会以其他方式得以存在，会计的核心思想、理念和方法将得到传承，会计的监督管理职能将进一步加强。

1.2 会计的含义

1.2 即测即评

会计经过几千年的发展，由最初的简单刻画到有章法的记录，由兼职会计发展到专职会计，由官厅会计走向民间会计，由单式簿记发展到复式簿记，形成了一套完整的逻辑、程序和方法体系。但要确切地回答会计是什么，还是一件难度很大的事情。因为每个时代不同的人或组织所掌握的信息来源和对问题的认知不同，就会产生不同的观点。在会计历史上曾出现过许多有关会计的不同表述，如会计是一门语言（商业语言）；会计是一门艺术；会计是一种控制系统；会计是一种管理活动；会计是一个经济信息系统等。

对会计的认识可以从两个层次来加以理解：一是字面意思；二是学术层面。从字面理解，会计的“计”有数数之意，可理解为计算、计量。“会”有会合、聚集之意，可理解为汇总，两个字合在一起有汇总盘算的意思。汇总盘算的内容可能是政绩，也可能是采集食物的数量、企业经营的业绩等。学术层面则主要介绍我国 20 世纪 80 年代比较有代表性的两种观点。

1.2.1 管理活动论

管理活动论认为会计是一种经济管理活动。1980 年，我国著名会计学家杨纪琬教授和阎达五教授提出，会计本身就具有管理的职能，是人们从事管理的一种活动。作为人们管理生产过程的一种社会活动，会计的基本职能一是核算（即反映），二是监督（即控制）。这种观点被称作“会计管理活动论”（简称管理活动论）。

管理活动论主要是从会计是一项经济管理工作这个角度来认识的。这可以从著名的鲁滨逊荒岛记账求生的故事中得到启发。鲁滨逊因船难来到荒岛，为了活下来并回到英国本土，他每天坚持记账以合理分配寻找食物的时间和用于造船的时间，合理的规划最终使他回到了英国。这个故事生动地说明了管理的本质在于规划（筹划）的要义。

从管理一个人的活动扩大到管理一个手工作坊、一家合伙制工厂、一家股份制企业到世界级公司，专业化分工越来越细，其经济活动日益呈现出社会化的特征，管理的内容、数量和需要管理的关系的难度和复杂程度都在逐渐加大，会计也从生产职能的附带部分变成由取得会计专业资格的职业会计师来担任，从简单的记录、计算发展为具有管理职能的一项经济管理工作。

会计的管理职能主要体现在对企业经济业务的审查和对经济活动的综合分析与评价，进而发展为事前的预测、规划并参与企业的经营决策。会计既对生产过程中人力、物力的消耗量及劳动产品的数量进行货币化确认、计量和记录，又可以直接参与企业经营管理，对生产过程中的耗费和劳动成果进行分析、控制和审核，以促使人们节约劳动耗费，提高经济效益。

随着社会经济的不断丰富和发展，会计核算已经不再是单纯的记录，实现了核算与管理的有机统一，形成了以提高企业经济效益为主要目的的会计核算和控制系统。

由此可见，会计是经济管理的重要组成部分，通过确认、计量等专门技术方法将企业经济活动转换为会计信息，通过分析、检查，识别并有效控制企业战略制定、战略实施和战略评价阶段的各种风险，比如经营风险、市场风险和政策风险等，以实现合规经营、资产安全、信息可靠和提高经济效益的目的。会计的确认、计量、记录、报告、分析、监督、检查等方法只是手段，不是会计作为一种管理活动的目的。将会计定义为一种经济管理活动而不仅仅是信息系统，更加准确地反映了会计的本质，有助于推动会计工作的发展。因此，会计的核算过程就是会计的监督过程。

1.2.2 信息系统论

信息系统论认为会计是一个经济信息系统。该观点主要是从会计是一个为信息使用者提供决策支持的信息系统来认识会计的。信息系统论认为，会计是一个收集、加工、整理、输出信息的过程，是纯技术性地提供会计信息的工作。这种观点主要是一些西方会计学者受系统论和信息论的影响而形成的。20 世纪 40 年代末，生物学、计算机和通讯学领域中产生的系统论、信息论和控制论深刻影响了社会科学领域，美国会计学会（American Accounting Association，AAA）1964 年成立了一个专门委员会来研究会计的基本理论，于 1966 年发布了《基础理论说明》。该说明指出，“就本质而言，会计是一个信息系统，确切地说，它是一般信息论在（解决）经济运行效率方面的具体应用”。据此 AAA 将会计定义为：会计是确认、计量和传递经济信息的过程，借以使信息使用者能够做出可靠的判断和决策。国内持该观点的学者主要有著名的会计学家余绪缨、葛家澍等。

管理活动论和信息系统论对会计本质的讨论产生了积极的社会影响。“‘管理活动论’既提高了会计工作的地位，增强了广大会计人员投身于改革开放的信心，起了鼓舞士气、振奋人心的作用，又促进了会计职能的发展，会计人员纷纷进行预测，提供信息，参与决策，提高效益，推动改革。‘信息系统论’则开拓了人们的视野，不仅使会计人员认识到信息是一项重要的（越来越重要的）资源，而且使他们认识到会计所提供的财务信息和其他经济信息对于经济决策极为必要。”①

---

① 葛家澍. 中国会计学会成立以来的我国会计理论研究. 会计研究，2000（4）.

管理活动论和信息系统论对会计本质的看法并不存在根本分歧，二者均认为会计具有核算和监督的基本职能，只不过前者更强调会计人员在管理活动中的主观能动性，后者更强调信息对决策的影响。“管理活动论也承认信息和系统的存在，只是管理活动论强调，这个系统的主要职能应是控制和监督，而不是反映即信息提供；信息系统论同样承认会计系统是管理系统的一部分，只是强调其主要职能是提供信息，为决策咨询服务，起决策（即管理）的支持作用。”①

综上所述，我们认为会计是以提高企业经济效益为目标，采用一系列的程序和方法，以货币为主要计量单位核算和监督一个单位经济活动的一项经济管理工作。会计在对企业的经济活动进行核算和监督的同时，为会计信息使用者提供决策所需的会计信息。

1.3 会计的基本职能与作用

1.3 即测即评

会计的职能是指会计在企业经营管理过程中所具有的功能，会计的功能就是会计本身所具有的能力。马克思将簿记归纳为“过程的控制和观念总结”，会计学术界一般将“控制”解读为监督或者管理；将“观念总结”解读为反映或核算，即用观念上的货币对企业经营过程所发生的经济活动进行综合反映。《中华人民共和国会计法》（简称《会计法》）第五条也将会计的基本职能定位于“进行会计核算，实行会计监督”。因而，我国学术界一般认为核算和监督是会计的两个基本职能，这两个职能体现了会计的本质特征。

1.3.1 会计的核算职能

会计的核算职能，又称会计反映职能，是通过会计特有的逻辑和程序，以货币为主要计量单位，运用一系列专门方法，对特定主体经济活动的过程和结果进行连续、系统、全面、准确、及时的记录、计算和报告。记录、计算和报告就是会计的核算职能。

例如，某公司采购一批商品，会计人员需要根据采购合同、购买发票、付款凭证、入库单等原始凭证，确认该商品的数量、单价，计算其采购成本；根据运输费、装卸费等计算运输成本；采购成本和运输成本是采购商品的主要成本，如果有保险费，还需加上保险费才能计算出采购商品的总成本。总成本确定以后，会计在库存商品项下记录商品的数量和金额，并在资产负债表中以存货项目对外进行报告。

会计在对经济活动进行**确认**（recognition）、**计量**（measurement）、**记录**（recording）和**报告**（reporting）的过程中，体现出会计核算的以下特点：

① 葛家澍．中国会计学会成立以来的我国会计理论研究．会计研究，2000（4）．

（1）会计核算主要以货币为计量尺度，综合反映企业的经济活动。会计用货币综合反映的同时，也采用实物度量（数量、重量、体积）和劳动度量（工作时数）进行记录，以保证会计记录的准确性和完整性。实物度量和劳动度量主要用于内部管理和考核，货币计量信息主要用于会计信息的传递与沟通。

（2）会计核算是对企业实际发生的经济业务进行核算。在办理各项手续，取得原始凭证的基础上，对企业发生的资金收付，财物的收发、增减和使用，债权债务的发生和结算，收入、成本、费用、利润的形成和分配等进行核算。

（3）会计核算具有完整性、连续性和系统性。会计核算的完整性，是指在时间上和空间上对所有应该核算的会计对象（资金运动）不能有任何遗漏；会计核算的连续性，是指对会计对象的确认、计量、记录和报告要连续进行，不能有任何中断；会计核算的系统性，是指要采用科学的会计核算方法对会计信息进行加工处理，保证所提供的会计数据资料成为一个有序的、完整的会计信息系统。

1.3.2 会计的监督职能

会计的监督职能，又称会计控制职能，是指会计人员在进行会计核算的同时，对特定主体的经济活动和相关会计核算的真实性、合法性和合理性进行监督检查，以确保特定主体的资产安全、合规经营和信息可靠。

例如，公司的销售人员李丽到外地签订一份销售合同，带回一些住宿、交通和餐饮发票单据到单位会计部门报销差旅费。会计人员首先要对销售人员李丽的出差行为是不是公司业务安排进行审查，如果不是，所有费用不予报销。如果是，则进入费用审核报销的流程：第一步，辨认各种单据凭证的真伪。第二步，合计确认所有合格凭证的金额。第三步，比对公司对应业务差旅费的标准，核准同意报销的金额。第四步，交予出纳支付现金。第五步，将报销金额计入销售费用。在这个过程中，相关人员都要签名盖章，填写业务发生的时间，以备日后出现差错或问题可以追溯。

会计监督主要从交易活动和会计核算两个层面进行，具有以下特点：

（1）会计监督是对交易的合法性和合理性进行监督。合法性依据的是国家颁布的法令、法规、财经纪律等，防止企业从事不合法的经营活动和财务活动，出具虚假的财务信息。比如，进口商品必须报关，否则就是走私。合理性依据的是客观经济规律及经营管理方面的要求。具体到每项财务收支，合理性审查主要审查是否符合经济运行的一般规律，是否符合单位内部管理制度，是否符合特定对象的财务收支计划，是否超过预算等。比如，如果一项商品的采购价格明显高于市场价格，则有违市场规律，达不到降低成本的经营要求。

（2）会计监督是对业务发生的全过程进行监督，包括事前监督、事中监督及事后监督。事前监督是在交易尚未发生时的监督，主要通过参与预算编制、合同谈判等工作进行监督；事中监督是对正在进行的经济活动进行监督，主要通过对公司成本费用的计算，发现异常事项，及时进行监督；事后监督是对已经发生的经济活动进行会计监督，主要是在支付款项环节进行。比如，财务人员首先要对报销发票进行真伪鉴别，剔除不是报销范围的发票，对记载不准确、不完整的原始凭证予以退回，并按规定更正、补充；其次要严格按公司费用标准进行报销，超标部分一律自己承担。

事前监督可以起到预防作用，事中监督可以及时发现问题，事后监督可以总结经验教训，避免产生经营风险。

（3）会计监督是对会计核算的恰当性和准确性进行监督。企业经济业务发生后，需要选用适当的会计政策，采用符合企业特点的方法，按照会计程序进行核算。对准则、方法选择的适当性和程序的规范化进行监督，对记账凭证、会计账簿和财务报表进行审核，保证会计核算资料的准确性；对各种财产和资金进行实地盘点，保证会计资料的真实性；对成本费用进行监督，保证用尽可能少的投入，获得尽可能多的产出；对利润的实现与分配进行监督，保证按时上缴税金和进行利润分配；对财务收支进行监督，保证财务收支符合财务制度的规定。

实务中对企业经济活动的监督是全方位的，不仅有会计内部监督，更有财政、审计、税务、证券监管、金融监管等政府机构的外部监督。

总之，核算和监督是会计的两大基本职能，“离开了核算就无所谓会计，监督也无从谈起，它是整个会计工作的基础；而离开了监督，会计也就失去了生命，它是整个会计工作的灵魂”①。

1.3.3 会计的拓展职能

会计除核算和监督两个基本职能以外，还有预测、决策、分析和考核等拓展职能。

会计的预测职能是指通过对过去和现在的财务数据进行分析，预测企业未来的财务状况和经营成果。比如销售预测，会计人员可以根据过去的销售数据，结合市场趋势、季节性因素等，预测未来一段时间内企业的销售额。这有助于企业制定合理的生产计划和库存管理策略。此外，还可做现金流量、成本、利润等方面的预测。

会计的决策职能是指会计人员在处理和分析财务数据时，为企业管理层提供有关企业财务状况、经营成果和现金流量等方面的信息，以便企业管理层能够根据这些信息做出合理的投融资、成本控制、利润分配和预算编制等决策。

会计的分析职能主要指根据会计核算提供的数据信息，应用特定的分析方法，对企业的经营过程及其经营成果进行定量和定性的分析。比如，通过对企业的信用政策、应收账款周转率等进行分析，可以评估企业的信用风险，并采取相应的措施进行风险管控。

会计的考核职能是会计履行管理职责的一种手段，主要检查责任单位目标和企业财务计划的完成情况，评价经营成果，肯定成绩，找出问题。会计考核既要考核企业完成财务目标的情况，也要考核企业内部各层次责任单位的完成情况。

---

① 杨纪琬. 关于“会计管理”概念的再认识. 会计研究，1984 (6).

1.3.4 会计的作用

会计工作是服务社会经济发展的重要力量，尤其是在工业革命、国际贸易、资本市场、跨国投资并购等方面一直在推动着企业的发展，为社会进步乃至人类的发展做出了重大贡献。2022 年 10 月召开的党的二十大，为我们擘画了宏伟蓝图，要全面建设社会主义现代化，实现第二个百年奋斗目标。在新的历史征程上，会计被赋予了新的职能——参与国家治理。会计的作用可从宏观层面和微观层面加以阐述。

1. 会计的宏观作用

（1）有助于国家治理体系的完善。党的二十大报告指出，坚持和完善中国特色社会主义制度、推进国家治理体系和治理能力现代化。① 推进国家治理体系和治理能力现代化需要建立一套强大的系统性的监督机制。习近平总书记在十九届中央纪委四次全会上指出，“要推动人大监督、民主监督、行政监督、司法监督、审计监督、财会监督、统计监督、群众监督、舆论监督有机贯通、相互协调”。其中财会监督是其他八大监督的基础，与会计相关的法律法规是国家治理体系和治理能力现代化的重要组成部分。为了充分发挥财会监督的作用，2023 年 2 月，中共中央办公厅、国务院办公厅印发了《关于进一步加强财会监督工作的意见》，要求在 2025 年，基本建立起各类监督主体横向协同，中央与地方纵向联动，财会监督与其他各类监督贯通协调的工作机制。

财会监督是依法依规对国家机关、企事业单位、其他组织和个人的财政、财务、会计活动实施的监督。会计可以充分发挥其系统性、严密性的专业特长，在合规性、合理性监督和风险性审视的基础上，拓展其监督职能，站在大局高度，在党的统一领导和党内监督引领下，维护中央政令畅通、健全政府职能和行政管理、严肃财经纪律和规范财经秩序，减少权力腐败，维护公共利益，确保“权为民所用”，进一步提升国家治理效能。

（2）有助于国家制定宏观经济政策。国家有关部门如国资委、财政、税务、工商、审计等，通过汇总和分析企业上报的财务报表，了解各地区、各行业经济发展状况，验证各项宏观经济政策对企业的影响，以便及时调整政策，优化资源配置，促进企业加快发展新质生产力②，保障国家经济的高质量发展。

（3）有助于国家税收征管。随着大数据的使用，税收征管方式将以查账征收为主，这就要求企业必须开设会计账簿，企业纳税申报中的大部分项目需要按照财务会计提供的信息进行填报，在此基础上再按照税法规定进行调整。企业纳税

---

① 习近平. 高举中国特色社会主义伟大旗帜 为全面建设社会主义现代化国家而团结奋斗：在中国共产党第二十次全国代表大会上的报告. 北京：人民出版社，2022：2.

② 新质生产力是创新起主导作用，摆脱传统经济增长方式、生产力发展路径，具有高科技、高效能、高质量特征，符合新发展理念的先进生产力质态。新质生产力是 2023 年 9 月习近平总书记在黑龙江考察调研期间首次提到的新的词汇。

申报离不开财务数据的支撑。

（4）有助于资本市场的发展和完善。资本市场是一个交易频繁且资源高度集中的市场，资金的逐利性会使其流向回报更高的行业。资本的流动需要高质量的会计信息以消除市场的信息不对称，因此，高质量会计信息披露能够促进资源的有效配置和资本市场的健康发展。

（5）有助于银行等金融机构判断企业的偿债能力。银行要不要向一家企业发放贷款，发放多少贷款，贷款时间多长，贷款利率多少，都需要利用企业提供的财务数据来协助判断。

（6）有助于会计信息的传播和对商业世界的认识。会计是一门通用的商业语言，是连接全球资本、商贸的桥梁，现在大家熟悉的资产、负债、资本、收入、成本、费用、利润等词汇都是会计的贡献。

2. 会计的微观作用

（1）有助于公司治理结构的完善。会计机构及会计人员的配置本身就是公司治理的有机组成部分，没有会计的核算、监督和评价，公司治理就成了无源之水、无本之木。

（2）通过参与企业的经营管理，提高企业经济效益。企业管理最重要的是资金管理，企业的每一分钱从哪里来，又用到了哪里，以及成本的高低和使用效果，全部登记在会计账簿中。会计可以利用这些数据，提出有针对性和建设性的意见和建议，帮助企业完善每一个细节和流程，规避经营风险，节约资金，提高经济效益。

（3）为企业或个人投资决策提供参考。上市公司的会计信息是公共信息，任何人都可以很方便地获取企业的财务报告，分析企业的盈利水平，预测企业的发展前景等，做出是否投资、投资多少、是否追加或减少投资的决策。

（4）有助于企业进行考核和分配。财务数据是企业战略目标、经营目标落地的结果，企业是否实现了公司战略目标、达到了经营目标，受托人是否履行了受托责任，员工的绩效考评、奖金发放等都需要企业财务数据来进行评价。

（5）会计还是人与人之间建立信任的纽带，自证清白的工具。比如张三和李四合伙创业，两个人都对最终的经营成果格外关注。如果张三或者李四对对方加以隐瞒，合作便无法进行下去。因此，就必须对合伙企业的经济活动进行会计记录，并且对一段时间的经济活动结果进行总结。此外，要取得别人在经济上对你的信任，会计账簿是最好的证据。

1.4 会计目标与会计信息使用者

1.4 即测即评

1.4.1 会计目标

就财务会计而言，**会计目标**（accounting purposes）主要是指财务报告的目标。财务报告的目标是财务报告概念框架的逻辑起点，是会计理论研究中的一个重要课题。

我国《企业会计准则——基本准则》将财务报告目标定义为“向财务会计报告使用者提供与企业财务状况、经营成果和现金流量等有关的会计信息，反映企业管理层受托责任履行情况，有助于财务会计报告使用者做出经济决策”。该定义是双重目标，一方面要反映企业管理层的受托责任，另一方面又要满足财务报告信息使用者的决策需要。学术上将这两种观点概括为受托责任观和决策有用观。

1. 受托责任观

受托责任观是以企业的所有权和经营权的分离为前提条件，认为财务报告的目标是向股东反映企业管理层履行受托责任的情况。

由于两权分离，所有者和管理层形成了委托-代理关系。管理层接受所有者的委托对企业及其各项资产进行经营管理，负有受托责任。企业各项资产要么来自所有者投入的资本，要么来自债权人的贷款，管理层有责任妥善保管并合理有效地运营这些资产，使其达到保值增值的目的。企业的所有者、债权人需要及时了解管理层的努力程度和经营成果，评价管理层受托责任的履行情况，并决定是否需要调整投资或信贷政策，是否需要加强企业内部控制和其他制度建设，是否需要更换管理层等。

由于两权分离，所有者和管理层之间容易出现信息不对称、利益不一致的情况。所有者为了维护自身权益，要对管理层建立有效的激励和约束机制。会计信息反映企业实际的经营业绩，是评价管理层努力程度和效果的客观指标，因此，向股东提供财务报告、满足股东对企业会计信息的需要是公司治理的要求。

如果以受托责任作为会计目标，企业就要客观地向委托人反映公司的经营业绩，反映受托人可以控制的经济活动，因而，会计信息应当是面向历史的，即公司已经发生的实际业务；会计信息应当建立在真实可靠的基础之上；会计信息应当偏向于稳健。通过这些要求，可以约束管理层的利己行为，降低信息不对称的程度，发挥会计在公司治理中的作用。

2. 决策有用观

美国会计学会和美国注册会计师协会在20世纪六七十年代提出，会计的目标是为证券投资者的投资决策和贷款人信贷决策提供有用的信息，会计信息要有助于他们预测未来的现金流量。这种观点的提出，主要是基于资本市场的发展和股权越来越分散（尤其是美国资本市场）的现实，股东频繁更换，导致委托人与受托者之间的委托-代理关系越来越模糊，委托人转而更加关注整个资本市场的整体风险和报酬，这就要求会计要为现在的和潜在的投资者以及信贷者提供决策有用的信息，以便做出合理的投资和信贷决策。

如果以决策有用观作为会计目标，企业就要提供投资者更为关心的公允价值信息而不能仅仅列报历史成本信息。因为公允价值信息能够更加及时地反映企业的资产价值和负债水平，更加接近现实地评价公司的价值。会计信息应更加偏重于相关性而非可靠性。

1.4.2 会计信息使用者

会计信息使用者（accounting information users）一般都是企业的利益相关者。**利益相关者**（stakeholders）是指与企业存在利益关系的单位或者个人。比如投资者、债权人、管理层、供应商、客户、政府、员工等。

1. 投资者

投资者（investor）也称企业的股东或所有者，通过投入资本并参与分红的方式与企业发生经济关系。投资者可直接参与或不参与企业经营和管理，但如果是大股东，则会在企业董事会中占有一定席位，参与企业重大经营决策，享有投票表决的权利。投资者最关心的是投资回报和投资风险，他们需要企业经营成果和利润分配等信息进行追加投资、减少投资或者维持目前投资的决策。

2. 债权人

企业的**债权人**（creditor）主要是指通过签订货款合约，向企业提供资金，以收取利息和收回本金的方式与企业发生经济关系，不参与企业经营管理，其权益优先于投资者。这种优先权主要体现在企业破产清算时，要先清偿债权人的债权。例如，企业破产后的剩余财产为 600 万元，债权人的权益是 500 万元，股东的权益是 800 万元，在分配剩余财产时，要优先偿还债务，先支付债权人 500 万元，剩下 100 万元再分配给股东。债权人最关心的是本金和利息是否能安全收回，他们需要企业的财务状况、盈利水平、现金流量信息来判断企业的偿债能力，以便做出是否贷款、继续贷款或者收回贷款以及贷款多少的决策。

3. 管理层

管理层是企业战略和经营目标的执行者，是企业的股东或者是职业经理人。职业经理人通过受聘的方式接受管理工作，主持企业经营活动，与企业股东形成委托和受托关系，从企业领取薪酬，对股东负有受托责任，负有向股东报告的义务。管理层是企业直接的利益相关者，最关心企业战略制定的依据、经营目标执行的效果，需要企业的经营成果来加以验证，如成本的高低、收入的实现等，并结合其他业务信息决定生产规模及发展途径，进行融资方式和融资规模的决策等。

4. 供应商

供应商是企业原材料、商品或者服务的提供者，是企业供应链上的主要合作伙伴。当供应商主要通过以先发货或先提供服务后收钱的方式向企业提供信用时，供应商变相成为企业资金的提供者。供应商最关心的是货款的收回及持续合作的能力，他们需要企业经营能力、获利能力和支付能力的信息，决定是否提供商业信用、扩大规模或者调整经营方向。

5. 客户

客户也称顾客，是企业的渠道商或企业产品的终端消费者，是企业收入和利润的主要提供者。客户最关心的是产品质量和价格以及持续供应的能力，他们需要企业提供能否持续经营及获利能力的信息进行价格趋势等的判断，以决定是否继续购买商品或服务，是否需要更换供应商。

6. 政府

政府为企业提供基础设施及各种行政事业服务，政府通过征税和收取各种行政事业费的方式与企业发生经济关系，成为企业的利益相关者。政府最关心的是资源的有效配置、环境保护与经济发展的平衡问题、政策制定的有效性及税收的征收等。政府需要企业的营运能力、发展能力、盈利水平等信息，辅助各项政策的制定和调整。

7. 员工

员工是与企业签订劳动合同，领取相应报酬的劳动者，是企业价值的创造者，需要企业提供的信息判断公司发展前景及就业保障。

利益相关者与企业之间的关系如图 1－1 所示。在所有利益相关者中，股东是企业风险的最终承担者。

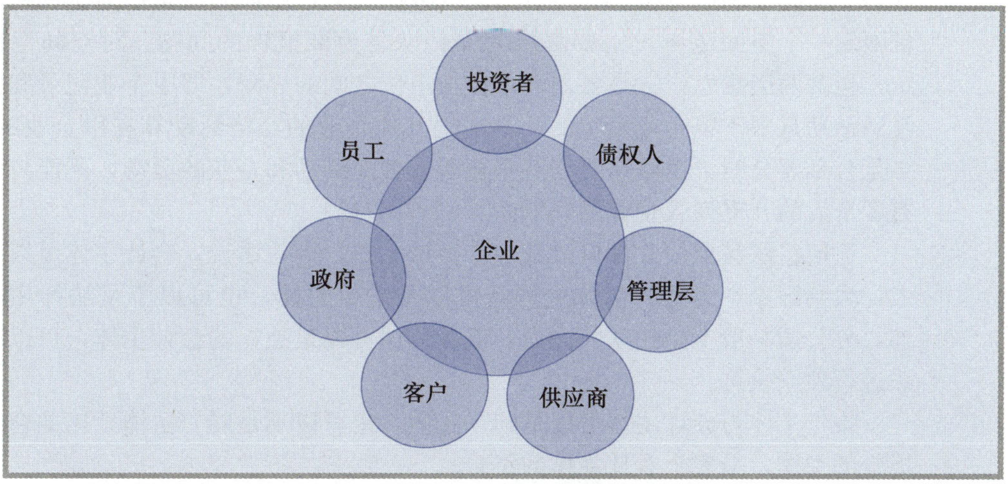

图 1－1　企业与利益相关者

此外，还有会计师事务所、审计部门、监管机构、新闻媒体、教育研究部门等也是会计信息的使用者。

1.5　会计假设与财务会计的一般原则

1.5 即测即评

假设是进行科学研究的基础和起点，是任何理论或学科得以成立的前提。**会计假设**（accounting assumptions）是会计核算的前提，是会计进行确认、计量、记录和报告的先决条件。

原则是指导行为的一般法则和规则。用于指导会计工作和会计行为的原则称为会计原则，**会计原则**（accounting principles）分一般原则和具体会计准则。一般原则是会计需要遵循的基础性原则，包括要素概念、会计信息质量要求和会计核算原则。具体会计准则主要规范企业具体业务的确认、计量和报告。财政部自 2006 年发布《企业会计准则第 1 号——存货》以来，已陆续公布了 42 个具体会计准则（具体准则目录可参见本书第 13 章）。这些具体准则将在“财务会计学”和“高级会计学”课程中进行讲解。

1.5.1 会计假设

公认的会计假设有四个，分别是会计主体假设、持续经营假设、会计分期假设和货币计量假设。

1. 会计主体假设

会计主体（accounting entity）是编制财务会计报告的任何单位或组织。单位是国家机关、社会团体、公司、企业、事业单位和其他组织的统称。每个单位都需要向有关利益方报告其经营活动的数据。会计主体假设是指为会计核算和报告限定一个空间范围，主要解决为谁记账、为谁报告的问题。对空间范围的限定，包含两层意思：一是要划清单位与单位之间的界限，即甲企业记录和报告的经济活动只限于甲企业发生的，不能把其他企业的经济活动算在甲企业的头上。二是公私要分明，也就是要划清企业所有者的活动和企业的活动，不能将企业所有者个人的开支列入企业的账上。

任何组织甚至个人都可以是一个会计主体，换句话说，会计主体可以小到个人，大到国家。因而，会计主体既可以是法律主体，也可以不是法律主体。例如，分公司一般不是独立的法人，但分公司可以是独立的会计主体，可以单独建账进行独立核算。

报告主体与会计主体可以是同一主体，也可以不是同一主体，比如合并财务报告的主体，是多个会计主体的集合。

2. 持续经营假设

持续经营（going concern）假设是一种时间上的假定，是指在可预见的将来，如果没有明显的证据证明企业不能经营下去，就认为企业将会按照当前的规模和状态继续经营下去，不会停业或破产，也不会大规模削减业务。“可预见的将来”通常是指企业足以收回资产成本的经营期间。在持续经营假设下，企业拥有的各项资产就会在正常的经营过程中被耗用、出售或转换，承担的债务也会在正常的经营过程中得到清偿，经营成果也会不断形成。持续经营假设对会计核算十分重要，比如一台设备可以使用 10 年，企业就可以将这台设备的成本按 10 年平均分摊，每年的成本为总成本的 1/10；否则，就不能分摊类似的长期资产。只有在持续经营的状态下，企业的经济活动、企业的资本才能完成一次又一次的循环和周转，会计才能按照其特有的程序和方法连续、系统、全面地反映企业的经济活动。

在实务中，要不断地对企业是否可以持续经营进行判断和评估，如果不能持续经营，企业应披露终止经营的信息。

3. 会计分期假设

会计分期（accounting period）假设是建立在持续经营假设基础上的，会计分期是指将企业持续经营活动的期间划分为若干长短相同的期间。

会计分期假设是为了分期确定损益和分期编制财务报表，定期为会计信息使用者提供信息。会计期间是一种人为的划分，实际的经济活动周期可能与这个期间不一致，有的经济活动可以横跨多个会计期间。但是，与企业有利益关系的单位或个人都需要在一个期间结束之后随时掌握企业的财务状况、经营成果和现金流量信息，而不可能等待全部经营过程结束之后再计算企业的经营成果。

会计期间可以采用历年制和跨期制，历年制就是自然年度，年度期间是 1 月 1 日至 12 月 31 日；跨期制可以选择当年的 4 月 1 日至次年的 3 月 31 日等。我国《会计法》规定，会计期间采用历年制。西方国家的有些公司以及在海外上市的中国企业采用跨期制。

会计期间分为年度和中期。中期是指短于一个完整的会计年度的报告期间，我国上市公司除了提供年度财务报告以外，还要提供第一季度报告、半年度报告和第三季度报告。

4. 货币计量假设

货币计量（monetary measurement）是指会计主体在确认、计量、记录和报告时以货币作为计量尺度，反映会计主体的经济活动。如果只核算数量而不确定金额，不同财物之间就失去比较的基础，无法加总计算，会计信息就要大打折扣。选择货币作为共同的计量尺度来反映企业的经济活动是商品经济发展的产物。企业经济活动中凡是能够用货币计量的，就可以进行会计反映；凡是不能用货币计量的，则不能进行会计反映。即凡是进入会计核算系统的，必须具有货币的可计量性。

通过货币计量能够很好地反映企业的财务实力和经营业绩。例如，某企业某年取得销售收入 500 万元，就可以很好地反映该企业在某年的销售业绩。

由于货币币值本身是波动的，会计在采用某一货币作为记账本位币时，需要假设该货币的币值是稳定的，或者变动的幅度不大，可以忽略不计。也就是说，货币计量需要隐含一个币值稳定的假设。

货币除了充当价值尺度以外，其本身就是一种商品可以自由交换和流通，会计在记账时应确定货币的唯一性，即建立记账本位币制度。记账本位币，也称功能货币，是指企业经营所处的主要经济环境中的货币。主要经济环境通常是指企业主要赚取现金和支出现金的环境，使用该环境中的货币最能反映企业主要交易的经济结果。我国以人民币作为记账本位币，企业可以采用多种货币进行结算，但对外报告时要将有关外币折算为记账本位币。

1.5.2 会计信息质量特征

会计信息质量特征或要求是保证企业财务会计报告信息有助于管理和决策所应具备的基本特征，主要包括可靠性、相关性、清晰性、可比性、实质重于形式、重要性、谨慎性和及时性等。

1. 可靠性

可靠性（reliability）是指会计信息必须是客观存在的，且具有可验证性。可靠性要求企业应当以实际发生的交易或者事项为依据进行确认、计量和报告，如实反映符合确认和计量要求的各项会计要素及其他相关信息，保证会计信息真实可靠、内容完整。

2. 相关性

相关性（relevance），又称有用性，是指会计信息具有影响会计信息使用者决策的能力。相关性要求企业提供的会计信息应当与财务会计报告使用者的经济决策相关，有助于财务会计报告使用者对企业过去和现在的情况做出评价，对未来的情况做出预测。例如，企业向银行申请贷款时，提供与还款能力有关的信息，才能满足银行的需要，才具有相关性。

3. 清晰性

清晰性（clarity）要求企业提供的会计信息应当清晰明了，便于财务会计报告使用者理解和使用。

4. 可比性

可比性（comparability）是指对企业交易和事项的处理要做到会计政策一致、核算方法统一、计量属性统一，不得随意变更。

可比性要求企业提供的会计信息应当相互可比，对同样一笔经济业务，要保证同一企业不同时期可比、不同企业相同会计期间可比。

5. 实质重于形式

实质是指经济实质，形式是指法律形式。**实质重于形式**（substance over form）要求企业应当按照交易或者事项的经济实质进行会计确认、计量和报告，不应仅以交易或者事项的法律形式为依据。

例如，以租赁方式租入的资产，从法律形式来看，其所有权并未转移，仍然归属于出租人；但是，从**经济实质**（economic substance）来看，与该资产有关的风险和报酬都已转移给承租人。因此，虽然从法律关系上看承租人并不拥有租赁物的物权，但是从经济实质上看，承租人拥有使用权，应当将该资产列入资产负债表中的使用权资产。

6. 重要性

重要性（materiality），是指在合理预期下，财务报表某项目的省略或错报会影响使用者据此做出经济决策的，则该项目具有重要性。

重要性原则要求企业提供的会计信息应当反映与企业财务状况、经营成果和现金流量有关的所有重要交易或者事项。对于不重要的经济业务，可以简化处理，也不必在财务报表上详细列示。

重要性应当根据企业所处的具体环境，从项目的性质和金额两方面予以判断，且对各项目重要性的判断标准一经确定，不得随意变更。判断项目性质的重要性，应当考虑该项目在性质上是否属于企业日常活动，是否显著影响企业的财务状况、经营成果和现金流量等因素；判断项目金额大小的重要性，应当考虑该项目金额占资产总额、负债总额、所有者权益总额、营业收入总额、营业成本总额、净利润、综合收益总额等直接相关项目金额的比重或所属报表单列项目金额的比重。

7. 谨慎性

谨慎性（prudence，conservatism），又称稳健性，是指一项经济业务在有多种会计方法可供选择的情况下，尽量选择不高估资产和收益、不低估费用和负债的方法。

谨慎性要求企业对交易或者事项进行会计确认、计量和报告时，要保持应有的谨慎，不应高估资产或者收益、低估负债或者费用。例如，财务报表日需要对所有资产进行评估和测试，凡是不能收回成本的资产，都需要计提资产减值准备，确认资产减值损失。

谨慎性是会计职业的一种思维方式，贯穿所有业务的处理，当然也不能一味地谨慎而歪曲了事实和真相。

8. 及时性

及时性（timeliness）是指会计信息的时效性。如果会计信息不能满足经营管理和投资决策的需要，即使再准确可靠也是无用的信息。因此，及时性要求企业对于已经发生的交易或者事项，应当及时进行确认、计量和报告，不得提前或者延后。

这八个会计信息质量要求或特征中，谨慎性和重要性属于偏好性原则，实质重于形式属于修订性原则。在具体运用时，需要权衡取舍，要求会计人员具有较高的职业判断能力。

1.5.3 会计核算原则

会计核算原则是企业在确认和计量资产、负债、收入、费用和利润过程中所要遵循的原则。主要包括权责发生制原则、配比原则、划分收益性支出与资本性支出原则。

1. 权责发生制原则

权责发生制（accrual basis of accounting）又称应收应付制或应计制，是指收入、费用的确认应当以经济业务发生的权利和义务的归属期为标准，而不是现金的实际收付作为确认标准。也就是说，凡是本期已获得的收入和已发生的费用，不论是否在本期收到或支付款项，均应作为本期的收入和费用处理；反之，凡不应归属本期的收入和费用即使在本期已收到或支付款项，都不作为本期的收入和费用处理。例如，在买卖合同成立以后，卖方在依照合同约定履行了履约义务，买方在取得对该产品的控制权时，就应当确认当期收入，无论何时收到款项。又如，对于获得贷款的企业来说，每个月都应将负担的利息费用计入当月的财务费用，无论何时实际支付利息。

《企业会计准则——基本准则》第十六条规定，会计核算应当以权责发生制为基础。

2. 配比原则

配比原则（matching principle）主要是指费用的配比原则，一般是在收入确定的情况下，将与该收入有关的费用寻找出来，进行配比，以计算当期损益。能够与收入进行配比的费用，一般与相关的收入存在直接的因果关系，或者虽没有直接因果关系，但存在期间关系，即发生在同一期间的收入和费用。

配比原则是由权责发生制延伸出来的一个原则，权责发生制的目的是要严格区分不同期间的收入和费用，以使相关的收入与相关的费用进行配比。配比包含两个层次：一是因果关系配比，比如卖手机的收入不能与卖电脑的成本进行匹配，必须是卖手机的收入与卖手机的成本进行配比，才能计算出卖手机的利润；二是期间配比，有些费用的发生与某一具体收入不存在明显的因果关系，但与收入所在的期间存在关系，如发生的广告费用、办公费用等，需要与发生在同一会计期间的收入进行配比。

3. 划分收益性支出与资本性支出原则

企业支出一般是指货币性支出，其结果要么形成资产，要么形成费用。形成资产的称为**资本性支出**（capital expenditure），形成费用的称为**收益性支出**（revenue expenditure）。从经济学观点看，凡是能够形成未来利润的支出，都应被看成是资本性支出（投资）。在会计上则被称为资产。因而一项支出究竟是收益性支出还是资本性支出，取决于支出带来的受益期限的长短和目的。如果受益期只是支出的当期，则是收益性支出，会计将其计入费用，一次性从当期收入中进行弥补。如果受益期超过一个会计期间，叫资本性支出，会计将其计入成本，形成一项资产，该资产的成本在其受益期间进行分配。比如，购买一台电脑和五包打印纸，会计首先判断电脑的使用时间一般超过3年，属于资本性支出，计入企业的固定资产，其购买成本将在3年中进行分摊；打印纸属于耗材，属于即用即耗型，在购买时就一次性计入当期的费用。

1.6 即测即评

1.6 会计方法与会计循环

1.6.1 会计方法

会计方法是核算和监督会计对象、实现财务会计目标的方法。会计方法分会计核算方法和会计分析方法。本课程主要介绍会计核算方法。

会计核算方法，是指对会计对象（企业经济活动）进行连续、系统、全面、综合地进行确认、计量、记录和报告时所采用的各种方法。主要包括设置账户、复式记账、填制和审核凭证、登记会计账簿（简称登账）、成本计算、财产清查、账项调整和编制财务会计报告。

1. 设置账户

账户（account）是对企业经济活动分门别类加以反映的工具。设置账户就是将会计科目作为账户的名称并赋予一定的格式和结构，用于分类反映各种账户增减变动情况及其结果的一种方法。它是分类管理思想在会计上的体现，可以有效地反映有关单位的财务信息。比如货物已经销售，但货款还没有收到，会计需要设置“应收账款”账户来反映哪个客户没有付款，同时设置“库存商品”账户反映库存的减少。又如现金和银行存款都是企业的货币资金，但会计要分别设置“库存现金”账户和“银行存款”账户加以核算，因为它们在使用上有不同的规定。

2. 复式记账

复式记账法（double-entry bookkeeping）是指对企业发生的每项经济业务，都必须用相等的金额在两个或两个以上相互联系的账户中进行登记，全面系统地反映经济业务增减变化的一种记账方法。例如，有限责任公司在接受股东投入的资本时，一方面要记录企业银行存款的增加，另一方面要记录实收资本的增加。这种记录方法既记录了资产的变动，又记录了资产变动的原因，反映资产与实收资本之间的相互联系，便于对经济业务进行监督和控制。

3. 填制和审核凭证

填制和审核凭证是为了保证会计记录的真实可靠，审查经济业务是否合理合法而采用的一种专门方法。会计凭证是记录经济业务事项发生或完成情况的书面文件，会计凭证分原始凭证和记账凭证。原始凭证是企业经济业务发生时取得的原始依据，如发票等。填制凭证是指根据审核无误的原始凭证，按照会计的记账规则，将经济业务进行分类，运用恰当的会计科目，填写在记账凭证中的过程。

例如，企业销售一批商品，销售部门开出一张销售发票，取得10万元的转账支票。会计人员要对销售发票的真实性进行核对、审查，确认无误后，在记账凭证上同时增加企业的银行存款和销售收入 10 万元。记账凭证是登记账簿的依据，在过入账簿之前，必须对记账凭证进行审核，以保证账簿记录的准确和可靠。

4. 登记会计账簿

会计账簿是指由相同格式的账页组成的簿籍。会计账簿包括日记账、总分类账、明细分类账和备查账簿。登记会计账簿就是将审核无误的记账凭证，按照时间的先后顺序，逐一抄（过）入相应的总分类账簿和明细分类账簿的过程。会计账簿能够全面、连续、系统地反映企业经济业务的全貌，是编制财务报表的依据。会计账簿是记账凭证和财务报表之间的桥梁，上接记账凭证，下连财务报表。

5. 成本计算

成本一般是指取得资产所付出的代价。成本计算是指按照成本计算对象进行归集汇总，从而计算出总成本和单位成本的一种方法。成本计算对象是成本计算的客体，可以是一批原材料、一件产品、一栋房子、一台机器、一个项目等。资产成本取决于资产取得的方式，采购、加工、生产、制造的成本构成是不同的。正确计算成本是会计核算的一项基础工作，直接关系到对企业资产的管理和盈亏的计算，并通过不同时期的成本对比，寻求降低成本、提高经济效益的途径。

6. 财产清查

财产清查是指通过盘点实物、核对往来款项等来检查和确定各种财产物资和债权债务账实是否相符的一种方法。财产清查分为定期清查和不定期清查，定期清查一般是企业编制年度财务报表之前必须要进行的一项工作，否则就无法保证财务报表数据的真实和完整。不定期清查主要是针对财税部门的检查、资产收购、重组或遭受自然灾害等进行的清查。在清查中如果发现账实不符，需要查明原因、分清责任，及时进行处理。财产清查除了保证账实相符之外，对改进财产管理、降低库存、加速资金周转都具有十分重要的作用。

7. 账项调整

账项调整是指按照权责发生制的要求，对已入账的资产项目和负债项目以及尚未入账的事项进行调整，以确定应该属于本期的收入和费用的一种专门方法。账项调整的原因是持续经营下的会计分期假设，调整目的是使企业报告的盈亏更加接近实际情况，其理论基础是权责发生制。在会计分期假设下，企业存在大量现金收付受益期超过一个会计期间的业务。

例如，企业一次收取客户三年的房租 30 万元，如果企业一次将 30 万元房租作为收到租金期间的收入，将导致其后两年租金收入为零的情况，显然与实际情况不符合，权利与义务不对等。按照权责发生制，将分三年来确认收入，每年确认 10 万元（30/3）。因此，每年年末企业需要通过编制调整分录的方式进行账项调整。

8. 编制财务会计报告

编制财务会计报告是指在日常核算的基础上，按照相关要求和一定格式将企业的经济活动定期编制成财务会计报告，以考核企业经营战略和预算执行结果的一种专门方法。财务会计报告是指企业对外提供的反映企业某一特定日期的财务状况和某一会计期间的经营成果、现金流量等会计信息的文件，主要包括财务报表及其附注和其他应当在财务会计报告中披露的相关信息和资料。财务报表包括资产负债表、利润表、现金流量表和所有者权益变动表。附注是指对在财务报表中列示的项目所作的进一步解释，以及对未能在这些报表中列示项目的说明等。

每个报告期末，会计部门要对账簿资料进行核对，在保证账证相符、账账相符、账实相符的基础上，计算出所有账户的本期发生额及期末余额，并按各类报表的格式及附注的要求，编制财务报表及财务报表附注，通过反映企业在某一特定时日的财务状况和某一特定期间的财务成果及现金流量等信息，评价管理层的受托责任，帮助会计信息使用者做出明智的判断和决策。

财务会计报告一般由企业会计人员编制，但企业负责人和主管会计工作的负责人、会计机构负责人（会计主管人员）须签名盖章；设置总会计师的企业，还应由总会计师签名并盖章。单位负责人应保证财务会计报告的真实和完整。

八种会计核算方法相互联系、相互依存，形成一个完整的会计方法体系。会计核算方法之间的关系如图 1－2 所示。

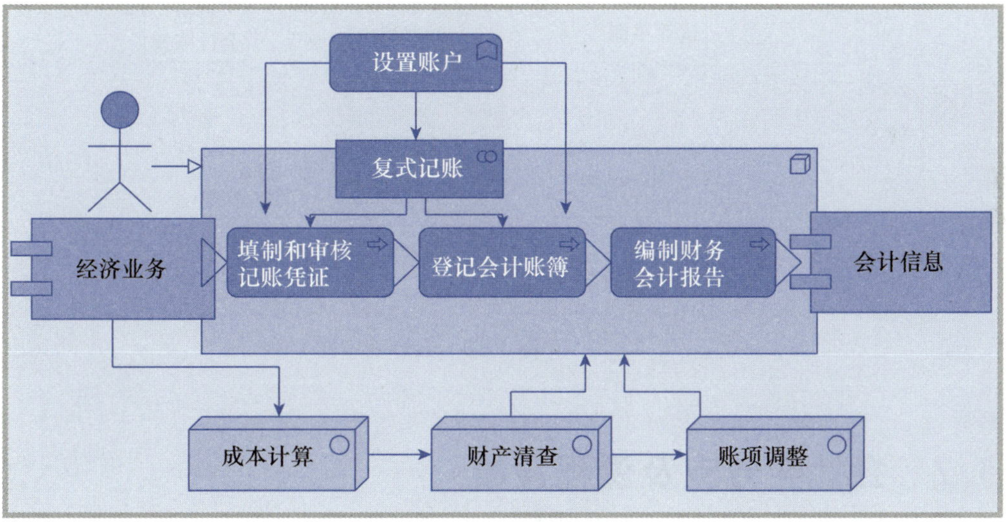

图 1－2　会计核算方法

1.6.2　会计循环

会计循环（accounting cycle）是指将企业经济业务转化为会计信息的会计程序。填制和审核凭证、登记会计账簿和编制财务会计报告是会计循环中的三大核心环节，简称为证账表。具体步骤为：

（1）审核原始凭证。审核原始凭证，保证基础数据真实、准确。

（2）填制记账凭证。根据审核无误的原始凭证填制记账凭证。

（3）登记会计账簿。根据审核后的记账凭证登记日记账、总分类账和明细分类账。

（4）编制调整分录。按权责发生制编制调整分录。

（5）对账。通过核对原始凭证与记账凭证、记账凭证与会计账簿、总账与明细账、会计账簿与财务报表，做到证账、账账、账表、账实相符。

（6）结账。计算出所有账户的本期发生额和期末余额，结平虚账户。

（7）试算平衡。利用会计账簿编制试算平衡表，检查记录是否有错。

（8）编制财务会计报告。根据试算平衡表编制财务会计报告，并定期对外报告。

企业每编制一次财务报表，都是以上步骤的一次循环。会计程序如图1-3所示。

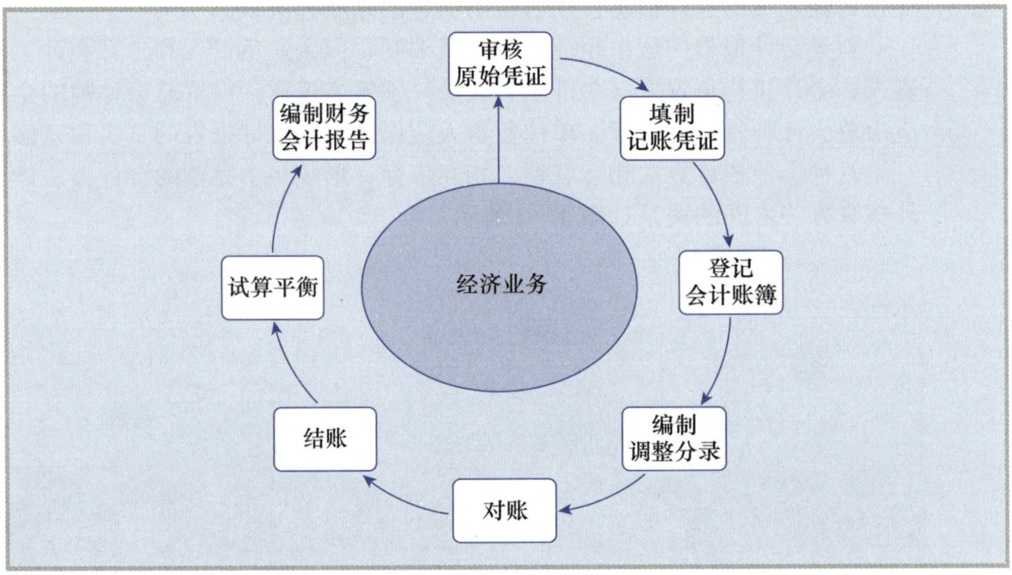

图1-3 会计程序图

1.7 会计学分支及课程设置

1.7 即测即评

1.7.1 会计学分支

会计学是一门研究会计理论和会计方法体系的管理学科。会计学主要有财务会计和管理会计两个分支。

财务会计（financial accounting）是以定期提供企业财务状况、经营成果和现金流量信息为主的知识体系，财务会计信息的主要使用者是投资者、债权人以及其他外部利益相关者。因此，财务会计也被认为是面向对外报告的会计。财务状况是关于资产、负债、所有者权益及其构成状况的信息，如存货、应收账款、固定资产、无形资产、应付账款、股本（实收资本）、资本公积及其各自结构的信息。经营成果是关于收入、成本（费用）、利润及其构成的信息，如收入增长及其构成的变化、利润的形成过程及其各阶段的合理性、费用的构成及其变化等。现金流量信息主要涉及现金流量的构成、规模、时间及其变化等信息，反映现金管理水平和状况。

管理会计（management accounting）是以提供成本管理、绩效评价等信息为主并实现管理控制的知识体系，管理会计信息的使用者主要是企业内部管理人员，因此，管理会计也被认为是面向企业内部报告的会计。管理会计是在成本会计的基础上发展起来的，其核心内容是提供企业决策的成本信息，如产品成本、变动成本、固定成本、沉没成本、成本动因、作业成本以及在此基础上形成的边际利润、本量利分析、作业成本法等，用于长期投资决策的净现值、内含报酬率、回收期等方法也是管理会计的重要组成部分。除了关于决策的相关信息外，管理会计还包含了计划、评价的知识体系，如战略实施、预算、业绩评价等，形成了以“战略→计划→预算→控制→考核→激励”为完整循环的管理控制系统。

针对不同组织，形成了政府会计、非营利组织会计和企业会计。

政府会计是指用于确认、计量、记录和报告各级各类行政单位和事业单位财务收支活动及其受托责任的履行情况的会计知识体系。行政单位和事业单位主要是指与政府财政部门直接或者间接发生预算拨款关系的国家机关、军队、政党组织、社会团体、事业单位和其他单位，适用《政府会计准则》。

非营利组织包括依照国家法律、行政法规登记的社会团体、基金会、民办非企业单位、寺院、道观、清真寺、教堂等，侧重为捐赠人、会员、监管者等外部会计信息使用者服务，适用《民间非营利组织会计制度》。当然，政府和事业单位都是非营利组织，只是执行专门的会计准则。

营利组织是指以盈利为目的，依法进行工商注册登记的经济组织，主要是指各类形式的企业，包括独资企业、合伙企业和公司制企业。根据公司规模大小分别适用《企业会计准则》和《小企业会计准则》。

财务会计的一个重要特征是依据会计准则处理经济业务，因此，上述政府会计和非营利组织会计属于财务会计。会计学分支如图 1-4 所示。

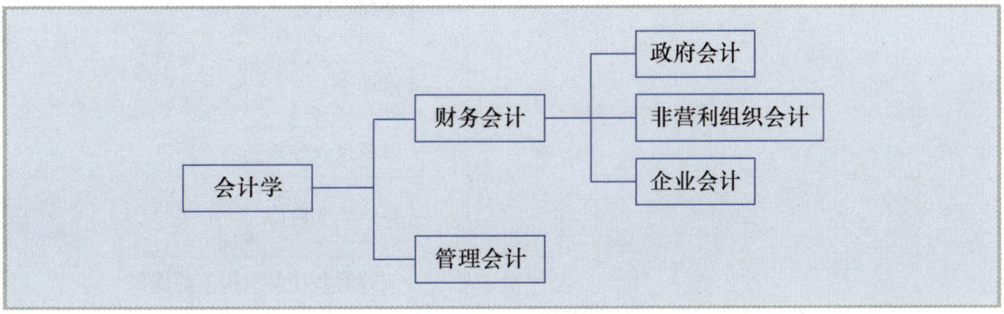

图 1-4 会计学分支

1.7.2 会计学主要课程设置

大学开设的财务会计课程有初级会计学（基础会计或者会计学原理）、中级财务会计（财务会计学）和高级会计学。

财务会计对外报告涉及合规性，财务报告是否真实、公允，是否遵守了企业会计准则，需要独立的第三方组织——会计师事务所进行审计，通过发表专业的审计意见来鉴证企业的财务报告，因此，会计学专业也对审计学课程的学习提出了要求。

当然，任何学科都有其悠久的历史和可以传承的理论，作为会计学基础理论部分还包括会计史和会计理论。

按照《韦氏国际大辞典》的解释，理论是“一套密切联系的假定、概念、有实用价值的原则。它们能够形成探索某一理论的参考框架”。会计理论是关于会计目的、会计对象、会计假设、会计原则等基础问题形成的概念框架，用以说明会计数据是如何核算的，会计信息是如何形成的，是指导会计学科建设和实务工作的基础。

本书既是会计学这个大学科的入门课，也是财务会计的基础课。为便于理解会计学科之间的关系，我们梳理了会计学主要课程，如图1-5所示。

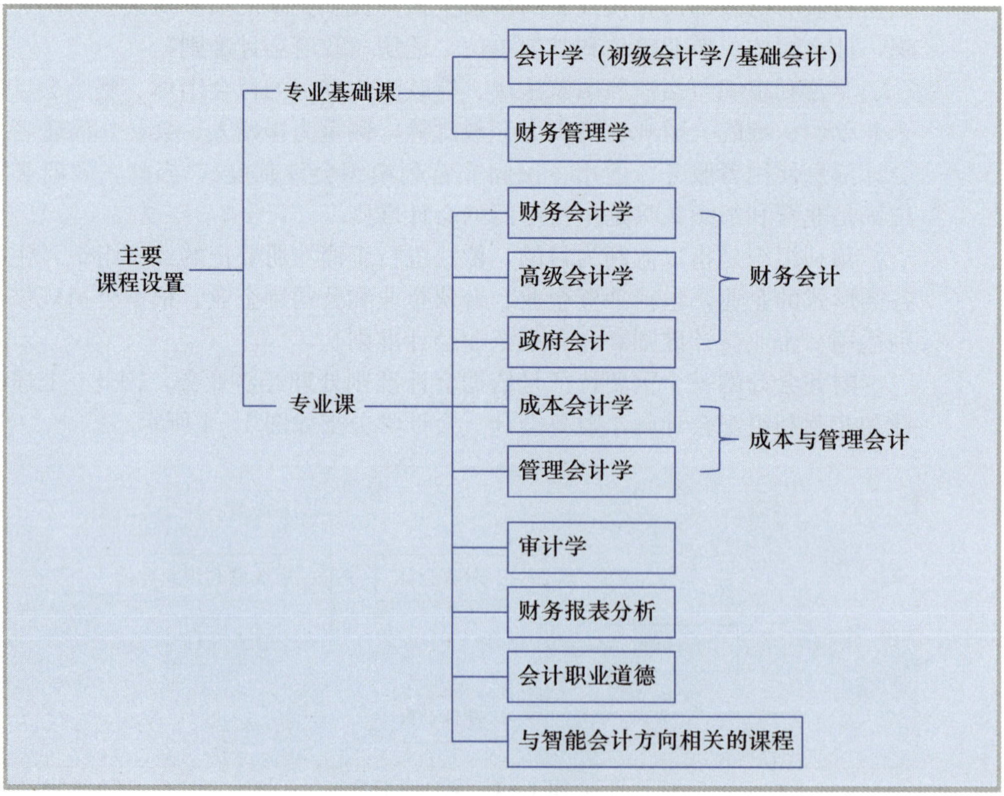

图1-5　会计学主要课程

此外，随着大数据、人工智能、区块链技术在一些大型企业集团和会计师事务所的应用，一批财务机器人、审计机器人和税务机器人已投入使用，不少高校开设了智能会计、智能财务、大数据财务分析与决策、大数据审计等专业和相关课程。

1.8 数智时代下会计的发展趋势

随着科技的不断进步，大数据和人工智能正在深刻地改变着会计的工作方式和思维模式，给会计带来了新的机遇和严峻的挑战。

1. 自动化和智能化的会计处理正在逐步取代人工处理

AI 可以通过机器学习算法，自动识别和处理各种会计实务，实现从电子原始凭证到财务报表的一键输出，大大提高了会计工作的效率。

2. 预测分析的精度更准确、维度更全面

AI 可以通过大数据收集、整理和分析大量的财务数据和非财务数据，更好地预测市场的发展趋势和企业未来的财务状况、经营成果及现金流量，从而帮助企业提前做好财务规划，实时动态地为企业经营管理赋能。

3. 风险管理的重要性得到进一步的提升

在大数据和人工智能环境下，会计的角色正在从传统的财务管理者转变为风险管理者。因为大数据和 AI 可以帮助会计师更准确地识别风险和评估风险，从而为企业的风险管理和控制提供更有效的支撑。

4. 法律法规和伦理的重要性日益突出

虽然大数据和 AI 为会计工作带来了许多便利，但同时也带来了一些伦理和法规问题。例如，如何保护个人隐私，如何防止数据被篡改，以及数据的存储安全等。因此，未来的会计学科将更加重视法律法规和伦理的研究，以确保会计工作的合法性、合规性和公正性。

总之，数智时代将是一个以数据驱动、自动化、智能化、风险管理和伦理法规为主导的新时代。在这个新时代，除了掌握会计的基础理论、逻辑程序和方法，还需要增加对大数据和人工智能相关知识的学习和研究，包括各种数据分析软件工具如 Python 等的使用，使自己快速融入这个新时代。

诚然，人工智能的出现对会计从业人员提出了新的挑战，未来许多基础性的会计工作不可避免会被人工智能所替代，其主要替代的是财务会计程序性工作；对于管理职能，即利用会计信息进行管理决策分析的功能不会受到削减，反而会进一步加强。广大的会计从业人员可以将大量的时间和精力投入数据分析，运用数据为决策提供有力的依据，并且在现有的技术变革中找到自己的定位，转型成为改善企业经营效率的管理会计。

此外，会计作为一门商业语言，能够了解任何一种商业活动的经营过程，识别其纷繁复杂外表下的实物流、资金流和信息流。只要存在商业，会计这门商业语言就不会消失，会计工作也因其独特性而无法被替代。

关键术语

会计（accounting） 确认（recognition）
计量（measurement） 记录（recording）
报告（reporting） 账户（account）
复式记账法（double-entry bookkeeping）
会计循环（accounting cycle） 会计目标（accounting purposes）
会计信息使用者（accounting information users）
利益相关者（stakeholders） 投资者（investor）
债权人（creditor） 会计假设（accounting assumptions）
会计原则（accounting principles） 会计主体（accounting entity）
持续经营（going concern） 会计分期（accounting period）
货币计量（monetary measurement） 可靠性（reliability）
相关性（relevance） 清晰性（clarity）
可比性（comparability） 实质重于形式（substance over form）
经济实质（economic substance） 重要性（materiality）
谨慎性（prudence，conservatism） 及时性（timeliness）
权责发生制（accrual basis of accounting）
配比原则（matching principle） 收益性支出（revenue expenditure）
资本性支出（capital expenditure） 财务会计（financial accounting）
管理会计（management accounting） 成本会计（cost accounting）

思考题

Q1-1 会计产生和发展的驱动因素有哪些？你对会计的哪段历史比较感兴趣？

Q1-2 请描述一下你对会计的认识。

Q1-3 会计的基本职能是什么？

Q1-4 请从身边寻找一些例子来说明会计的作用。

Q1-5 会计目标是什么？为什么说企业的利益相关者就是企业财务信息的需求者？

Q1-6 会计核算的方法有哪些？

Q1－7 企业在进行会计核算之前为什么要做出若干假设？会计公认的假设有哪些？

Q1－8 会计信息质量要求中，你对哪一个印象最深？为什么？

Q1－9 会计学的分支包括哪些内容？

Q1－10 大数据、人工智能对会计带来了哪些挑战？你如何应对？

案例题

目的： 区分会计主体与非会计主体的活动。

资料： 张先生开了一家小商店，经营油、盐、酱、醋等小商品。张先生日常生活中需要的啤酒、油、盐、酱、醋等商品就直接从自己的商店里拿，也从来不记账，因为他觉得都是自己家的东西，反正没有与他人发生经济往来。但是，税务局的检查人员在检查中提出他有逃避缴纳税款的嫌疑，张先生觉得很委屈。

要求： 你认为税务局检查人员的说法有道理吗？

第 2 章 会计要素与会计等式

素养提升

1. 价值塑造

- 培养平衡即美的哲学思维，欣赏会计的平衡之美，资产永远等于权益。
- 明白权利可以放弃，但债务必须要偿还的道理。
- 树立债权人权益优先于所有者权益的观念。
- 将人生财富放入会计等式以衡量对社会的净贡献。

2. 知识传授

- 资产、负债和所有者权益是构成会计等式的要素，缺一不可。不管发生什么经济业务，都不会破坏会计等式的平衡关系。
- “资产＝负债＋所有者权益”所要表达的含义，就是有多少资产就对应多少权益，权益要求权的货币表现等于资产的价值，不能高于一分，也不能低于一分。
- 当企业资不抵债进入破产清算环节时，按照《中华人民共和国破产法》的清偿顺序，要优先清偿债权人的权益，剩余的才是所有者的权益。
- 理解所有者（股东）权益是剩余权益，股东是公司最终风险的承担者。
- 从资金运动角度，会计等式反映的信息就是企业的资金从哪里来，又用到哪里去了，揭示的逻辑是“资金占用＝资金来源”。

3. 能力培养

- 通过会计要素和会计等式的学习，培养学生将经济业务转化为会计语言的能力，以及用会计语言正确描述经济业务的能力。
- 培养学生将会计平衡思想运用到日常生活和工作之中的能力，不必纠结于一时的得与失。从长远看，得与失是平衡的，从而增强获得内心平衡和幸福的能力。

● 培养学生欣赏会计的平衡之美，进而发现和欣赏身边一切美好事物的能力，进而达到身心愉悦和心理健康的目的。

● 会计恒等式还带给学生很多人生哲学思考。会计恒等式可以从两个方面对学生的财富进行衡量：一方面用于衡量物质财富，资产减去负债，剩余的属于学生自己的权益，代表着你将多少社会财富据为己有。另一方面用于衡量精神财富，资产是你给予他人多少帮助，付出了多少情义；负债是你获得了多少帮助；资产减去负债，留下的是你对社会的净贡献。引导学生增加人生资产，减少人生负债，留下更多的权益，为社会做出贡献。

素养提升

学习目标

1. 掌握：资产、负债、所有者权益、收入、费用和利润的概念与分类。
2. 理解：任何经济业务的发生都不会破坏会计等式的恒等性。
3. 了解：会计等式保持平衡的原理。

2.1 会计对象

2.1 即测即评

会计对象是会计主体核算和监督的客体，具体表现为企业的经济活动。经济活动的本质是一种资金的流动，因此，会计对象又可抽象为资金运动。企业的经济活动分为筹资活动、投资活动和经营活动。

1. 筹资活动

筹资活动（financing activity），也称融资活动，融资分股权融资和债务融资。股权融资是指公司通过出售其股权给投资者以取得资金的行为。债务融资是企业从金融机构借入资金，或向社会发行债券进行融资的行为。

2. 投资活动

投资活动（investing activity）是指企业将筹措的资金用于获利项目的行为，分直接（对内）投资和间接（对外）投资。直接投资是指直接从事企业的生产经营活动，包括购买设备、开办工厂、建设销售渠道等；间接投资主要是指通过购买其他企业的股份、债券等有价证券所进行的投资。

投资者可用货币性资产和非货币性资产进行投资。非货币性资产主要是指实物资产和无形资产。实物资产如机器、设备、厂房、生产线等；无形资产如专利、专有技术、商标、卓越的管理能力等。

3. 经营活动

经营活动（operating activity）是指企业除投资活动和筹资活动以外的所有交易和事项，主要是企业日常发生的经济业务，比如商店每天的进货、补货、销售；企业每天要进行的采购、生产、销售等活动。

企业的筹资活动、投资活动和经营活动之间相互联系，构成一个完整的经济活动循环。企业成立初始主要依赖投资者提供的资金，待企业进入正常的生产经营活动以后，又会形成源源不断的利润推动企业持续发展。企业经济活动循环如图2-1所示。

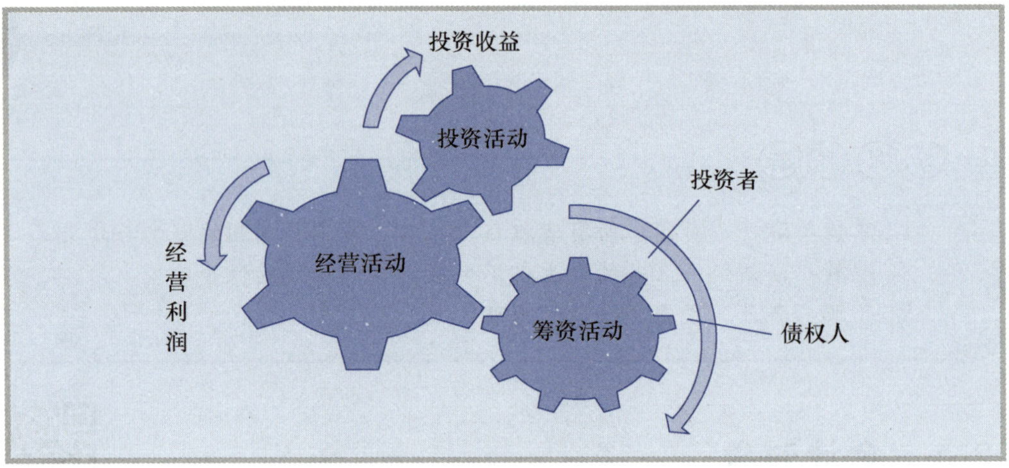

图2-1 企业经济活动循环

企业的经济活动在会计学上称为经济业务。经济业务，又称会计事项，是指在经济活动中使资金发生增减变动的交易或者事项。**交易**（transactions）是指企业与其他单位、企业与个人之间发生的经济业务，如购买原材料、销售产品、支付工资等；**事项**（events）通常是指企业内部发生的经济业务，如固定资产折旧、存货跌价准备的计提等。习惯上，会计在处理这些交易和事项时不进行区分，统称为经济业务。

企业经济业务就是会计要进行核算和监督的对象，简称会计对象。

2.2 会计要素

2.2 即测即评

会计要素（accounting elements）是对企业经济活动的概括性描述和界定，是根据会计对象的经济特征所作的基本分类，是会计对象的具体化。

会计要素是会计理论的组成部分，是对企业经济活动的高度浓缩和概括，理解起来比较抽象，下面先做一个事实性描述。

企业将筹措的资金转化为从事生产经营活动所需的经济资源（厂房、机器设备、存货等），这些资源能够为企业带来未来的经济利益，会计将具有这些特征的财产物资称为资产；如果这些资金是投资者提供的，投资者就对这些资产享有所有权，因而形成所有者权益；如果这些资金来自债权人，则债权人享有到期收回本金和利息的权利，企业则负有到期还本付息的义务，会计将企业承担的这种现时义务称为负债。

企业将获得的经济资源用于商品生产或提供服务，通过销售商品或提供服务获得高于投入的货币资金。会计将能够用货币表现的、从经营活动产生的经济利益流入称为收入。企业为取得一定数量的收入，必然要付出相应的代价，如为销售商品发生的进货成本、销售人员工资、设备、房屋的损耗、材料的耗费等。也就是说，要获得一定量的经济利益流入，总要有相应的经济利益流出或耗费。会计上将能够用货币表现的经济利益流出或耗费称为费用。费用是为取得收入所付出的代价，是需要从收入中得到补偿的耗费。当收入大于费用时，企业获得利润；当收入小于费用时，企业发生亏损。

事实上，对企业经济活动的描述可以分为静态的财务状况描述和动态的经营成果描述。静态的描述可用某一时点上的资产、负债和所有者权益来表达；动态的描述可用某一期间的收入、费用和利润来表达。

会计将上述资产、负债、所有者权益、收入、费用和利润统称为会计要素。我国《企业会计准则——基本准则》对资产、负债、所有者权益、收入、费用和利润有较为规范的定义。

2.2.1　资产

1. 资产的概念

资产（asset）是指过去的交易或事项形成的并由企业拥有或者控制的，预期会给企业带来经济利益的资源。其特征为：

第一，资产必须是企业拥有或控制的。拥有是指拥有产权（所有权）；控制是指虽然没有产权，但有支配使用权。例如，从银行取得借款存在自己公司开户账上，应该列入本企业的资产。但横穿工厂的市政道路，虽然能为企业使用并带来经济利益，但所有权不是企业的，是社会的公共资源，因此该市政道路不属于企业的资产。

第二，资产是能为企业带来经济利益的资源，不能带来经济利益的资源不是企业的资产。如公司有一台弃之不用的机器，机器不投入使用是不会产生经济利益的，因此准备废弃的机器不是企业的资产。

第三，资产是过去的交易或事项形成的，未来的交易可能形成的资产不能加以确认。例如，公司与客户签订一份合同，预计明年要购入一条新的流水线。签订合同不等于履行了合同，该流水线不能确认为一项资产。

2. 资产的分类

资产按流动性分为流动资产与非流动资产。会计上所称的流动性主要是指资产的变现能力。在一年或一个营业周期[①]内变现或耗用的资产称为**流动资产**（current asset），包括库存现金、银行存款、交易性金融资产、预付账款、应收票据、应收账款、存货等。一年或一个营业周期以上变现的资产称为**非流动资产**（non-current asset），包括长期股权投资、固定资产和无形资产等。

（1）库存现金。库存现金是指企业用于零星收付的纸币和硬币。我国《现金管理暂行条例》规定，超过现金结算起点的收付一律通过银行进行结算。不同单位结算起点不同，比如，结算起点为 2 000 元的单位，所有超过 2 000 元（含 2 000 元）以上的收付，必须通过银行进行结转，2 000 元以下的才可以用现金结算。

（2）银行存款。银行存款是指企业存放在银行或其他金融机构的款项，用于结算起点以上的单位之间的资金收付结算。

（3）交易性金融资产。交易性金融资产是指企业持有的随时可以用于交易的股票、债券、基金等金融资产。企业持有此类金融资产的目的是低买高卖，赚取价差。

（4）预付账款。预付账款是指企业在购买商品或服务之前支付给供应商的款项。

（5）应收票据。应收票据是指企业因销售商品或提供服务而收到的尚未到期的商业汇票，主要是银行承兑汇票。票据是证明交易双方债权债务存在的一种凭证，汇票是使用较为广泛的票据，主要用于商品或服务的结算。汇票由出票人或付款人签发，承诺在某一特定日期无条件支付一定金额给持票人或收款人的凭证。汇票按承兑人不同，分为银行承兑汇票和商业承兑汇票。

（6）应收账款。应收账款是指企业因销售商品或提供服务应该收取而尚未收到的款项。应收账款是企业的一项债权。

（7）存货。存货是指企业持有的以备生产、加工使用的原材料及各种辅助材料，以备销售的商品、半成品，以备周转使用的包装物和低值易耗品等周转材料。

（8）长期股权投资。长期股权投资是指企业持有被投资企业的股权，不准备在一年内变现的投资。主要是指对子公司、合营企业和联营企业的投资。

（9）固定资产。固定资产是指使用年限在一年以上，单位价值在规定标准以上，并在使用过程中保持原来物质形态的资产，包括房屋、建筑物、机器设备、运输设备、工具器具等。

（10）无形资产。无形资产是指企业拥有或控制的没有实物形态、可辨认的非货币性资产，包括专利权、商标、专有技术、土地使用权等。

资产按流动性分类如图 2－2 所示。

---

① 营业周期是指企业从购买用于加工的资产起至收回现金或现金等价物的期间。例如，一个制造业的营业周期通常包括购买材料、生产产品、销售商品、收回现金的期间。一般企业的正常营业周期通常短于一年，也就是说，在一年内通常有几个营业周期。但是，也存在正常营业周期长于一年的情况，例如船舶制造、大型机械设备制造等特殊行业。在这种情况下，与生产循环相关的产成品、应收账款、原材料尽管超过一年才变现、出售或耗用，但仍应作为流动资产。当正常营业周期不能确定时，应当以一年（12 个月）作为正常营业周期。

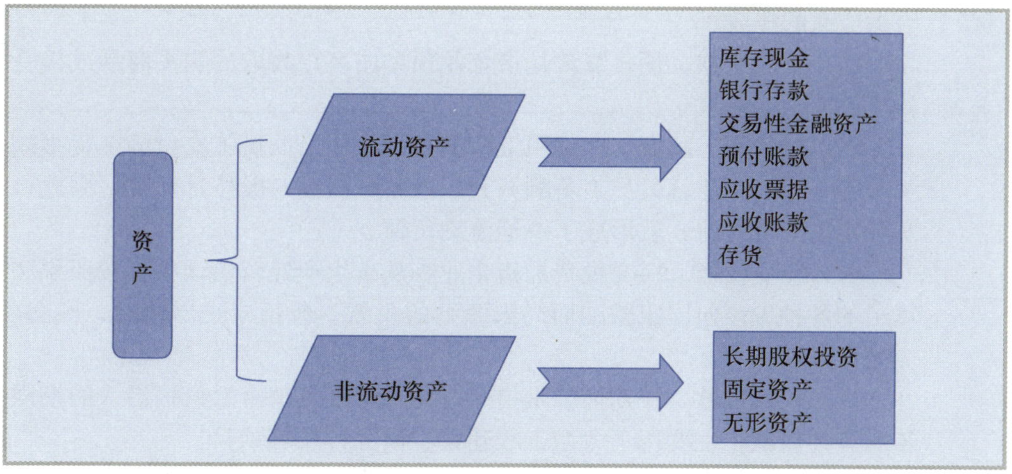

图 2-2　资产按流动性分类

2.2.2　负债

1. 负债的概念

负债（liability）是指过去的交易或事项形成的，预期会导致经济利益流出企业的现时义务。其特征为：

第一，负债是一种现时义务。现时义务是指企业在现行条件下已承担的义务。未来发生的交易或者事项形成的义务不属于现时义务，不应确认为负债。

第二，履行义务会导致经济利益流出企业。

第三，负债是过去的交易或事项形成的。

例如，企业向银行借入资金 10 万元，期限 6 个月，利率为 5%。向银行借入资金符合负债的三个特征，一是借款产生的义务，属于现时义务；二是承诺在 6 个月后还本付息，会导致经济利益流出企业；三是借款已经发生。

2. 负债的分类

负债按流动性分为流动负债和非流动负债。

流动负债（current liability）是指将在一年或者超过一年的一个营业周期内偿还的债务，包括短期借款、应付票据、应付账款、预收账款、应付职工薪酬、应交税费等。

非流动负债（non-current liability）是指偿还期在一年或者超过一年的一个营业周期以上的债务，包括长期借款、应付债券、租赁负债、预计负债等。

（1）短期借款。短期借款是指企业向银行或其他金融机构借入的期限短于一年，主要用于补充企业流动资金的各项借款。

（2）应付票据。应付票据是指企业因购买商品或接受服务而开给收款人或持票人特定金额和期限的商业汇票。

（3）应付账款。应付账款是指企业因购买商品或接受服务应该支付而未支付给供应商的账款。

（4）预收账款。预收账款是指企业预先向客户收取的购买商品或接受服务的款项。

（5）应付职工薪酬。应付职工薪酬是指企业应向员工支付的工资报酬。员工每服务一天，企业就欠员工薪酬一天，但薪酬费用一般按月计算，因此，在企业实际发放工资之前，就形成了一笔流动负债。

（6）应交税费。应交税费是指企业在从事生产经营活动中，按照税法要求计算出的各种应该向国家缴纳而尚未缴纳的税款。包括应交增值税、应交所得税、应交消费税等。

（7）长期借款。长期借款是指企业向银行或其他金融机构借入的期限超过一年的各种借款，主要用于大型工程建设、研究开发等项目。

（8）应付债券。应付债券一般是指企业为筹措大型工程建设、研究开发等项目向社会公开发行债券而筹集的长期资金。债券有面值、票面利率和期限，企业应在约定的时间和条件下按票面利率偿还利息和本金，在没有偿还之前形成企业的非流动负债。

负债按流动性分类如图2-3所示。

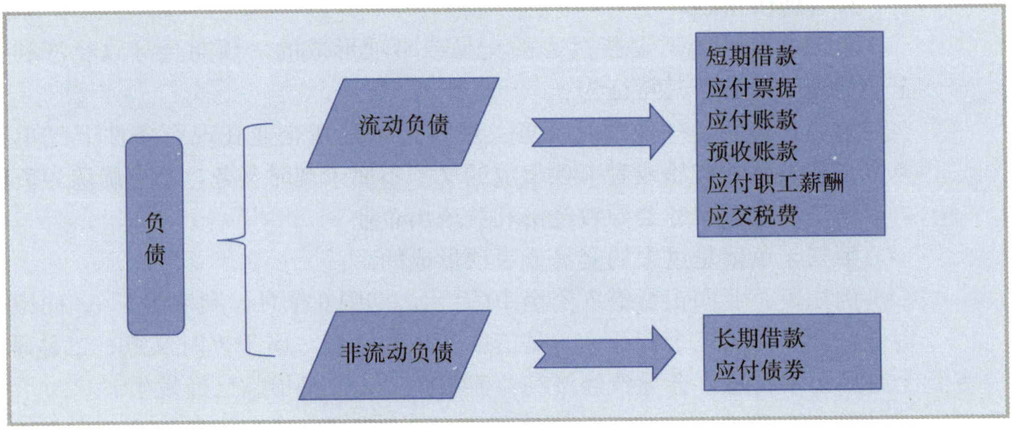

图2-3 负债按流动性分类

2.2.3 所有者权益

1. 所有者权益的概念

所有者权益（owners' equity，stockholders' equity）是指企业资产扣除负债后由所有者享有的剩余权益。公司的所有者权益又称为股东权益。从公司实体论而言，资产是公司的资产，负债是公司的负债，资产减去负债的剩余应该属于公司。但从业主权益论而言，公司是所有者的公司，所有者是公司风险的最终承担者，当然也是利益的归属者。其特征为：

第一，所有者权益是剩余权益，所有者仅对企业的净资产享有所有权，净资产是资产减去负债后的余额。

第二，所有者权益的金额不能单独计量，依赖资产和负债的计量。

2. 所有者权益的种类

所有者权益包括实收资本（股本）、资本公积、盈余公积和未分配利润。

（1）实收资本（股本）。**实收资本**（paid-in capital，capital stock）是指投资者按照有限责任公司章程或合同、协议的约定，实际投入企业的资本。股本是按照股份面值计价的投入资本，我国上市公司发行的股票面值为每股一元人民币。事实上，股票的面值是多少并不重要，重要的是依此来计算投资者在整个资本中所拥有的份额。占比高的就可能成为企业的控股股东，进入公司董事会，拥有主导公司经营发展的权利。一般有限责任公司用实收资本，股份有限公司用股本。

（2）资本公积。**资本公积**（capital reserve）是指投资者共有的资本，包括资本（股本）溢价和其他来源形成的资本。

股本溢价是指超过股本面值的投入资本。例如，股票发行价格为6元/股，其中1元计入股本，超过股本的部分5元计入股本溢价。

（3）盈余公积。**盈余公积**（surplus reserve）是指企业按照《中华人民共和国公司法》（以下简称《公司法》）的规定及董事会的决议从当期税后利润中提取并留存在企业的收益，可用于弥补企业亏损。按照《公司法》要求提取的盈余公积称为法定盈余公积，按董事会决议提取的盈余公积称为任意盈余公积。

（4）未分配利润。**未分配利润**（undistributed profits）是指企业尚未指定用途，留待以后再向股东分配的利润。

盈余公积和未分配利润统称为留存收益，都是企业赚取的尚未分配的收益。区别在于盈余公积是指定了用途的收益，比如可以用于弥补企业亏损等。未分配利润是暂时还没有指定用途的收益，留待以后进行分配。

以上四项内容可以通过下面的例子加以说明。例如，某公司在深圳证券交易所发行1亿股股票，发行价为10元/股。每股面值为1元人民币。会计在记录时，将10亿元发行收入分成两个部分进行记录，1亿元面值（1亿股×1元）记入“股本”，以满足法律对资本按面值表述的要求；9亿元股本溢价（超过股本面值部分）记入“资本公积”。公司上市一年后赚取税后利润5 000万元，这5 000万元是企业资本的增值额，属于留存收益，按照《公司法》的规定，按当年税后利润的10%计提法定盈余公积，5 000万元中的500万元形成盈余公积，剩余的4 500万元是当期形成的未分配利润。

企业的所有者权益虽然分为四项，但企业的所有者权益事实上由两部分组成，一是投资者投入的资本；二是企业在生产经营活动中赚取的留存在企业的收益。

资本与收益的划分，是会计经过几百年的演进才形成的，具有弥足珍贵的意义。前者反映投入的本钱，后者反映由本钱赚取的钱。本金和获利对于独资企业而言是否划分意义不大，都属于老板自身。但对于合伙企业、公司制企业则有非凡的意义，涉及是否要分利、分多少，如何考核经营业绩以及税收等一系列重大问题。

所有者权益的构成如图 2-4 所示。

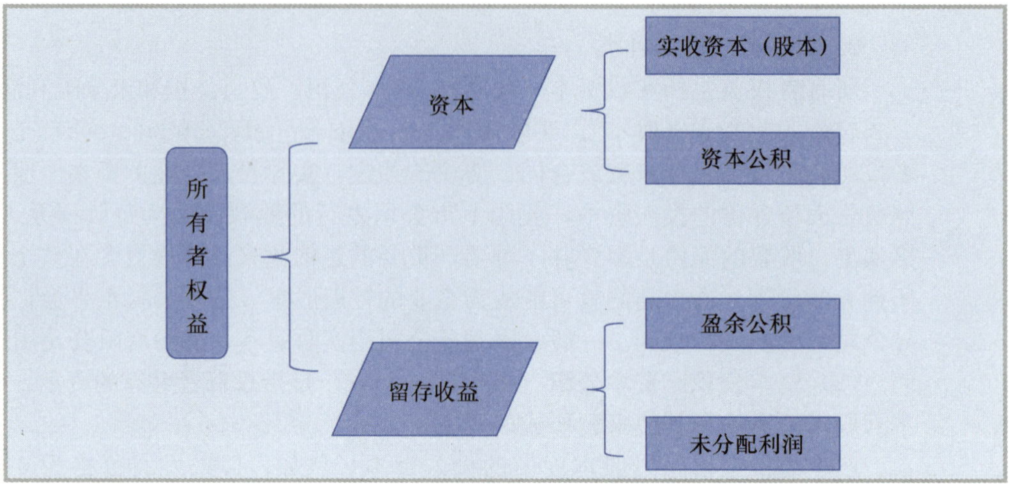

图 2-4 所有者权益的构成

资产、负债和所有者权益三大会计要素构成资产负债表的骨架（基本单元），又称资产负债表要素。我们在考察企业有多少资产、多少负债和多少所有者权益时，一般是从静止的某个时点来观察的，比如在月末（1 月 31 日）、季度末（3 月 31 日）、半年末（6 月 30 日）或者年末（12 月 31 日）。因此，资产、负债和所有者权益又被称为静态的会计要素。

2.2.4 收入

1. 收入的概念

收入（revenue）是指企业在日常活动中形成的、会导致所有者权益增加的、与所有者投入资本无关的经济利益的总流入。其特征为：

第一，收入来自企业的日常活动。日常活动是企业为完成经营目标所从事的与之相关的经常性的活动，是持续、可重复进行的活动。比如，商业企业的商品买卖活动，制造业的采购、生产、销售活动，银行业的借贷活动等。

第二，收入会导致所有者权益增加。收入增加必然带来资产增加或者负债减少，或两者兼而有之。资产增加、负债减少最终导致所有者权益增加。

第三，收入是与所有者投入资本无关的经济利益的总流入。收入会导致经济利益流入企业，大多表现为资产增加，但并不是所有资产增加都是收入，投资者的投入以及代第三方或客户收到的款项就不是企业的收入。

以上定义是按照现行准则的定义，在学术上被称为狭义的收入。主要强调来自日常活动的收入，日常活动具有经常性和重复性，是企业管理者能够控制的活动，如销售商品、提供劳务、出租等业务。

与狭义收入相对应的是广义收入，广义收入不仅包括日常活动收入，还包括非日常活动收入。非日常活动收入是企业无法控制的事项所产生的，如罚款收入、捐赠利得等。为了便于与日常活动收入相区别，会计将这种非日常活动产生的好处，称为**利得**（gain）。

收入是英文 revenue 的翻译，revenue 源自法语，有返还、归还之意，是企业投入资源而收回的投资，投入的资源（流出）称为费用，收回的投资（流入）称为收入，为便于与非日常活动带来的利益流入相区别，会计称这种由于日常活动带来的收入为营业收入，为了便于分清主次，又有主营业务收入与其他业务收入之分。

非日常活动带来的经济利益流入（利得）则用营业外收入加以识别。

2. 收入的分类

按广义收入进行分类，收入分为营业收入和营业外收入。营业收入又分为主营业务收入和其他业务收入。

（1）主营业务收入。主营业务收入是企业的主要经营活动产生的收入，如销售商品、提供服务的收入。主营业务可以是一项业务，也可以是多项业务的集合，比如，一个集团既有码头、矿井，又有酒店、商贸、旅游等业务，企业可将这些业务带来的收入都确认为主营业务收入。

（2）其他业务收入。其他业务收入是除主营业务活动以外的其他经营活动带来的收入。如出售原材料，出租固定资产、无形资产和包装物等业务取得的收入。

（3）营业外收入 。营业外收入是企业非日常活动产生的利得。一般与正常的生产经营活动没有直接关系，不是经常发生的，带有偶发性，不具有重复性。主要包括罚款收入、捐赠利得等，是直接计入当期利润的利得。

广义收入的分类如图 2-5 所示。

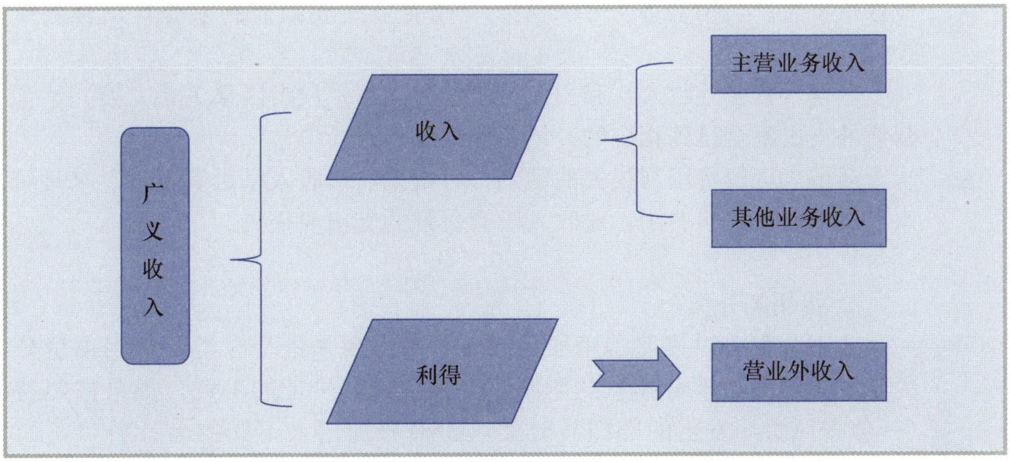

图 2-5 广义收入分类

2.2.5 费用

1. 费用的概念

费用（expense）是指企业在日常活动中发生的、会导致所有者权益减少、与向所有者分配利润无关的经济利益的总流出。其特征为：

第一，费用是企业日常活动中产生的。费用与收入是相对应的概念，是企业为取得收入而付出的代价，如企业销售商品收取货款10万元，即实现了10万元的收入，为实现10万元的收入而付出了商品购买成本7万元，7万元便形成了费用。

第二，费用会导致所有者权益减少。因为费用是利润的减项，费用增加，利润减少，最终导致所有者权益减少。

第三，费用最终会导致企业资源减少。这种减少具体表现为企业资金的支出或企业资产的耗费，即费用表现为经济利益流出，但不是所有的经济利益流出都是费用，如向所有者分配利润虽然也导致经济利益流出，但不是企业的一项费用，是企业用赚来的利润回报投资者。有时经济利益的流出并不完全直接表现为费用的增加，一部分是先以资产的形式存在，随着对资产的使用和消耗再转化为费用。例如，存货出售以后变成已售产品的成本，固定资产通过折旧转化为费用等。将经营过程作为一个动态过程来看，一切费用都可以视为瞬间的资产。

与收入概念相对应，费用也分为狭义的费用和广义的费用。上述费用的概念是狭义费用，广义费用还包括**损失**（loss）。损失是企业无法控制的事项所产生的，如罚款支出、资产报废损失、盘亏损失等。这些经济利益的流出用营业外支出加以识别。

狭义收入与狭义费用具有很强的相关性，所得是果，所费是因。一笔费用的支出，可以得到一笔收入的回报，直接对比能够得出利润（亏损）。它们都是企业在从事生产、销售业务中产生的，是企业主要的盈利来源，具有重复性和可控性。

利得（营业外收入）和损失（营业外支出）没有因果关系。换句话说，一笔营业外支出不会得到相应的一笔营业外收入。

通俗来理解费用与损失的区别，可根据“对收入是否有贡献”来理解。对收入有贡献的支出叫费用，对收入没有贡献的支出叫损失。

2. 费用的分类

费用分类可以按照费用项目或者费用性质来进行分类。费用项目分类贯彻的是“谁受益，谁分担”的原则。比如支付给员工的工资，如果按照费用项目（一般按照费用发生的部门）分类，要被分别记入不同的会计科目，如生产工人的工资记入生产成本，管理人员的工资记入管理费用，销售人员的工资记入销售费用。

我国利润表是按照费用项目设计的，因此对费用的分类，需要从利润表视角来理解。利润表是期间报表，反映的项目都是在当期发生的费用。

从利润表角度来看，与本期收入相关的成本（费用）都称为费用，需要从营业收入中扣除。费用包括营业成本、税金及附加、销售费用、管理费用和财务费用。营业成本包括主营业务成本和其他业务成本。

计算当期利润是为了考察企业从事生产经营活动的业绩，由于经营业绩可以重复，可以预期，也被会计信息使用者用于分析、判断和决策，更是资本市场上投资机构用于企业估值的重要依据。

利润表还包括很多其他影响利润的项目。这些内容需要会计知识的慢慢积累才能完全理解，本书只涉及基础性和根本性内容。

（1）主营业务成本。主营业务成本是指企业主要经营活动发生的耗费，如销售商品或提供服务所发生的成本。主营业务成本与主营业务收入是相对应的一个概念，如果是销售商品获得的主营业务收入，主营业务成本就是取得或制造该商品发生的成本；如果是提供服务获得的主营业务收入，主营业务成本就是提供服务的成本。它们都是为取得主营业务收入而付出的代价。

（2）其他业务成本。其他业务成本是指除主营业务活动以外的其他经营活动所发生的耗费，如出售材料的成本，让渡资产使用权的成本（出租固定资产折旧、出租无形资产的摊销额、出租包装物的成本等）。它们都是为取得其他业务收入而付出的代价。

（3）税金及附加。税金及附加是指企业经营活动应负担的各种税费和教育费附加，包括消费税、城市维护建设税、资源税、教育费附加、房产税、土地使用税、车船税、印花税等相关税费。

（4）销售费用。销售费用是指为推销产品以及专设销售机构而发生的各种费用。主要包括运输费、装卸费、包装费、保险费、广告费、展览费等。

（5）管理费用。管理费用是指为组织和管理企业生产经营活动而发生的费用，主要是企业管理部门发生的各种费用。主要包括管理人员的工资、办公费、差旅费、固定资产折旧费等。

（6）财务费用。财务费用是指企业为筹措资金而发生的费用。主要包括企业生产经营期间发生的利息支出（减利息收入）、汇兑净损失等。

销售费用、管理费用和财务费用合称为期间费用。期间费用是为取得某期间各项收入而发生的共同费用，不是为取得某一项特定收入而发生的费用。

（7）营业外支出。营业外支出是企业非日常活动发生的损失。营业外支出一般与正常的生产经营活动没有直接联系，不是经常发生的，带有偶发性，不具有重复性，如捐赠支出、罚款、非流动资产毁损报废损失、自然灾害造成的损失等。

（8）所得税费用。所得税费用是企业按照税法的规定，将企业利润的一定比例以所得税的方式向国家缴纳。缴纳所得税会导致经济利益流出企业，是企业的重要费用。

广义费用分类如图2-6所示。

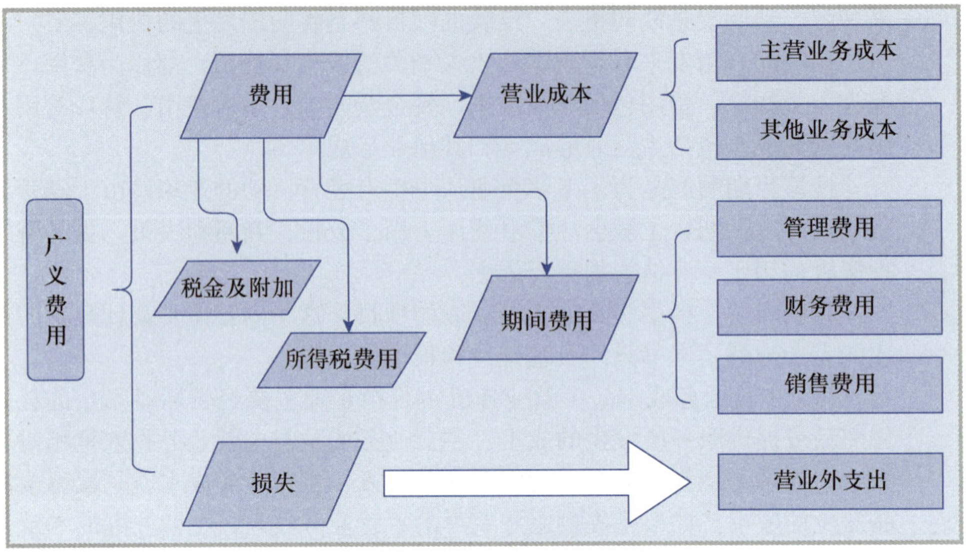

图 2-6　广义费用分类

2.2.6　利润

1. 利润的概念

利润（profit）是指企业在一定会计期间的经营成果，是企业在一定期间所有收入与所有费用之间的差额，包括经营业务带来的利润和非经营业务带来的利润。经营业务带来的利润是收入减去费用后的净额，非经营业务带来的利润是直接计入当期利润的利得（营业外收入）和损失（营业外支出）等。其特征为：

第一，利润是企业在一定期间的经营成果。经营成果可能是盈利，也可能是亏损。

第二，利润是企业日常经营活动的结果。会计将日常活动取得的经济利益流入称为收入，日常经营活动产生的经济利益流出称为费用。收入大于费用，则盈利；收入小于费用，则亏损。收入与费用之间有因果关系，具有可重复性。

第三，直接计入当期利润的利得和损失是企业非日常活动的结果。非日常活动取得的经济利益流入称为利得，非日常经营活动产生的经济利益流出称为损失。利得与损失之间没有因果关系，因此不用进行配比。发生利得直接计入当期利润，发生损失直接抵减当期利润。利得和损失是偶发的，不具有重复性，一般在报表中各自按净额进行披露。

第四，利润不单独计量。利润金额取决于收入和费用、直接计入当期利润的利得和损失金额的计量。

2. 利润的种类

利润是一个综合性指标，包括营业利润和非营业利润。

(1) 营业利润。营业利润包括企业日常经营活动产生的利润和投资活动产生的投资收益。日常经营活动主要是指销售商品和提供服务获取的利润；投资活动带来的投资收益是投资净收益额。利润表将公允价值变动收益、资产减值损失、资产处置收益、其他收益等也列入了营业利润。

(2) 非营业利润。非营业利润是指企业非日常活动产生的利得（营业外收入）和损失（营业外支出）的差额。利得和损失在发生时，直接计入当期损益。

(3) 总利润。总利润包括来自日常经营活动的利润和非日常活动的利润，即

总利润＝营业利润＋非营业利润

(4) 净利润。净利润是企业总利润减去所得税费用后的差额。

净利润＝总利润－所得税费用

所得税是指以纳税人的所得额为课税对象征收的一种税。所得税费用是指当期可以从利润总额中扣除的所得税，包括当期所得税费用和递延所得税费用（收益），递延所得税费用超出本书内容，请参见《财务会计学（第 14 版 · 立体化数字教材版）》或者《高级会计学（第 9 版 · 立体化数字教材版）》。

上述利润分类是按照利润表主要内容进行的划分，实际利润表的项目更为复杂。实务中企业利润还包括接受政府各种补助形成的其他收益，企业资产处置时获得的资产处置损益，物价变动导致资产贬值形成的资产减值损失，企业对外投资取得的投资收益，以及金融资产采用公允价值计量所确认的公允价值变动损益。企业日常活动和非日常活动形成的利润，如图 2－7 所示。

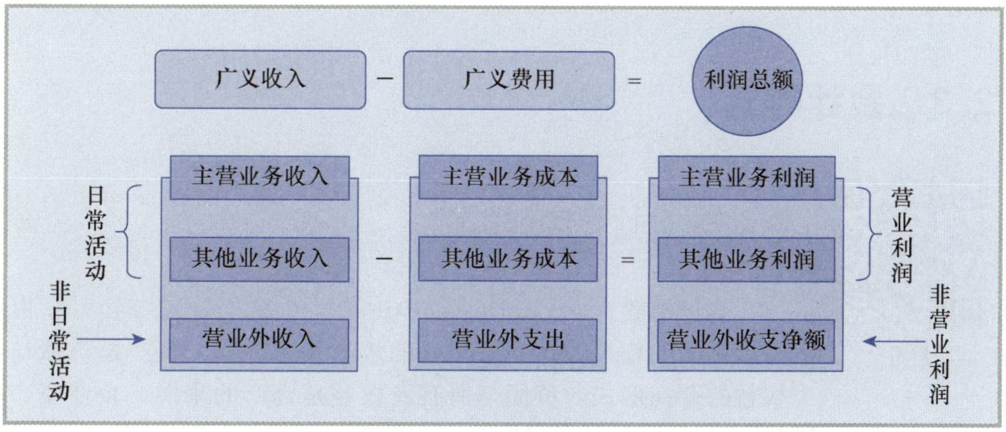

图 2－7　利润的构成

收入、费用和利润三大会计要素是构成利润表的骨架（基本单元），又称利润表要素。我们在考察企业有多少收入、多少费用和多少利润时，一般是从某个会计期间来观察的，比如一个月（1 月 1 日至 1 月 31 日）、一个季度（1 月 1 日至 3 月 31 日）、半年度（1 月 1 日至 6 月 30 日）和一个年度（1 月 1 日至 12 月

31日）等。因此，收入、费用和利润又称为动态的会计要素。

会计六大要素之间是密切联系的。资产、负债要素属于第一层级的主要要素，所有者权益是第一层级主要要素的派生要素①；收入和费用属于第二层级的主要要素，利润是第二层级主要要素的派生要素。利润要素最后归入所有者权益。会计要素之间的关系如图2-8所示。

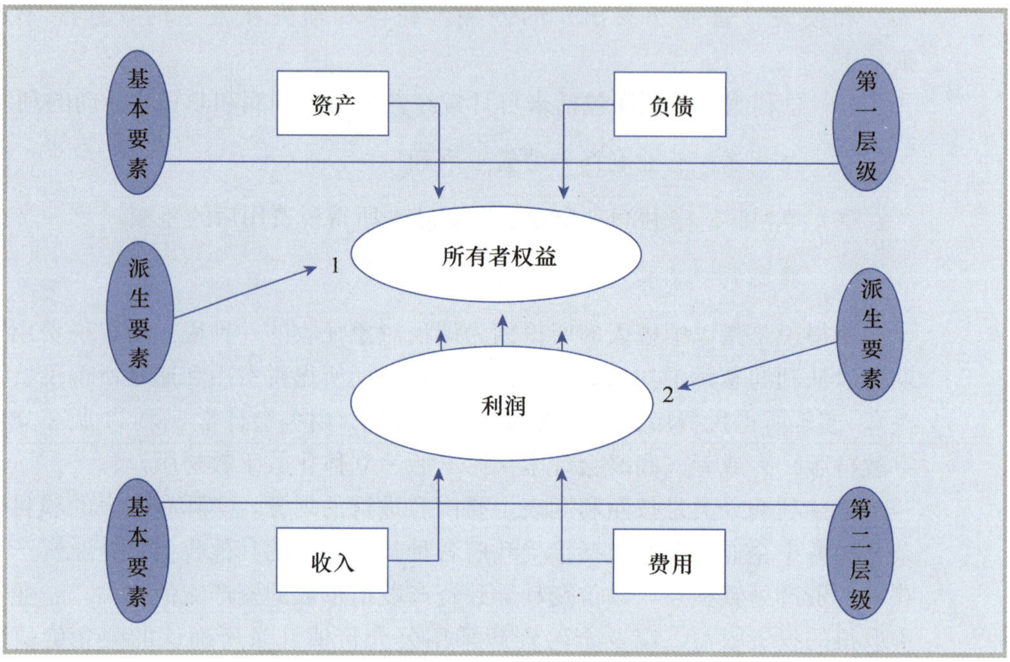

图2-8 六个会计要素之间的关系图

2.3 会计等式

2.3即测即评

2.3.1 会计等式的含义

会计等式（accounting equation），也称会计恒等式，是根据会计要素之间的相互依存关系建立的数学表达方式。资产是负债与所有者权益的存在形式，负债与所有者权益是资产的来源。企业资产、负债和所有者权益之间的数量关系可写成下列等式：

资产＝负债＋所有者权益

① 所有者权益从概念框架来讲是独立会计要素，从剩余权益角度可理解为派生要素，是资产与负债之差，且所有者权益不能单独计量，必须依附于资产与负债的计量。将所有者权益列为派生要素是为了便于初学者对照理解利润也是派生要素。

这个等式表达的基本含义是：企业用于生产经营的资产只有两个来源，要么来自所有者（股东），要么来自债权人。换句话说，企业每一分钱的资产，不是来自债权人就是来自所有者；反之，企业从债权人和所有者处筹集的每一分钱都投资于企业的各项资产。

一个企业所拥有的资产与权益（债权人权益＋所有者权益）是同一资金的两个侧面，有一定数额的资产，就必然有一定数额的权益；反之，有一定数额的权益，就必然形成相应数额的资产，不存在没有权益的资产，也不会有无资产的权益；否则，权益就不存在主张的对象，也便失去了有效性。

“资产＝负债＋所有者权益”是会计的基本恒等式，不管企业经济业务如何发生，都不会影响其恒等关系。企业的目的是盈利，在营利活动中会取得各种收入，如销售商品取得的销售商品收入，提供服务取得的服务收入，让渡资产使用权取得的租金收入等，同时也会发生相应的成本费用，如购买商品发生的成本、提供服务发生的成本、让渡资产使用权发生的成本等。如果企业在一定期间的收入大于成本，其差额即是企业赚取的利润，否则形成企业的亏损。收入、费用和利润之间的关系可用公式表达如下：

收入－费用＝利润

当企业有了收入和费用之后，会不会影响会计等式的平衡关系呢？我们来看一下资产、负债与收入和费用之间的关系。

一般情况下，收入会带来企业资产的增加，费用会带来企业资产的减少。收入和费用之间的有利差额会增加企业的所有者权益，收入和费用的不利差额会减少企业的所有者权益。因为所有者是企业风险的最终承担者，企业的盈利由企业的所有者来分享，企业的亏损也由企业的所有者来承担。因此，会计等式加入收入、费用和利润会计要素之后，仍然保持平衡关系。它们之间的逻辑关系如下：

资产＝负债＋所有者权益

＋↑－

利润（亏损）＝收入－费用

也可将上述关系表达为：

Δ[①] 资产＝Δ 负债＋所有者权益＋收入－费用

2.3.2　经济业务对会计等式的影响

由于资产与权益之间的恒等性，任何经济业务的发生都不会影响会计等式的平衡关系。

① Δ 是指变动之后的金额。

例 2-1

阿兰于2024年1月初投资10万元，设立兰香鲜花店。兰香鲜花店记录如下：

	资产	=	负债	+	所有者权益
	银行存款	=			实收资本
(1)①	100 000	=			100 000

【分析】

兰香鲜花店收到阿兰的投资，该项经济业务一方面导致等式左边资产（银行存款）增加10万元，另一方面导致等式右边所有者权益（实收资本）增加10万元，会计等式的恒等关系不变。

资产(100 000)＝负债(0)＋所有者权益(100 000)

例 2-2

兰香鲜花店购进鲜花1万元，全部用银行存款支付。鲜花已经收到。记录如下②：

	资产			=	负债	+	所有者权益
	银行存款	+	库存商品	=			实收资本
(1)	100 000			=			100 000
(2)	−10 000		10 000				

【分析】

购买鲜花将增加兰香鲜花店的资产——库存商品，支付1万元将减少资产——银行存款。该项经济业务一方面导致等式左边资产（库存商品）增加1万元，另一方面导致等式左边资产（银行存款）减少1万元，总资产不变，会计等式的恒等关系也不变。

资产(100 000)＝负债(0)＋所有者权益(100 000)

例 2-3

兰香鲜花店购进鲜花1.5万元，货款未付。

	资产			=	负债	+	所有者权益
	银行存款	+	库存商品	=	应付账款	+	实收资本
(1)	100 000			=			100 000
(2)	−10 000		10 000	=			
(3)			15 000	=	15 000		

【分析】

购买鲜花未付款，形成兰香鲜花店的负债，该项经济业务一方面导致等式左边资产（库存商品）增加1.5万元，另一方面导致等式右边负债（应付账款）增

---

① 等式中用序号（1）表示例2-1，依此类推。

② 为便于初学者理解，第2章和第3章原理部分的例子中暂不考虑增值税。增值税的介绍见第5章第3节。

加 1.5 万元，会计等式的恒等关系不变。

资产(115 000)＝负债(15 000)＋所有者权益(100 000)

例 2-4

鲜花已全部售出，取得 4 万元的收入，货款已存入银行。同时，需要结转已售鲜花的成本 2.5 万元。记录如下：

	资产			=	负债	+	所有者权益				
	银行存款	+	库存商品	=	应付账款	+	实收资本	+	收入	－	费用
(1)	100 000			=			100 000				
(2)	－10 000		10 000	=							
(3)			15 000	=	15 000						
(4)	40 000			=					40 000		
			－25 000	=							25 000①

【分析】

出售鲜花取得 4 万元收入，该销售业务一方面导致一项资产（银行存款）增加 4 万元，另一方面导致等式右边收入增加 4 万元，收入增加最终导致所有者权益增加，会计等式的恒等关系不变。

资产(155 000)＝负债(15 000)＋所有者权益(140 000)

同时，结转已售鲜花的成本 2.5 万元，该项业务一方面导致等式右边费用增加 2.5 万元，费用增加最终导致所有者权益减少，另一方面导致等式左边资产（库存商品）减少 2.5 万元，会计等式的恒等关系不变。

资产(130 000)＝负债(15 000)＋所有者权益(115 000)

例 2-5

兰香鲜花店支付店面租金 1.2 万元。记录如下：

	资产			=	负债	+	所有者权益				
	银行存款	+	库存商品	=	应付账款	+	实收资本	+	收入	－	费用
(1)	100 000			=			100 000				
(2)	－10 000		10 000	=							
(3)			15 000	=	15 000						
(4)	40 000			=					40 000		
			－25 000	=							25 000
(5)	－12 000			=							12 000

【分析】

支付的店面租金是一笔费用，该项业务一方面导致等式左边一项资产（银行存款）减少 1.2 万元，另一方面导致等式右边费用增加 1.2 万元，即所有者权益减少 1.2 万元，会计等式的恒等关系不变。

资产(118 000)＝负债(15 000)＋所有者权益(103 000)

① 由于费用项目前已经加了“－”，所以金额前不再加“－”。下同。

例 2-6

偿还购买鲜花的货款 1.5 万元。记录如下：

	资产		=	负债	+ 所有者权益		
	银行存款 +	库存商品	=	应付账款 +	实收资本 +	收入 −	费用
(1)	100 000		=		100 000		
(2)	−10 000	10 000	=				
(3)		15 000	=	15 000			
(4)	40 000		=			40 000	
		−25 000	=				25 000
(5)	−12 000		=				12 000
(6)	−15 000		=	−15 000			

【分析】

偿还货款 1.5 万元，该项经济业务一方面导致等式左边资产（银行存款）减少 1.5 万元，另一方面导致等式右边负债（应付账款）减少 1.5 万元，会计等式的恒等关系不变。

资产(103 000)＝负债(0)＋所有者权益(103 000)

例 2-7

阿兰给自己定的工资标准是 5 000 元/月。月末，该项工资未付。记录如下：

	资产		=	负债		+ 所有者权益		
	银行存款 +	库存商品	=	应付账款 +	应付职工薪酬 +	实收资本 +	收入 −	费用
(1)	100 000		=			100 000		
(2)	−10 000	10 000	=					
(3)		15 000	=	15 000				
(4)	40 000		=				40 000	
		−25 000	=					25 000
(5)	−12 000		=					12 000
(6)	−15 000		=	−15 000				
(7)			=		5 000			5 000
合计	103 000	0	=	0	5 000	98 000		

【分析】

尽管工资未付，但工资费用已经发生，应当予以记录。该项经济业务一方面导致等式右边一项负债（应付职工薪酬）增加 5 000 元，另一方面导致等式右边一笔费用增加（所有者权益减少）5 000 元，会计等式的恒等关系不变。

资产(103 000)＝负债(5 000)＋所有者权益(98 000)

除上述业务类型以外，还有负债转增所有者权益、借新还旧和所有者权益内部等额增减变化也不会破坏会计等式的恒等关系。各种经济业务对会计等式的影响如表 2-1 所示，以“＋”号表示增加，以“－”号表示减少。

表 2-1　各种经济业务对会计等式的影响

经济业务类型	资产＝负债 ＋ 所有者权益		
1. 等式左边与等式右边所有者权益同时增加（见例 2-1，例 2-4）	＋		＋
2. 等式左边与等式右边所有者权益同时减少（见例 2-5）	－		－
3. 等式左边与等式右边负债同时增加（见例 2-3）	＋	＋	
4. 等式左边与等式右边负债同时减少（见例 2-6）	－	－	
5. 等式左边一增一减（见例 2-2）	＋　－		
6. 等式右边一增（负债）一减（所有者权益）（见例 2-7）		＋	－
7. 等式右边一增（所有者权益）一减（负债）		－	＋
8. 借新还旧，等式右边负债一增一减		＋　－	
9. 所有者权益内部一增一减			＋　－

从上述九种经济业务类型对会计等式的影响结果，可以得出以下结论：

（1）企业发生的各种业务活动，都不会破坏会计等式的平衡关系。

（2）等式左边总资产增加，等式右边的负债或者所有者权益必然会等额增加。

（3）等式左边总资产减少，等式右边的负债或者所有者权益必然会等额减少。

（4）除资本项目（股东投资）外，如果所有者权益发生变动，就意味着企业产生了损益。

会计等式的恒等关系是重要的知识点，也是下一章复式记账的理论基础。

2.4　会计要素的确认与计量

2.4 即测即评

2.4.1　会计要素确认

会计确认（accounting recognition）是指将某一会计事项作为会计要素加以记录并列入财务报表的过程，即将符合财务报表要素（资产、负债、所有者权益、收入或费用）定义的项目纳入资产负债表和利润表的过程。会计要素确认分为初始确认、后续确认和终止确认三个阶段。

初始确认（initial recognition），也称初次确认，是指交易或事项发生时（对取得的原始凭证如发票等进行辨认），按照会计要素的定义和确认条件将其认定为资产、负债、所有者权益、收入和费用并加以记录的行为。初始确认需要做出以下判断：（1）是否符合会计要素定义？应当记录为资产、负债、所有者权益、收入还是费用？（2）金额如何确定？（3）列入财务报表的方式是按照总额还是净额？例如，固定资产是按购入成本还是按照抵减折旧后的净额列示？可见，确认是同时以文字和数字形式在财务报表中确认某一项目的行为。

后续确认（subsequent recognition），是指对已确认项目在持有期间的调整以及期末在对外列报时的合并与抵减行为。例如，对固定资产计提折扣；将外购原材料、外购库存商品加以合并列报于资产负债表中的“存货”项目。如果期末存货市价（5 元）低于存货成本（8 元）时，将低于成本部分（3 元）作资产减值处理，对外列报时存货将以抵减减值后的金额（5 元）进行列报。

终止确认（derecognition），是指将不再满足资产或负债确认标准的项目加以清除的行为。例如，对已达到经济使用寿命的固定资产进行清理处置，合伙人退出企业的处理等。

1. 资产的确认

在会计上，判断一项经济资源是不是企业的资产，除了要符合资产定义以外，还要满足资产确认的两个条件：

一是与该资源有关的经济利益很可能流入企业。例如，赊销商品给客户会形成一笔应收账款。如果客户既讲信誉又有能力支付货款，企业就确认一笔应收账款（资产）；如果客户财务状况恶化或破产，就不能继续将该笔欠款作为资产，而应作为坏账加以注销。

二是该资源的成本或者价值能够可靠地计量，不能计量其价值的不能作为资产。例如，公司为了推销产品，在各大机场投入大量广告。虽然广告能为公司带来一定的经济利益，但该经济利益带有很大的不确定性且难以估计。因此，广告费用不能作为资产，只能作为费用。

符合资产定义和资产确认条件的项目，才能列入资产负债表；符合资产定义但不符合资产确认条件的项目，不应当列入资产负债表。

2. 负债的确认

在会计上，判断一项义务是不是企业的一项负债，除了要符合负债定义以外，还要满足负债确认的两个条件：一是与该义务有关的经济利益很可能流出企业；二是未来流出的经济利益的金额能够可靠地计量。

例如，企业 2022 年的分红方案为每 10 股转增 10 股。虽然企业向投资者公布的分红方案是企业的一项现时义务，但由于支付的是股票股利，因此，不能确认为企业的一项负债，因为股票股利不会导致企业经济利益流出企业。

符合负债定义和负债确认条件的项目，才能列入资产负债表；符合负债定义但不符合负债确认条件的项目，不应当列入资产负债表。

合同的前世今生

3. 收入的确认

收入确认是一个非常复杂的问题，本书只对收入的确认标准和基本步骤做一个简单说明，具体的确认方法请参见《财务会计学（第 14 版·立体化数字教材版）》。

（1）收入确认标准。

党的二十大报告指出，法治社会是构筑法治国家的基础。弘扬社会主义法治精神，传承中华优秀传统法律文化，引导全体人民做社会主义法治的忠实崇尚者、自觉遵守者、坚定捍卫者。①

在商业领域，合同不仅是一份合约，更是一种法律关系，是保障商业社会交易顺畅的基础。建立在合同基础上的收入确认，离不开对合同的解读和判断。

实务中，批量采购和销售（商品和服务）一般需要签署正式的书面合同来完成交易。合同中的主要条款是交易标的品名、规格、质量等级、数量、交货方式和结算方式等内容。合同双方的权利和义务对等，销货方负有按时、按质、按量交付商品（或服务）的义务；购货方有及时接受货物和按时付款的义务。一般而言，作为销货方在确认收入时就有两个时点可以选择，一是交付商品时，二是收到货款时。

按照 2017 年我国修订后的《企业会计准则第 14 号——收入》② 的规定，企业应当在履行了合同中的履约义务，即在客户取得相关商品控制权时确认收入。取得相关商品控制权，是指能够主导该商品的使用并从中获得几乎全部的经济利益。履约义务是合同约定的企业向客户交付商品和服务的承诺。企业履行履约义务的标志是向客户转移了商品和服务的控制权。因此，收入确认的标准也可以概括为：当企业向客户转移了商品或服务的控制权时确认收入。如何判断企业是否向客户转移了商品或服务的控制权可参考下面第五步的分析。

（2）收入确认五步法。

第一步，辨认合同。合同，是指双方或多方之间订立有法律约束力的权利义务的协议。合同有书面形式、口头形式和其他形式。由于合同的多样性，会计在确认收入时需要辨认该合同是否已获得交易双方的签字和盖章，是否具有商业实质，即履行该合同将改变企业未来现金流量的风险、时间分布或金额，是不是可执行的合同，交易对价是否很有可能收回等。

第二步，辨认合同中的履约义务。履约义务是企业在合同中向客户交付商品和服务的承诺。如果承诺交付的商品和服务是可以明确区分的（distinct），则每一项交付商品和服务的承诺就构成一项履约义务。例如，电信公司推出的捆绑销售手机的业务，内含两个履约义务，一是交付手机，二是提供通信服务。

第三步，确定交易价格。交易价格是企业预期有权获得的作为交付商品和服务的对价总额。交易价格一般合同会有明确规定，但有些因素如折扣、折让、退货、奖励、罚金、礼券、明显的提前或者推迟付款等都会影响交易价格，如果提前或者推迟的时间较长就具有融资性质，这些都会影响交易价格的最终确定。

第四步，将交易价格分配给履约义务。认定了履约义务和交易价格后，企业

---

① 习近平. 高举中国特色社会主义伟大旗帜 为全面建设社会主义现代化国家而团结奋斗：在中国共产党第二十次全国代表大会上的报告. 北京：人民出版社，2022：42.

② 我国之前确认收入的准则有两个，一是修订前的《企业会计准则第 14 号——收入》，主要规范销售商品、提供服务、让渡资产所有权取得的收入；二是《企业会计准则第 15 号——建造合同》，主要规范提供建筑安装、服务业务取得的收入。现在将这两个准则合并为一个修订后的第 14 号收入准则，主要是借鉴了国际会计准则理事会（IASB）于 2014 年 5 月发布的《IFRS 第 15 号——来自客户合同的收入》，这体现了中国会计准则与国际会计准则趋同的趋势。

应当按照履约义务的单独销售价格将交易价格分配给每一项履约义务。单独售价，是指企业向客户单独销售商品和提供服务的价格。如果不能直接观测到单独销售价格，企业则需要采用一定的方法估计履约义务的价格。这些方法包括市场调整法、成本加成法和余值法。

第五步，履行履约义务时确认收入。通过向客户转移商品和服务的控制权的方式履行了履约义务时，企业可以确认收入。也就是说，企业在客户取得资产控制权时确认收入。当客户有能力支配商品或服务使用并获得商品或服务几乎所有剩余利益时，客户获得了商品或服务的控制权。

转移控制权可以是在某个时点，也可以是在某个期间。前者简称“时点确认”，后者简称“期间确认”，前者较为容易，后者则要按投入法或产出法按进度分期确认收入。例如，建造合同可以按照投入的成本来计算工程的完工程度以确认收入。

收入确认五步法的深入学习，需要大量实例的讲解，具体案例参见《财务会计学（第 14 版·立体化数字教材版）》。

4. 费用的确认

费用只有在经济利益很可能流出从而导致企业资产减少或者负债增加且经济利益的流出额能够可靠计量时才予以确认。

符合费用定义和费用确认条件的项目，才能列入利润表。

费用确认主要是指狭义费用的确认，由于狭义费用与狭义收入有因果关系，主体每一会计期间确认什么费用会直接影响主体收益的计算，收益又是绩效考评中的重要指标，因此费用要严格按照权责发生制原则以及延伸出来的配比原则进行确认。这部分内容请参见本书第 10 章账项调整。

2.4.2 会计要素计量

会计计量（accounting measurement）是为了将符合确认条件的会计要素登记入账并列报于财务报表而确定其金额的过程。企业应当按照规定的会计计量属性进行计量，确定相关金额。

会计计量属性也称计量基础，是指所用量度的经济属性，即按什么标准（面积、重量、金额）、什么角度（投入价值、产出价值）来计量，是从不同的会计角度反映会计要素的金额的确认基础，即对会计要素进行量化的过程。量化的价值基础有两个：一是投入价值（俗称入手价）；二是产出价值（俗称脱手价）。投入价值的理念是根据已经发生的成本来加以计量，比如买一件商品花了 100 元，购买这件商品的成本就是 100 元。投入价值具有可验证性，是很多传统资产的首要计量方法，主要有历史成本法、重置成本法。产出价值的理念是以该商品脱离企业时可转换的现金或现金等价物为基础来进行计量，典型的有可变现净值、清查（算）价值、未来现金流的现值等。

计量属性主要包括历史成本、重置成本、可变现净值、现值和公允价值等。

1. 历史成本

历史成本（historical cost），又称实际成本，是指为取得或制造某项财产物资实际支付的现金或其他等价物。在历史成本计量属性下，资产按照购置时支付的现金或者现金等价物的金额，或者按照购置资产时所付出的对价的公允价值计量。负债按照因承担现时义务而实际收到的资产的金额，或者承担现时义务的合同金额，或者按照日常活动中为偿还负债预期需要支付的现金或者现金等价物的金额计量。

历史成本计量属性具有可靠、简便、容易采集数据、符合会计核算真实性等优点。但在市场经济条件下，历史成本也存在一定的缺陷。由于历史成本属性采用的时间与会计信息使用者进行预测、决策的时间有可能间隔比较长，如果在这段时间内经济环境发生比较大的变化，例如，在物价剧烈波动的情况下，就不能真实地反映会计要素的实际价值，可能使会计信息使用者作出错误的判断。

2. 重置成本

重置成本（replacement cost），又称现行成本，是指按照当前市场条件，重新取得同样一项资产所需要支付的现金或者现金等价物金额。在重置成本计量下，资产按照现在购买相同或者相似资产所需支付的现金或者现金等价物的金额计量。负债按照现在偿付该项债务所需支付的现金或者现金等价物的金额计量。在会计实务中，一般对盘盈的资产采用重置成本计量属性。

重置成本可以反映现在形成某一会计要素应付出的代价，但这种计价方式的可操作性比较差，因为在社会生产力和科学技术飞速发展的今天，产品的迭代速度很快。随着时间的推移，很难找到两个不同时期相同或者类似的资产。

3. 可变现净值

可变现净值（net realizable value）是指在正常的生产经营过程中，以预计售价减去进一步加工的成本和预计销售费用以及相关税费后的净值。在可变现净值计量下，资产按照其正常对外销售所能收到的现金或者现金等价物的金额扣减该资产至完工时估计将要发生的成本、估计的销售费用以及相关税费后的金额计量。例如，存货在计提存货跌价准备时，需要比较存货的成本与存货的市价，存货市价可以按照可变现净值计量。

可变现净值虽然在操作上有一定的难度，但可以比较真实地反映资产的价值。

4. 现值

现值（present value）是指将未来现金流量以恰当的折现率进行折现后的价值，是考虑货币时间价值的一种计量属性。在现值计量属性下，资产按照预计从其持续使用和最终处置中所产生的未来净现金流入量的折现金额计量。负债按照预计期限内需要偿还的未来净现金流出量的折现金额计量。例如，计提坏账准备的应收款项是按照现值计量的。

现值可以反映资产所带来的经济利益流入的金额，或者与偿还债务相关的经济利益流出的金额，但受主观因素的影响较多。

5. 公允价值

公允价值（fair value）是指市场参与者在计量日发生的有序交易中，出售一项资产所能收到或者转移一项负债所需支付的价格。其中，市场参与者是指在相关资产或负债的主要市场（或最有利市场）中，同时具备下列特征的买方和卖方：(1）市场参与者应该相互独立，不存在关联关系；(2）市场参与者应当熟悉情况，能够根据可取得的信息对相关资产或负债以及交易具备合理认知；(3）市场参与者应当有能力并自愿进行相关资产或负债的交易。有序交易是指在计量日前一段时期内相关资产或负债具有惯常市场活动的交易。该交易不是被迫的交易，是一个假设性交易。主要市场是指相关资产或负债交易量最大和交易活跃度最高的市场。最有利市场是指在考虑交易费用和运输费用后以最高金额出售资产、以最低金额转移负债的市场。

上述五种计量属性是针对不同时间、不同方式下取得资产或承担负债的计量基础。一般而言，公允价值是一个含义广泛的动态概念，除公允价值以外的四种计量属性都可以认为是公允价值，比如历史成本是取得资产或承担负债时的公允价值，可变现净值是资产出售日的公允价值，重置成本是资产购入日的公允价值，现值是继续持有该资产在未来期间取得现金的折现值。

公允价值可以真实地反映资产、负债的价值，具有决策相关性，但公允价值要求市场必须是成熟的，相同资产或负债在活跃市场上有公开报价。如果没有公开报价，需要通过可观察信息，比如类似资产或负债在活跃市场上的公开报价，相同或类似资产在不活跃市场的公开报价。除公开报价外，资产或负债的其他可观察信息，以市场数据为佐证，甚至使用估值假设，但估值假设存在不易操作的问题。有关公允价值的计量问题请参考更高级别的课程。

例2-8

某公司2023年1月1日购买一台设备，设备预计使用10年，截至2024年12月31日，该设备可能涉及的计量属性如表2-2所示。

表2-2 设备的计量属性

内容	金额（元）	计量属性
2023年1月1日，以银行存款100 000元购进一台设备	100 000	历史成本
2024年12月31日，如果重新购买一台已使用3年的设备，预计应支付的全部款项为75 000元	75 000	重置成本
2024年12月31日，如果将该设备出售，预计售价为75 000元，出售时支付的各项费用的合计为5 000元	70 000	可变现净值
该设备可以继续使用7年，预计每年带来的收益为13 000元，共计91 000元，将未来的收益折算为2024年12月31日的价值为85 000元	85 000	现值
该设备在类似的市场上，双方自愿交易的价格为80 000元	80 000	公允价值

企业在对会计要素进行初始计量时，一般应当采用历史成本。采用重置成本、可变现净值、现值、公允价值计量的，应当保证所确认的会计要素金额能够持续取得并可靠计量。

以历史成本为计量属性比较可靠、简便，符合会计核算真实性等原则，但历史成本也存在一定的缺陷。因此，企业有时也与其他计量属性结合使用。例如，购入存货价值的确定一般采用历史成本属性。期末对外报告时，如果价格波动较大导致可变现净值（市价）较低，则按照成本与可变现净值孰低原则计量。

2.4.3　会计计量模式

五种计量属性从本质上看可以分为两类——历史成本计量和公允价值计量。因为重置成本、可变现净值、现值都是借助市价、类似参照物的市价、市场法、收益法和成本法等估值技术来计量的，都可视为公允价值的估值方法。

所谓计量模式是指会计在针对不同计量对象时采用有差别的处理方法，导致不同计量对象在后续计量中会得出不同价值的计量方式。计量模式分历史成本计量模式和公允价值计量模式。

两种计量模式在初始计量时都是采用历史成本，但在后续计量中，历史成本计量模式只对减值进行确认，对升值不予确认。例如，对传统资产固定资产（厂房、机器设备），只有在出现减值迹象时才提取减值准备，确认减值损失。但固定资产发生升值时则不予确认。而公允价值计量模式则是无论减值还是升值，都要双向确认。例如，对交易性金融资产（如购入的股票），股票涨了要确认公允价值变动利得，股票跌了要确认公允价值变动损失。

下面以投资性房地产的会计处理为例再加以说明。初始计量时，投资性房地产都按照实际成交价格入账，但在持有期间，按历史成本计量模式和按公允价值计量模式会出现不同的结果。假设某公司在市区购置一套房子作为办公室，购买成本为 100 万元，在资产负债表日，房子市价为 130 万元，如果按照历史成本计量，房子仍然是 100 万元，不做任何调整，只需将每年应分摊的折旧额计入当期损益。按照公允价值计量模式，则要增加投资性房地产的价值 30 万元，同时将 30 万元计入当期损益。

历史成本反映的是过去的价值，公允价值反映的是现时价值。是按历史成本计量还是按公允价值计量，对企业财务状况和经营成果会产生不同的影响。究竟采用什么标准，需要根据具体会计准则的要求和对财务会计报告目标的选择来决定。倾向决策相关性，则会选择公允价值计量模式；倾向可靠性，则会选择历史成本计量模式。所以，财务会计报告的目标决定了其后续计量原则的选择和处理。

关键术语

筹资活动（financing activity）　　投资活动（investing activity）

经营活动（operating activity）
交易（transactions）
事项（events）
会计要素（accounting elements）
资产（asset）
流动资产（current asset）
非流动资产（non-current asset）
负债（liability）
流动负债（current liability）
非流动负债（non-current liability）
所有者权益（owners' equity，stockholders' equity）
实收资本（paid-in capital，capital stock）
资本公积（capital reserve）
盈余公积（surplus reserve）
未分配利润（undistributed profits）
收入（revenue）
利得（gain）
费用（expense）
损失（loss）
利润（profit）
会计等式（accounting equation）
会计确认（accounting recognition）
初始确认（initial recognition）
后续确认（subsequent recognition）
终止确认（derecognition）
会计计量（accounting measurement）
历史成本（historical cost）
重置成本（replacement cost）
可变现净值（net realizable value）
现值（present value）
公允价值（fair value ）

思考题

Q2-1 企业的经济活动主要包括哪些？它们之间的关系如何？
Q2-2 《企业会计准则——基本准则》规定的会计要素有几种？
Q2-3 什么是资产？什么是负债？什么是所有者权益？它们之间是什么关系？
Q2-4 什么是收入？什么是费用？什么是利润？它们之间是什么关系？
Q2-5 为什么收入和费用的发生不会影响会计等式的恒等性？
Q2-6 会计要素初始确认以后还要再次确认吗？
Q2-7 会计计量属性有哪几种？它们分别是什么？

练习题

E2-1 目的：练习经济业务对会计等式的影响。

资料：ABC公司发生下列经济业务：

（1）从银行取得借款。
（2）偿还一笔债务。
（3）赊购一台计算机。
（4）所有者对公司追加货币投资。
（5）以银行存款购进设备。
（6）收回一笔前欠的应收账款。

要求：将上述经济业务对公司资产、负债、所有者权益的影响（用“I”表示增加，“D”表示减少，“NE”表示没有影响）填写在下表中。

业务序号	资产	=	负债	+	所有者权益
1	I		I		NE
2					
3					
4					
5					
6					

E2－2　目的：练习经济业务对会计等式的影响。

资料：王先生于 20×7 年 5 月创办了一家企业，发生如下经济业务：

（1）将 10 万元存款投入企业。

（2）租了一间办公室，花费 3 600 元作为一年的租金。

（3）支付各种办公费用 6 000 元。

（4）用银行存款购入 8 万元商品。

（5）商品全部出售，收到货款 99 000 元，货款已经存入银行，同时结转已售商品成本 8 万元。

要求：请问王先生的公司在经过上述这些经济活动以后，会计恒等式是否还保持平衡？请列出会计等式的每一步变化。

E2－3　目的：练习利润的计算方法（按权责发生制）。

资料：接 E2－2，王先生公司 6 月份继续发生了下列业务：

（1）新公司因经验不足，逾期未交税金，被税务部门处罚，缴纳滞纳金 300 元。

（2）公司为其他公司代售商品收取代售费用 1 000 元。

（3）从银行提取现金 500 元。

（4）用现金支付印刷宣传画页 100 元。

要求：请问上述哪些业务会影响公司的利润？请结合 E2－2 的资料，计算该公司 5—6 月份的利润。

案例题

目的：分辨历史成本计量模式与公允价值计量模式的区别。

资料：某公司在 10 年前以 100 万元的价格购入一套房子作为办公室。在相同地段和小区的房屋市场价格已经涨到了 1 000 万元/套。在对外进行报告时，公司经理和财务人员展开了以下讨论：

公司经理：我认为应该按 1 000 万元对外报告。

财务人员：应该按照历史成本 100 万元对外报告。因为房子虽然价格上涨了，但我们又不准备出售，还得继续在这里办公，涨多少跟我们没有关系。

公司经理：怎么没有关系呢？老板年终时都要考核我们的业绩指标，再说大家的年终奖还指望着它呢。

财务人员：那是账面富贵，没有一分钱的现金流入，拿什么来发年终奖？

要求：请根据上述对话回答下列问题：

（1）按100万元对外报告，采用的是什么计量模式？

（2）按1 000万元对外报告，采用的是什么计量模式？

（3）你赞成谁的观点？为什么？

第3章 账户与复式记账

素养提升

1. 价值塑造

- 树立"有来路才有归途"的哲学思维。
- 复式记账取代单式记账，是商业文明的进步。
- 讲清楚每一笔钱来自何处又用到何处是会计的基本素养。
- 建立"饮水思源"的基本良知，在内心设置一个"人生的账户"。

2. 知识传授

● 为每一个账户取好名称（会计科目），约定好账户登记增减的方向，运用复式记账原理记录企业每一笔经济业务的来龙去脉，是保证会计信息真实、准确的第一步。

● 通过复式记账产生的渊源追溯，了解人类文明从大陆文明转向海洋文明的历史背景，理解合伙制是为了化解海洋探险、远洋贸易风险而产生的风险分担机制。

● 合伙制天然要求将资本与收益进行切分，以便进行分配。合伙人对利益的诉求，促进了会计从单式记账向复式记账的转变，为正确核算每笔业务所获得的收益奠定了基础。

3. 能力培养

● 培养学生的反思能力。思考会计记录为什么会从单式记账转向复式记账，复式记账的主旨是什么，为什么增减记账法、收付记账法被淘汰，借贷记账法具有哪些优势。

● 培养学生遵守能量守恒定律。有借必有贷，借贷必相等的记账规则可以让学生联想到学习也是守恒的，即付出等于收获。每个学生应该更努力学习，以获得更多收获，引导学生做事情要有始有终，不可随便放弃。

素养提升

学习目标

1. 掌握：账户结构、借贷记账法的记账规则和会计分录的编制。
2. 理解：会计科目与账户之间的关系。
3. 了解：设置账户的意义及账户的对应关系。

3.1 会计科目

3.1 即测即评

3.1.1 设置会计科目的意义

1. 会计科目

会计科目是指在会计要素分类的基础上，根据管理要求对其所作的进一步分类，是会计要素的具体化。比如将资产分为用于结算的货币资金、用于销售的存货、用于生产加工使用的固定资产等。

2. 设置会计科目的意义

（1）分类管理的需要。从管理学角度，分类是一种管理工具，特别是对会计工作而言，科学有效的分类是会计核算的基础，是将经济业务转化为会计信息的第一步。例如，企业支付给员工的工资，对企业而言是一项费用，但费用的种类有很多，进入什么费用将体现企业的管理思想和理念。如果企业只想知道总的工薪费用，会计只需记一笔工资费用总账就可以了。但如果企业想知道比较详细的管理人员、生产人员、销售人员的具体工资数额，用以比较在同行业中是高还是低，能否吸引最优秀的管理人才，能否招到足够的工人和优秀的营销人员，会计就需要将工资支出按部门划分，分别记入管理费用、生产成本、销售费用等账户，并计算出每个部门的单位平均工资以满足分类管理的需要。

（2）适应管理的需要。会计核算是在一定规章制度约束下的一项工作。例如，1988年国务院发布的《中华人民共和国现金管理暂行条例》规定，为改善现金管理，促进商品生产和流通，加强对社会经济活动的监督，凡在银行和其他金融机构开立账户的开户单位必须依照本条例的规定收支和使用现金，接受开户银行的监督，并将现金转账结算起点定为1 000元，库存现金限额核定为开户单位3～5天的日常零星开支所需。其余的钱都要存入银行，通过银行进行收付结算。企业必须遵照执行，会计人员需要将企业的钱分别设置“库存现金”和“银行存款”科目进行分类核算和管理。

3.1.2 设置会计科目的原则

1. 符合企业特点

由于各个行业的差异性以及企业业务的不断创新，一些特殊业务和创新业务需要在财政部制定的会计科目表的基础上设置会计科目，体现行业和企业的特点。比如同是利息收入与利息支出，金融业分别在“利息收入”和“利息支出”科目中进行核算，制造业、商业企业则在“财务费用”科目中进行核算。中外合作开采石油在一些国家有产品分成的传统，即合作双方不是分钱，而是分产品，就需要设置“成本油”和“利润油”会计科目进行核算。

2. 满足管理需要

管理分三个层次：一是要符合国家宏观经济管理的要求，据此划分经济业务的类别，设定分类的标志；二是要符合企业自身经济管理的要求，为企业的经营预测、决策及管理提供会计信息设置分类的项目；三是要符合包括投资者在内的各有关方面了解企业生产经营情况的要求。

3. 统一性与灵活性相结合

由于企业的经济业务千差万别，在分类核算会计要素的增减变动时，需要将统一性与灵活性相结合。统一性，是指在设置会计科目时，根据《企业会计准则应用指南——会计科目和主要账务处理》的要求对一些主要会计科目进行统一的设置并统一核算指标的计算标准与口径。灵活性，是指在能够提供统一核算指标的前提下，各个单位根据自己的具体情况及投资者的要求，设置或者增补会计科目。贯彻统一性与灵活性相结合的原则设置会计科目，实际上就是保证会计信息的有用性，即决策相关性。在具体工作时要防止两种倾向：一是要防止会计科目过于简单化，过于简单就不能满足经济管理的要求；二是要防止会计科目过于烦琐，如果核算资料超过要求，就会不合理地加大会计核算的工作量。

4. 简单明确、字义相符、通俗易懂

会计科目作为分类核算的标志，要求简单明确、字义相符，避免误解和混乱。简单明确是指根据经济业务的特点尽可能简洁明确地规定科目名称；字义相符是指按照中文习惯，能够顾名思义，不至于产生误解；通俗易懂是指要尽量避免使用晦涩难懂的文字，便于大多数人正确理解。会计科目的名称除规定之外，还要尽量采用在经济生活中习惯使用的名称，以避免误解。

5. 保持相对稳定性

为了便于在不同时期分析比较会计核算指标，并在一定范围内汇总核算指标，应保持会计科目相对稳定，不能经常变动会计科目的名称、内容、数量，应使核算指标保持可比性。

3.1.3 会计科目表

会计科目表是财政部发布的，旨在帮助企业选择适合企业的会计科目。会计科目表由两部分组成，一是会计科目编号；二是会计科目名称。

1. 会计科目编号

会计科目编号是按一定的规则编制的，编号采用一科目一编号原则。常用会计科目表中的会计编号一般以四个数字作为会计科目的号码，其中每个数字表示的含义不同。例如，库存现金的编号为 1001，第一个 1 表示资产，第一个 0 表示货币资产，后面的 01 表示库存现金，依此类推。企业也可以根据自己的需要编制会计科目的编号。

会计科目编号是分类管理思想的延续，光有名称而没有编号，不能适应计算机环境下会计软件的运行，随着计算机及网络技术的进一步发展，万物互联将成为现实。为每一个会计科目对应的实物资产设置一个唯一的识别码也将变得更加容易，每项实物资产如每台机器的运行状态如何？是否满负荷？是否闲置？是否需要维修？这些信息都可实时传回公司财务部门，方便对企业财产物资的管理。

2. 会计科目名称

为便于实务操作，需要按照会计科目设置的原则，将会计科目名称标准化。标准化的工作由财政部会计司负责组织设计，按照资产、负债、所有者权益、成本、损益进行细分，确定统一的会计科目名称并通过《企业会计准则应用指南》的方式发布。

表 3-1 是财政部 2006 年印发的《企业会计准则应用指南——会计科目和主要账务处理》及随后发布或修订的会计准则中制造业常用的会计科目表。

表 3-1　常用会计科目表

编号	会计科目名称	编号	会计科目名称
一、资产类		1408	委托加工物资
1001	库存现金	1461	存货跌价准备
1002	银行存款	1501	债权投资
1015	其他货币资金	1502	债权投资减值准备
1101	交易性金融资产	1503	其他债权投资
1121	应收票据	1504	其他权益工具投资
1122	应收账款	1524	长期股权投资
1123	预付账款	1525	长期股权投资减值准备
1131	应收股利	1526	投资性房地产
1132	应收利息	1531	长期应收款
1231	其他应收款	1601	固定资产
1241	坏账准备	1602	累计折旧
1401	材料采购	1603	固定资产减值准备
1402	在途物资	1604	在建工程
1403	原材料	1605	工程物资
1404	材料成本差异	1606	固定资产清理
1406	库存商品	1701	无形资产
1407	发出商品	1702	累计摊销

续表

编号	会计科目名称	编号	会计科目名称
1703	无形资产减值准备	4101	盈余公积
1711	商誉	4103	本年利润
1801	长期待摊费用	4104	利润分配
1811	递延所得税资产	五、成本类（资产类账户中的成本类账户）	
1901	待处理财产损溢	5001	生产成本
二、负债类		5101	制造费用
2001	短期借款	5201	劳务成本
2201	应付票据	5301	研发支出
2202	应付账款	六、损益类	
2205	预收账款	6001	主营业务收入
2211	应付职工薪酬	6051	其他业务收入
2221	应交税费	6101	公允价值变动损益
2231	应付股利	6111	投资收益
2232	应付利息	6117	其他收益
2241	其他应付款	6301	营业外收入
2601	长期借款	6401	主营业务成本
2602	应付债券	6402	其他业务成本
2801	长期应付款	6405	税金及附加
2811	专项应付款	6601	销售费用
2411	预计负债	6602	管理费用
2901	递延所得税负债	6603	财务费用
三、共同类		6701	资产减值损失
（略）		6702	信用减值损失
四、所有者权益类		6711	营业外支出
4001	实收资本	6801	所得税费用
4002	资本公积	6901	以前年度损益调整

表 3-1 中成本类账户、损益类账户的解释请参看第 6 章账户的分类。

3.2　会计账户

3.2 即测即评

3.2.1　账户的作用

账户（account）是根据会计科目设置的，具有一定格式和结构，用于分类反映会计要素增减变动情况及其结果的载体。

会计科目与账户是两个既相区别又有联系的不同概念。共同点在于：都是对经济业务的具体分类，说明同一项经济业务。不同点在于：会计科目只是账户的名称，是账户设置的依据；账户是会计科目的具体运用，具有一定的结构和格式，并通过其结构反映某项经济业务的增减变动及其余额。

设置账户的意义在于方便记录企业经济业务的增减变化，并随时可以获取各项经济业务分门别类、连续系统的信息，以对企业的财产物资和债权债务的增减变化及其结果进行管理。从这个意义上说，账户是对会计对象的具体内容进行分类核算和监督的一种工具。

3.2.2 账户的结构

要正确使用账户，首先要了解账户的格式及增减记录的规则。

1. 账户格式

企业各项经济业务对会计要素引起的变化虽然错综复杂，但其背后的资金变化只有两种，要么资金增加，要么资金减少。为此，将账户划分为两个部分，分别记录资金的增加数和减少数。为了直观起见，通常在一个平面的中间画一条垂直线，将其一分为二，垂直线的左边称为左方，右边称为右方；在垂直线的上方再画一条水平线，在水平线上方写上会计科目或编码，一个简单明了的账户结构就清晰可见了，该形状像英文字母“T”，也像中文“丁”，会计便把这种账户称为**T型账户**（T account）或丁字账户，如图3-1所示。

图3-1 丁字账户示意图

为了与后面的借贷记账法相对应，将丁字账户的左方改为借方，右方改为贷方，简称左借右贷。实务中使用的是借贷余三栏式账户，丁字账户与借贷余三栏式账户对比如图3-2所示。借贷余三栏式账户将在第7章会计账簿中进行讲解。丁字账户便于教学，在讲解会计账簿之前，都使用丁字账户解释相关的知识。

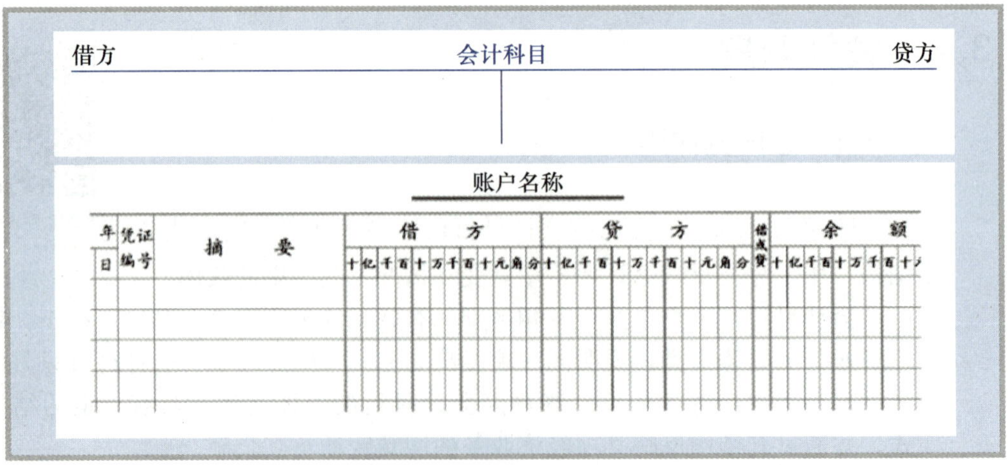

图3-2 丁字账户与借贷余三栏式账户格式对比

2. 账户记账规则

将账户分为左右两边以后，用于记录增减的组合有两种，要么左边记录增加，右边记录减少；反之，右边记录增加，左边记录减少。在丁字账户中究竟哪边账户记录增加，哪边账户记录减少，需要做出约定。习惯上，资产与费用类账户的左边记录增加，右边记录减少；负债、所有者权益和收入类账户的右边记录增加，左边记录减少。这样将会计要素分成两大类后就能适应账户的结构，对所有业务都可以进行记录。

记账规则

（1）所有账户的左方叫**借方**（debit），所有账户的右方叫**贷方**（credit）。

（2）资产和费用类账户的借方记录增加额，贷方记录减少额。

（3）负债、所有者权益和收入类账户贷方记录增加额，借方记录减少额。

（4）任何账户的正常余额都在记录增加额的那一方。因此，资产类账户的余额在借方，负债和所有者权益类账户的余额在贷方。

按照借贷记账法的记账规则，将账户的结构归纳为两类，如图 3－3 所示。

借方　资产、费用类账户　贷方

增加额	减少额
余额	

借方　负债、所有者权益、收入类账户　贷方

减少额	增加额
	余额

图 3－3　账户结构

3. 账户本期发生额及期末余额

会计要素在特定会计期间增加和减少的金额，分别称为账户的本期增加发生额和本期减少发生额，二者统称为账户的本期发生额。会计要素在会计期末的增减变动结果，称为账户的余额，具体表现为期初余额和期末余额。账户上期的期末余额转入本期，即为本期的期初余额；账户本期的期末余额转入下期，即为下期的期初余额。

账户的期初余额、期末余额、本期增加发生额和本期减少发生额统称为账户的四个金额要素。账户的余额表示该类项目的累计结余。对于同一账户而言，它们之间的基本关系为：

期末余额＝期初余额＋本期增加发生额－本期减少发生额

例如，某公司 3 月 31 日银行存款余额为 50 万元，4 月份银行存款增加 80 万元，当月减少 60 万元。3 月 31 日的期末余额 50 万元是 4 月份的期初余额，4 月份增加的 80 万元称为本期增加发生额，4 月份减少的 60 万元称为本期减少发生额。银行存款账户四个金额（单位金额：万元）之间的关系为：

期初余额(50)＋本期增加发生额(80)－本期减少发生额(60)＝期末余额(70)

银行存款期初余额、本期发生额和期末余额之间的关系如图 3－4 所示。

借方	银行存款		贷方
期初余额	500 000		
本期增加额	800 000	本期减少额	600 000
本期借方发生额	800 000	本期贷方发生额	600 000
期末余额	700 000		

图 3－4　银行存款期初余额、期末余额及本期发生额的关系

银行存款 4 月末的余额 70 万元，即为 5 月份的期初余额，依此类推。

3.2.3　账户的特点

（1）账户左右两边按相反方向进行记录。如果规定在左边记录增加额，右边则记录减少额；反之亦然。

（2）账户金额之间应保持平衡。账户金额之间的关系应满足“本期期末余额＝期初余额＋本期增加发生额－本期减少发生额”。

（3）账户的余额一般与记录的增加额在同一方，本期的期末余额为下期的期初余额。

3.3　复式记账

3.3 即测即评

一般来说，会计记账有两种方法，单式记账和复式记账。复式记账是从单式记账演变而来的。

3.3.1　单式记账

单式记账（single-entry bookkeeping）是指对企业发生的每一项经济业务，只在一个账户中加以登记的记账方法。

例如，企业购进一台电脑，只需记录一台电脑的增加，或者只需记录银行存款的减少金额。可见，单式记账记录简单，信息含量低，要么只关心资金的去处，要么只关心金钱本身的减少。如果只记录银行存款的减少而不关心这笔钱干了什么，容易产生误解。例如，账上只有一台电脑的记录，无法辨认这台电脑的来源，而其来源可能是接受的捐赠，可能是赊购方式获得或中奖，也可能是客户欠款抵账等。同样，只记录银行存款的减少，也无法反映这笔资金干了什么。由

于单式记账本身固有的缺点，单式记账逐渐被复式记账替代。

3.3.2 复式记账

1. 复式记账的概念

复式记账（double-entry bookkeeping）是指对企业发生的每项经济业务，都必须用相等的金额在两个或两个以上相互联系的账户中进行登记，全面系统地反映经济业务增减变化的一种记账方法。比如，企业购进一台电脑，既要记录电脑的增加，又要同时记录银行存款的减少。可见，多记一个账户，就能准确表达业务的全貌：银行存款减少，是买了电脑；电脑的来源，是用企业银行存款购买的。

复式记账的优点：

（1）能够反映资金的来龙去脉，并通过会计要素的增减变动，便于全面、系统地了解企业经济活动的过程和结果。

（2）便于试算平衡，检查记录是否正确。由于复式记账法要求以相等的金额在两个或两个以上的账户中同时记录，因此，就可以对账户记录的结果进行试算平衡，以检查账户记录的正确性。

2. 复式记账的种类

复式记账包括增减记账法、收付记账法和借贷记账法。这三种方法在我国会计实务中都曾广泛使用，在分行业会计制度下，商业企业采用增减记账法，行政事业单位采用收付记账法，工业企业采用借贷记账法。1992 年取消行业制度、引入会计准则之后，所有企事业单位、国家机关陆续改用借贷记账法。借贷记账法不仅是一个通行的记账方法，也是通用的商业语言，被世界各国广泛采用。我国《企业会计准则——基本准则》明确规定，会计采用借贷记账法。

（1）增减记账法。增减记账法是以“增”“减”作为记账符号，对发生的经济业务进行记录的复式记账方法。增减记账法由我国学者梁润身于 1947 年首先提出，经过原商业部专家张以宽先生等的缜密论证，自 20 世纪 60 年代起在我国商业系统使用。

（2）收付记账法。收付记账法是以“收”“付”作为记账符号，对发生的经济业务进行记录的一种复式记账方法。收付记账法是徐永祚先生在 20 世纪 30 年代为了应对西式借贷记账法对中式商业簿记的冲击而推出的改良方案。1950 年，章乃器先生主张“用自己的簿记原理记账”，引发了关于收付记账法与借贷记账法的大讨论。随后，收付记账法在中国人民银行系统和预算会计（政府会计、事业单位会计、财政总预算会计）领域得到了广泛应用。

（3）借贷记账法。借贷记账法是以“借”“贷”作为记账符号，对发生的经济业务进行记录的一种复式记账方法。1907 年，谢霖和孟森合著的《银行簿记学》一书首次将“借”“贷”记账符号引入我国。民国时期，在华的外资企业普遍采用的就是借贷记账法。当时，享有崇高威望的潘序伦先生也比较支持推广借贷记账法。借贷记账法的推广对传统的中式商业簿记产生了强烈冲击。

《企业会计准则》（财政部1992年11月30日发布，自1993年7月1日起施行）第八条规定，会计记账采用借贷记账法。增减记账法从此淡出了企业会计领域。《事业单位会计准则（试行）》（财政部1997年5月28日发布，自1998年1月1日起施行）第八条和《行政单位会计制度》（财政部1998年2月6日发布，自1998年1月1日起施行）均规定，会计记账采用借贷记账法。从此收付记账法逐步淡出了非营利组织会计领域。

3.3.3 借贷记账法

1. 借贷记账法的产生

复式簿记的产生是一个缓慢的过程，据会计史学家考证，早在公元13—14世纪，人们就已开始利用复式记账的原理进行记录，只是没有得到系统的阐述。

直到1494年，意大利数学家卢卡·帕乔利在其出版的《算术、几何、比与比例概要》一书中专设一章来介绍威尼斯的复式簿记。该书被认为是世界上第一部复式簿记著作①，卢卡·帕乔利也因此被称为“会计之父”。

借贷记账法中的“借”“贷”二字的含义，最初是从借贷资本家的角度来解释的。借贷资本家以经营货币资金的借入和贷出为主要业务，对于借入的款项记在贷主名下，表示自身的债务增加；对于贷出的款项，则记在借主名下，表示自身的债权增加。这样，“借”“贷”二字分别表示债权（应收款）、债务（应付款）的变化。随着商品经济的发展，经济活动的内容日趋复杂，记录的经济业务也不再仅限于货币资金的借贷业务，逐渐扩展到财产物资、经营损益和经营资本等的增减变化。这时为了求得记账的一致，对于非货币资金借贷业务，也利用“借”“贷”二字说明经济业务的变化情况。因此，借贷记账法中的“借”“贷”二字已逐渐失去其本来含义，变成了纯粹的记账符号，并广泛应用于各行各业，成为世界通行的记账方法。

2. 借贷记账法的平衡原理

借贷记账法的主旨是追求结果的平衡。平衡的依据是会计恒等式，即资产＝负债＋所有者权益。该等式揭示了两种平衡关系：

第一，会计主体内各会计要素之间的数字平衡关系。有一定数量的资产，就必然有相应数量的负债和所有者权益与之对应；反之，有一定数量的负债和所有者权益，就一定有相应数量的资产与之对应。

第二，各会计要素增减变化的相互联系。同一会计要素内部一增一减，不同类要素之间的同时增加或同时减少都不会破坏等式的平衡关系。

3. 借贷记账法的记账规则

借贷记账法的记账规则包括记账符号、记账规则和账户结构。

---

① 也许还有其他重要著作，但限于当时印刷术等原因，没有被人发现或需进一步考证。

（1）记账符号。以“借”和“贷”作为记账符号。借贷没有实质含义，只用于会计账户前的增、减指代，至于是增加还是减少需要根据会计科目的性质来进行判断。比如，“借”在资产类账户前面就是增加，在负债类账户前面就是减少。

（2）记账规则。以“有借必有贷，借贷必相等”为记账规则，其依据是会计恒等式中各会计要素之间的依存关系。

（3）账户结构。

1）资产类账户结构。资产类账户是对资产要素的具体内容进行分类核算的项目，按资产的流动性分为反映流动资产的账户和反映非流动资产的账户。反映流动资产的有“库存现金”“银行存款”“原材料”“应收账款”“库存商品”等账户。反映非流动资产的有“长期股权投资”“固定资产”“无形资产”等账户。资产类账户结构如图 3-5 所示。资产类账户期末余额计算公式为：

资产类账户期末借方余额＝期初借方余额＋本期借方发生额－本期贷方发生额

借方　　　　资产类账户	贷方
期初余额	
本期增加额（1）	本期减少额（1）
本期增加额（2）	本期减少额（2）
…	…
期末余额	

图 3-5　资产类账户的结构

2）负债类账户结构。负债类账户是对负债要素的具体内容进行分类核算的项目，按负债的偿还期限分为反映流动负债的账户和反映非流动负债的账户。反映流动负债的有“短期借款”“应付票据”“应付账款”“应付职工薪酬”“应交税费”等账户。反映非流动负债的有“长期借款”“应付债券”“长期应付款”等账户。负债类账户结构如图 3-6 所示。负债类账户期末余额的计算公式为：

负债类账户期末贷方余额＝期初贷方余额＋本期贷方发生额－本期借方发生额

借方　　　　负债类账户	贷方
	期初余额
本期减少额（1）	本期增加额（1）
本期减少额（2）	本期增加额（2）
…	…
	期末余额

图 3-6　负债类账户的结构

3）所有者权益类账户结构。所有者权益类账户是对所有者权益要素的具体内容进行分类核算的项目，按所有者权益的形成和性质可分为反映资本的账户和反映留存收益的账户。反映资本的有“实收资本”（或“股本”）、“资本公积”账户。反映留存收益的有“盈余公积”“未分配利润”等账户。所有者权益类账户结构如图 3－7 所示。所有者权益类账户期末余额的计算公式为：

所有者权益类账户期末贷方余额 = 期初贷方余额 + 本期贷方发生额 − 本期借方发生额

借方	所有者权益类账户　　　　贷方
	期初余额
本期减少额（1）	本期增加额（1）
本期减少额（2）	本期增加额（2）
…	…
	期末余额

图 3－7　所有者权益类账户的结构

4）收入类账户结构。收入类账户是专门用于归集企业在某个会计期间经营过程中各项收入的账户。收入类账户主要有“主营业务收入”“其他业务收入”“营业外收入”等账户。这类账户的贷方登记一定会计期间增加的收入数额；借方登记结转至“本年利润”账户的数额。由于各项收入都要在期末转入“本年利润”账户，因此，这类账户期末一般没有余额。① 收入类账户的结构如图 3－8 所示。

借方	收入类账户　　　　贷方
发生额：结转到“本年利润”账户的数额	发生额：归集本期各项收入的增加数额
＝	

图 3－8　收入类账户结构

5）费用类账户结构。费用类账户是专门用于归集企业在某个会计期间生产经营过程中各项费用的账户。费用类账户主要有“主营业务成本”“其他业务成本”“销售费用”“管理费用”“财务费用”“税金及附加”“营业外支出”“所得税费用”等账户。

这类账户的借方登记一定会计期间增加的费用数额，贷方登记结转至“本年利润”账户的数额。各费用在期末全部转入“本年利润”账户后，期末一般都没有余额。费用类账户的结构如图 3－9 所示。

① 为了简化，一般在丁字账户中的垂直线上画两条平行的小横线表示账户余额为零。

借方	费用类账户 贷方
发生额：归集本期各项费用的增加数额	发生额：结转到“本年利润”账户的数额

图 3-9　费用类账户结构

6）利润类账户结构。利润类账户是反映企业利润的形成过程及其分配情况的账户。核算利润形成过程的账户有“本年利润”和“利润分配——未分配利润”。

“本年利润”账户是一个暂时性账户，其贷方登记由收入类账户借方转入的金额，借方登记由成本、费用类账户贷方转入的金额，如果余额在贷方，表示盈利；如果余额在借方，表示亏损。最后，再将贷方余额从其借方转入“利润分配——未分配利润”账户的贷方；借方余额从其贷方转入“利润分配——未分配利润”账户的借方。“本年利润”账户的结构如图 3-10 所示。

借方	本年利润 贷方
本期费用转入额	本期收入转入额
本期发生额	本期发生额
余额（亏损）	余额（盈利）

图 3-10　本年利润账户的结构

“利润分配——未分配利润”账户是一个永久性账户，贷方登记由“本年利润”借方转入的利润额，借方登记由“本年利润”贷方转入的亏损额和利润分配额。贷方余额表示留待以后再分配的利润。“利润分配——未分配利润”账户的结构如图 3-11 所示。

借方	利润分配——未分配利润 贷方
“本年利润”贷方转入额 本期分配额	“本年利润”借方转入额
本期发生额	本期发生额
	余额：尚未分配的利润

图 3-11　利润分配账户的结构

资产类、负债类、所有者权益类、收入类和成本费用类账户是主要的账户分类，为便于熟练掌握借贷记账法，总结各类账户借贷指代的增减含义，以“+”号表示增加，以“-”号表示减少。借方和贷方指代增减的含义如表 3-2 所示。

表3-2 借方和贷方指代增减的含义

账户类别	借方	贷方
资产类账户	+	−
负债类账户	−	+
所有者权益类账户	−	+
收入类账户	−	+
费用类账户	+	−

3.3.4 会计分录

会计分录（accounting entry），简称分录，是指对每一项经济业务，按照借贷记账法的规则要求，分别列示应借应贷账户名称及其金额的一种记录方式。每一笔会计分录应包括三项要素：一是记账符号，表明记账方向，即应该记入借方还是贷方；二是会计科目，即经济业务涉及的账户名称；三是金额。

1. 会计分录的格式和编制步骤

会计分录是会计特有的记录语言，实务中需要将其填写在具有一定格式的记账凭证中。在教学过程中，为了便于理解，形成了一些基本规范和编制方法，包括基本格式和编制步骤。

（1）基本格式。

1）先写借后写贷，在借和贷后面加冒号（：）；

2）借贷要分行错格书写（一般错一格）；

3）借方和贷方的总金额要相等。

基本格式示范如下：

借：会计科目1　　×××

　贷：会计科目2　　×××

会计科目（账户）之前的“借”或“贷”，表示该科目（账户）是增加或者减少。每个会计科目（账户）前的“借”或“贷”所表示的增减含义，要看具体的账户类别。如果该笔会计分录中的会计科目1和会计科目2都是资产类账户，则会计科目1之前的“借”表示增加，会计科目2之前的“贷”表示减少；如果该笔会计分录中的会计科目1和会计科目2都是负债类账户，则会计科目1之前的“借”表示减少，会计科目2之前的“贷”表示增加，会计科目1和会计科目2后面的金额要相等。

（2）编制步骤。

第一步，判断经济业务的性质（采购、生产还是销售等）；

第二步，分析该经济业务要使用的会计科目；

第三步，确定该会计科目的类别（资产、负债、所有者权益、收入、费用），分析增减变化；

第四步，确定账户的方向，是借方还是贷方；

第五步，按格式编制会计分录。

根据经济业务的复杂程度，企业编制的会计分录有简单会计分录和复合会计分录。

2. 简单会计分录

简单会计分录（simply entry）是由一个借方账户与一个贷方账户所组成的会计分录，即一借一贷。

例 3－1

兰香鲜花店 2024 年 1 月份从银行提取现金 3 000 元，以备日常零星之用。

【分析】

这笔业务属于取款业务，将导致库存现金增加，银行存款减少，库存现金和银行存款都是资产类账户，账户结构相同，借方登记增加，贷方登记减少。按上述编制分录的格式可写成：

借：库存现金　　3 000

　贷：银行存款　　3 000

简单会计分录的账户对应关系清楚，资金的来踪去迹一目了然，现金增加 3 000 元，源自银行存款减少 3 000 元；反之，银行存款减少 3 000 元，钱去了哪里？存款变成现金，现金增加 3 000 元。

3. 复合会计分录

复合会计分录（compound entry）是由一个借方账户与多个贷方账户或一个贷方账户与多个借方账户所组成的会计分录，即一借多贷、一贷多借或者多借多贷。在编制复合分录时，相同记账符号只需写一个即可。

（1）一借多贷会计分录。一借多贷会计分录是指由一个借方科目，两个或两个以上的贷方科目组成的会计分录。

例 3－2

兰香鲜花店 2024 年 1 月份购进一台电脑价值 6 000 元，分别用银行存款支付 3 000 元，现金支付 1 000 元，剩余 2 000 元承诺 1 个月内支付。

【分析】

这笔业务属于购买办公设备业务。该设备符合单位固定资产的划分标准：单位价值 2 000 元（含 2 000 元）以上，使用年限超过 1 年。支付方式分别为：银行存款支付 3 000 元，现金支付 1 000 元，未支付的部分形成一项负债 2 000 元，通过应付账款进行核算。应付账款是指企业在购买商品或服务过程中，应该支付而未支付的款项。在该笔业务中固定资产增加 6 000 元，记入“固定资产”账户的借方；银行存款减少 3 000 元，记入“银行存款”账户的贷方；现金减少 1 000 元，记入“库存现金”账户的贷方；尚未支付的 2 000 元，记入“应付账款”的贷方（表示增加）。会计分录如下：

借：固定资产——电脑① 6 000

贷：银行存款 3 000

库存现金 1 000

应付账款——某供货商 2 000

该业务形成了一借三贷的情况，其账户之间的对应关系比较复杂。它显示购买电脑的钱来自三个部分：以银行存款支付 3 000 元，用现金支付 1 000 元，还欠供货商 2 000 元。从资金去向来理解，则是现金、银行存款的减少和负债增加的原因是公司购入了一台电脑。

（2）一贷多借会计分录。一贷多借会计分录是指由一个贷方科目，两个或两个以上的借方科目组成的会计分录。

例 3－3

兰香鲜花店 2024 年 1 月份用银行存款 3 000 元从某商场购入一台打印机和 10 盒打印纸，打印机价值 2 700 元，打印纸 10 盒 300 元。

【分析】

这笔业务属于购买办公设备和耗材业务。打印机属于办公设备，记入固定资产；打印纸属于耗材，直接作为费用，记入管理费用。用银行存款支付，就用银行存款科目。在该笔业务中，由于固定资产是资产类账户，固定资产增加 2 700 元，应记入“固定资产”账户的借方；管理费用是费用类账户，将 300 元记入“管理费用”的借方；银行存款减少 3 000 元，记入“银行存款”的贷方。会计分录如下：

借：固定资产——打印机 2 700

管理费用——打印纸 300

贷：银行存款 3 000

（3）多借多贷会计分录。多借多贷会计分录是指由两个或两个以上借方科目与两个或两个以上贷方科目组成的会计分录。

多借多贷会计分录对应的是较为复杂的经济业务，虽然一开始没有简单会计分录那样清楚明了，但随着会计业务知识的学习，会逐渐理解并熟练使用。多借多贷会计分录能完整地反映经济业务的全貌，如第 10 章账项调整中的存货采用实地盘存制的调整分录。

有些复合会计分录可以分拆，不会破坏对经济业务完整性的理解，如例 3－3 的会计分录可一分为二：

（1）购买打印机 2 700 元。

借：固定资产——打印机 2 700

贷：银行存款 2 700

（2）购买打印纸 300 元。

借：管理费用——打印纸 300

贷：银行存款 300

---

① 破折号之前的固定资产是总账，破折号之后的电脑是二级账户（明细账）。以下类同，不再重复解释。

可见，复合会计分录是由几个简单会计分录组合而成的，复合会计分录可以集中全面地反映某项经济业务的全貌，简化记账，防止会计凭证被抽。实务中，有些经济业务比较复杂，涉及账户较多，可按实际情况编制多借多贷的复合会计分录，但不允许将单独的几项经济业务合并编制复合会计分录。

4. 账户的对应关系

在同一笔会计分录中，账户之间的应借、应贷关系称为账户的对应关系。存在对应关系的账户称为对应账户（对应科目）。

例如，用银行存款购买电脑，就要在“固定资产”账户的借方和“银行存款”账户的贷方进行记录。这样，“固定资产”账户与“银行存款”账户之间就产生了对应关系，两个账户就成了对应账户。账户之间的对应关系有助于了解经济业务的来踪和去迹，检查对经济业务的会计处理是否合理合法。

3.3.5　借贷记账法举例

例 3－4

根据第 2 章对兰香鲜花店经济业务的分析，编制会计分录。

【分析】

（1）阿兰投资 10 万元，设立兰香鲜花店。

借：银行存款　　100 000
　　贷：实收资本——阿兰　　100 000

（2）兰香鲜花店购进鲜花 1 万元，全部用银行存款支付。

借：库存商品　　10 000
　　贷：银行存款　　10 000

（3）兰香鲜花店购进鲜花 1.5 万元，货款未付。

借：库存商品　　15 000
　　贷：应付账款　　15 000

（4）鲜花已全部售出，取得 4 万元的收入，货款已存入银行。同时，需要结转已售鲜花的成本 2.5 万元。

1）设置“主营业务收入”账户记录收入增加 4 万元。

借：银行存款　　40 000
　　贷：主营业务收入　　40 000

2）同时，设置“主营业务成本”账户结转已售鲜花的成本 2.5 万元。

借：主营业务成本　　25 000
　　贷：库存商品　　25 000

（5）兰香鲜花店支付店面租金 1.2 万元。

借：管理费用　　12 000
　　贷：银行存款　　12 000

(6) 偿还购买鲜花的货款1.5万元。

借：应付账款　　15 000

　贷：银行存款　　15 000

(7) 阿兰给自己定的工资标准是5 000元/月。月末，该项工资未付。

借：管理费用　　5 000

　贷：应付职工薪酬　　5 000

3.3.6 借贷记账法下的试算平衡

1. 试算平衡的概念

试算平衡（trial balance），就是根据“资产＝负债＋所有者权益”的平衡关系，按照借贷记账法的记账规则，通过对所有账户的发生额和余额的汇总计算和比较，来检查账户记录是否正确的一种方法。

在借贷记账法下，对企业发生的每一项经济业务都按照“有借必有贷，借贷必相等”的记账规则来进行记录，借贷双方的发生额必然是相等的。当一个会计期间（月、季、年）结束时，按照所有经济业务编制的所有会计分录的借方发生额合计数与贷方发生额合计数也一定是相等的。与此相对应的所有账户的借方期初、期末余额合计数与所有账户的贷方期初、期末余额合计数也是相等的。

2. 试算平衡的种类

试算平衡可按发生额或余额进行试算平衡。

(1) 发生额试算平衡。发生额试算平衡是指全部账户本期借方发生额合计数与全部账户本期贷方发生额合计数保持平衡，即

全部账户借方发生额合计数＝全部账户贷方发生额合计数

(2) 余额试算平衡。余额试算平衡是指全部账户借方期末（初）余额合计数与全部账户贷方期末（初）余额合计数保持平衡，即

全部账户借方期末(初)余额合计数＝全部账户贷方期末(初)余额合计数

余额试算平衡是根据本期所有账户借方余额合计数与贷方余额合计数的恒等关系，检验本期账户记录是否正确的方法，根据余额时间的不同又分为期初余额平衡与期末余额平衡两类。

3. 试算平衡表的编制

试算平衡一般通过编制试算平衡表来加以验证，可以分别编制本期发生额试算平衡表和期初（末）余额试算平衡表，也可以将前两者合并编成一张三栏式试算平衡表。三栏式试算平衡表分期初余额、本期发生额和期末余额三栏，各栏下再设借方和贷方两个小栏。各大栏中的借方合计与贷方合计应该平衡相等，否则便存在记账错误。

在编制试算平衡表之前，先按照会计分录中涉及的会计科目，逐一开设丁字账户，并将其增减金额按照业务发生的先后顺序，逐一过（抄）入相应的丁字账户的借方或者贷方，在各账户发生额后画一道结算线，计算出本期借方发生额合计数和贷方发生额合计数，再画一道结算线，计算本期借方期末余额或者贷方期末余额。

例3-5

按照例3-4中兰香鲜花店涉及的会计科目开设丁字账户，依次将会计分录中的金额逐一过入丁字账户的借方或者贷方，并计算出本期发生额合计数和期末余额。由于兰香鲜花店是新设立的公司，所以所有账户都没有期初余额。

【分析】

兰香鲜花店需要开设的丁字账户如图3-12所示。

银行存款

(1)	100 000	(2)	10 000
(4)	40 000	(5)	12 000
		(6)	15 000
本期发生额	140 000	本期发生额	37 000
期末余额	103 000		

实收资本

		(1)	100 000
本期发生额	0	本期发生额	100 000
		期末余额	100 000

库存商品

(2)	10 000	(4)	25 000
(3)	15 000		
本期发生额	25 000	本期发生额	25 000
期末余额	0		

应付账款

(6)	15 000	(3)	15 000
本期发生额	15 000	本期发生额	15 000
		期末余额	0

主营业务收入

		(4)	40 000
		本期发生额	40 000

主营业务成本

(4)	25 000		
本期发生额	25 000		

管理费用

(5)	12 000		
(7)	5 000		
本期发生额	17 000		

应付职工薪酬

		(7)	5 000
本期发生额	0	本期发生额	5 000
		期末余额	5 000

图3-12 兰香鲜花店的丁字账户

将丁字账中的本期发生额及期末余额按资产、负债、所有者权益、收入和费用的顺序列入下表中的借方和贷方栏目，编成兰香鲜花店试算平衡表，如表3-3所示。

表 3-3 兰香鲜花店试算平衡表

2024 年 1 月 31 日　　金额单位：元

会计科目	期初余额		本期发生额		期末余额	
	借方	贷方	借方	贷方	借方	贷方
银行存款			140 000	37 000	103 000	
库存商品			25 000	25 000		
应付账款			15 000	15 000		
应付职工薪酬				5 000		5 000
实收资本				100 000		100 000
主营业务收入				40 000		40 000
主营业务成本			25 000		25 000	
管理费用			17 000		17 000	
合计			222 000	222 000	145 000	145 000

需要说明的是，试算平衡表虽然可以通过借贷记账法的内在机制，达到自动平衡。但平衡就一定是正确的吗？比如，如果借贷同时漏记、同时重复记账、用错同一性质会计科目，或者借贷数字同时写错等，这些错误不会影响借贷双方平衡，但这种平衡是不正确的。因此，通过试算平衡来检查账簿记录是否正确也不是绝对的，一定要养成细心的职业素养，认真做好会计核算的每一步。当然，当试算平衡表不平时，就意味一定出现了错误，需要采用倒查的方法找出错误。

关键术语

账户（account）　　T 型账（丁字账）（T account）
借方（debit）　　贷方（credit）
单式记账（single-entry bookkeeping）
复式记账（double-entry bookkeeping）
会计分录（accounting entry）　　简单会计分录（simply entry）
复合会计分录（compound entry）　　试算平衡（trial balance）

思考题

Q3-1　什么是会计科目？为什么要设置会计科目？

Q3-2　设置会计科目的原则有哪些？你认为最重要的原则是什么？为什么？

Q3-3　什么是账户？为什么设置了会计科目还要设置账户？

Q3－4 资产类账户结构是什么？为什么费用类的账户结构与资产类账户结构相同？

Q3－5 负债类账户结构是什么？还有哪两类账户的结构与其相同？

Q3－6 复式记账与单式记账有什么不同？为什么要采用复式记账？

Q3－7 复式记账有几种？借贷记账法的平衡原理是什么？

Q3－8 什么是会计分录？会计分录有几种？

Q3－9 什么是账户的对应关系？请举例说明。

Q3－10 借贷记账法下本期期初余额、本期发生额与期末余额之间是什么关系？

Q3－11 试算平衡表可以检查记账是否正确吗？

练习题

E3－1 目的：练习会计分录的编制。

资料：

(1) 向银行借入1年期银行存款100万元。

(2) 从银行提取现金1万元。

(3) 向光大公司购入商品200万元，货款未付。

(4) 将应付光大公司的货款100万元转作投资款。

(5) 用银行存款支付光大公司欠款50万元。

(6) 将出售商品取得的收入300万元存入银行，同时结转已售产品成本200万元。

(7) 用现金支付罚款1 000元。

要求：将上述经济业务编成会计分录。

E3－2 目的：练习丁字账户的登记方法。

资料：E3－1编制的会计分录。

要求：将根据E3－1编制的会计分录过入下列丁字账户中，并计算出本期发生额和期末余额。丁字账户中的期初余额为假定数。

银行存款	
期初余额 30 000	

短期借款	
	期初余额 10 000

库存商品	
期初余额 28 500	

库存现金	
期初余额 1 500	

应付账款	
	期初余额 20 000

实收资本	
	期初余额 30 000

主营业务收入

主营业务成本

营业外支出

E3-3　目的：练习三栏式试算平衡表的编制。

资料：E3-1中的丁字账。

要求：请根据E3-2计算出的本期发生额和期末余额编制三栏式试算平衡表。

第 4 章　会计凭证

素养提升

1. 价值塑造

- 培养以事实为依据、用证据说话的思维方式。
- 树立钤下印章，便是立下言信的思想，培养勇于承担责任的高贵品质。
- 遵守盖章有效和严格稽核的规则。

2. 知识传授

● 会计凭证分为原始凭证和记账凭证。原始凭证是记录经济交易发生时间、发生地点、交易内容、交易数量、交易金额和交易对手等信息的书面文件，是会计进行确认与计量并按复式记账原理编制记账凭证的依据。

● 原始凭证所载内容真实与否，会计分类确认和计量正确与否，直接关系会计账簿记录和财务报告准确与否。因此，对会计凭证的填制要做到内容齐全、书写规范、填制及时、手续完备。建立严格的稽核制度，保证每一笔会计记录得到及时认真的审核、检查与评估，以确保会计信息的真实与完整。

● 通过展示习近平总书记在 2012 年考察河北省阜平县的晚餐菜单，2014 年考察河南兰考县的晚餐收据和 2015 年看望陕西省梁家河村村民时在原梁家河大队党支部书记梁玉明家的午餐收据复印件，让学生了解这些珍贵的原始凭证不仅记录了总书记当晚吃了什么、花了多少钱，更生动记录了总书记朴素、务实、律己、爱民的作风和情怀，展现了共产党人的卓越品质。

● 通过播放央视纪录片《永远的长征》第 6 集中的一个有关红二、红六军团路过贵州毕节时，用银圆兑换之前中央红军在当地跟老百姓买东西时用的苏区布币的片段，使学生明白兑换不仅涉及利益，更关乎诚信的道理。贺龙语重心长地说“红军有几支，共产党只有一个，一家人不能说两家话”，诚信行为为建立中华苏维埃川滇黔省革命委员会这个诚信政府起了很重要的作用。

● 通过二维码“中国印章文化与会计用章”知识的拓展，将中国优秀的传统文化引入课堂，与会计用章结合起来，使学生了解盖章就要承担责任的道理。

3. 能力培养

● 培养学生说话做事要有根有据的优良品德、缜密的思维逻辑、严谨的做事态度。

● 培养学生承担责任的能力。建立会计记录无小事的思想，一分一毫都要做到有据可查，有证可依。

● 培养学生认真细致的工作作风，保证每一笔会计分录都必须与原始凭证内容相符，并进行认真复核。

● 培养学生牢记中国共产党一心为民的优良传统。

● 培养学生的审美能力。利用中国印章的精美图片和会计印章展示，让学生在获得知识的同时，获得美的享受。

素养提升

学习目标

1. 掌握：原始凭证与记账凭证的填制与审核。
2. 理解：原始凭证与记账凭证的种类以及会计凭证的传递与保管。
3. 了解：会计凭证的概念与作用。

4.1 会计凭证概述

4.1 即测即评

4.1.1 会计凭证的概念与作用

1. 会计凭证的概念

会计凭证（accounting document）是记录经济业务事项发生或完成情况，明确经济责任，并作为登记会计账簿依据的书面证明。合法取得、正确填制和审核会计凭证是会计核算的基本技能之一。

2. 会计凭证的作用

会计凭证的作用体现为以下三个方面。

（1）记录经济业务，提供记账依据。会计工作在本质上是对单位的财产权利和义务等法律关系及其变动进行分类统计。为确保会计信息的公益性和公信力，保证其具备法律上的证明力，应当要求单位的记账行为必须要有原始凭证的支持。《会计法》第九条规定，各单位必须根据实际发生的经济业务事项进行会计核算，填制会计凭证，登记会计账簿，编制财务会计报告。任何单位不得以虚假的经济业务事项或者资料进行会计核算。《会计基础工作规范》规定，除结账和更正错误的记账凭证可以不附原始凭证外，其他记账凭证必须附有原始凭证。

（2）明确经济责任，强化内部控制。会计凭证有助于明确单位各管理层级的职责，有助于强化单位内部管理制度。会计凭证的流转顺序是单位内部控制流程的生动体现。

（3）监督经济活动，控制经济运行。会计凭证对于国民经济管理具有重要意义，国家对宏观经济的调控、对产业或行业发展的指引都离不开会计信息的支持。

4.1.2　会计凭证的种类

会计凭证按照填制程序和用途可分为原始凭证和记账凭证。

1. 原始凭证

原始凭证（source document，original evidence），是指在经济业务发生或完成时取得或填制的，用以记录或证明经济业务的发生或完成情况的原始凭据。①

2. 记账凭证

记账凭证（accounting voucher，entry document），又称记账凭单，是指会计人员根据审核无误的原始凭证，按照经济业务的内容加以归类，并据以确定会计分录后所填制的会计凭证，作为登记会计账簿的直接依据。

会计凭证还可以按照使用介质的不同，分为纸质会计凭证和电子会计凭证。随着国家相关部门（财政、税务等）大力推进会计凭证电子化入账、报销、归档工作，尤其是电子发票与财政支付、单位财务核算系统的衔接，会计凭证电子化将是一种趋势。不管是纸质会计凭证还是电子会计凭证，其功能和作用是一样的，只是载体不同。本书按纸质会计凭证进行讲解。

专栏 4－1　电子会计凭证

随着数字经济的高速发展，电子发票的广泛应用，与之相适应的会计核算系统也日益数字化和智能化。可以预见，当华为存储备份技术被广泛应用到各行各业后，纸质会计凭证终将被电子会计凭证所替代，但纸质会计凭证上的核心要素不会改变。现将电子会计凭证的相关概念、种类、接收、传递和存储做一简单介绍。

1. 概念

电子会计凭证是指以电子形式生成、传输、储存的各类会计凭证，包括电子

① 原始凭证是记载法律事实的凭证，法律事实是指导致民事主体的法律关系产生、变更或消灭的事实。

原始凭证、电子记账凭证。由于大部分会计核算软件都将记账凭证设计为通用会计记账凭证，下面介绍的内容以电子原始凭证为主。

2. 种类

电子原始凭证按取得来源分从外部接收的电子原始凭证和从单位内部产生的电子原始凭证。外来原始电子凭证是指单位从外部接收的电子形式的各类会计凭证，包括电子发票、财政电子票据、电子客票、电子行程单、电子海关专用缴款书、银行电子回单等。最常见的电子凭证是电子发票和银行电子回单。

（1）电子发票。电子发票是指符合《中华人民共和国发票管理办法》及相关规定，在购销商品、提供或者接受服务以及从事其他经营活动中，开具、收取的以数据电文为载体的收付款凭证。可供使用人下载储存在电子储存设备中并以数字电文形式进行流转。

第一张电子发票是京东在2013年6月27日开出的，开票方是京东网上商城旗下的江苏圆周电子商务有限公司北京分公司，付款人为个人，支付41.40元购买了2本《中国梦》（修订版），每本单价20.70元。如图4-1所示。

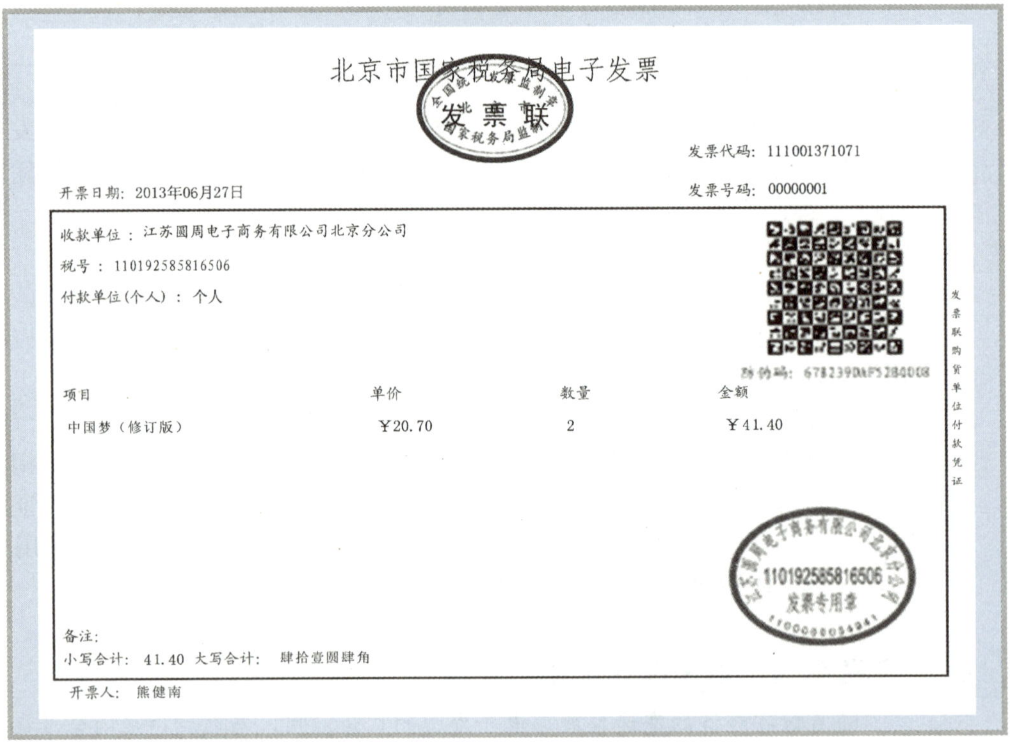
北京市国家税务局电子发票

发票联

发票代码：111001371071

开票日期：2013年06月27日

发票号码：00000001

收款单位：江苏圆周电子商务有限公司北京分公司

税号：110192585816506

付款单位(个人)：个人

防伪码：678239DAF5280008

项目	单价	数量	金额
中国梦（修订版）	￥20.70	2	￥41.40

备注：

小写合计：41.40 大写合计：肆拾壹圆肆角

开票人：熊健南

发票联购货单位付款凭证

110192585816506 发票专用章

图4-1 京东开出的第一张电子发票

增值税电子发票

增值税电子普通发票和电子专用发票请扫描二维码。

（2）银行电子回单。银行电子回单是银行为企业办理收付结算业务后开具给企业的流水凭证。回单上有流水序号、验证码和银行专用电子印章。图4-2是招商银行网上银行的电子回单。

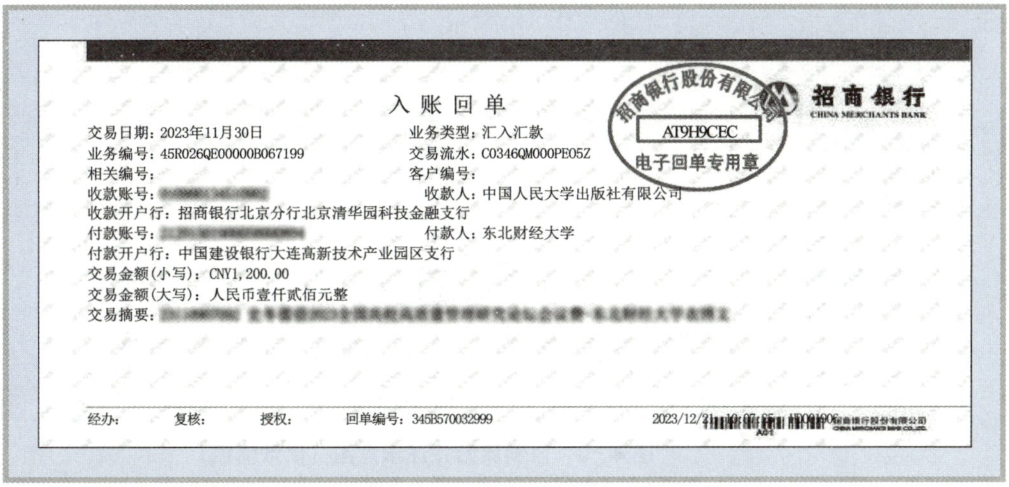
入 账 回 单

招商银行股份有限公司 AT9H9CEC 电子回单专用章

招商银行 CHINA MERCHANTS BANK

交易日期：2023年11月30日　业务类型：汇入汇款
业务编号：45R026QE00000B067199　交易流水：C0346QM000PE05Z
相关编号：　客户编号：
收款账号：[redacted]　收款人：中国人民大学出版社有限公司
收款开户行：招商银行北京分行北京清华园科技金融支行
付款账号：[redacted]　付款人：东北财经大学
付款开户行：中国建设银行大连高新技术产业园区支行
交易金额(小写)：CNY1,200.00
交易金额(大写)：人民币壹仟贰佰元整
交易摘要：[redacted]

经办：　复核：　授权：　回单编号：345B570032999　2023/12/21

图4-2　招商银行网上银行电子回单

内部生成的电子原始凭证如借款收据、入库单、出库单等与纸版原始凭证类同，不再单独介绍。

3. 接收

企业业务系统与外界交易平台、金融、税务等系统直接对接，可实时获得交易凭证，如购销凭证、商旅数据、资金结算、税收缴纳等凭证。

4. 传递

通过财务中台实现业务与核算集成，自动生成各类凭证、账簿和财务报告。

5. 存储

电子会计凭证档案应同时实施在线和离线存储，有条件的单位可异地备份。

4.2 原始凭证

4.2即测即评

4.2.1 原始凭证的种类

1. 按取得来源分类

原始凭证按照取得来源可分为自制原始凭证和外来原始凭证。

(1) 自制原始凭证。自制原始凭证是指由本单位有关部门和人员在执行或完成某项经济业务时，自制用于成本、费用、损失和其他收（支）核算的会计原始凭证。如仅供本单位内部使用的借款单（见图4-3）、差旅费用报销单（见图4-4）等。

借款单 No

20××年 12 月 18 日

借款单位：厂办　借款人：张明　事由：出差

借款金额（大写）　ⓧ 万 五 仟 零 佰 零 拾 零 元 零 角 零 分

小写 ￥5 000　现金付讫

□ 现金 □ 支票 □ 信用卡 □ 其他　（盖章）

第三联 交财务

小明机器人有限责任公司 财务专用章

审核　会计　记账　出纳

图 4-3　自制原始凭证示意图（借款借据）

差旅费用报销

年　月　日　　编号

出差人姓名：　职务：　事由：　出差起止日期：　共计　天

出发				到达				人数	交通		住宿		金额	交通补贴		金额	餐费补助		金额	其他	金额合计
	日	时	地点	月	日	时	地点		工具	金额	标准	天数		标准	天数		标准	天数			

单据　张

合计：人民币（大写）　万　仟　佰　拾　元　角　分　￥

预借金额 ￥　退/补金额 ￥　□ 支付宝 □ 微信 □ 银行卡 □ 现金

部门主管　财务主管　会计　出纳　领款人　报销人

图 4-4　自制原始凭证示意图（差旅费报销单）

餐费单据

（2）外来原始凭证。外来原始凭证是指在经济业务发生或完成时，从其他单位或个人取得的用以证明其支出发生的凭证，包括发票（纸质发票和电子发票）、财政票据、完税凭证、收款凭证、分割单、机票、火车票、餐费收据、点菜单等。

图 4-5 为销货单位开给购货单位的普通发票，图 4-6 为销货单位开给购货单位的增值税专用发票，这两种发票的样式为机打发票，需要通过防伪税控系统开具。此外，由本单位填制的现金存款凭条、银行支票进账单等由银行设计的单据，也属于外来原始凭证。

2. 按照格式分类

原始凭证按照格式的不同可分为通用凭证和专用凭证。

（1）通用凭证。通用凭证是指由有关部门统一印制、在一定范围内使用的具有统一格式和使用方法的原始凭证（如发票）。

（2）专用凭证。专用凭证（非通用凭证）是指由单位自行印制、仅在本单位内部使用的原始凭证（如材料领用单、借据、差旅费报销单等）。

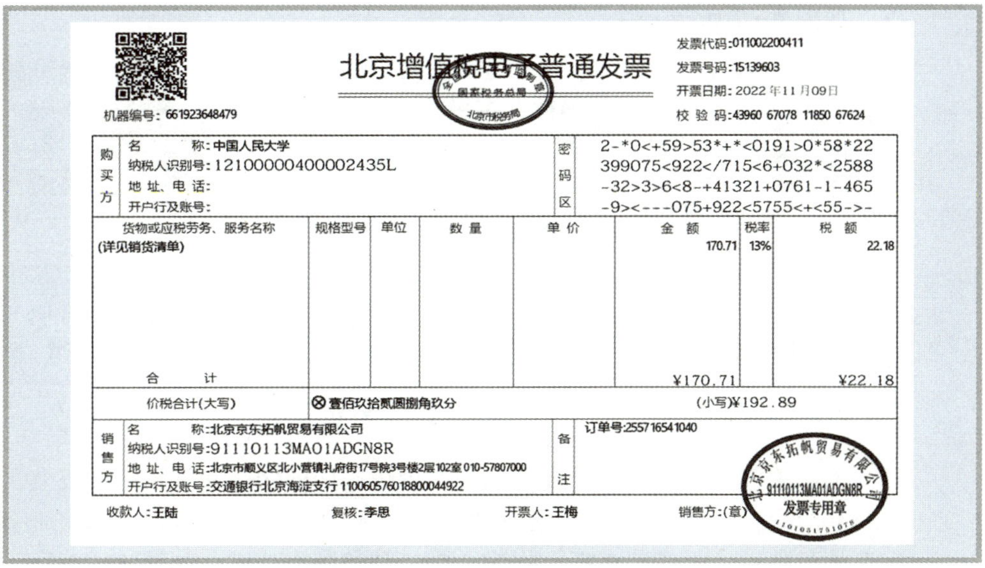

北京增值税电子普通发票

机器编号：661923648479

发票代码：011002200411
发票号码：15139603
开票日期：2022 年 11 月 09 日
校 验 码：43960 67078 11850 67624

购买方	名　　称：中国人民大学 纳税人识别号：12100000400002435L 地 址、电 话： 开户行及账号：				密码区	2-*0<+59>53*+*<0191>0*58*22 399075<922</715<6+032*<2588 -32>3>6<8-+41321+0761-1-465 -9><---075+922<5755<+<55->-	
货物或应税劳务、服务名称	规格型号	单位	数 量	单 价	金 额	税率	税 额
(详见销货清单)					170.71	13%	22.18
合　计					¥170.71		¥22.18
价税合计(大写)	⊗壹佰玖拾贰圆捌角玖分				(小写)¥192.89		
销售方	名　　称：北京京东拓帆贸易有限公司 纳税人识别号：91110113MA01ADGN8R 地 址、电 话：北京市顺义区北小营镇礼府街17号院3号楼2层102室 010-57807000 开户行及账号：交通银行北京海淀支行 110060576018800044922				备注	订单号：255716541040	

收款人：王陆　　复核：李思　　开票人：王梅　　销售方：(章)

图 4－5　普通发票（机打发票）

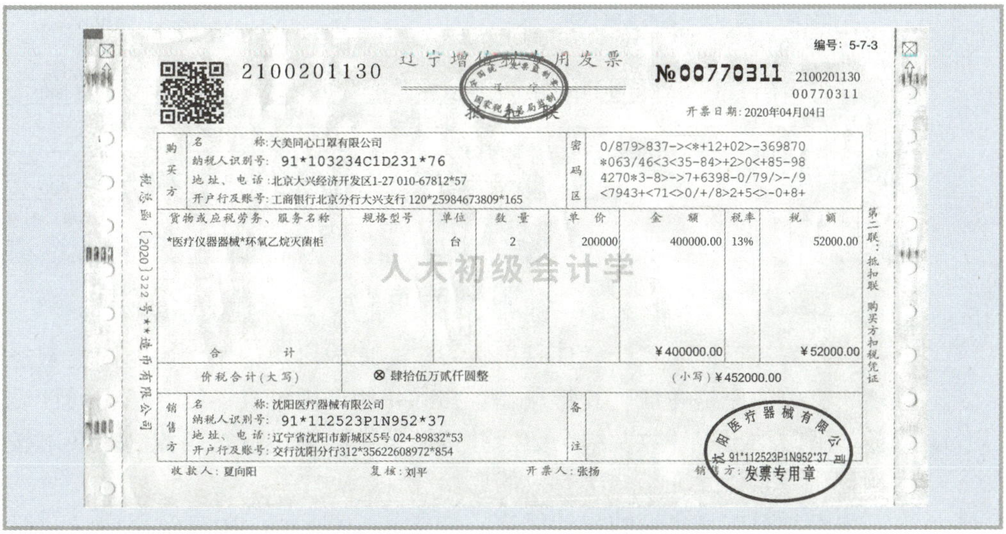

辽宁增值税专用发票

2100201130　　№00770311　2100201130　00770311

编号：5-7-3

开票日期：2020年04月04日

购买方	名　　称：大美同心口罩有限公司 纳税人识别号：91*103234C1D231*76 地 址、电 话：北京大兴经济开发区1-27 010-67812*57 开户行及账号：工商银行北京分行大兴支行 120*25984673809*165				密码区	0/879>837-><*+12+02>-369870 *063/46<3<35-84>+2>0<+85-98 4270*3-8>->7+6398-0/79/>-/9 <7943+<71<>0/+/8>2+5<>-0+8+	
货物或应税劳务、服务名称	规格型号	单位	数 量	单 价	金 额	税率	税 额
*医疗仪器器械*环氧乙烷灭菌柜		台	2	200000	400000.00	13%	52000.00
合　计					¥400000.00		¥52000.00
价税合计(大写)	⊗肆拾伍万贰仟圆整				(小写)¥452000.00		
销售方	名　　称：沈阳医疗器械有限公司 纳税人识别号：91*112523P1N952*37 地 址、电 话：辽宁省沈阳市新城区5号 024-89832*53 开户行及账号：交行沈阳分行312*35622608972*854				备注		

收款人：夏向阳　　复核：刘平　　开票人：张扬　　销售方：(章)

第二联：抵扣联　购买方扣税凭证

税总函〔2020〕322号**造币有限公司

人大初级会计学

图 4－6　增值税专用发票（机打发票）

3. 按填制手续和内容分类

原始凭证按照填制手续和内容可分为一次凭证、累计凭证和汇总凭证。这主要是针对自制原始凭证而言的。

（1）一次凭证。一次凭证是指一次填制完成，只记录一笔经济业务且仅一次有效的原始凭证。入库单和提货单是比较典型的一次凭证。

入库单是单位的仓库管理人员根据各种财产物资入库的实际情况填制的验收证明。例如，原材料入库一般设三个联次：一联仓库存根，据以登记材料物资明细账和材料卡片；一联作为采购业务的记账凭证的附件；一联交给采购部门存查，如图4-7所示。

原材料入库单　　编号5-10--5

供货单位：广东东莞纺织有限公司　　仓库编号：原料仓库1号

发票尾号：3200　　2020年4月22日　　单位：元

编号	材料名称及规格	单位	数量	单价	金额	备注
RPB1	熔喷布	吨	3	300 000	900 000	
RFM2	热风棉	吨	1.5	40 000	60 000	
合计					960 000	

收料员：严格　　复核：蒋理　　记账：舒达　　仓库保管：钱仓

图4-7　入库单

出库单又称发货单，是销货单位的销售部门通知仓库管理部门发货的出库证明，一般设三个联次：一联交给采购方作为提货证明；一联作为销售业务的记账凭证的附件；一联仓库存根，作为仓库管理的备查档案，如图4-8所示。

出库单　　编号：5-26-3

提货单位：天津为民医药有限公司　　运输方式：

发票尾号：8597　　2020年　6月　30 日　　仓库编号：库2

产品名称	产品编号	规格	单位	数量	单价	金额
医用口罩	YYKZ202011	17.5×9.35	只	30 000	1.5	45 000
合计				30 000		45 000

销售部门负责人：张伟　　发货人：陈清　　提货人：廖津　　制单：刘明

图4-8　出库单

（2）累计凭证。累计凭证是指在一定时期内多次记录发生的同类型经济业务且多次有效的原始凭证。其特点是：在一张凭证内可以连续登记相同性质的经济业务，随时结出累计数及结余数，并按照费用限额进行费用控制，期末按实际发生额记账。累计凭证是多次有效的原始凭证。

限额领料单是典型的累计凭证，如图4-9所示。在有效期内（一般为一个月），只要领用数量不超过限额就可以连续使用。在管理实践中，材料的定额标准一般由单位的计划管理部门和会计管理部门共同确定。

累计凭证不仅能够起到控制资产的作用，还能够减少原始凭证的数量和简化填制凭证的手续。

（3）汇总凭证。汇总凭证是指对一定时期内反映经济业务内容相同的若干张原始凭证，按照一定标准综合填制的凭证。

发料凭证汇总表是典型的汇总凭证，如图4-10所示。负责材料管理的会计人员一般按旬汇总，每月编制一份发料凭证汇总表交给记账人员进行账务处理。

领料部门：定制品分厂　　　　**限额领料单**　　　　发料仓库：
用途：铁艺门窗　　　　　　20×6年 6月　　　　　凭证编号：0369

类别	材料编号	材料品名及规格	计量单位	领料限额	实际领用	单价	金额	备注
型钢	201109	圆钢ϕ10mm	千克	5000	4000	4.5	18000	
日期	请领		实发			限额结余	退库	
	数量	签章	数量	发料人	领料人		数量	金额
06.03	1500	孙少安	1500	孙玉厚	孙少安	3500		
06.15	1500	孙少平	1500	孙玉厚	孙少平	2000		
06.23	1000	田润叶	1000	田福堂	田润叶	1000		
合计	4000	—	4000	—	—	1000		

供应部门负责人：　　　　生产计划负责人：　　　　仓库负责人：

图 4－9　限额领料单

发料凭证汇总表

20×6年 10月31日

会计科目（用途）	领料部门	原材料	燃料	合计
生产成本	定制品分厂	1 300		1 300
	标准件分厂	3 600		3 600
	小计	4 900		4 900
制造费用	车间管理耗用	1 000		1 000
管理费用	总部管理部门耗用	1 000		1 000
合计		6 900		6 900

会计主管：　　　　复核：　　　　制表：

图 4－10　发料凭证汇总表

4.2.2　原始凭证的基本内容

原始凭证的格式和内容因经济业务和经营管理的要求不同而有所差异，但应当具备以下基本内容（也称为原始凭证要素）：（1）凭证的名称；（2）填制凭证的日期；（3）填制凭证单位名称或者填制人姓名；（4）经办人员的签名或者盖章；（5）接受凭证单位名称；（6）经济业务内容；（7）数量、单价和金额。

4.2.3　原始凭证的填制要求

1. 原始凭证填制的基本要求

原始凭证的填制必须符合下列要求：（1）记录真实；（2）内容完整；（3）手续完备；（4）书写清楚、规范；（5）连续编号；（6）不得涂改、刮擦、挖补；（7）填制及时。

2. 自制原始凭证的填制要求

不同的自制原始凭证，填制要求也有所不同。

（1）一次凭证的填制。一次凭证应在经济业务发生或完成时，由相关业务人员一次填制完成。该凭证往往只能反映一项经济业务，或者同时反映若干项同一性质的经济业务。

（2）累计凭证的填制。累计凭证应在每次经济业务完成后，由相关人员在同一张凭证上重复填制完成。该凭证能在一定时期内不断重复地反映同类经济业务的完成情况。

（3）汇总凭证的填制。汇总凭证应由相关人员在汇总一定时期内反映同类经济业务的原始凭证后填制完成。该凭证只能将类型相同的经济业务进行汇总，不能汇总两类或两类以上的经济业务。

3. 外来原始凭证的填制要求

外来原始凭证应在企业与外单位发生经济业务时，由外单位的相关人员填制完成。外来原始凭证一般由税务局等业务部门统一印制，或经税务部门批准由经营单位印制，在填制时加盖出具凭证单位公章方为有效。若是电子发票，可以以电子签名代替发票专用章。对于一式多联的原始凭证必须用复写纸套写或打印机套打。

中国印章文化与会计用章

印章文化是中国的传统文化之一，各种印章彰显了“中华文明的精神标识和文化精髓”。左边二维码介绍了中国印章文化与会计用章的规范使用方法。

会计凭证中金额的填制要求

根据《会计基础工作规范》的规定，填制会计凭证，字迹必须清晰、工整，并符合下列要求：

（1）阿拉伯数字应当一个一个地写，不得连笔写。阿拉伯金额数字前面应当书写货币币种符号或者货币名称简写和币种符号。币种符号与阿拉伯金额数字之间不得留有空白。凡阿拉伯数字前写有币种符号的，数字后面不再写货币单位。

（2）所有以元为单位（其他货币种类为货币基本单位，下同）的阿拉伯数字，除表示单价等情况外，一律填写到角分；无角分的，角位和分位可写“00”，或者符号“—”；有角无分的，分位应当写“0”，不得用符号“—”代替。

（3）汉字大写数字金额如零、壹、贰、叁、肆、伍、陆、柒、捌、玖、拾、佰、仟、万、亿等，一律用正楷或者行书体书写，不得用0、一、二、三、四、五、六、七、八、九、十等简化字代替，不得任意自造简化字。大写金额数字到元或者角为止的，在“元”或者“角”字之后应当写“整”字或者“正”字；大写金额数字有分的，分字后面不写“整”或者“正”字。

（4）大写金额数字前未印有货币名称的，应当加填货币名称，货币名称与金额数字之间不得留有空白。

（5）阿拉伯金额数字中间有“0”时，汉字大写金额要写“零”字；阿拉伯数字金额中间连续有几个“0”时，汉字大写金额中可以只写一个“零”字，如￥6 007.14，应写成人民币陆仟零柒元壹角肆分；阿拉伯金额数字元位是“0”，或者数字中间连续有几个“0”、元位也是“0”但角位不是“0”时，汉字大写金额可以只写一个"零"字，也可以不写"零"字。如￥1 680.32，应写成人民币壹仟陆佰捌拾元零叁角贰分，或写成人民币壹仟陆佰捌拾元叁角贰分。

4.2.4　原始凭证的审核

会计机构必须对原始凭证进行审核，并根据经过审核的原始凭证编制记账凭证。

为了如实反映经济业务的发生和完成情况，充分发挥会计的监督职能，保证会计信息的真实、合法、完整和准确，会计人员必须对原始凭证进行严格审核。会计机构、会计人员对不真实、不合法的原始凭证有权不予接受，并向单位负责人报告；对记载不准确、不完整的原始凭证予以退回，并要求按照国家统一的会计制度的规定更正、补充。

审核的内容主要包括：(1) 审核原始凭证的真实性；(2) 审核原始凭证的合法性；(3) 审核原始凭证的合理性；(4) 审核原始凭证的完整性；(5) 审核原始凭证的正确性；(6) 审核原始凭证的及时性。

从外单位取得的原始凭证，必须盖有填制单位的公章；从个人取得的原始凭证，必须有填制人员的签名或者盖章。自制原始凭证必须有经办单位领导或者其指定的人员签名或者盖章。对外开出的原始凭证，必须加盖本单位公章。

凡填有大写和小写金额的原始凭证，大写与小写金额必须相符。购买实物的原始凭证，必须有验收证明。支付款项的原始凭证，必须有收款单位和收款人的收款证明。

一式几联的原始凭证，应当注明各联的用途，只能以一联作为报销凭证。一式几联的发票和收据，必须用双面复写纸（发票和收据本身具备复写纸功能的除外）套写，并连续编号。作废时应当加盖"作废"戳记，连同存根一起保存，不得撕毁。

发生销货退回的，除填制退货发票外，还必须有退货验收证明；退款时，必须取得对方的收款收据或者汇款银行的凭证，不得以退货发票代替收据。

职工因公出差借款凭据，必须附在记账凭证之后。收回借款时，应当另开收据或者退还借据副本，不得退还原借款收据。

经上级有关部门批准的经济业务，应当将批准文件作为原始凭证附件。如果批准文件需要单独归档，则应当在凭证上注明批准机关名称、日期和文件字号。

4.3　记账凭证

4.3 即测即评

4.3.1　记账凭证的种类

记账凭证可按不同标准分类，按照用途可分为专用记账凭证和通用记账凭证；按照填列方式可分为单式记账凭证和复式记账凭证。

1. 按凭证的用途分类

会计机构、会计人员要根据审核无误的原始凭证填制记账凭证。记账凭证可以使用专用记账凭证，也可以使用通用记账凭证。

（1）专用记账凭证。专用记账凭证是指分类反映经济业务的记账凭证。按其反映与货币资金是否有关的经济业务，可分为收款凭证、付款凭证和转账凭证。

1）收款凭证。收款凭证是指用于记录现金和银行存款收款业务的记账凭证。此凭证已经在左上角锁定借方科目，在实务工作中，会计人员只需打“√”即可选定借方科目，且只需要填写应贷记的科目，如图4-11所示。

收 款 凭 证　　　　凭证号：

借方科目：库存现金、银行存款　　　　年　月　日　　　　附件___张

摘　要	贷　方		√	金　额									
	总账科目	明细科目		千	百	十	万	千	百	十	元	角	分

会计主管：　　记账：　　出纳：　　审核：　　制单：

图4-11 收款凭证示意图

2）付款凭证。付款凭证是指用于记录现金和银行存款付款业务的记账凭证。此凭证已经在左上角锁定贷方科目，会计人员只需打“√”即可选定贷方科目，且只需要填写应借记的科目，如图4-12所示。

付 款 凭 证　　　　凭证号：

贷方科目：库存现金、银行存款　　　　年　月　日　　　　附件___张

摘　要	借　方		√	金　额									
	总账科目	明细科目		千	百	十	万	千	百	十	元	角	分

会计主管：　　记账：　　出纳：　　审核：　　制单：

图4-12 付款凭证示意图

出纳人员根据收款凭证收款或根据付款凭证付款后，为避免重收重付，应在收款凭证上加盖“收讫”戳记或在付款凭证上加盖“付讫”戳记。

3）转账凭证。转账凭证是指不涉及现金和银行存款的记账凭证。会计人员

填写应借记和应贷记的会计科目，如图 4－13 所示。

转　账　凭　证　　　　凭证号：

年　　月　　日　　　　附件____张

摘　　要	总账科目	明细科目	✓	借方金额										✓	贷方金额								
				千	百	十	万	千	百	十	元	角	分		千	百	十	万	千	百	十	元	角	分

会计主管：　　　　记账：　　　　审核：　　　　制单：

图 4－13　转账凭证示意图

（2）通用记账凭证。通用记账凭证是指用来反映所有经济业务的记账凭证，为各类经济业务所共同使用，其格式与转账凭证相同，会计人员填写应借记和应贷记的会计科目，如图 4－14 所示。

记　账　凭　证　　　　凭证号：

年　　月　　日　　　　附件____张

摘　　要	总账科目	明细科目	✓	借方金额										✓	贷方金额								
				千	百	十	万	千	百	十	元	角	分		千	百	十	万	千	百	十	元	角	分

会计主管：　　　　记账：　　　　审核：　　　　制单：

图 4－14　通用记账凭证示意图

2. 按凭证的填列方式分类

（1）单式记账凭证。单式记账凭证是指每一张记账凭证只填列经济业务事项所涉及的一个会计科目及其金额的记账凭证，填列借方科目的称为借项记账凭证，填列贷方科目的称为贷项记账凭证。

（2）复式记账凭证。复式记账凭证是将每一笔经济业务所涉及的全部科目及其发生额均在同一张记账凭证中反映的一种凭证。

4.3.2　记账凭证的内容

记账凭证是登记账簿的依据，因其所反映经济业务的内容不同、各单位规模大小及其对会计核算繁简程度的要求不同，其内容有所差异，但应当具备以下基本内容：（1）填制凭证的日期；（2）凭证编号；（3）经济业务摘要；（4）会计科目；（5）金额；（6）所附原始凭证张数；（7）填制凭证人员、稽核人员、记账人员、会计主管人员签名或者盖章。收款和付款记账凭证还应当由出纳人员签名或者盖章。以自制的原始凭证或者原始凭证汇总表代替记账凭证的，也必须具备记账凭证应有的项目。

记账凭证根据审核无误的原始凭证或原始凭证汇总表填制。记账凭证填制正确与否，直接影响整个会计系统最终提供信息的质量。与原始凭证的填制相同，记账凭证也有记录真实、内容完整、手续齐全、填制及时等要求。

4.3.3 记账凭证的填制要求

《会计基础工作规范》规定了记账凭证填制的基本要求。

填制记账凭证时，应当对记账凭证进行连续编号。一笔经济业务需要填制两张以上记账凭证的，可以采用分数编号法编号。例如，第5笔业务需要编制3张凭证，可依次编号为 $5\frac{1}{3}$，$5\frac{2}{3}$ 和 $5\frac{3}{3}$，分数前的5表示业务序号为第5笔业务，分母表示该笔业务需要编制3张记账凭证，分子1，2，3分别代表3张凭证中的第1张记账凭证、第2张记账凭证和第3张记账凭证。

记账凭证可以根据每一张原始凭证填制，或者根据若干张同类原始凭证汇总填制，也可以根据原始凭证汇总表填制，但不得将不同内容和类别的原始凭证汇总填制在一张记账凭证上。

除结账和更正错误的记账凭证可以不附原始凭证外，其他记账凭证必须附有原始凭证。如果一张原始凭证涉及几张记账凭证，可以把原始凭证附在一张主要的记账凭证后面，并在其他记账凭证上注明附有该原始凭证的记账凭证的编号或者附原始凭证复印件。

一张原始凭证所列支出需要几个单位共同负担的，应当将其他单位负担的部分，开给对方原始凭证分割单进行结算。原始凭证分割单必须具备原始凭证的基本内容：凭证名称、填制凭证日期、填制凭证单位名称或者填制人姓名、经办人的签名或者盖章、接受凭证单位名称、经济业务内容、数量、单价、金额和费用分摊情况等。原始凭证分割单如图4-15所示。

如果在填制记账凭证时发生错误，应当重新填制。已经登记入账的记账凭证，在当年内发现填写错误时，可以用红字填写一张与原内容相同的记账凭证，在摘要栏注明"注销某月某日某号凭证"字样，同时再用蓝字重新填制一张正确的记账凭证，注明"订正某月某日某号凭证"字样。如果会计科目没有错误，只是金额错误，也可以将正确数字与错误数字之间的差额，另填制一张调整的记账凭证，调增金额用蓝字，调减金额用红字。发现以前年度记账凭证有错误的，应当用蓝字填制一张更正的记账凭证。

记账凭证填制完经济业务事项后，如有空行，应当自金额栏最后一笔金额数字下的空行处至合计数上的空行处划线注销。

原始凭证分割单

年 月 日

<table>
<tr><td>接受单位名称</td><td></td><td>地址</td><td></td><td colspan="3">电话</td><td colspan="7"></td></tr>
<tr><td>填制单位名称</td><td></td><td>地址</td><td></td><td colspan="3">电话</td><td colspan="7"></td></tr>
<tr><td>经济业务内容</td><td></td><td>分割原因</td><td></td><td colspan="3">分割标准</td><td colspan="7"></td></tr>
<tr><td rowspan="2">总金额</td><td colspan="3" rowspan="2">人民币
（大写）</td><td>千</td><td>百</td><td>十</td><td>万</td><td>千</td><td>百</td><td>十</td><td>元</td><td>角</td><td>分</td></tr>
<tr><td></td><td></td><td></td><td></td><td></td><td></td><td></td><td></td><td></td><td></td></tr>
<tr><td rowspan="2">分割金额</td><td colspan="3" rowspan="2">人民币
（大写）</td><td>千</td><td>百</td><td>十</td><td>万</td><td>千</td><td>百</td><td>十</td><td>元</td><td>角</td><td>分</td></tr>
<tr><td></td><td></td><td></td><td></td><td></td><td></td><td></td><td></td><td></td><td></td></tr>
<tr><td>备注</td><td colspan="13">分割单一式两份，填制单位一份，接受单位一份。原始凭证由填制单位保管。</td></tr>
</table>

填制人： 接收人： 填制单位公章：

图4-15 原始凭证分割单

1. 收款凭证的填制要求

收款凭证左上角的“借方科目”按收款的方式填写“库存现金”或“银行存款”；日期填写的是填制本凭证的日期；右上角填写填制收款凭证的顺序号；“摘要”填写对所记录的经济业务的简要说明；“贷方科目”填写与收入“库存现金”或“银行存款”相对应的会计科目；“记账”是指该凭证已登记账簿的标记，防止经济业务重记或漏记；“金额”是指该项经济业务的发生额；该凭证右边“附件×张”是指本记账凭证所附原始凭证的张数；凭证下方分别由有关人员签章，以明确经济责任。

2. 付款凭证的填制要求

付款凭证是根据审核无误的有关库存现金和银行存款的付款业务的原始凭证填制的。付款凭证的填制方法与收款凭证基本相同，不同的是在付款凭证的左上角应填列贷方科目，即“库存现金”或“银行存款”科目，“借方科目”栏应填写与“库存现金”或“银行存款”相对应的一级科目和明细科目。

对于涉及“库存现金”和“银行存款”之间的相互划转业务，为了避免重复记账，一般只填制付款凭证，不再填制收款凭证。

出纳人员在办理收款或付款业务后，应在原始凭证上加盖“收讫”或“付讫”的戳记，以免重收重付。

3. 转账凭证的填制要求

转账凭证通常是根据有关转账业务的原始凭证填制的。转账凭证中“总账科目”和“明细科目”栏填写应借、应贷的总账科目和明细科目，借方科目应记金额在同一行的“借方金额”栏填列，贷方科目应记金额在同一行的“贷方金额”

栏填列，“借方金额”栏合计数与“贷方金额”栏合计数应相等。

此外，某些既涉及收款业务，又涉及转账业务的综合性业务，可分开填制不同类型的记账凭证。

4.3.4 记账凭证的审核

为了保证会计信息的质量，在记账之前应由有关稽核人员对记账凭证进行严格审核，审核的内容主要包括：（1）记账凭证是否编号；（2）所附原始凭证是否齐全，内容是否真实；（3）记账凭证摘要与原始凭证是否相符；（4）发票是否为本年度，发票抬头是否符合要求；（5）账务处理（包括明细科目）是否正确；（6）金额是否正确、书写是否规范；（7）相关人员是否签名盖章。

记账凭证的具体审核如图 4-16 表示。

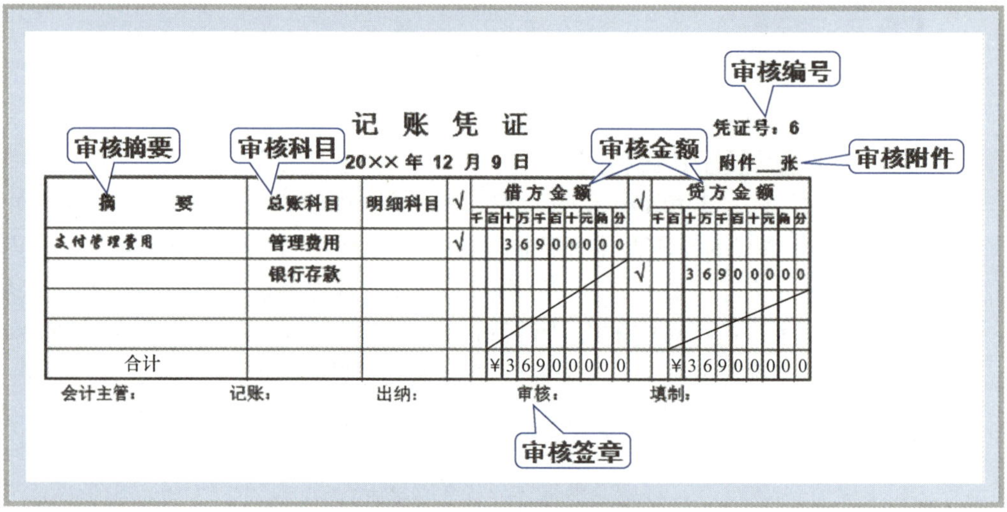

图 4-16 记账凭证的审核

4.4 会计凭证的传递与保管

4.4 即测即评

4.4.1 会计凭证的传递

会计凭证的传递是指从会计凭证的取得或填制时起至归档保管过程中，在单位内部有关部门和人员之间的传送程序。会计凭证的传递应当满足内部控制制度的要求，使传递程序科学、合理，同时应当及时传递，不得积压。各单位应根据具体情况确定每一种会计凭证的传递程序和方法。

会计凭证的传递具体包括传递程序和传递时间。各单位应根据经济业务特点、内部机构设置、人员分工和管理要求，具体规定各种凭证的传递程序；根据有关部门和经办人员办理业务的情况，确定凭证的传递时间，以保证传递及时。

4.4.2　会计凭证的保管

会计凭证的保管是指会计凭证记账后的整理、装订、归档和存查工作。会计凭证作为记账的依据，是重要的会计档案和经济资料。任何单位在完成经济业务手续和记账后，必须将会计凭证按规定立卷归档，形成会计档案资料，妥善保管，以便日后随时查阅。

会计凭证保管的要求如下：

（1）会计凭证应定期装订成册，防止散失。会计部门在依据会计凭证记账后，应定期（每天、每旬或每月）对各种会计凭证进行分类整理，将各种记账凭证按照编号顺序，连同所附的原始凭证一起加具封面和封底，装订成册，并在装订线上加贴封签，由装订人员在装订线封签处签名或盖章。

（2）会计凭证封面应注明单位名称、凭证种类、凭证张数、起止号数、年度、月份、会计主管人员和装订人员等有关事项，会计主管人员和保管人员应在封面上签章。

（3）会计凭证应加贴封条，防止抽换凭证。原始凭证不得外借，其他单位如有特殊原因确实需要使用时，经本单位会计机构负责人、会计主管人员批准，可以复制。向外单位提供的原始凭证复制件，应在专设的登记簿上登记，并由提供人员和收取人员共同签名、盖章。

（4）原始凭证较多时，可单独装订，但应在凭证封面注明所属记账凭证的日期、编号和种类，同时在所属的记账凭证上注明“附件另订”及原始凭证的名称和编号，以便查阅。

对各种重要的原始凭证，如各种经济合同，存出保证金收据以及涉外文件等等，以及各种需要随时查阅和退回的单据，应另编目录，单独保管，并在有关的记账凭证和原始凭证上相互注明日期和编号。

从外单位取得的原始凭证遗失时，应取得原开出单位盖有公章的证明，并注明原来凭证的号码、金额和内容等，由经办单位会计机构负责人（会计主管人员）和单位领导人批准后，才能代作原始凭证。如果确实无法取得证明的，如火车、轮船、飞机等凭证由当事人写出详细情况，由经办单位会计机构负责人（会计主管人员）和单位负责人批准后，代作原始凭证。

（5）每年装订成册的会计凭证，在年度终了时可暂由单位会计机构保管一年，期满后应当移交本单位档案机构统一保管；未设立档案机构的，应在会计机构内部指定专人保管。出纳人员不得兼管会计档案。

（6）严格遵守会计凭证的保管期限要求，期满前不得任意销毁。

关键术语

会计凭证（accounting document）
原始凭证（source document，original evidence）
记账凭证（accounting voucher，entry document）

思考题

Q4-1 会计凭证对于加强内部控制、明确经济责任能够起到什么作用？
Q4-2 为什么说会计凭证的填制与审核对于保证会计信息真实性具有重要意义？
Q4-3 会计凭证的审核对于会计管理职能的发挥有什么作用？
Q4-4 原始凭证包括哪些种类？
Q4-5 为什么说外来原始凭证是最具法律效力的凭证？
Q4-6 填制原始凭证需要注意哪些问题？
Q4-7 审核原始凭证应该包括哪些内容？
Q4-8 记账凭证可以分成哪几种？填制时应该注意哪些问题？
Q4-9 审核记账凭证应该包括哪些内容？
Q4-10 原始凭证与记账凭证的作用有什么不同？
Q4-11 如何认识会计凭证传递的作用？
Q4-12 在组织会计凭证的传递时需要注意什么问题？

练习题

E4-1 目的：练习付款凭证的编制。

资料：润叶家具有限公司 2020 年 3 月 6 日从金秋林业有限公司采购原材料，增值税专用发票上注明的原材料金额为 2 000 元，增值税税额为 260 元，价税合计为 2 260 元。卖方负责运货，货物经长途运输运达润叶家具有限公司。买卖合同中约定，买方在验收入库后于 3 月 31 日一次性付清货款。

要求：根据上面所给资料，编制付款凭证。

E4-2 目的：练习收款凭证的编制。

资料：某企业 2020 年 12 月 21 日，销售甲商品 10 件，商品售价 70 000 元，增值税税率为 13%，款项已由银行收妥。

要求：根据上面所给资料，编制收款凭证。

E4-3 目的：练习转账凭证的编制。

资料：某企业 2020 年 12 月 9 日结转库存商品的生产成本 9 000 000 元。

要求：根据上面所给资料，编制转账凭证。

第5章 企业主要经济业务的核算

素养提升

1. 价值塑造

- 树立对合同的敬畏思想，严格履行合同义务。
- 建立合规思维和流程思维，切实做到有请求必申请，有申请必审批，有审批必签字，有交易必合同，无票据不支付，无签章不会计。
- 培养工匠精神，注重每个信息生成的环节，做到严谨、细致、专业、精益求精。
- 树立纳税光荣的思想，培养正确的金钱观。
- 培养患难与共的气度与胸襟。
- 培养诚信表达企业经济业务的职业素养。

2. 知识传授

- 党的二十大报告指出，“面对突如其来的新冠肺炎疫情，我们坚持人民至上、生命至上，坚持外防输入、内防反弹，坚持动态清零不动摇，开展抗击疫情人民战争、总体战、阻击战，最大限度保护了人民生命安全和身体健康，统筹疫情防控和经济社会发展取得重大积极成果”①。我们模拟了生产普通医用口罩和N95口罩的大美同心口罩有限公司从资金筹集、供产销、利润形成与分配的完整经济业务。
- 通过为45笔经济业务编写包括三方协议、采购请领、增值税专用发票等在内的150多张原始凭证，完整呈现了企业业务全貌，确实做到业财融合。
- 从公司名称“大美同心口罩有限公司”到主要责任人“赵如规”“赵如矩”“王益苗”等的命名，都蕴含着万众一心，如规如矩，并期盼疫苗成功遏制病毒的美好愿望。

---

① 习近平. 高举中国特色社会主义伟大旗帜 为全面建设社会主义现代化国家而团结奋斗：在中国共产党第二十次全国代表大会上的报告. 北京：人民出版社，2022：3.

● 企业任何经济业务都是公司战略和经营目标落地效果的数据表达，全面、完整、系统、准确地记录经济业务是每个会计学生的基本素养。

● 通过“有种‘利润’叫诚信”的案例，并配合央视采访中国人民大学商学院学生试办的诚信小摊视频，培养诚实守信的优良传统，明白诚信是净化商业环境、降低交易成本、保持廉洁自律的不二法门。

3. 能力培养

● 培养与时俱进、跟上时代发展步伐的能力。任何经济业务都是时代发展的产物，企业家生产什么、生产多少，是时代赋予企业家的责任，也是企业家实业报国、满足社会需要、服务人民的具体体现。

● 企业完成一次资金到资金的循环，不是凭空产生的，需要一点一滴的辛勤投入、坚持不懈的努力，才能取得预期结果。要想获得好的结果，必须注重过程积累，持续努力。

● 通过设计向武汉红十字会捐款的业务，培养学生的公益精神和助人为乐的品德。

● 培养学生辩证思考纳税义务的能力。会计虽然将所得税、税金及附加等作为企业的费用计入利润表，但不能一味认为纳税是一种负担，要同时认识到，国家将税收收入进行二次分配后给社会带来的国防安全、公共卫生、基础设施以及个人教育成本的降低等好处，使学生今后乐于成为纳税主体，依法纳税。

● 培养用会计数据进行思维的能力。会计数据之间具有很强的逻辑性，任何虚构的数据都会原形毕露，培养学生以严肃、认真、负责的态度监督每笔金钱业务的合法性、真实性和合理性，形成科学、健康的金钱观。

素养提升

学习目标

1. 掌握：企业资金筹集、材料采购、产品生产、商品销售、利润形成和分配的核算方法。
2. 理解：企业经济业务与会计账务处理之间的逻辑关系。
3. 了解：企业业务背后资金的循环与周转。

本章是前面四章知识的融合和综合应用。党的二十大报告指出，必须坚持系统观念。万事万物是相互联系、相互依存的。只有用普遍联系的、全面系统的、发展变化的观点观察事物，才能把握事物发展规律。[①] 会计是一架由若干规则组织起来的精密机器，能够全面、连续、系统地反映企业的经济活动。一般制造业的经济活动由“采购、生产和销售”组成，为了支持这个不断循环的业务，管理好业务循环背后的资金运动，以及如何筹集资金，如何分配利润，都是决定一个

① 习近平. 高举中国特色社会主义伟大旗帜 为全面建设社会主义现代化国家而团结奋斗：在中国共产党第二十次全国代表大会上的报告. 北京：人民出版社，2022：20.

企业是否能够长久存活下去的关键。企业的每一项经济活动都是一环扣一环，环环相扣的。希望同学们通过本章的学习建立起系统性思维模式。

5.1 即测即评

5.1　企业主要经济活动概述

企业是以盈利为目的的经济组织，企业从事生产经营活动需要一定的生产物资（如厂房、机器设备等）和劳动对象（如原材料、辅助材料等）。生产物资和劳动对象的获得需要资金的投入。企业初始资金一般有两种来源，一是创始股东的投资，二是企业设立后通过债务方式筹集资金。企业将取得的资金用于厂房、机器设备的采购或者建造，再根据经营计划，采购生产所需的原材料及辅助材料，招聘员工组织生产，将生产出来的产品进行销售，最后收回现金，完成一次资金循环。企业将赚取的利润部分进行分配，部分再次进入生产经营活动，开始新的资金循环。这种周而复始的资金循环也称作资金周转。

企业资金循环是一个川流不息的过程，且不同行业有不同的行业特点和业务流程。本章以一家资金周转较为完整的制造业企业“大美同心口罩有限责任公司”为例，介绍该企业的资金筹集、设备购置、材料采购、产品生产、商品销售、利润形成和分配等经济业务，便于初学者完整理解一次资金循环和业务流程，以及每个业务流程所产生的经营数据的含义。

本章按照企业业务发生的顺序依次对其会计核算进行讲解，对这些经济业务及其核算的理解需要综合利用前四章介绍的原则和方法。会计核算的内容包括：（1）筹资业务的核算；（2）供应阶段（生产过程的准备活动，如购买生产物资和劳动对象）的核算；（3）生产业务的核算；（4）销售业务的核算；（5）利润形成和分配业务的核算。

不同阶段的经济业务会形成相应的资产、负债、所有者权益、收入、费用和利润，会计需要设置相应的账户进行核算。经济业务与账户之间的关系如图 5－1 所示。

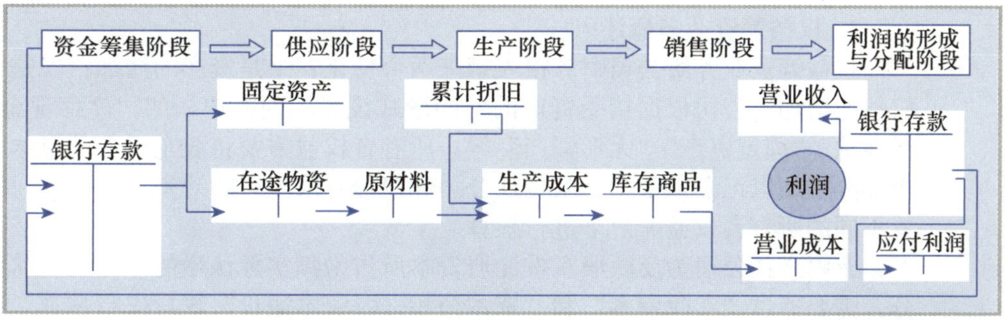

图 5－1　经济业务与账户之间的关系

5.2 即测即评

5.2　筹资业务的核算

筹资，也称融资，是指企业通过一定渠道和方式从外部获得资金的一种财务活动。筹资一般有两种方式：一是出让公司股权，接受投资者的资金。这种方式通常称作股权融资，又称**权益筹资**（equity financing）。二是从银行等金融机构贷款或者发行债券等筹资。这种方式通常称作**债务筹资**（debt financing）。股权融资又分为公开募集和私下募集，公开募集是向不特定人群或机构公开发行**股票**（stock certificate）来筹集资金，私下募集则是向特定的人或机构以私下协商的方式出售股权来筹集资金。

股份有限公司可以通过公开发行股票的方式进行资金筹集。股东的股权是以纸面或无纸化的股票为出资证明，股东不能退股，但其股票可以在证券市场交易、转让。股票需要设定面值，我国上市公司的**股票面值**（book value pershare）通常设为每股 1 元人民币①，每股股票同权同利，股票发行价格一般高于面值。

有限责任公司不能向社会公开募集资金，其资金筹集只能通过私下募集的方式进行认缴，股东的股权证明是经律师认可的出资证明书，出资证明书不能公开转让、流通，但发起人股权可以在原始股东之间转让。若要转让给非原始股东，则须征得半数以上股东（公司可自行规定）同意。有限责任公司可以约定同股不同权、同股不同利。

2013 年我国《公司法》修订之前，公司的**注册资本**（legal capital）采用实缴制。例如，注册资本为 100 万元，股东则需要实际缴纳 100 万元，注册资本等于实收资本。2014 年实施修订的《公司法》后，实收资本不再作为工商登记事项，注册资本改为认缴制，企业登记机关只登记认缴的注册资本总额，不需登记实收资本。换句话说，股东认缴的资本可以在公司章程约定的时间内分期缴纳。2024 年 7 月 1 日施行的新修订的《公司法》将有限责任公司全体股东认缴的出资额规定为自公司成立之日起五年内缴足。公司注册时的注册资本可能不等于实收资本。如果是一次缴纳的，投入资本等于注册资本；如果分期缴纳，所有者最后一次缴入资本后，投入资本才等于注册资本。

5.2.1 权益筹资业务的核算

1. 权益筹资业务概述

权益筹资业务给公司财务报表带来两个变化：一是资产的增加；二是所有者权益的增加。公司根据接受资产的不同形式设置不同账户，如“库存现金”“银行存款”“固定资产”“无形资产”等；所有者权益需要将股东投入的资本分成两个部分来加以记录。由于有限责任公司和股份有限公司的筹资方式不同，需要设置不同的所有者权益账户来进行核算。

有限责任公司为反映股东按注册资本所占份额实际认缴的部分和超认缴的部分，需要通过“实收资本”和“资本公积——资本溢价”账户进行核算。而对股份有限公司来说，一方面要符合公司股本以面值表述的法律要求，另一方面又要将超过面值的部分反映为全体股东共有的资本，因此，需要设置“股本”和“资本公积——股本溢价”两个账户进行核算。股本溢价是投资者投入的超出股本面值

---

① 在我国上海证券交易所和深圳证券交易所上市的股份有限公司的股票面值统一规定为每股 1 元人民币。国外公司的面值大多由公司自己设定，每个公司的每股面值金额可以不等。

的部分。例如，某上市公司股票发行价为每股 10 元人民币，1 元面值记入“股本”账户，9 元记入“资本公积——股本溢价”账户。

本章以大美同心口罩有限公司为例，介绍企业主要经济业务的核算。基本情况如下：

大美同心公司基本情况

会计主体：大美同心口罩有限公司（简称大美同心）

会计期间：2020 年 4 月 1 日至 2020 年 6 月 30 日

会计基础：权责发生制

记账本位币：人民币

注册资本：1 000 万元

法定代表人：赵如规

纳税人识别号：91 * 103234C1D231 * 76

地址及电话：北京大兴经济开发区 1 - 27　010 - 67812 * 57

开户行及账号：工商银行北京分行大兴支行　120 * 25984673809 * 165

经营范围：医用卫生产品

主要产品：医用口罩、N95 口罩

大美同心人物图谱及岗位职责

大美同心会计核算制度

大美同心手工账套及账务处理程序

第二类医疗器械备案凭证

2. 权益筹资业务核算设置的主要账户

(1)“实收资本”账户。“实收资本”属于所有者权益类账户，用来核算企业的投资者按照企业章程、合同或协议的约定，实际投入企业的资本金，以及按照有关规定由资本公积、盈余公积等转增资本的资金。该账户的贷方登记实收资本的增加额，借方登记实收资本的减少额。期末余额在贷方，反映企业期末实收资本总额。该账户可按不同投资主体形成的不同资本设置明细账户，如“国家资本”“法人资本”“个人资本”和“外商资本”等。

(2)“资本公积”账户。“资本公积”账户属于所有者权益类账户，用来核算投资者出资额超出其在股（资）本中所占份额的部分，以及其他资本公积。该账户的贷方登记资本公积的增加额，借方登记资本公积的减少额。期末余额在贷方，反映企业期末资本公积的结余数额。该账户可按资本公积的来源不同，设置“资本溢价”“股本溢价”“其他资本公积”明细账户进行明细核算。资本公积主要用于转增资本，不得用于弥补公司亏损。

3. 权益筹资业务处理

权益筹资主要根据投资主体和投资标的不同，分别设置不同的明细账进行核算。投资主体有国家、企业和个人等，将其投入的资本分为国家资本、法人资本、外商资本和个人资本。国家资本是以国家名义投资形成的资本；法人资本是以公司名义投资形成的资本；外商资本是国外公司以及中国香港、澳门、台湾地区公司投资形成的资本；个人资本是以个人名义投资形成的资本。

股东可以用货币出资，也可以用实物、知识产权、土地使用权等可以用货币估价并可以依法转让的非货币财产作价出资，但法律法规规定不得作为出资的财产除外。根据股东出资方式的不同，会形成相应的资产形式，如现金、银行存款、固定资产和无形资产等。

例5-1

2020年4月1日，大美同心收到大美布艺有限公司开具的一张工商银行转账支票，金额为500万元的投资款，公司已办理进账手续。

【分析】

该融资业务一方面使公司的银行存款增加5 000 000元，记入“银行存款”账户的借方；另一方面使公司的所有者权益增加，法人资本增加5 000 000元，记入“实收资本——法人资本”账户的贷方。会计分录如下：

借：银行存款	5 000 000	
贷：实收资本——法人资本		5 000 000

业务单据[1]

共同出资协议书
工行转账支票存根
收款收据
工行进账单

例5-2

2020年4月2日，地方政府通过普惠国有资本投资有限公司将带有10万级净化车间的厂房投入大美同心，厂房估价350万元，厂房过户手续已办理。

【分析】

接受厂房投资，一方面使公司的固定资产增加3 500 000元，记入“固定资产”账户的借方；另一方面使公司的所有者权益增加，国家资本增加3 500 000元，记入“实收资本——国家资本”账户的贷方。会计分录如下：

借：固定资产——厂房	3 500 000	
贷：实收资本——国家资本		3 500 000

业务单据

共同出资协议书
厂房评估报告
产权过户申请书
房屋产权证书（略）
固定资产验收单
固定资产卡片

例5-3

2020年4月3日，王益苗将一项口罩自动封装发明专利投入大美同心，专利估价150万元，已完成专利权人变更。

【分析】

接受专利权投资，一方面使公司的无形资产增加，个人资本增加1 500 000元，记入“无形资产”账户的借方；另一方面使公司的所有者权益增加1 500 000元，记入“实收资本——个

业务单据

共同出资协议书
专利评估报告
专利权人更名申请书
专利产权证书（略）

① 为解决教学与实务工作的脱节，实现教材“可视化”，本章提供大美同心每一笔经济业务背后的业务单据（见二维码）。不仅包括经济业务所涉及的原始凭证（外来和自制），还包括内部流程、手续等，如出资协议书、销售合同、请购单等，以强化学生的合同意识，培养合规思维。切实做到：有请求必申请，有申请必审批，有审批必签字，有交易必合同，无票据不支付，无签章不会计。

人资本”账户的贷方。会计分录如下：

借：无形资产——专利权　　1 500 000

　贷：实收资本——个人资本　　1 500 000

例5-4

2020年5月1日，大美同心成立一个月后，需要扩大生产规模。经股东会同意，决定接受开源投资有限公司投资200万元，但只占公司股份的10%，投资款已通过建行网银汇入公司账户。

业务单据

投资协议书
工行进账单
股权结构变动表

【分析】

这是一项增资业务，投资公司作为新进股东，需要比原始股东付出更多的代价才能获得与原始股东相等的股份。

投资公司投资200万元，按照公司约定，其投资额只占公司股份的10%，那么，计入实收资本部分的计算过程如下：

在此次增资前，公司的股本总额为1 000万元（500+350+150）。

设增资部分中的x万元计入公司的实收资本中，则有

$$10\%=\frac{x}{1\,000+x}$$

$$x=111.11(\text{万元})$$

因此，此次增资的200万元中，111.11万元计入实收资本，88.89万元计入资本公积。

这项增资业务一方面使公司的银行存款增加200万元，记入“银行存款”账户的借方；另一方面使公司的实收资本增加111.11万元，资本溢价增加88.89万元，分别记入“实收资本”和“资本公积”账户的贷方。会计分录如下：

借：银行存款　　2 000 000

　贷：实收资本——法人资本　　1 111 100

　　　资本公积——资本溢价　　888 900

权益筹资业务中所有者权益与资产账户之间的关系如图5-2所示。

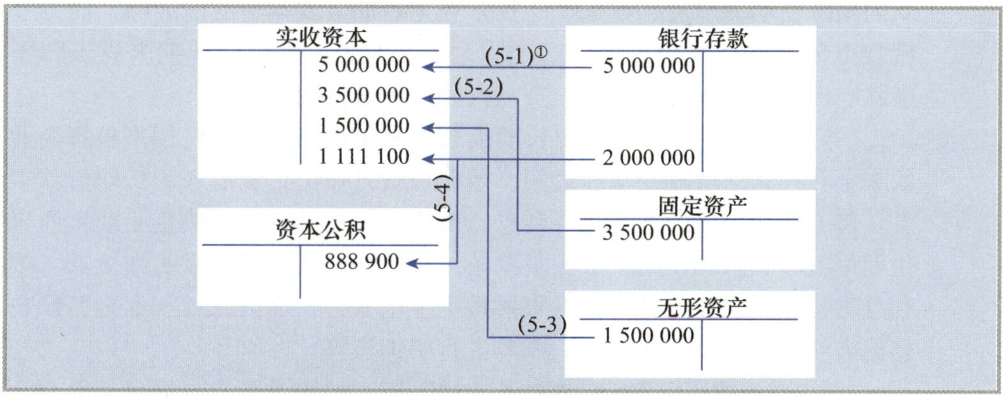

图5-2　所有者权益与资产账户之间的关系①

① （5-1）表示例5-1的会计分录，其余类推，后同。

5.2.2 债务筹资业务的核算

1. 债务筹资业务概述

债务筹资是指企业按约定代价和用途取得资金且需要按期还本付息的一种筹资方式。企业通常向银行等金融机构借款或者通过发行债券的方式筹集资金。这里主要介绍短期借款和长期借款业务的核算。

短期借款是指企业为了满足其生产经营对资金的日常需要而向银行或其他金融机构等借入的偿还期限在 1 年以内（含 1 年）的各种借款。

短期借款核算内容包括**本金**（principal）和**利息**（interest）计算两个部分。向金融机构或其他单位借款要签订借款合同，合同主要条款是对借款金额、期限和利率的约定。对于银行借款，企业要及时正确地计算利息。

借款利息＝借款本金×利率×借款期

长期借款是指企业向银行或其他金融机构等借入的偿还期限在 1 年以上（不含 1 年）的各种借款。

长期借款与短期借款的用途不同，企业在对其利息进行核算时也采取不同的处理方法。短期借款一般用于企业日常生产经营业务，利息费用直接计入当期损益，即短期借款利息费用化。长期借款一般用于长期工程、大型机械设备制造或者研究与开发等项目，其利息在符合资本化条件时，可以将利息费用记入“在建工程”“制造费用”“研发支出”等科目，即长期借款利息资本化。

企业还可以通过专门的监管批准程序发行债券来筹集资金。企业债券的期限一般超过 1 年，属于长期负债项目。其会计核算较为复杂，本书不予专门介绍。

2. 债务筹资核算设置的主要账户

(1)“短期借款”账户。“短期借款”属于负债类账户，用来核算企业短期借款的增减变动和余额。该账户的贷方登记短期借款本金的增加额，借方登记短期借款本金的减少额（偿还额）。期末余额在贷方，反映企业期末尚未归还的短期借款。该账户可按借款种类、贷款人和币种进行明细核算。

(2)“长期借款”账户。“长期借款”属于负债类账户，用来核算企业长期借款本金和利息的增减变动和余额。该账户贷方登记企业借入的长期借款本金和利息，借方登记归还的本金或者利息。期末余额在贷方，反映企业期末尚未偿还的长期借款和利息。该账户可按贷款单位和贷款种类进行二级明细核算，按本金和利息进行三级明细核算，也可直接将本金记入“长期借款——本金”账户，将利息记入“长期借款——利息”账户进行明细核算。

(3)“财务费用”账户。“财务费用”属于费用类账户，用来核算企业为筹集生产经营所需资金等而发生的筹资费用，包括利息支出（减利息收入）、汇兑损益以及相关的手续费等。该账户借方登记利息费用、手续费等的增加额，贷方登记应冲减财务费用的利息收入、期末转入“本年利润”账户的财务费用净额等。

期末结转后，该账户无余额。该账户可按费用项目进行明细核算。

（4）“应付利息”账户。“应付利息”属于负债类账户，用来核算企业按照合同约定应支付的利息。该账户贷方登记应付未付利息，借方登记已支付的利息。期末余额在贷方，反映企业应付未付的利息。该账户可按存款人或债权人进行明细核算。

3. 债务筹资业务处理

例 5－5

2020 年 4 月 1 日，大美同心向中国工商银行（简称工行）借款 100 万元，期限为一年，年利率为 4%，借款已汇入公司账户。

业务单据
短期借款合同
工行借款凭证
工行网银电子回单

【分析】

这是一项债务筹资业务，需要按照取得借款和计提利息分别进行会计处理。

（1）取得借款时，一方面公司银行存款增加 1 000 000 元，记入“银行存款”账户的借方；另一方面公司的短期负债增加 1 000 000 元，记入“短期借款”账户的贷方。会计分录如下：

借：银行存款	1 000 000	
贷：短期借款		1 000 000

（2）6 月 30 日计提利息时，一方面公司的利息费用增加 10 000 元（1 000 000×4%×3/12），记入“财务费用”账户的借方；另一方面公司的应付未付利息增加 10 000 元，记入“应付利息”账户的贷方。会计分录如下：

借：财务费用	10 000	
贷：应付利息		10 000

例 5－6

大美同心于 2020 年 4 月 30 日向中国银行借入 80 万元，用于新生产线的安装。借款期限为 2 年，年利率为 6%，款项已存入银行，借款期满后一次归还本金和利息。

业务单据
长期借款合同
中行借款凭证
中行网银收款回单

【分析】

该业务分取得借款和计提利息两部分进行处理。

（1）2020 年 4 月 30 日取得借款时，一方面公司银行存款增加 800 000元，记入“银行存款”账户的借方；另一方面公司的长期负债增加 800 000 元，记入“长期借款——本金”账户的贷方。会计分录如下：

借：银行存款	800 000	
贷：长期借款——本金		800 000

（2）2020 年 6 月 30 日，计提 2 个月的利息费用。

借款利息＝800 000×6%×2/12＝8 000(元)

一方面公司的利息费用增加8 000元，记入“财务费用”① 账户的借方；另一方面公司的长期借款增加8 000元，记入“长期借款——利息”账户的贷方。会计分录如下：

借：财务费用　　8 000

　贷：长期借款——利息　　8 000

债务筹资业务中各账户的对应关系如图5-3所示。

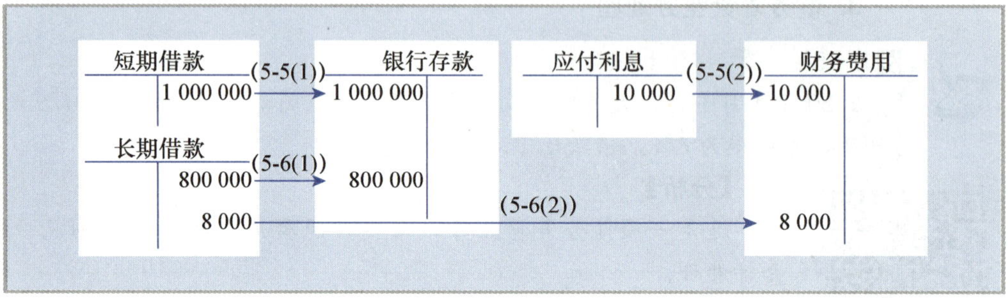

图5-3　债务筹资业务中各账户的对应关系

5.3　供应阶段的核算

5.3 即测即评

供应阶段是为生产做准备的阶段，包括购建固定资产和采购生产所需的原材料及辅助材料，是将货币资金转化为其他资产的过程。

5.3.1　固定资产购置业务的核算

1. 固定资产概述

（1）固定资产的概念与特征。**固定资产**（property，plant，and equipment，PPE；tangible asset）是指企业为生产商品、提供劳务、出租或经营管理而持有的、使用寿命超过一个会计年度的有形资产。固定资产的金额标准由企业根据其规模和管理需要自行确定。例如，A企业资产单位价值3 000元即可列为固定资产，但B企业资产单位价值需要在3万元以上才列入固定资产。对同一项资产，比如汽车，在把汽车作为交通工具的企业，将汽车归入固定资产，而在生产汽车的企业则把汽车视为存货。

固定资产具有三个特征：1）具有实物形态，是一种有形资产；2）为生产商品、提供劳务、出租或者经营管理而持有，持有目的是使用；3）使用寿命超过一个会计年度。

（2）固定资产取得成本的计算。企业可以通过外购、自行建造、投资者投

① 实务中需要根据长期借款的用途，在符合资本化条件时，将长期借款的利息记入“在建工程”“研发支出”等账户。本例题简化做费用化处理，记入“财务费用”账户。

入、非货币性资产交换、债务重组、企业合并和租赁等方式取得固定资产。取得方式不同，固定资产成本的具体构成内容及其确定方法也不尽相同。外购固定资产成本是指企业购买某项固定资产达到预定可使用状态前所发生的一切合理、必要的支出，包括购买价款、相关税费、使固定资产达到预定可使用状态前所发生的可归属于该项固定资产的运输费、装卸费、安装费和专业人员服务费等。对于开具增值税专用发票的一般纳税人，其为购买固定资产支付的增值税进项税额不计入固定资产的成本。小规模纳税人开具的普通增值税发票，因为不能从销项税额中进行抵扣，可以计入固定资产成本。

增值税

2016 年 5 月 1 日，我国全面实现营改增以后，增值税的征税范围已经从对物（包括动产和不动产）的流转（采购、销售）以及无形资产（如土地使用权和知识产权等）的交易，扩大到建筑业、房地产业、金融业、生活服务业，几乎所有业务都涉及增值税（免税情形除外），因此，熟练掌握增值税的基本知识是学习资产会计处理规则的前提。本专栏简要介绍《中华人民共和国增值税暂行条例》及其实施细则、《营业税改征增值税试点实施办法》的相关规定。

【设计原理】“增值税”顾名思义是对增值额征税。例如，某企业 100 元买进一件商品，200 元将其卖出，增值额为 100 元（200－100），如果该企业适用的增值税税率为 13%，则国家对增值额征收 13 元（100×13%）的增值税，即增值额乘以适用税率。这种按差额征收的设计原理可以避免重复征税，通过“道道征税，层层抵扣”的方法，实现量能负担、公平税负的目的。

按照增值税的设计原理，企业向税务机关缴纳的增值税税额在理论上是根据其经济业务所实现的增值额乘以适用的税率计算而来的。但在实践中，由于购销之间可能存在较长的时间差，不可能针对每一笔业务计算其增值额，因此实务工作中实行的是分别汇总计算进项税额和销项税额，再根据两者之差来确定增值税应纳税额的办法。

进项税额是企业在购入货物或接受服务时支付或者承担的增值税额；销项税额是企业在销售商品或提供服务时按照销售额和增值税税率计算并向客户收取的增值税额。

【征税对象】在中华人民共和国境内销售货物，提供加工、修理修配劳务，销售服务、无形资产、不动产以及进口货物的企业单位和个人，为增值税的纳税人。

【一般纳税人和小规模纳税人】增值税纳税人分为一般纳税人和小规模纳税人。年应征增值税销售额超过财政部和国家税务总局规定标准的纳税人为一般纳税人，未超过规定标准的纳税人为小规模纳税人。2018 年 5 月 1 日起，小规模纳税人标准为年应税销售额 500 万元以下。

【计税方法】增值税的计税方法包括一般计税方法和简易计税方法。通常来说，一般纳税人适用一般计税方法计税，小规模纳税人适用简易计税方法计税。

一般计税方法的应纳税额是指当期销项税额抵扣当期进项税额后的余额。

应纳税额 ＝ 当期销项税额－当期进项税额

进项税额＝买价×增值税税率

销项税额＝销售额×增值税税率

简易计税方法的应纳税额是指按照销售额（不含税）和增值税征收率（3%，财政部和国家税务总局另有规定的除外）计算的增值税额，不得抵扣进项税额。

应纳税额＝销售额×征收率

【税率】一般纳税人的增值税基本税率有13%，9%和6%三档。

【增值税专用发票】税务机关对增值税的征收和核算是通过增值税专用发票来进行管控的。增值税专用发票的基本联次有三联，发票联（黄色字）作为购货方支付货款的原始凭证，金额是购买商品或服务的成本，税额是增值税进项税额。记账联（黑色字）作为销货方的原始凭证，金额是销售商品或服务取得的收入，税额是增值税销项税额。抵扣联（绿色字）需要经过税务部门认证后作为购货方抵扣销项税额的凭证。增值税专用发票三联请扫描二维码。

增值税专用发票

实务中，当销货方开具增值税专用发票后，将记账联留下做收入增加的凭证，将发票联和抵扣联一并交予客户，分别用作客户购买商品的凭证和抵扣销项税额的凭证。

企业财务人员根据发票联，将金额计入商品或服务的成本，将增值税额作为进项税额（留待与销项税额进行抵扣）；根据记账联，将金额作为销售商品或服务取得的收入，将增值税额作为销项税额。

【账户设置】设“应交税费——应交增值税”账户，核算企业应缴纳的增值税，由于实务工作中情形非常复杂，“应交税费——应交增值税”下还设有若干专栏，如图5-4所示。本书举例只涉及一般纳税人（增值税税率为13%）的进项税额专栏和销项税额专栏，其余专栏从略。

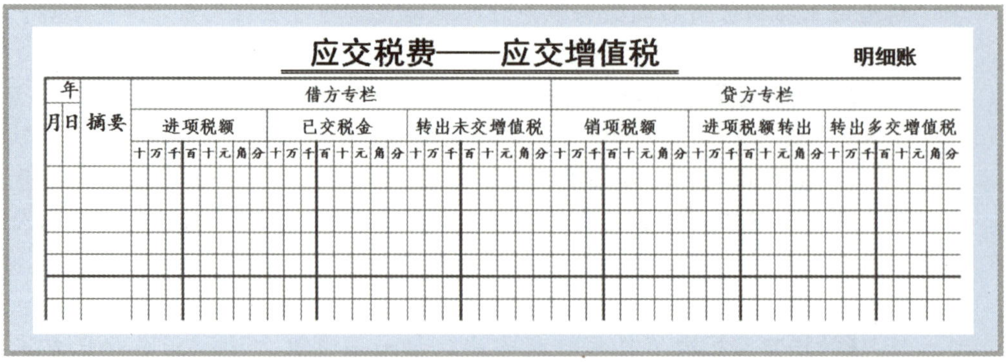

图5-4 “应交税费——应交增值税”的三级明细账

【账务处理】沿用【设计原理】中的例子。

(1) 6月1日某公司支付113元银行存款购入一件商品，取得一张增值税专用发票（发票联），发票上注明的商品金额为100元，税额为13元，价税合计113元。

这项经济业务一方面使该企业的库存商品增加100元，记入“库存商品”账户的借方，支付的增值税13元作为留待以后扣除的进项税额，记入“应交税费——应交增值税（进项税额）”的借方；另一方面使该企业的银行存款减少113元，记入“银行存款”账户的贷方。会计分录如下：

借：库存商品	100
应交税费——应交增值税（进项税额）	13
贷：银行存款	113

(2) 6月26日，公司将该商品以226元的价格出售，开具一式三联的增值税专用发票，发票联和抵扣联交予客户，记账联留本公司记账。发票上注明的商品金额为200元，税额为26元，价税合计226元已存入银行。

这项经济业务一方面使该企业的银行存款增加226元，记入“银行存款”账户的借方；收入增加200元，记入“主营业务收入”的贷方，收取的增值税26元作为销项税额，记入“应交税费——应交增值税（销项税额）”的贷方。会计分录如下：

借：银行存款	226
贷：主营业务收入	200
应交税费——应交增值税（销项税额）	26

(3) 增值税的计缴。按照税法规定，增值税的缴纳时间一般是在取得增值税发票的次月，企业将取得的增值税专用发票抵扣联送税务机关稽核认证，只有经认证的进项税额才可以作为销项税额的抵扣项进行抵扣。如果当期销项税额减去当期进项税额的差额为正，其差额则为当期需要向税务机关缴纳的增值税；如果当期销项税额减去进项税额为负数，则当期不需要缴纳增值税，其差额作为待抵扣进项税额在下期或者以后期间进行抵扣。增值税的计缴非常复杂，完整的增值税核算请参见《财务会计学》《税务会计学》等教材。下面简单介绍一下增值税计缴的基本思路和步骤。

第一步，通过税务机关认证增值税专用发票抵扣联。

第二步，计算通过认证的当期可以抵扣的增值税进项税额。

第三步，计算当期的销项税额。

第四步，通过下列公式计算应缴纳的增值税（凡是涉及税收问题，都要填报纳税申报表，按照税务机关认定的金额进行缴纳）。

当期应交增值税＝当期销项税额－当期进项税额(已认证)

本例中的销项税额为26元，经认证的进项税额为13元，本期应缴纳的增值税为13元（26－13）。

为便于理解，将增值税的账务处理分为三步：

第一步，将增值税三级账户进项税额和销项税额结平，将其差额转入三级账户“转出未交增值税”。会计分录如下：

借：应交税费——应交增值税（销项税额） 26
　贷：应交税费——应交增值税（进项税额） 13
　　　　　　——应交增值税（转出未交增值税） 13

第二步，将增值税三级账户“转出未交增值税”转入“应交税费——未交增值税”二级账户，会计分录如下：

借：应交税费——应交增值税（转出未交增值税） 13
　贷：应交税费——未交增值税 13

第三步，实际缴纳时，一方面减少应交税费13元，记入“应交税费——未交增值税”账户的借方；另一方面减少企业银行存款13元，记入“银行存款”账户的贷方。会计分录如下：

借：应交税费——未交增值税 13
　贷：银行存款 13

特别提示

需要注意的是，商品和服务报价一般有两种方式，一是含税价格，二是不含税价格。在计算增值税时，如果商品和服务的报价是含税价格，则需要将其换算为不含税价格，实现价税分离。比如含税价格为1 000元的商品，适用税率为13%，其不含税价格为884.96元[1 000/(1+13%)]，税额为115.04元(1 000−884.96)，不含税价格对购买方来说是其购买成本，对销货方则为其销售收入。本书所有业务举例中涉及的价格都是不含税价格。

2. 固定资产核算设置的主要账户

（1）“固定资产”账户。“固定资产”属于资产类账户，用来核算企业持有的固定资产历史成本。该账户借方登记固定资产价值的增加，贷方登记固定资产价值的减少。期末余额在借方，反映企业期末固定资产的账面价值。该账户可按固定资产类别和项目进行明细核算。

（2）“在建工程”账户。“在建工程”属于资产类账户，用来核算固定资产的建造、更新改造、安装等工程的成本。该账户借方登记企业各项在建工程的实际支出，贷方登记工程达到预定可使用状态时转出的成本等。期末余额在借方，反映企业期末尚未达到预定可使用状态的在建工程的成本。该账户可按“建筑工程”“安装工程”“在安装设备”以及单项工程等进行明细核算。

3. 固定资产业务的账务处理

（1）购入不需要安装的固定资产。

例 5－7

2020 年 4 月 4 日，大美同心从沈阳医疗器械有限公司购入 2 台环氧乙烷灭菌柜，单价为每台 20 万元，适用增值税税率为 13%，货款已通过工行网上银行支付。

业务单据

设备采购审批单
灭菌柜采购合同
增值税专用发票[1]
固定资产验收单
固定资产卡片
付款申请单
工行网银电子回单

【分析】

这项采购业务一方面使固定资产增加 400 000 元，记入“固定资产”账户的借方，固定资产进项税额 52 000 元（400 000×13%），记入“应交税费——应交增值税（进项税额）”的借方；另一方面使银行存款减少 452 000 元，记入“银行存款”账户的贷方。会计分录如下：

借：固定资产——环氧乙烷灭菌柜　　400 000
　　应交税费——应交增值税（进项税额）　　52 000
　贷：银行存款　　452 000

（2）购入需要安装的固定资产。

例 5－8

2020 年 4 月 5 日，大美同心从上海自动化设备有限公司购入两套口罩生产线，需安装调试，一套医用口罩生产线价格为 80 万元，一套 N95 口罩全自动生产线为 120 万元，合计 200 万元，医用口罩生产线安装费用为 4 万元，N95 口罩生产线安装费用为 8 万元，适用增值税税率为 13%。

业务单据

设备采购审批单
生产线采购合同
增值税专用发票
固定资产验收单
固定资产卡片
付款申请单
工行网银电子回单

【分析】

需要安装调试的设备，先通过“在建工程”账户归集所有安装调试成本，运行合格后再从“在建工程”账户转入“固定资产”账户。

（1）支付设备价格，一方面使在建工程的成本增加 2 000 000 元，记入“在建工程”账户的借方，生产线进项税额 260 000 元（2 000 000×13%），记入“应交税费——应交增值税（进项税额）”的借方；另一方面使银行存款减少 2 260 000 元，记入“银行存款”账户的贷方。会计分录如下：

借：在建工程——医用口罩生产线——成本　　800 000
　　　　　　——N95 口罩生产线——成本　　1 200 000
　　应交税费——应交增值税（进项税额）　　260 000
　贷：银行存款　　2 260 000

（2）支付安装费，一方面使在建工程的安装成本增加 120 000 元，记入“在建工程”账户的借方，安装服务进项税额为 15 600 元（120 000×13%）；另一方面使公司银行存款减少 135 600 元，记入“银行存款”账户的贷方。会计分录如下：

借：在建工程——医用口罩生产线——安装　　40 000
　　　　　　——N95 口罩生产线——安装　　80 000
　　应交税费——应交增值税（进项税额）　　15 600
　贷：银行存款　　135 600

---

① 采购业务的增值税专用发票包括发票联（黄色字）和抵扣联（绿色字），余同。

(3) 生产线安装调试完毕投入使用，一方面使固定资产增加2 120 000元(840 000+1 280 000)，记入“固定资产”账户的借方；另一方面使在建工程减少2 120 000元，记入“在建工程”账户的贷方。会计分录如下：

借：固定资产——医用口罩生产线　　840 000
　　　　　——N95口罩生产线　　1 280 000
　贷：在建工程——医用口罩生产线　　840 000
　　　　　　——N95口罩生产线　　1 280 000

固定资产购置业务与对应账户的关系如图5-5所示。

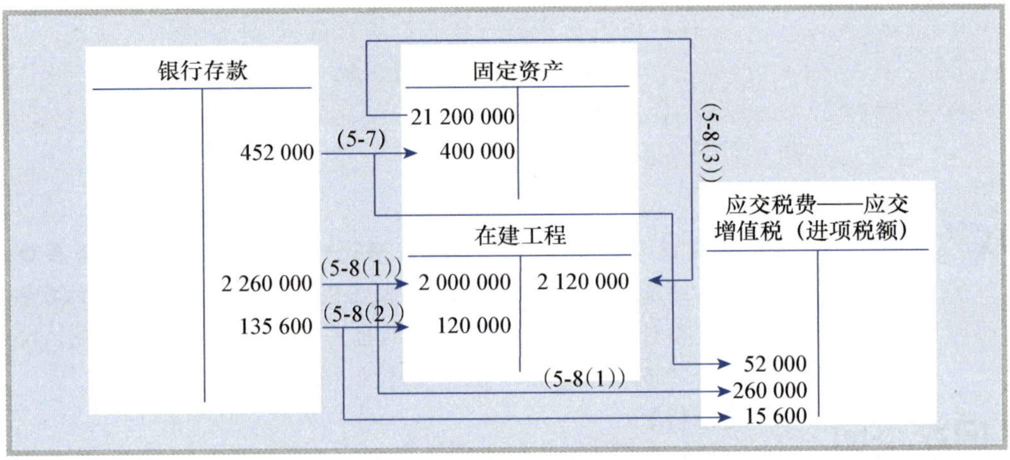

图5-5 固定资产购置业务与对应账户的关系

5.3.2 材料采购业务的账务处理

1. 材料采购业务概述

材料采购业务包括材料采购成本的计算、货款支付和材料入库三项工作。

(1) 材料的采购成本。材料的采购成本是指企业从材料采购到入库前所发生的全部合理的、必要的支出，包括购买价格、运输费、保险费、装卸费、途中的合理损耗①、挑选整理费、入库前的仓储费②和除增值税进项税额以外的其他税费等。采购成本中有一部分成本可以直接归属某类材料，有些费用是共同发生的，需要在购入的材料中进行分配，分配基础可以是重量、体积、价格等，分配基础的选择要符合公平合理的原则。

(2) 货款支付。货款支付涉及与供应商的合同约定，一般有三种方式：一是

---

① 损耗分合理损耗、不合理损耗和意外损耗。只有合理损耗才计入采购成本，不合理损耗中无过失人的计入管理费用，有过失人的由过失人赔偿；意外损耗计入营业外支出。

② 仓储费分入库前和入库后发生的仓储费。比如海关仓储等途中需要储存的费用，可以计入材料的采购成本。运抵企业入库后发生的仓储费不能计入材料采购成本，直接计入管理费用。

交货时支付；二是在交货之前提前支付；三是交货后完成支付。

（3）材料验收入库。材料运抵企业后，需由相关专业人员和仓库进行验收，并出具材料入库单，交财务部门备查入账。

2. 材料采购业务设置的主要账户

（1）“在途物资”账户。“在途物资”① 属于资产类（成本计算类）账户，用来核算材料的实际采购成本。该账户的借方登记购入材料、商品等物资的买价和采购费用（实际采购成本），贷方登记已验收入库材料、商品等物资应转出的实际采购成本。期末余额在借方，反映企业期末在途材料、商品等物资的采购成本。该账户可按物资品种进行明细核算。

（2）“原材料”账户。**“原材料”**（raw material）属于资产类账户，用来核算原材料的增减变动及其余额。该账户的借方登记已验收入库材料的成本，贷方登记发出（领用或销售）材料的成本。期末余额在借方，反映企业库存材料的实际成本。该账户可按材料的保管地点（仓库）、材料的类别、品种和规格等进行明细核算。在途物资与原材料账户之间的关系如图5-6所示。

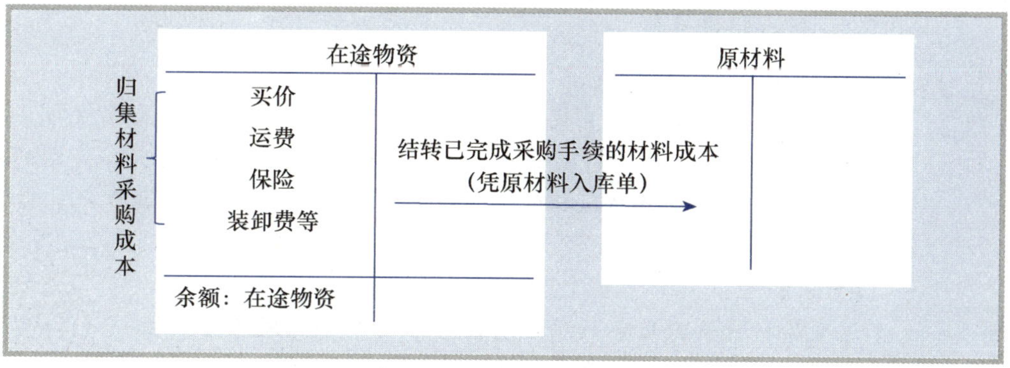

图5-6　在途物资与原材料账户之间的关系

（3）“预付账款”账户。**“预付账款”**（advanced payment）属于资产类账户，用来核算企业因购货等业务预先支付的款项。该账户的借方登记已支付的款项，贷方登记企业收到货物后应冲减的款项。期末余额一般在借方，反映企业已预付但尚未收到货物的款项。该账户可按供应商进行明细核算。

（4）“应付账款”账户。**“应付账款”**（accounts payable）属于负债类账户，用来核算企业因购买材料、商品和接受服务等经营活动应支付而没有支付的款项。该账户的借方登记已偿还的货款，贷方登记尚未支付的款项。期末余额一般在贷方，反映企业应该支付而未支付的账款余额。该账户可按债权人进行明细核算。

（5）“应付票据”账户。**“应付票据”**（notes payable）属于负债类账户，用来核算企业购买材料、商品和接受服务等经营活动而签发给供应商的银行承兑汇

① 材料成本核算方法分实际成本法和计划成本法。实际成本法用“在途物资”账户，计划成本法用“材料采购”账户。计划成本法的核算详见《财务会计学（第14版·立体化数字教材版）》。

票或商业承兑汇票。该账户的借方登记已偿还的到期票据金额，贷方登记尚未到期的应支付票据金额。期末余额一般在贷方，反映企业应该支付而未支付的票据余额。该账户可按债权人（供应商）进行明细核算。企业对于开出的票据需要设置应付票据备查簿，详细登记商业汇票的种类、出票日期、到期日、票据面值、票面利率、交易合同号、收票人名称等资料，支付完成后加以注销。

3. 材料采购业务处理

例 5－9

2020 年 4 月 6 日，大美同心签发工行现金支票一张，从公司银行存款账户提取现金 30 000 元，以备日常开支。

【分析】

这项提取现金的业务一方面使库存现金增加 30 000 元，记入“库存现金”账户的借方；另一方面使银行存款减少 30 000 元，记入“银行存款”账户的贷方。会计分录如下：

借：库存现金	30 000	
贷：银行存款		30 000

业务单据
现金提取审批单
现金支票存根
现金入库单

例 5－10

2020 年 4 月 8 日，大美同心从广东东莞纺织有限公司购入熔喷布 3 吨，30 万元/吨，共计 90 万元；热风棉 1.5 吨，4 万元/吨，共计 6 万元。适用的增值税税率为 13%。熔喷布和热风棉的增值税分别为 117 000 元和 7 800 元。货款和税款已通过工行网银付讫。

【分析】

这项原材料采购业务一方面使公司熔喷布和热风棉分别增加了 900 000 元和 60 000 元，记入“在途物资”的借方，增值税进项税额增加 124 800 元，记入“应交税费——应交增值税（进项税额）”账户的借方；另一方面使银行存款减少 1 084 800 元，记入“银行存款”账户的贷方。会计分录如下：

借：在途物资——熔喷布	900 000	
——热风棉	60 000	
应交税费——应交增值税（进项税额）	124 800	
贷：银行存款		1 084 800

业务单据
材料采购审批单
采购合同
增值税专用发票
付款申请单
工行网银电子回单

例 5－11

2020 年 4 月 11 日，大美同心支付熔喷布和热风棉的运输费和装卸费用合计 72 000 元，其中通过工行网银向天津运输服务有限公司支付 76 300 元，用现金支付给个人的装卸费用为 2 000 元。运输企业适用的增值税税率为 9%。个人装卸费不考虑增值税。

【分析】

这项运输服务业务一方面使材料采购成本增加72 000 元，记入“在途物资”

账户的借方，进项税额增加 6 300 元，记入“应交税费——应交增值税（进项税额）”账户的借方；另一方面使银行存款减少 76 300 元，记入“银行存款”账户的贷方，现金减少 2 000 元，记入“库存现金”的贷方。

业务单据
运输服务采购审批单
运输服务采购合同
运输服务结算清单
付款票据
增值税专用发票
付款申请单
工行网银电子回单

运输费和装卸费是两种材料的共同费用，需要在两种材料之间进行分配，分配基础可以是重量、体积、长度和价格等，本例分配基础为重量。

运杂费用分配率＝72 000/(3＋1.5)＝16 000(元/吨)
熔喷布负担的运杂费＝3×16 000＝48 000(元)
热风棉负担的运杂费＝1.5×16 000＝24 000(元)

会计分录如下：

借：在途物资——熔喷布　48 000
　　　　　　——热风棉　24 000
　　应交税费——应交增值税（进项税额）　6 300
　贷：银行存款　76 300
　　　库存现金　2 000

例 5-12

2020 年 4 月 15 日，大美同心开出一张不带息银行承兑汇票，向江苏无锡无纺布有限公司购买隔离无纺布（简称隔离布）1 吨，12 万元/吨，适用的增值税税率为 13%，增值税为 15 600 元。

业务单据
材料采购审批单
隔离布采购合同
增值税专用发票
付款申请单
工行银行承兑汇票

【分析】

这项采购业务一方面使隔离布增加 120 000 元，记入“在途物资”的借方，进项税额增加 15 600 元，记入“应交税费——应交增值税（进项税额）”账户的借方；另一方面使负债增加 135 600 元，记入“应付票据”账户的贷方。会计分录如下：

借：在途物资——隔离布　120 000
　　应交税费——应交增值税（进项税额）　15 600
　贷：应付票据——无锡无纺布　135 600

例 5-13

2020 年 4 月 16 日，大美同心向江苏昆山纺织有限公司预付 100 000 元，用于购买 1 吨无纺亲肤布（简称亲肤布），预付款已通过工行网银付讫。

业务单据
材料采购审批单
亲肤布采购合同
付款申请单
工行网银电子回单

【分析】

预付账款是购货方预先支付给供应商的购货款，用于购买其产品或服务，是购货企业的一项资产。这项经济业务一方面使预付账款增加 100 000 元，记入“预付账款”账户的借方；另一方面使银行存款减少 100 000 元，记入“银行存款”账户的贷方。会计分录如下：

借：预付账款——昆山纺织　100 000
　贷：银行存款　100 000

例 5－14

2020 年 4 月 20 日，亲肤布已运达企业，其实际买价为每吨 110 000 元（不含税），除冲减原预付账款 100 000 元外，用网银支付余款 10 000 元和增值税 14 300 元。

【分析】

这项采购业务一方面使亲肤布增加 110 000 元，记入“在途物资”账户的借方，留待以后扣除的进项税额增加 14 300 元（110 000×13%），记入“应交税费——应交增值税（进项税额）”的借方；另一方面使银行存款减少 24 300 元，记入“银行存款”账户的贷方；同时冲转（减少）预付账款 100 000 元，记入“预付账款”的贷方。会计分录如下：

借：在途物资——亲肤布　　110 000
　　应交税费——应交增值税（进项税额）　　14 300
　贷：银行存款　　24 300
　　　预付账款——昆山纺织　　100 000

业务单据
增值税专用发票
付款申请单
工行网银电子回单

例 5－15

2020 年 4 月 21 日，大美同心向浙江电子塑胶有限公司采购一批辅助材料，价值 660 000 元，其中医用耳带 400 千克，25 元/千克，1 万元；N95 耳带 600 千克，50 元/千克，3 万元；医用鼻梁夹 100 万个，0.14 元/个，14 万元；N95 鼻梁夹 120 万个，0.40 元/个，48 万元。适用的增值税税率为 13%。货款和税款均尚未支付。

【分析】

这项采购业务一方面使辅助材料增加 660 000 元，记入“在途物资”账户的借方，进项税额增加 85 800 元（660 000×13%），记入“应交税费——应交增值税（进项税额）”的借方；另一方面使负债增加 745 800 元，记入“应付账款”账户的贷方。会计分录如下：

借：在途物资——辅助材料——医用耳带　　10 000
　　　　　　　　　　　——N95 耳带　　30 000
　　　　　　　　　　　——医用鼻梁夹　　140 000
　　　　　　　　　　　——N95 鼻梁夹　　480 000
　　应交税费——应交增值税（进项税额）　　85 800
　贷：应付账款——浙江电子　　745 800

业务单据
辅料采购审批单
辅料采购合同
增值税专用发票

例 5－16

2020 年 4 月 22 日，汇总并结转大美同心材料采购成本 1 922 000 元，其中，熔喷布采购成本为 948 000 元（900 000＋48 000），热风棉采购成本为 84 000 元（60 000＋24 000），隔离布采购成本为 120 000 元，亲肤布采购成本为 110 000 元，辅助材料采购成本为 660 000 元。五种原辅材料均已验收入库。

业务单据
采购成本汇总表
熔喷布等入库单
隔离布入库单
亲肤布入库单
辅料入库单

【分析】

这是一项材料采购成本结转的会计处理业务。会计人员在取得材料入库单后，将先行由“在途物资”归集的采购成本转入“原材料”账户。这项经济业务一方面使原材料增加，记入“原材料”账户的借方；另一方面将已完成采购手续的采购成本转出，记入“在途物资”账户的贷方。会计分录如下：

借：原材料——熔喷布　948 000
　　　　——热风棉　84 000
　　　　——隔离布　120 000
　　　　——亲肤布　110 000
　　　　——辅助材料　660 000
　贷：在途物资——熔喷布　948 000
　　　　　　——热风棉　84 000
　　　　　　——隔离布　120 000
　　　　　　——亲肤布　110 000
　　　　　　——辅助材料　660 000

采购业务中各账户之间的关系（按总账）如图 5－7 所示。

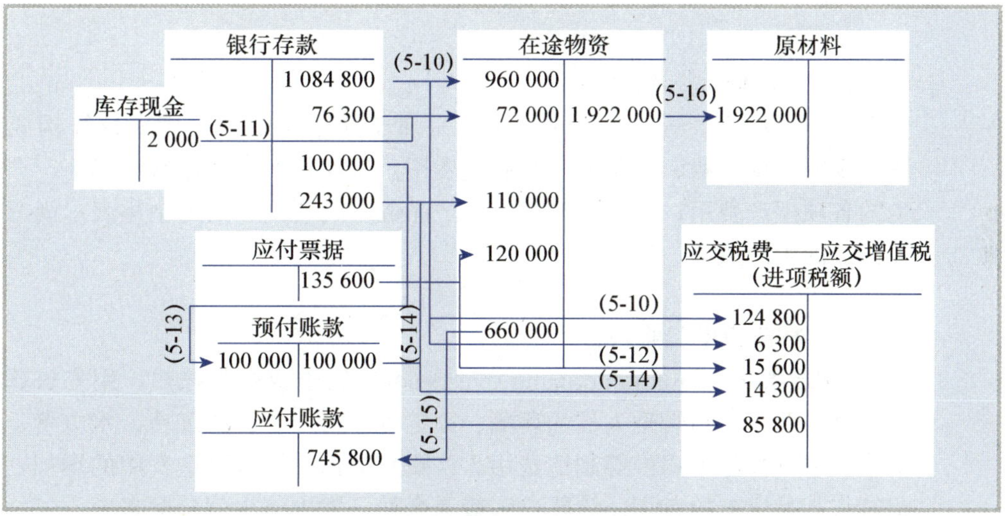

图 5－7　采购业务中各账户之间的对应关系

5.4　生产业务的核算

5.4.1　生产业务概述

5.4 即测即评

从材料投入生产到产品完工入库为止的过程称为生产过程。

生产过程实际上是资源耗费的过程，既有劳动资料的耗费，又有劳动对象的耗费；既有物化劳动的耗费，又有活劳动的耗费。生产过程在发生各种耗费的同时，生产出产品。所以，生产过程是资源耗费过程与产品生产过程的统一。

制造企业产品成本项目主要有：

（1）直接材料，指构成产品实体的原材料，包括有助于产品形成的主要材料和辅助材料。

（2）燃料和动力，指直接用于产品生产的燃料和动力。例如，煤炭和电力。

（3）直接人工，指直接从事产品生产人员的各种形式的报酬及各项附加费用的职工薪酬。

（4）制造费用，指企业为生产产品和提供劳务而发生的各项间接费用，包括企业生产部门（如生产车间）发生的水电费、固定资产折旧、无形资产摊销、车间管理人员的职工薪酬、劳动保护费、季节性和修理期间的停工损失等。换言之，制造费用是指企业为生产多种产品而发生的间接代价。这些间接代价不能直接计入某一特定产品或服务的成本，而是需要先行归集，然后采用合理的标准分配给相应的产品项目。

5.4.2 生产业务核算设置的主要账户

1.“生产成本”账户

“生产成本”（manufacturing cost）属于成本类账户，用来核算构成产品制造成本的直接材料、直接人工和制造费用。该账户的借方用来归集生产产品所发生的各项生产费用，贷方反映已完工产品成本的转出，借方余额表示尚未完工的在产品的生产成本。

2.“制造费用”账户

“制造费用”（manufacturing overheads）属于成本类账户，用来核算生产车间的办公费、车间管理人员的薪酬、固定资产折旧费、修理费、水电费、机物料消耗、季节性停工损失等制造费用。该账户的借方记录制造费用的增加，贷方登记转入产品成本的费用。该账户一般无余额，发生多少就分配多少。

制造费用是一种间接费用。间接费用是指与产品生产有关，但不能直接归属于某类产品成本计算对象的费用，需要先行归集，再分配转入产品成本。即当费用发生时，先通过“制造费用”账户进行归集，期末再转入“生产成本”账户，以使“生产成本”账户的借方归集生产过程中发生的全部产品制造成本。企业需要定期将借方归集的全部制造费用在完工产品和在产品之间进行分配，分配基础可以选择产品数量、机器小时数、生产工人工资、产品生产成本、产品市价等。

3.“库存商品”账户

“库存商品”（merchandise inventory）属于资产类账户，用来核算库存商品的收入、发出和结存情况。该账户的借方登记已完工产品的实际制造成本或购入成本，贷方登记已销售产品的实际制造成本或购入成本，期末借方余额反映尚未售出的库存商品的实际制造成本或购入成本。为了具体核算和监督各种库存商品的增减变动及库存情况，应按库存商品的品种或类别开设库存商品明细账。

制造费用、生产成本与库存商品账户之间的关系如图 5－8 所示。生产成本借方分成两个部分，已完工部分从其贷方转入库存商品的借方，未完工部分留在借方，形成期末余额，表示尚未完工的产品，即在产品。

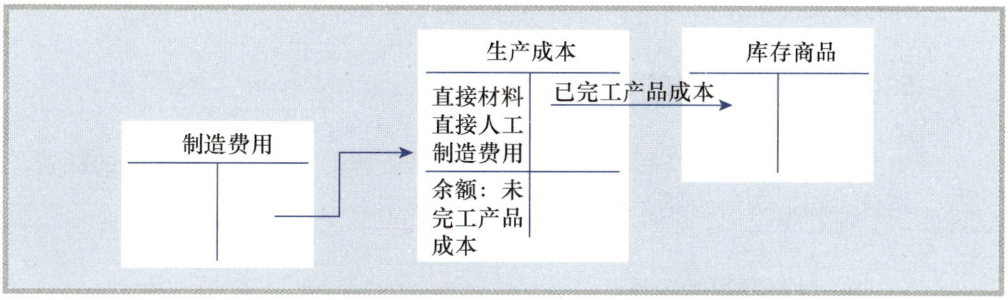

图 5－8　制造费用、生产成本与库存商品账户之间的关系

4.“应付职工薪酬”账户

“应付职工薪酬”（salaries payable）属于负债类账户，用来核算尚未支付的已计入成本费用的职工薪酬总额。该账户的贷方反映企业应支付未支付的薪酬总额，借方登记已支付薪酬的数额，贷方余额反映尚未支付的职工薪酬。

职工薪酬是指企业支付给职工的劳动报酬，是一种活劳动的耗费，是企业的一项费用。其中，支付给与生产产品直接相关的生产工人工资记入“生产成本”账户，支付给车间管理人员工资记入“制造费用”账户，支付给行政管理人员的工资记入“管理费用”账户，支付给（专设销售机构的）销售人员的工资记入“销售费用”账户。

每期期末，需要将本期发生的职工薪酬，一方面按照职工所从事的工作（部门）不同，分别作为生产成本、制造费用、管理费用或者销售费用进行处理，另一方面将尚未支付的工资贷记“应付职工薪酬”。“应付职工薪酬”账户期末有余额，意味着企业有应支付而尚未支付的职工薪酬，这构成了企业与职工之间的结算关系。

5.“累计折旧”账户

“累计折旧”（accumulated depreciation）是固定资产的备抵账户，核算固定资产的成本已转化为费用的累计金额，冲减固定资产的价值。该账户一般只有贷方发生额和期末余额，贷方登记当期计提的折旧金额，贷方余额反映到当前为止固定资产成本已转化为费用的累计金额。只有固定资产报废（清理）或出售时才会借记（减少）“累计折旧”。

固定资产折旧费用按照使用部门进行归集。生产车间厂房、机器设备等的折旧费用记入“制造费用”账户，行政管理部门使用的固定资产的折旧费用记入

“管理费用”账户，销售部门使用的固定资产的折旧费用记入“销售费用”账户。

6.“管理费用”账户

“管理费用”（general and administration expenses）是费用类账户，用来核算企业行政管理部门为组织和管理生产经营活动所发生的管理费用（如行政管理人员的工资、行政管理部门领用的材料、管理部门的固定资产折旧费、修理费和办公费等）。该账户的借方登记企业发生的各种管理费用，期末从其贷方一次全部转出至“本年利润”账户的借方，期末无余额。

5.4.3 生产业务的账务处理

生产过程既是产品的制造过程，又是资源的耗费过程。材料的耗费、人工的耗费、制造费用的耗费构成产品的生产成本。

1. 材料费用的核算

材料费用的核算要分清材料的使用部门，不同部门使用的材料，记入不同的账户。车间生产领用的材料记入“生产成本”账户，行政管理部门领用的材料记入“管理费用”账户，车间一般耗费先记入“制造费用”账户，再选择适当的标准按分担的金额计入相应的成本计算对象（生产产品的品种、类别等）。

例 5-17

2020年5月3日，大美同心仓库发出下列材料用于生产医用口罩和N95口罩两种产品，原材料耗用明细表如表5-1所示。

表 5-1 原材料耗用明细表

2020年5月3日　　金额单位：元

项目	熔喷布	热风棉	隔离布	亲肤布	辅助材料	合计
医用口罩	316 000		60 000	55 000	150 000	581 000
N95口罩	632 000	84 000	60 000	55 000	430 000	1 261 000
合计	948 000	84 000	120 000	110 000	580 000	1 842 000

【分析】

这是一项生产领用材料业务。这项经济业务一方面使生产成本增加1 842 000元（581 000+1 261 000），记入“生产成本”账户的借方；另一方面使原材料减少1 842 000元，记入“原材料”账户的贷方。会计分录如下：

借：生产成本——医用口罩　　581 000
　　　　　　——N95口罩　　1 261 000
　贷：原材料——熔喷布　　948 000
　　　　　　——热风棉　　84 000
　　　　　　——隔离布　　120 000

业务单据
生产计划书
原材料耗用明细表

——亲肤布　　110 000
——辅助材料　　580 000

2. 职工薪酬的核算

职工薪酬是指企业为获得职工提供的服务而给予各种形式的报酬以及其他相关支出，包括职工在职期间和离职后提供给职工的全部货币性薪酬和非货币性福利。企业提供给职工配偶、子女或其他被赡养人的福利等，也属于职工薪酬。职工薪酬由于涉及非货币性薪酬（如股权）、长期职工福利（如年金）等，核算较为复杂，初学者只需掌握短期货币性薪酬的核算。

短期薪酬，是指企业在职工提供相关服务的年度报告期间结束后 12 个月内需要全部予以支付的职工薪酬，因解除与职工劳动关系给予的补偿除外。短期薪酬具体包括：(1) 职工工资、奖金、津贴和补贴；(2) 职工福利费；(3) 医疗保险费、工伤保险费和生育保险费等社会保险费；(4) 住房公积金；(5) 工会经费和职工教育经费；(6) 短期带薪缺勤；(7) 短期利润分享计划；(8) 非货币性福利以及其他短期薪酬。

企业财务人员根据职工提供服务的受益对象，将职工短期薪酬分别计入产品成本或劳务成本。其中，生产工人的薪酬记入“生产成本”账户，生产车间管理人员的薪酬记入“制造费用”账户，企业行政管理部门人员的薪酬记入“管理费用”账户，专设销售机构销售人员的薪酬记入“销售费用”账户。此外，应由在建工程、无形资产负担的短期职工薪酬，应计入建造固定资产或无形资产的成本。

为便于理解，将职工薪酬的核算总结为：第一步，将工资记入成本费用类账户的同时，确认一笔应付未付的负债（应付职工薪酬）；第二步，实际发放工资时冲减应付职工薪酬，减少银行存款。

例 5－18

2020 年 4 月 30 日，计算当月职工薪酬，制造医用口罩的职工工资 50 000 元，制造 N95 口罩的职工工资 84 000 元，车间管理人员工资 12 900 元，公司行政管理人员工资 40 000 元，共计 186 900 元。

业务单据
工资结算单

【分析】

为了计算一个季度（3 个月）的利润，将 3 个月的薪酬合并处理。

医用口罩职工工资＝50 000×3＝150 000(元)

N95 口罩职工工资＝84 000×3＝252 000(元)

车间管理人员工资＝129 00×3＝38 700(元)

公司行政管理人员工资＝40 000×3＝120 000(元)

这项经济业务一方面使薪酬费用增加 560 700 元，其中，生产工人工资 402 000 元（150 000＋252 000）记入“生产成本”账户的借方，车间管理人员的工资 38 700 元记入“制造费用”账户的借方，管理人员的工资 120 000 元记入“管理费用”账户的借方；另一方面应付未付职工薪酬增加 560 700 元，记入“应付职工薪酬”账户的贷方。会计分录如下：

借：生产成本——医用口罩	150 000
——N95 口罩	252 000
制造费用	38 700
管理费用	120 000
贷：应付职工薪酬	560 700

例 5-19

2020 年 6 月 10 日，按照工资结算单金额，将工资直接转入职工的工资卡。

【分析】

由于公司月末计算成本，次月支付上月工资，因此截至 2020 年 6 月 10 日，公司一共支付了 2 个月的工资 373 800 元，还有一个月的工资将于次月（7 月 10 日）发放。为简化处理，将 2 次支付工资的核算合并成一笔会计分录。

业务单据
工资发放表
工行网银电子回单

这项经济业务一方面使负债减少 373 800 元，记入“应付职工薪酬”账户的借方；另一方面使银行存款减少 373 800 元，记入“银行存款”账户的贷方。会计分录如下：

借：应付职工薪酬	373 800
贷：银行存款	373 800

3. 制造费用的归集与分配

例 5-20

2020 年 4 月 30 日，大美同心采用直线法按月计提固定资产折旧。固定资产目录及折旧计算如表 5-2 所示。

业务单据
固定资产月折旧计算表

表 5-2 固定资产月折旧额计算表

2020 年 4 月 30 日　　　　金额单位：元

项目	来源	原价	残值	使用年限（年）	月折旧额
厂房	股东投资	3 500 000	116 000	20	14 100
环氧乙烷灭菌柜	购买	400 000	4 000	10	3 300
医用口罩生产线	购买	840 000	12 000	10	6 900
N95 口罩生产线	购买	1 280 000	116 000	10	9 700
合计		6 020 000	248 000		34 000

“折旧”是指对已发生成本的一种分摊。对成本的分摊，在会计上对不同资产有不同的称谓。对固定资产而言是折旧，对无形资产而言是摊销，对自然资源而言是折耗，其目的都是将其成本分期分批、逐渐转移到产品中，符合权责发生制原则。理论上的分摊应与该固定资产发挥的效用相结合，会计准则提供的分摊方法有加速折旧法、平均分摊法（即**直线法**，straight-line depreciation method）、

工作量法等，加速折旧法见第 8 章成本计算。本章只涉及最简单的分摊方法，即按照固定资产服役时间平均分摊。

每年的折旧额＝(固定资产－预计残值)/预计使用年限

式中，预计残值和预计使用年限都是估计值。残值一般是指净残值，是固定资产报废时预计收益减去预计税费后的净额。

【分析】

计提折旧就是将固定资产成本分期计入费用。这项经济业务一方面使折旧费用增加，记入“制造费用”账户的借方；另一方面使固定资产账面价值减少，记入“累计折旧”账户的贷方。由于大美同心的会计期间为 3 个月，为了简化核算，将 3 个月的折旧 102 000 元（34 000×3）合并计提。会计分录如下：

借：制造费用　　102 000
　贷：累计折旧　　102 000

例 5－21

2020 年 6 月 30 日，归集大美同心制造费用 140 700 元（38 700＋102 000），按生产工人工资比例分配计入医用口罩和 N95 口罩的成本。

制造费用分配率＝140 700/(150 000＋252 000)＝0.35

医用口罩应承担的制造费用＝150 000×0.35＝52 500(元)

N95 口罩应承担的制造费用＝252 000×0.35＝88 200(元)

业务单据
制造费用分配表

【分析】

这是一项制造费用结转处理业务。将先行归集的制造费用结转至具体的成本计算对象，是两个账户（“制造费用”与“生产成本”）之间的结转。结转后，一方面公司产品承担的制造费用增加 140 700 元，记入“生产成本”账户的借方；另一方面全额转出制造费用，记入“制造费用”账户的贷方。会计分录如下：

借：生产成本——医用口罩　　52 500
　　　　　——N95 口罩　　88 200
　贷：制造费用　　140 700

4. 完工产品生产成本的计算与结转

产品制造完成并经检验合格后，完工产品应从生产车间运转至产成品仓库。仓库在办理产品入库时需填制产成品入库单，其中一联交给财务部门作为入账凭证。财务部门在进行生产产品成本计算的同时，要编制一笔结转已完工产品成本的分录。

例 5－22

2020 年 6 月 30 日，结转大美同心已完工口罩的生产成本。大美同心生产完成医用口罩 100 万只，生产成本为 783 500 元；N95 口罩 100 万只，生产成本为 1 601 200 元。产品生产成本计算如表 5－3 所示。

表 5-3 产品生产成本计算表

2020 年 6 月 30 日　　　　金额单位：元

项目	生产成本		合计
	医用口罩	N95 口罩	
材料费用	581 000	1 261 000	1 842 000
人工成本	150 000	252 000	402 000
制造费用	52 500	88 200	140 700
合计	783 500	1 601 200	2 384 700
数量（万只）	100	100	
单位成本（元/只）	0.783 5	1.601 2	

【分析】

业务单据

产品成本计算表

产成品入库单

这是一项生产成本结转业务。在产品完工、灭菌和检验合格后，将先行由“生产成本”账户归集的直接材料、直接人工和间接制造费用转出，增加可供销售的商品。这项经济业务一方面使库存商品增加 2 384 700 元，记入“库存商品”账户的借方；另一方面将已完工产品的生产成本 2 384 700 元从“生产成本”账户的贷方转出。会计分录如下：

借：库存商品——医用口罩　　783 500

　　　　　　——N95 口罩　　1 601 200

　贷：生产成本——医用口罩　　783 500

　　　　　　　——N95 口罩　　1 601 200

产品生产成本由原材料成本、人工成本和间接制造费用构成。生产业务中各账户的对应关系如图 5-9 所示。

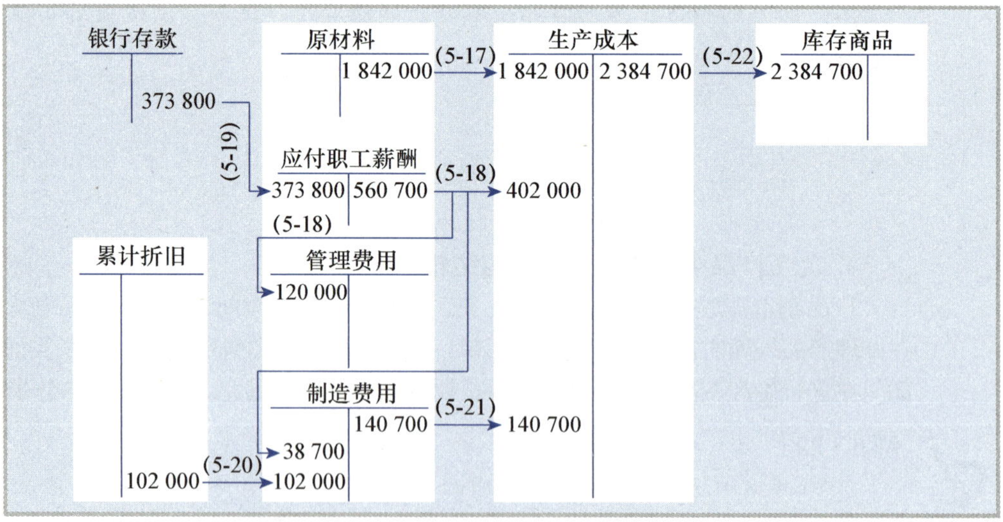

图 5-9　生产业务中各账户的对应关系

5.5 销售业务的核算

5.5 即测即评

5.5.1 销售业务概述

销售业务是指企业将库存商品交付给客户，并收回货款的过程。企业会计人员一方面在确认收入的同时，还应按适用的增值税税率计算相应的增值税销项税额。在销售过程中，为了销售产品，企业还会发生包装费、运输费、广告费、销售人员工资福利、销售机构日常运营费用等销售费用。因此，销售业务主要涉及收入确认、增值税销项税额的计算、货款结算、结转已售产品（库存商品）成本、销售费用的处理。

（1）收入确认。收入确认的关键是何时确认收入。新收入准则规定当企业履行了合同中的履约义务且客户取得商品的控制权时确认收入。收入确认标准和步骤参见第 2 章“会计要素与会计等式”。

（2）增值税销项税额的计算。增值税一般纳税人按照销售货物或服务所适用的增值税税率计算增值税销项税额。

（3）货款结算。货款结算涉及销售方式，现销直接采用“库存现金”和“银行存款”账户进行核算；赊销涉及“应收账款”和“应收票据”账户；采用预收货款销售，则需要通过“预收账款”账户进行核算。

（4）结转已售产品成本。即将已出售的产品成本作为主营业务成本计入当期损益，与相关的收入进行配比，以便计算出当期利润。

（5）销售费用处理。推广产品发生的各项支出按照实际发生的金额直接作为当期的销售费用处理，如支付的广告费用。

此外，公司为了管理需要，常常将企业经营活动区分为主营业务和附属（兼营）业务，并设置“主营业务收入”和“其他业务收入”账户进行核算。

5.5.2 销售业务核算设置的主要账户

1. “主营业务收入”账户

“主营业务收入”（sales revenue）属于收入类账户，用来核算企业确认的销售商品、提供服务等主营业务的收入。该账户的贷方登记企业实现的主营业务收入，即主营业务收入的增加额；期末计算利润时，从其账户的借方转入“本年利润”账户的贷方。需要注意的是，按照新收入准则的要求，当企业发生销售退回和销售折让时，可以直接冲减本期主营业务收入。因此，转入本年利润的金额是主营业务收入的净额。主营业务收入（按净额）结转后，该账户无余额。该账户应按照主营业务的种类进行明细核算。

2. “主营业务成本”账户

“主营业务成本”（cost of goods sold）属于费用类账户，用来核算应计入当期损益的已销售产品的成本。该账户的借方登记主营业务成本的增加，期末计算利润时，从其贷方转入“本年利润”账户的借方。结转后，该账户无余额。该账户应按主营业务的种类进行明细核算。

3. “其他业务收入”账户

“其他业务收入”是收入类账户，用来核算企业确认的除主营业务活动以外的其他经营活动实现的收入，包括出租固定资产、无形资产、包装物和商品、销售材料等所取得的收入。该账户的贷方登记企业实现的其他业务收入，即其他业务收入的增加额；借方登记期末转入“本年利润”账户的其他业务收入。结转后，该账户无余额。该账户应按其他业务的种类进行明细核算。

4. “其他业务成本”账户

“其他业务成本”属于费用类账户，用来核算企业确认的除主营业务活动以外的其他经营活动所发生的或者需要承担的成本，包括销售材料的成本、出租固定资产的折旧额、出租无形资产的摊销额、出租包装物的成本或摊销额等。该账户的借方登记其他业务成本的增加，贷方登记期末转入“本年利润”账户的其他业务成本。结转后，该账户无余额。该账户应按其他业务成本的种类进行明细核算。

值得注意的是，在规模较小的单位，可以不用区分主营业务和其他业务，直接用“营业收入”和“营业成本”加以核算。

5. “应收账款”账户

“应收账款”（accounts receivable）属于资产类账户，用来核算企业因**赊销**（credit sales，sales on account）商品、提供服务等经营活动应收取的款项。该账户的借方登记企业发生的应收未收的账款，贷方登记收回的或者注销的应收账款。该账户期末余额在借方，反映企业尚未收回的应收账款。该账户应按债务人进行明细核算。

6. “应收票据”账户

“应收票据”（notes receivable）属于资产类账户，用来核算企业因赊销商品、提供服务等而收到的商业汇票（包括银行承兑汇票和商业承兑汇票）。该账户的借方登记企业收到的应收票据，贷方登记应收票据的收回或转让。期末余额在借方，反映企业持有的尚未到期的商业汇票金额。该账户应按债务人（开出或承兑商业汇票的单位）进行明细核算。

企业应当设置应收票据备查簿，逐笔登记商业汇票的种类、编号和出票日、票面金额、交易合同号、付款人、承兑人、背书人的姓名或单位名称、到期日、背书转让日、贴现日、贴现率和贴现净额以及收款日和收回金额、退票情况等资料。商业汇票到期结清票款或退票后，在备查簿中应予以注销。

7. “预收账款”账户

“预收账款”（unearned revenue，receipts in advance）属于负债类账户，用来核算企业按照合同规定预先收取但尚未交付商品或服务的款项。该账户的贷方登记企业向购货单位预收的款项，借方登记已交付商品或服务后转为收入的预收款项。期末余额在贷方，反映企业预收的款项。该账户应按购货单位进行明细核算。

8. “销售费用”账户

“销售费用”（selling expenses）属于费用类账户，用来核算企业发生的各项销售费用，如广告费用等。该账户的借方登记发生的各项销售费用，贷方登记期末转出的本期销售费用发生额总额。期末结转后，该账户无余额。该账户可按费用项目进行明细核算。

5.5.3　销售业务的账务处理

1. 主营业务收入与主营业务成本的核算

例 5－23

2020 年 6 月 30 日，大美同心销售医用口罩 90 万只给河北弘信医药有限公司（简称弘信公司），单位售价 1.5 元/只，合计 1 350 000 元，增值税销项税额为 175 500 元。收到对方开来的转账支票 100 万元，存入银行。剩余货款 525 500 元，弘信公司将于次月偿还。

业务单据
产品销售合同
增值税专用发票①
转账支票存根
工行进账单
提货单

【分析】

这是一笔部分现销、部分赊销业务。产品销售是公司的主营业务，这项经济业务一方面表明产品实现了销售，使银行存款增加 1 000 000 元，记入“银行存款”账户的借方，应收未收的账款增加 525 500 元，记入“应收账款”账户的借方；另一方面使收入增加 1 350 000 元，记入“主营业务收入”的贷方，增值税销项税额增加 175 500 元，记入“应交税费——应交增值税（销项税额）”账户的贷方。会计分录如下：

借：银行存款	1 000 000	
应收账款——弘信公司	525 500	
贷：主营业务收入		1 350 000
应交税费——应交增值税（销项税额）		175 500

例 5－24

2020 年 6 月 30 日，大美同心将 N95 口罩 95 万只销售给北京蓝瑞医药有限公司（简称蓝瑞公司），单位售价 3.5 元/只，货款合计 3 325 000 元，增值税销项税额为 432 250 元。公司收到蓝瑞公司签发的一张不带息银行承兑汇票，面值 3 757 250 元。

① 销售业务的增值税专用发票为记账联（黑色字）。

【分析】

这是一项赊销业务。这项经济业务一方面使应收票据增加3 757 250元，记入“应收票据”账户的借方；另一方面使收入增加3 325 000元，记入“主营业务收入”的贷方，增值税销项税额增加432 250元，记入“应交税费——应交增值税（销项税额）”账户的贷方。会计分录如下：

借：应收票据——蓝瑞公司　　3 757 250
　贷：主营业务收入　　3 325 000
　　应交税费——应交增值税（销项税额）　　432 250

业务单据
产品销售合同
增值税专用发票
银行承兑汇票
工行进账单
提货单

例 5-25

2020年5月30日，预收天津为民医药有限公司（简称为民公司）货款50 000元，存入银行。

【分析】

这是一项预收款销售业务。这项经济业务一方面使银行存款增加50 000元，记入“银行存款”账户的借方；另一方面使公司承担了在约定时间交付商品的义务，形成企业的一项负债50 000元，记入“预收账款”账户的贷方。会计分录如下：

借：银行存款　　50 000
　贷：预收账款——为民公司　　50 000

业务单据
产品销售合同
工行网银电子回单

例 5-26

2020年6月30日，向为民公司交付医用口罩30 000只，单价1.5元/只，货款45 000元，增值税销项税额为5 850元，共计50 850元。扣除预收账款50 000元外，收回余款850元现金。

【分析】

这是一项预收款销售交付商品并收回余款的业务。这项经济业务一方面使现金增加850元，记入“库存现金”账户的借方，使预收账款减少50 000元，记入“预收账款”账户的借方；另一方面使收入增加45 000元，记入“主营业务收入”账户的贷方，销项税额增加5 850元，记入“应交税费——应交增值税（销项税额）”账户的贷方。会计分录如下：

借：库存现金　　850
　　预收账款——为民公司　　50 000
　贷：主营业务收入　　45 000
　　应交税费——应交增值税（销项税额）　　5 850

业务单据
增值税专用发票
收款收据
提货单

例 5-27

结转已售口罩的成本2 249 795元，其中，医用口罩93万只的成本728 655元（930 000×0.783 5），N95口罩95万只的成本1 521 140元（950 000×1.601 2）。

业务单据

产品销售成本计算单

【分析】

这是一项结转已售商品成本的业务。公司出售产品后，在减少库存商品的同时，需要将已出售商品的成本结转至主营业务成本，与收入进行配比，以便计算利润。这项经济业务一方面使产品销售成本增加 2 249 795 元，记入“主营业务成本”账户的借方；另一方面使库存商品减少 2 249 795 元，记入“库存商品”账户的贷方。会计分录如下：

借：主营业务成本——医用口罩	728 655	
——N95 口罩	1 521 140	
贷：库存商品——医用口罩		728 655
——N95 口罩		1 521 140

2. 其他业务收入与其他业务成本的核算

实践中，企业一般将其出租固定资产、无形资产、包装物和商品、销售原材料等所取得的收入通过“其他业务收入”账户进行核算。

例 5-28

2020 年 6 月 28 日，大美同心转让 N95 鼻梁夹 8 万只给山东青岛医疗有限公司，每只售价为 0.50 元，适用增值税税率为 13%。青岛医疗已将货款和税款合计 45 200 元通过网银汇至公司账户。

业务单据

转让辅料审批单
产品销售合同
增值税专用发票
工行网银电子回单
提货单

【分析】

转售材料属于其他业务。这项经济业务一方面使银行存款增加 45 200 元，记入“银行存款”账户的借方；另一方面使其他业务收入增加 40 000 元，记入“其他业务收入”账户的贷方，销项税额增加 5 200 元，记入“应交税费——应交增值税（销项税额）”账户的贷方。会计分录如下：

借：银行存款	45 200	
贷：其他业务收入		40 000
应交税费——应交增值税（销项税额）		5 200

例 5-29

2020 年 6 月 30 日，结转已售 N95 鼻梁夹的实际成本 32 000 元（80 000×0.40）。

业务单据

转让材料成本表

【分析】

这是一项结转已售辅助材料成本的业务。这项结转事项一方面使其他业务成本增加 32 000 元，记入“其他业务成本”账户的借方；另一方面使 N95 鼻梁夹减少 32 000 元，记入“原材料”账户的贷方。会计分录如下：

借：其他业务成本	32 000	
贷：原材料——辅助材料——N95 鼻梁夹		32 000

3. 销售费用的核算

销售费用是指企业为了销售商品、推广其所提供的服务所发生的各种费用，包括保险费、包装费、展览费和广告费、商品维修费、预计产品质量保证损失、运输费、装卸费等以及为销售本企业商品而专设的销售机构（含销售网点、售后服务网点等）的职工薪酬、业务费、折旧费等经营费用。

例 5-30

2020 年 5 月 1 日，大美同心开出工行转账支票向北京后浪广告有限公司支付广告费 100 000 元。广告业属于现代服务业，适用增值税税率为 6%。

【分析】

广告费属于产品推销费用。这项经济业务一方面使广告费用增加 100 000 元，记入“销售费用”账户的借方，进项税额增加 6 000 元，记入“应交税费——应交增值税（进项税额）”的借方；另一方面使银行存款减少 106 000 元，记入“银行存款”账户的贷方。会计分录如下：

借：销售费用　　100 000
　　应交税费——应交增值税（进项税额）　　6 000
　贷：银行存款　　106 000

业务单据
广告服务审批单
广告服务合同
转账支票存根
增值税专用发票

销售业务中各账户之间的对应关系如图 5-10 所示。

5.6 利润形成和分配业务的核算

5.6.1 利润形成和分配业务概述

5.6 即测即评

利润是将一定期间的各项收入与各项费用支出相抵后形成的最终经营成果，包括营业利润、营业外收支净额和所得税费用三部分。营业利润是企业营业收入（主营业务收入＋其他业务收入）减去营业成本（主营业务成本＋其他业务成本）、税金及附加、期间费用（财务费用＋销售费用＋管理费用）后的余额，是企业利润的主要来源。营业外收支净额是指与企业生产经营没有直接关系的各种营业外收入减去营业外支出后的净额。属于营业外收入的项目有受赠、无法偿还的应付账款等；属于营业外支出的项目有财产盘亏、毁损、自然灾害造成的损失等。所得税是对企业所得额征收的一种税，具有强制性、无偿性的特点。企业只要有所得就必须按税法规定的税率缴纳所得税。企业将其视为一种费用，故称所得税费用。此外，利润中有一个重要概念叫毛利，是营业收入减去营业成本的差额，主要用来反映产品给企业带来的利润。利润的形成过程可以分步表示如下：

（1）营业毛利＝营业收入－营业成本

（2）营业利润＝营业毛利－税金及附加－销售费用－管理费用－财务费用

（3）利润总额（税前利润）＝营业利润＋营业外收入－营业外支出

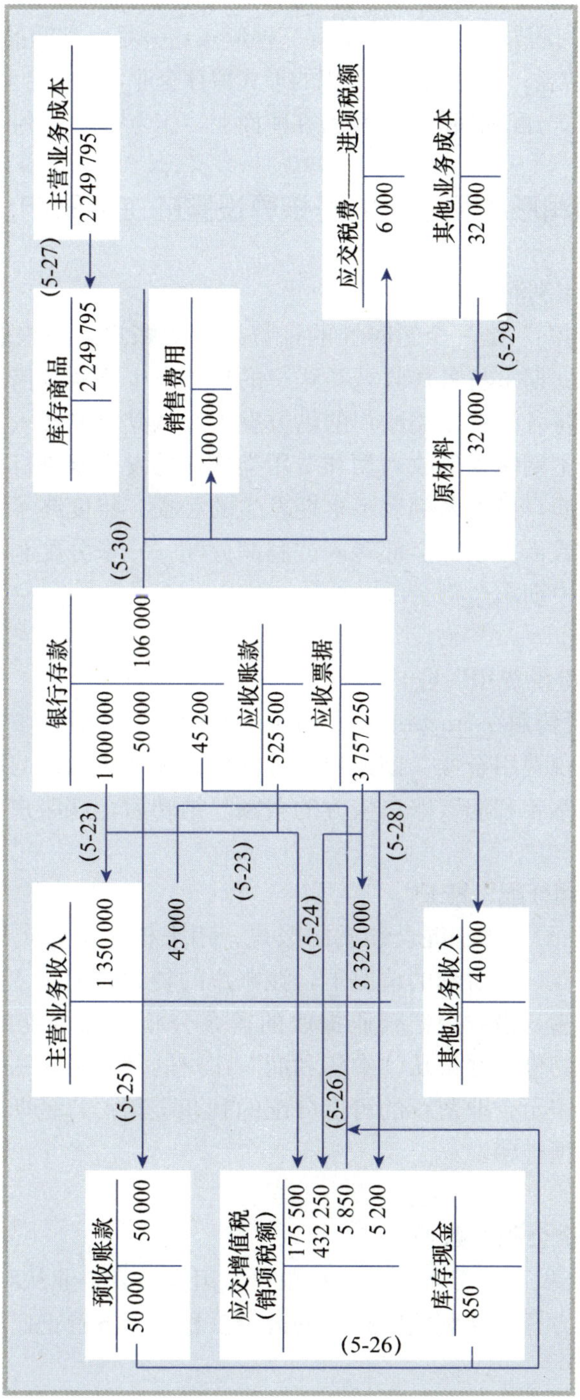

图5-10 销售业务中各账户之间的对应关系

（4）净利润（税后利润）＝利润总额－所得税费用

所得税费用＝利润总额（税前利润）[①] ×所得税税率

利润实现以后，根据《公司法》、公司章程和公司董事会的决议（经股东大会通过）进行利润分配。利润分配有三种形式：一是以利润的形式分配给投资者，作为投资者的收益；二是以盈余公积的形式留存企业，作为企业扩大生产经营规模的资金；三是以未分配利润的形式保留在账面上，作为增强企业抵御风险能力的资金。

5.6.2 利润形成和分配业务核算设置的主要账户

1. “本年利润”账户

“本年利润”是一个暂时性的计算损益的账户，用来核算企业实现的利润和发生的亏损。期末将各种收入类账户的贷方发生额从其借方转入“本年利润”账户的贷方，将各种费用类账户的借方发生额从其贷方转入“本年利润”账户的借方，然后将本期转入的收入类和费用类账户的发生额进行比较；贷方余额表示本期实现的利润，借方余额表示本期发生的亏损。年度终了，将“本年利润”账户的贷方余额或借方余额全部转入“利润分配——未分配利润”账户。结转后“本年利润”账户期末余额为零。

2. “所得税费用”账户

“所得税费用”（income tax expenses）属于费用类账户，用来核算企业当期确认的所得税费用金额。该账户的借方登记本期应确认的所得税费用金额，贷方登记转入“本年利润”账户借方的金额。结转后，该账户无余额。

3. “利润分配”账户

“利润分配”属于混合性质的账户，用来核算企业实现利润的分配情况或亏损的弥补情况。在盈利的情况下，该账户的贷方登记从“本年利润”账户借方转入的利润金额，借方登记企业提取的盈余公积和已分配的利润。在亏损的情况下，该账户的借方登记从“本年利润”账户的贷方转入的亏损金额。若是期末贷方有余额，表示企业留存的可供分配的利润金额；若是期末借方有余额，表示尚未弥补的亏损金额。

4. “盈余公积”账户

“盈余公积”属于所有者权益账户，用来核算企业从利润中提取的盈余公积。该账户的贷方登记从利润中提取的盈余公积，借方登记已使用的盈余公积，贷方

---

① 严格意义上讲，按照会计准则计算出来的利润总额不能直接作为计算所得税费用的税基，需要按照税法进行调整，即将利润总额调整为应纳税所得额，用应纳税所得额乘以所得税税率计算出本期应缴纳的所得税，而本期确定的所得税费用还要根据是否有递延所得税进行调整。应纳税所得额是一个税法概念，涉及的内容比较复杂。本书不做调整，直接将利润总额作为税基计算所得税费用，目的只是建立企业有所得就必须要交企业所得税的概念。

余额表示尚未使用的盈余公积。

5. “应付利润”账户

“应付利润”属于负债类账户，用来核算企业应付给投资者的利润。该账户的贷方登记应付给投资者的利润，借方登记已支付给投资者的利润，贷方余额表示尚未支付的利润。

5.6.3　利润形成和分配业务的处理

利润形成和分配业务包括三个部分：一是利润的形成；二是与营业收入相关的增值税计缴、税金及附加计缴；三是净利润的计算与利润分配。利润的形成除前面介绍的主营业务和其他业务形成的利润外，还包括以下三个部分：期间费用、投资收益和营业外收支的核算。利润分配业务包括所得税费用的核算、净利润的计算与结转以及利润分配的核算。

1. 期间费用的核算

期间费用包括**财务费用**（financial expenses）、销售费用和管理费用。本章前面已对财务费用和销售费用举例说明，这里重点介绍管理费用的核算。

管理费用是指企业为组织和管理企业生产经营活动所发生的各种费用，通常包括筹建期间的开办费、董事会和行政管理部门在企业经营管理中发生的或者应由企业统一负担的行政经费（包括行政管理部门职工薪酬、办公费和差旅费等）、物料消耗、低值易耗品摊销、工会经费、董事会费（包括董事会成员津贴、会议费和差旅费等）、聘请中介机构费、咨询费（含顾问费）、诉讼费、业务招待费等。

企业设“管理费用”账户进行核算。“管理费用”属于费用类账户，用来核算管理费用的发生和结转情况。该账户借方登记发生的各项管理费用，贷方登记期末转入“本年利润”账户的管理费用金额。期末结转后，该账户无余额。该账户可按费用项目进行明细核算。

例 5-31

2020 年 4 月 11 日，大美同心在京东平台购入价值为 5 000 元的打印纸、硒鼓等办公用品，供管理部门办公使用。适用增值税税率为 13%，货款与税款已通过网银付讫。

业务单据
办公用品采购审批单
办公用品订单
快递签收单
增值税电子专用发票
办公用品清单

【分析】

这项经济业务一方面使办公成本增加 5 000 元，记入“管理费用”账户的借方，进项税额增加 650 元，记入“应交税费——应交增值税（进项税额）”的借方；另一方面使银行存款减少 5 650 元，记入“银行存款”账户的贷方。会计分录如下：

借：管理费用	5 000
应交税费——应交增值税（进项税额）	650
贷：银行存款	5 650

例 5-32

2020年4月30日，大美同心采用直线法计算每月应分摊无形资产的成本为31 250元（无形资产估值为1 500 000元，残值为零，预计使用寿命为4年）。为简化核算，将3个月的分摊成本合并处理，金额为93 750元（31 250×3）。

【分析】

这项经济业务，一方面使公司承担的无形资产费用增加93 750元，记入“管理费用”账户的借方；另一方面使累计摊销增加93 750元，记入“累计摊销”账户的贷方。会计分录如下：

业务单据
无形资产成本分摊表

借：管理费用	93 750	
贷：累计摊销		93 750

2. 投资收益的核算

企业除从事生产经营活动以外，还会利用闲散资金有计划地投资一些金融工具（如股票、债券、基金等）以获得投资收益。

本节仅讲授交易性金融资产的核算。长期股权投资、债权投资、其他债权投资、其他权益工具投资等投资业务的核算详见《财务会计学（第14版·立体化数字教材版）》。

交易性金融资产的核算需设置以下两个账户：

(1)“交易性金融资产”账户。**交易性金融资产**（trading securities）是指以赚取差价为目的，从二级市场购入的股票、债券、基金等。“交易性金融资产”属于资产类账户。该账户的借方登记交易性金融资产的购入（增加），贷方登记已出售的交易性金融资产（减少），期末借方余额反映尚未出售的交易性金融资产。由于交易性金融资产按照公允价值模式进行计量，需要设置“成本”和“公允价值变动”等明细账进行明细核算。具体核算方法参见《财务会计学（第14版·立体化数字教材版）》。

(2)“投资收益”账户。**“投资收益”**（return on investment）属于损益类账户，用来核算各项投资业务所形成的买卖价差或者投资分红（损失）。该账户的贷方登记实现的投资收益和期末转入“本年利润”账户的投资净损失；借方登记发生的投资损失和期末转入“本年利润”账户的投资净收益。期末结转后，该账户无余额。该账户可按投资项目设置明细账，进行明细分类核算。

例 5-33

2020年4月5日，大美同心以每股10元的价格购买A公司股票10万股，并按成交金额的2‰支付了佣金2 000元。

【分析】

这项投资业务一方面使交易性金融资产增加1 000 000元，记入“交易性金融资产”账户的借方，交易费用直接冲减投资

业务单据
股票投资审批单
投委会决议书
股票买入交割单

收益 2 000 元，记入“投资收益”账户的借方；另一方面使银行存款①减少 1 002 000 元，记入“银行存款”账户的贷方。会计分录如下：

借：交易性金融资产——成本　　1 000 000
　　投资收益　　2 000
　贷：银行存款　　1 002 000

例 5-34

2020 年 6 月 10 日，出售 A 公司股票 10 万股，每股 12 元。按成交金额的 2‰ 支付佣金 2 400 元，按成交金额的 1‰ 支付印花税 1 200 元。同时，按照投资收益（即买卖价差，不含佣金和税费）的 6%计算缴纳转让金融商品增值税 12 000 元［(1 200 000−1 000 000)×6%］。

业务单据
股票交割单

【分析】

这是一项出售交易性金融资产的业务。这项经济业务一方面使银行存款增加 1 196 400 元，记入“银行存款”账户的借方；另一方面使交易性金融资产减少 1 000 000 元，记入“交易性金融资产”账户的贷方，投资收益增加 196 400 元，记入“投资收益”账户的贷方。

同时，确认转让金融商品应交增值税 12 000 元，一方面冲减投资收益 12 000 元，记入“投资收益”账户的借方；另一方面增加应交税费 12 000 元，记入“应交税费——转让金融商品应交增值税”账户的贷方。

借：银行存款　　1 196 400
　贷：交易性金融资产——成本　　1 000 000
　　　投资收益　　196 400
借：投资收益　　12 000
　贷：应交税费——转让金融商品应交增值税　　12 000

3. 增值税的计缴

增值税的计缴按缴纳的时间分为按月计缴、按季计缴或者预先缴纳等多种形式。按月缴纳增值税的企业，月末填报增值税纳税申报表；按季缴纳增值税的企业，季末填报增值税申报表。假设大美同心按照季度缴纳增值税。增值税的缴纳期限为 2020 年 4—6 月。

例 5-35

2020 年 4—6 月，大美同心购进业务产生的进项税额为 581 050 元（全部通过认证）；销售业务产生的销项税额为 618 800 元，投资业务产生的转让金融商品应交增值税 12 000 元。

【分析】

应交增值税＝销项税额＋转让金融商品应交增值税－进项税额

---

① 实务中购买股票需要在证券营业部开户，将资金存入证券营业部的资金账户中，通过“其他货币资金——投资存出款”账户进行核算。本书简化处理，直接用“银行存款”账户进行核算。

＝618 800＋12 000－581 050＝49 750(元)

业务单据

增值税纳税申报表

增值税进（销）项税额汇总表

为便于初学者理解，将增值税的业务处理分三步进行。

第一步，将三级账户销项税额和进项税额结平，同时将其差额转入另一个三级账户“转出未交增值税”。会计分录如下：

借：应交税费——应交增值税（销项税额）　618 800

——转让金融商品应交增值税　12 000

贷：应交税费——应交增值税（进项税额）　581 050

——应交增值税（转出未交增值税）　49 750

第二步，将三级账户“转出未交增值税”转入二级账户“未交增值税”。会计分录如下：

借：应交税费——应交增值税（转出未交增值税）　49 750

贷：应交税费——未交增值税　49 750

第三步，下期（7 月）实际缴纳时，贷记银行存款，冲减二级账户“未交增值税”。会计分录如下（该笔业务不进入 2020 年 4—6 月的财务报表）：

借：应交税费——未交增值税　49 750

贷：银行存款　49 750

4. 税金及附加的计缴

税金及附加是指企业经营活动发生的消费税、城市维护建设税、资源税、教育费附加及房产税、土地使用税、车船税、印花税等相关税费。需要设置“税金及附加”账户进行核算。

“税金及附加”属于费用类账户，该账户的借方登记各种税金及附加的增加，贷方登记期末转出的本期税金及附加发生额总额。期末结转后，该账户无余额。

税金及附加的计缴需按国家税务部门规定的税基和税率进行计算和缴纳。税基一般是企业当期缴纳的增值税和消费税之和，税率则根据不同的税种来决定。

下面介绍四种常见的税金与附加的核算。

(1) 消费税。**消费税**（consumption tax）是一种间接税，只针对特定的消费品和消费行为征收的一种流转税，一般在生产环节征收，税率实行从价定率、从量定额和从价从量复合计征三种方法，最低为 1%，最高为 56%。消费税是价内税，是价格的组成部分。

(2) 城市维护建设税。城市维护建设税的缴纳义务人是缴纳增值税、消费税的单位和个人。计税依据为企业缴纳增值税、消费税的合计数。城市维护建设税按纳税人所在地不同，税率分为 7%（市区）、5%（县城、建制镇）和 1%（其他）。

(3) 教育费附加。教育费附加的缴纳义务人是缴纳增值税、消费税的单位和个人。计税依据为企业缴纳增值税、消费税的合计数，教育费附加的征收比率为 3%。

(4) 地方教育附加。地方教育附加的缴纳义务人是缴纳增值税、消费税的单位和个人。计税依据为企业缴纳增值税、消费税的合计数，地方教育附加的征收比率为 2%。

例 5－36

2020 年 6 月 30 日，计算大美同心 2020 年 4—6 月需要缴纳的税金及附加。

业务单据
税金及附加申报表
税金及附加计算表

【分析】

大美同心需要计算与缴纳的税金及附加包括城市维护建设税、教育费附加和地方教育附加。它们的税基是本会计期间缴纳的增值税与消费税之和。由于口罩不是应税消费品，因此税基就是例 5－35 计算出来的应交增值税 49 750 元。具体计算如下：

城市维护建设税＝49 750×7%＝3 482.5(元)

教育费附加＝ 49 750×3%＝1 492.5(元)

地方教育附加＝ 49 750×2%＝995(元)

本期需缴纳的税金及附加＝3 482.5＋1 492.5＋995＝5 970(元)

这项经济业务一方面使税金及附加增加 5 970 元，记入“税金及附加”账户的借方；另一方面使应交税费增加 5 970 元，分别贷记“应交税费——应交城市维护建设税”3 482.5 元，“应交税费——应交教育费附加”1 492.5 元，“应交税费——应交地方教育附加”995 元。会计分录如下：

借：税金及附加	5 970	
贷：应交税费——应交城市维护建设税		3 482.5
——应交教育费附加		1 492.5
——应交地方教育附加		995

5. 营业外收入与营业外支出的核算

企业除了日常经营活动产生的收入以外，还有一部分是非日常活动带来的收入，比如罚没收入、获得捐赠等情形下所取得的净收入。为了与日常活动带来的收入相区别，会计学上将其称为营业外收入。

有营业外收入，就会有营业外支出。但是，营业外收入与营业外支出之间不像收入与费用之间存在因果关系。换句话说，一项营业外支出不是为了获得相应的营业外收入。

营业外收入与营业外支出的核算需要设置如下账户：

(1)“营业外收入”账户。“营业外收入”是收入类账户，用来核算非日常活动产生的利得，包括罚没收入、捐赠利得等。该账户的贷方登记取得的营业外收入，即营业外收入的增加额；借方登记会计期末转入“本年利润”账户的营业外收入本期发生额总额。期末结转后，该账户无余额。该账户应按营业外收入项目进行明细核算。

(2)“营业外支出”账户。“营业外支出”是损失类账户，用来核算非日常活动发生的损失，包括罚款支出、捐赠支出、资产盘亏损失等。借方登记营业外支出的增加额；贷方登记期末转入“本年利润”账户的营业外支出本期发生额总额。期末结转后，该账户无余额。该账户应按支出项目进行明细核算。

例 5-37

2020年5月5日，大美同心向武汉红十字会捐款10万元用于抗击新冠疫情，捐款已通过网银付讫。

【分析】

大美同心的现金捐赠与公司的生产经营活动无关，可直接计入当期损益，通过“营业外支出”账户进行核算。这项经济业务一方面使营业外支出增加100 000元，记入“营业外支出”账户的借方；另一方面使银行存款减少100 000元，记入“银行存款”账户的贷方。会计分录如下：

借：营业外支出——捐赠支出　　100 000

　贷：银行存款　　100 000

业务单据

捐款申请审批单
捐款协议
工行网银付款回单
捐款收到通知

例 5-38

2020年5月11日，大美同心收到广东东莞纺织有限公司因延期交货交来的违约金1 715元。

【分析】

供应商因延迟交货而向购买方支付的违约金属于执行合同约定的处罚条款，与公司本身的经营活动无关，收到违约金的一方可通过“营业外收入”账户进行核算。这项经济业务一方面使营业外收入增加1 715元，记入“营业外收入”账户的贷方；另一方面使银行存款增加1 715元，记入“银行存款”账户的借方。会计分录如下：

借：银行存款　　1 715

　贷：营业外收入——罚款收入　　1 715

业务单据

违约赔偿告知函
工行网银电子回单

6. 利润总额的计算与结转

企业期末计算利润时，一方面将“主营业务收入”“其他业务收入”“营业外收入”“投资收益”等账户的贷方发生额合计数从其借方转入“本年利润”账户的贷方；另一方面将“主营业务成本”“其他业务成本”“税金及附加”“管理费用”“财务费用”“销售费用”“营业外支出”等账户的借方发生额合计数从其贷方转入“本年利润”账户的借方。这个过程就是会计学上所称的“结转本年利润”。

（1）结转收入类账户。

例 5-39

2020年6月30日，结转（平）大美同心2020年4—6月所有收入类账户。将“主营业务收入”贷方发生额4 720 000元，“其他业务收入”贷方发生额40 000元，“营业外收入”贷方发生额1 715元，“投资收益”贷方余额182 400元，全部结转至“本年利润”账户的贷方。

业务单据

收入类账户汇总表

【分析】

这是一项内部账务结转事项，又称结账。[①] 结转（平）收入类账户的含义是清空收入类账户，使其余额为零。从收入类账户的贷方发生额的相反方向转出，即可将收入类账户余额变为零。这项结转事项一方面要冲减收入类账户，记入“主营业务收入”“其他业务收入”“营业外收入”“投资收益”账户的借方；另一方面增加“本年利润”，记入“本年利润”账户的贷方。会计分录如下：

借：主营业务收入	4 720 000	
其他业务收入	40 000	
营业外收入	1 715	
投资收益	182 400	
贷：本年利润		4 944 115

（2）结转费用类账户。

例 5－40

2020 年 6 月 30 日，结转（平）大美同心 2020 年 4—6 月所有成本费用类账户。将“主营业务成本”借方发生额 2 249 795 元，“其他业务成本”借方发生额 32 000 元，“营业外支出”借方发生额 100 000 元，“税金及附加”借方发生额 5 970 元，“管理费用”借方发生额 218 750 元，“财务费用”借方发生额 18 000 元，“销售费用”借方发生额 100 000 元，全部结转至“本年利润”账户的借方。

业务单据

成本费用类账户汇总表

【分析】

这是一项内部账务结转事项。结转（平）费用类账户的含义是清空费用类账户，使其余额为零。从费用类账户的借方发生额的相反方向转出，即可将费用类账户余额变为零。这项结转费用事项一方面要冲减费用类账户，记入“主营业务成本”“其他业务成本”“营业外支出”“税金及附加”“管理费用”“财务费用”“销售费用”账户的贷方；另一方面减记“本年利润”，记入“本年利润”账户的借方。会计分录如下：

借：本年利润	2 724 515	
贷：主营业务成本		2 249 795
其他业务成本		32 000
营业外支出		100 000
税金及附加		5 970
管理费用		218 750
财务费用		18 000
销售费用		100 000

① 结账分录是指在资产负债表日，为了计算本期利润，将虚账户（收入、费用类账户）的发生额从其账户的反方向全部转入另一账户，使其余额为零而编制的会计分录。编制结账分录，一是为了将虚账户和暂（临）时性账户（本年利润）结平，以方便下一个会计期间从零开始记录。二是将利润表中的净利润转入资产负债表中的未分配利润。结账分录如例 5－39、例 5－40、例 5－41（3）、例 5－42 和例 5－45。

7. 所得税费用的核算

“所得税费用”（income tax expenses）是费用类账户，用来核算企业所得税费用的发生和结转情况。该账户的借方登记企业应计入当期损益的所得税费用，贷方登记企业期末转入“本年利润”账户的所得税费用。期末结转后，该账户无余额。

例 5－41

2020 年 6 月 30 日，计算大美同心 2020 年 4—6 月应纳税所得额为 2 219 600 元（4 944 115－2 724 515），适用的所得税税率为 25%。

业务单据
所得税纳税申报表
电子缴税付款凭证
电子缴款凭证
完税证明

【分析】

（1）计算所得税费用。

所得税费用＝应纳税所得额×所得税税率
＝2 219 600×25%＝554 900(元)

这项经济业务一方面使所得税费用增加 554 900 元，记入“所得税费用”账户的借方；另一方面使应交所得税增加 554 900 元，记入“应交税费——应交所得税”账户的贷方。会计分录如下：

借：所得税费用　　554 900
　贷：应交税费——应交所得税　　554 900

（2）实际缴纳税款。一方面应交税费减少 554 900 元，记入“应交税费——应交所得税”账户的借方；另一方面银行存款减少 554 900 元，记入“银行存款”账户的贷方。会计分录如下：

借：应交税费——应交所得税　　554 900
　贷：银行存款　　554 900

（3）所得税费用的结转。大美同心将所得税费用 554 900 元结转至“本年利润”账户。这是一项内部账务结转事项。将所得税费用结转至本年利润，以清空所得税费用账户。一方面本年利润减少 554 900 元，记入“本年利润”账户的借方；另一方面所得税费用减少 554 900 元，记入“所得税费用”账户的贷方。会计分录如下：

借：本年利润　　554 900
　贷：所得税费用　　554 900

8. 净利润的计算和结转

在结转所得税费用之后，如果“本年利润”账户贷方发生额合计数大于借方发生额合计数，则该差额为**净利润**（net profit）；反之，则为**净亏损**（net loss）。

企业设“利润分配”账户核算企业利润的分配（或亏损的弥补）情况，并反映历年分配（或弥补）后的余额。该账户属于所有者权益类账户，借方登记实际分配的利润额，包括提取的盈余公积和分配给投资者的利润，以及年末从“本年利润”账户转入的全年发生的净亏损；贷方登记用盈余公积弥补的亏损额等其他转入数，以及年末从“本年利润”账户转入的全年实现的净利润。年末应将“利润分配”账户下的其他明细账户的余额转入“未分配利润”明细账户。结转后，除“未分配利润”明细账户可能有余额外，其他各个明细账户均无余额。“未分配利润”明细账户的贷方余额为历年累积的未分配利润（即可供以后年度分配的利润），借方余额为历年累积的未弥补亏损（即留待以后年度弥补的亏损）。该账户应当分别设置“提取法定盈余公积”“提取任意盈余公积”“应付利润（股利）”“盈余公积补亏”“未分配利润”等明细账进行明细分类核算。

若当年实现了净利润，则按“本年利润”账户贷方发生额与借方发生额的差额借记“本年利润”账户，贷记“利润分配——未分配利润”账户。这样就使得“本年利润”账户的借方发生额与贷方发生额相等，达到了把该账户清空或结平的目的。若为净亏损，则做相反的会计分录。

净利润结转后，“本年利润”账户无余额。

例5-42

2020年6月30日，大美同心结转2020年4—6月形成的净利润1 664 700元（4 944 115－2 724 515－554 900）。

业务单据

结平本年利润

【分析】

这是一项内部账务结转事项，一方面本年利润减少1 664 700元，记入“本年利润”账户的借方；另一方面未分配利润增加1 664 700元，记入“利润分配——未分配利润”账户的贷方。会计分录如下：

借：本年利润　　1 664 700

　贷：利润分配——未分配利润　　1 664 700

9. 利润分配的核算

利润分配（profit distribution）是指企业根据国家有关规定和企业章程、投资者协议等，对企业当年可供分配利润指定其特定用途和分配给投资者的行为。

（1）利润分配顺序。企业向投资者分配利润应按一定的顺序进行。按照我国《公司法》的有关规定，利润分配应按下列顺序进行：

1）计算可供分配的利润。企业在利润分配前，应根据本年净利润（或亏损）与年初未分配利润（或亏损）、其他转入的金额（如盈余公积弥补的亏损）等项目，计算当年可供分配利润，即

$$\begin{matrix}\text{可供分配}\\\text{利润}\end{matrix}=\begin{matrix}\text{净利润}\\\text{（或亏损）}\end{matrix}+\begin{matrix}\text{年初}\\\text{未分配利润}\end{matrix}-\begin{matrix}\text{弥补以前}\\\text{年度亏损}\end{matrix}+\begin{matrix}\text{其他转入}\\\text{金额}\end{matrix}$$

如果可供分配利润为负数（即累计亏损），则不能进行分配；如果可供分配利润为正数（即累计盈利），则可进行分配。

2）提取法定盈余公积。按照《公司法》的有关规定，公司应当按照当年税后利润（抵减年初累计亏损后）的10%提取法定盈余公积；提取的法定盈余公积累计额超过注册资本50%以上的，可以不再提取。

3）提取任意盈余公积。公司提取法定盈余公积后，经股东会或者股东大会决议，还可以从税后利润中提取任意盈余公积。

4）向投资者分配利润（或股利）。企业可供分配的利润扣除提取的盈余公积后，形成可供投资者分配的利润，即

可供投资者分配的利润＝可供分配的利润－提取的盈余公积

企业可采用现金股利、股票股利和财产股利等形式向投资者分配利润（或股利）。

（2）利润分配的核算。

1）提取盈余公积的核算。企业设“盈余公积”账户，核算企业从税后利润中提取的盈余公积。该账户属于所有者权益类账户，贷方登记提取的盈余公积（即盈余公积的增加额），借方登记盈余公积的减少额。期末余额在贷方，反映企业结余的盈余公积。该账户设置“法定盈余公积”和“任意盈余公积”明细账，进行明细分类核算。

企业提取法定盈余公积时，借记“利润分配——提取法定盈余公积”，贷记“盈余公积——法定盈余公积”；提取任意盈余公积时，借记“利润分配——提取任意盈余公积”，贷记“盈余公积——任意盈余公积”。

例 5－43

2020 年 6 月 30 日，大美同心将实现的税后利润 1 664 700 元，按 10％的比例提取法定盈余公积，按 10％的比例提取任意盈余公积。

业务单据

盈余公积计提表

【分析】

这是一项计提盈余公积的业务。一方面公司可供分配的利润减少 332 940 元，记入“利润分配——提取盈余公积”账户的借方；另一方面盈余公积增加 332 940 元，记入“盈余公积”账户的贷方。会计分录如下：

借：利润分配——提取法定盈余公积　　166 470
　　　　　　——提取任意盈余公积　　166 470
　贷：盈余公积——法定盈余公积　　　　166 470
　　　　　　　——任意盈余公积　　　　166 470

2）向投资者分配利润的核算。企业需要设置**“应付利润（或应付股利）”**（dividends payable）账户核算向投资者分配的现金利润。该账户属于负债类账户，贷方登记应付给投资者的现金利润，即应付利润的增加额；借方登记实际支付给投资者的现金利润，即应付利润的减少额。期末余额在贷方，反映企业应付未付的现金利润。该账户应按投资者进行明细核算。

企业根据股东会审议批准的利润分配方案，按应支付的现金利润，借记“利润分配——应付利润”账户，贷记“应付利润”账户。

例 5－44

2020 年 6 月 30 日，大美同心经股东会决议，向股东分配利润 300 000 元。

业务单据

利润分配公告书
利润分配表

【分析】

决议通过时：一方面公司未分配利润减少 300 000 元（也即所有者权益减少 300 000 元），记入“利润分配——应付利润”账户的借方；另一方面应付未付利润增加 300 000 元，记入“应付利润”账户的贷方。会计分录如下：

借：利润分配——应付利润　　300 000
　贷：应付利润　　300 000

实际支付时：一方面公司的应付利润减少 300 000 元，记入“应付利润”账户的借方；另一方面银行存款减少 300 000 元，记入“银行存款”账户的贷方。会计分录如下：

借：应付利润　　300 000
　贷：银行存款　　300 000

3）未分配利润的计算和结转。资产负债表日，利润分配明细账户中只保留未分配利润一个明细账，其余的利润分配明细账户按相反方向冲销后，全部清零。

“未分配利润”明细账的贷方余额表示累积未分配的利润。该账户如果出现借方余额，则表示累积未弥补的亏损。

例 5－45

结平“利润分配”中除“未分配利润”明细账以外的利润分配明细账，其中，计提法定盈余公积 166 470 元，计提任意盈余公积 166 470 元，应付利润 300 000 元。

业务单据

利润分配明细账汇总表

【分析】

这是一项利润分配明细账之间的结转业务。一方面公司未分配利润减少 632 940 元，记入“利润分配——未分配利润”账户的借方；另一方面按其明细账的相反方向进行对冲，记入“利润分配——提取法定盈余公积”“利润分配——提取任意盈余公积”“利润分配——应付利润”账户的贷方。会计分录如下：

借：利润分配——未分配利润　　632 940
　贷：利润分配——提取法定盈余公积　　166 470
　　　　　　——提取任意盈余公积　　166 470
　　　　　　——应付利润　　300 000

结转后，“利润分配——未分配利润”账户出现贷方余额 1 031 760 元（1 664 700－632 940）。该余额就是大美同心 2020 年 4—6 月资产负债表所有者权益中未分配利润项目的期末余额。

利润形成与分配业务中各账户的对应关系如图 5－11 所示。

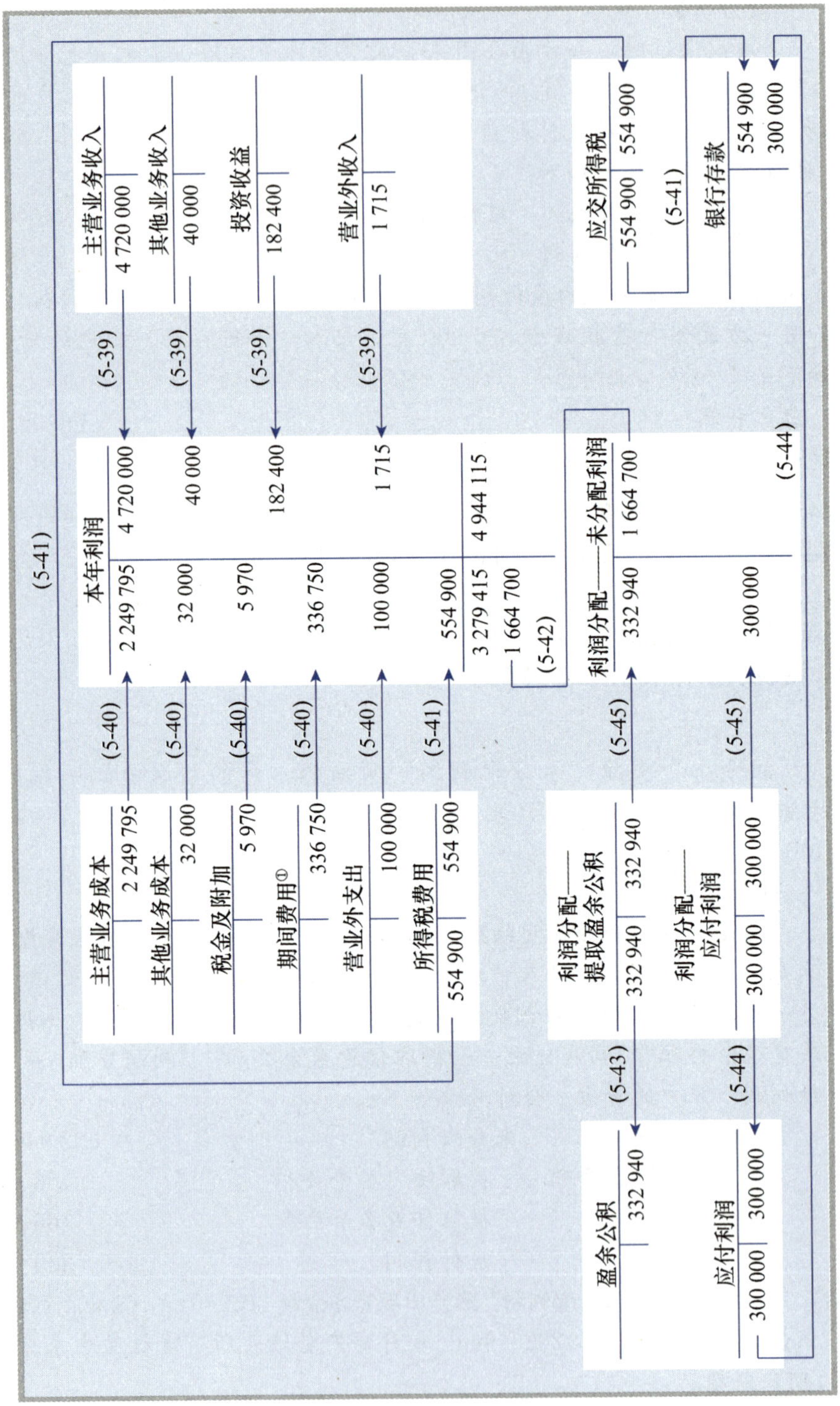

图5-11 利润形成与分配业务中各账户的对应关系①

① 期间费用包括管理费用218 750元、财务费用18 000元、销售费用100 000元。

关键术语

权益筹资（equity financing） 债务筹资（debt financing）
股票（stock certificate） 股票面值（book value pershare）
注册资本（legal capital） 本金（principal）
利息（interest）
固定资产（property，plant，and equipment，PPE；tangible asset）
增值税（value-added tax，VAT） 原材料（raw material ）
预付账款（advanced payment） 应付账款（accounts payable）
应付票据（notes payable） 生产成本（manufacturing cost）
制造费用（manufacturing overheads） 应付职工薪酬（salaries payable）
累计折旧（accumulated depreciation）
管理费用（general and administration expenses）
库存商品（ merchandise inventory）
平均分摊法（直线法）（ straight-line depreciation method）
主营业务收入（营业收入）（sales revenue ）
主营业务成本（营业成本）（cost of goods sold ）
应收账款（accounts receivable） 赊销（credit sales，sales on account）
应收票据（notes receivable）
预收账款（unearned revenue，receipts in advance）
销售费用（selling expenses） 财务费用（financial expenses）
所得税费用（income tax expenses） 交易性金融资产（trading securities ）
投资收益（return on investment） 消费税（consumption tax）
净利润（net profit） 净亏损（net loss）
利润分配（profit distribution）
应付利润（股利）（dividends payable ）

思考题

Q5－1 企业主要经济业务包括哪些？

Q5－2 各种投资主体投资形成的资本明细账户有哪些？

Q5－3 股权融资和债务融资有什么不同？

Q5－4 增值税专用发票上的增值税进项税额是购入资产的成本吗？为什么？

Q5－5 材料采购成本包括哪些内容？如何理解“在途物资”账户在材料采购业务中的作用？

Q5-6 企业产品成本的构成项目主要有哪些？产品制造过程中的耗费分为直接耗费与间接耗费，它们在会计核算上有何区别？

Q5-7 销售过程中形成的收入与已销售成本为什么要分别进行核算？

Q5-8 利润的形成主要通过什么账户来进行核算？如何理解该账户的性质？

Q5-9 为什么要将利润分配明细账中除未分配利润外的明细账全部清零？各明细账户之间是如何结转的？

练习题

E5-1 目的：练习筹资业务的核算。

资料：

（1）20×6年6月，某科学家以发明专利发起设立一家领先科技有限责任公司，专利估价200万元。

（2）当地政府以科技园区的一栋厂房投资入股，厂房估价350万元。

（3）领先科技收到一家企业的投资款150万元。

（4）向华夏银行借入期限为半年、利率为5%的借款100万元。

（5）向工商银行借入300万元用于新产品的研究与开发。借款期限为3年，利率为9%，期满后一次归还本金和利息。

要求：为上述经济业务编制会计分录。

E5-2 目的：练习供应阶段的业务核算（假设运费均不考虑增值税）。

资料：

（1）从国外进口一批设备（不需安装），价值300万元，进口增值税为39万元，关税为30万元，运费2万元，全部货款已支付。

（2）向华新公司购进甲种材料100万元，增值税为13万元，货款约定3个月后支付。

（3）公司开出转账支票一张，向朝阳公司支付购进乙种材料款80万元，增值税税率为13%。

（4）用银行存款支付上述甲、乙两种材料的运输费3万元，并按甲、乙两种材料的买价分配运输费。

（5）用银行存款支付上述甲种材料的购货款及增值税，合计113万元。

（6）甲、乙两种材料已验收入库，结转材料的采购成本。

（7）向蓝天公司预付50万元，采购丙种材料。

（8）丙种材料价税合计226万元（其中，货款200万元，增值税26万元），差额已用银行存款支付。丙种材料要一个月后才能运抵企业。

要求：为上述经济业务编制会计分录。

E5-3 目的：练习生产阶段的业务处理。

资料：

（1）生产A产品领用甲种材料60万元、乙种材料30万元。

(2) 生产 B 产品领用甲种材料 30 万元、乙种材料 40 万元。

(3) 支付车间水电费 2 万元。

(4) 支付车间设备维修保养费 5 万元。

(5) 月末计算生产 A 产品的生产工人工资为 5 万元，生产 B 产品的生产工人工资为 4 万元，管理人员工资为 3 万元，车间管理人员工资为 1 万元。

(6) 次月 15 日从银行提取现金 13 万元发放工资。

(7) 计提本月机器设备折旧 25 000 元。

(8) 将制造费用按生产工人生产两种产品的工资比例计入生产成本。

(9) 结转已完工产品的生产成本，假设 A 产品已全部完工，B 产品只完工 80%。

要求：为上述经济业务编制会计分录。

E5-4　目的：练习销售阶段的业务处理。

资料：

(1) 公司销售 A 产品 50 台，每台单价为 18 000 元。适用增值税税率为 13%。

(2) 公司采用赊销方式售出 A 产品 20 台，每台单价为 18 000 元，增值税为 46 800 元。

(3) 公司与 X 公司签订一份销售 A 产品 10 台的合同，收取定金 100 000 元，存入银行。

(4) 公司交付 10 台 A 产品给 X 公司，单价为 18 000 元，适用增值税税率为 13%，余款收到存入银行。

(5) 公司销售 80 套 B 产品给 Y 公司，单位售价为 15 000 元，适用增值税税率为 13%，公司收到 Y 公司签发的一张不带息银行承兑汇票 1 356 000 元。

(6) 支付广告费 20 万元。

(7) 支付销售机构网点办公费 30 000 元。

(8) 月末计算销售机构人员工资 10 万元。

(9) 公司与客户签订的销售合同金额为 2 640 000 元，按 0.3‰缴纳印花税。

(10) 结转上述已售 A 产品 80 台的成本 906 300 元，B 产品 80 套 626 400 元。

(11) 公司将其发明专利以专利许可的方式授权其他公司使用，收取的专利使用费为 150 000 元。按国家的相关规定，这笔收入免征增值税和所得税。

要求：为上述经济业务编制会计分录。

E5-5　目的：练习利润形成与分配阶段的业务处理。

资料：

(1) 公司在交付 B 产品时逾期 5 天，按合同约定，支付违约罚款 1 508 元。

(2) 对应 E5-4 (11) 业务，分摊应由本月承担的无形资产摊销费用 30 000 元。

(3) 将所有收入加以汇总，转入“本年利润”的贷方。

(4) 将所有成本费用加以汇总，转入“本年利润”的借方。

(5) 计算所得税费用，所得税税率为 15%，并转入“本年利润”的借方。

(6) 将本月净利润结转至“利润分配——未分配利润”账户。

(7) 按税后利润计提 10%的法定盈余公积。

(8) 将“利润分配——提取法定盈余公积”结转至“利润分配——未分配利润”。

（9）通过丁字账户计算“利润分配——未分配利润”的余额。

要求： 为上述经济业务编制会计分录。

案例题

有种“利润”叫诚信（1）

——中国人民大学诚信小摊①

央视采访视频

目的： 练习对经济业务进行判断并加以记录的能力。

资料： 中国人民大学商学院五位大一学生2013年3月创建一个无人看管、无人收钱的诚信小摊，售卖文具（笔、笔芯、本）、生活用品（纸巾）、食品（饼干、饮料），并代售水果。在经营过程中，受赠一把太阳伞，为地震灾区捐款。此外，大风将钱刮走，校外人员伸进钱箱的黑手以及差错造成的短少等也一度困扰这五位同学。

业务汇总： 将诚信小摊自2013年3月19日至6月30日期间多次的采购业务合并为一次采购，把无数次销售业务合并为一次销售，并按发生的先后顺序加以编号：

（1）五位同学向诚信店投入现金3 150元。

（2）用现金购买货架220元、白板及钱箱40元。

（3）接受捐助太阳伞一把，价值200元。

（4）用现金7 140元分6次（650元，1 040元，1 060元，1 180元，2 350元，860元）购入文具、食品、生活用品。

（5）经营3个多月的收入大概9 996元（按购买商品成本的140%估计）。

（6）隔壁水果店利用诚信店销售水果，每份提成1～2元，共收到20元。

（7）为雅安地震灾区及公益活动捐出现金679元。

（8）大风把钱刮走、校外黑手和差错造成的损失大约为2 035元。

（9）结转已售存货的成本7 000元。

要求： 请将上述经济业务按借贷记账法编成会计分录，过入丁字账，计算所有账户的本期发生额和期末余额，并编制试算平衡表。

---

① 本案例资料是中国人民大学2012国管班一个学习小组在实地调研中通过实地采访获得的，由于当时小摊没有记账，数据是事后的回忆加估计。但这些都不会影响我们的会计处理及“诚信”二字的分量。人大诚信小摊曾获媒体关注，央视记者的采访视频请扫上面的二维码，或搜索2013年3月22日央视新闻频道《朝闻天下》栏目。网址为：http://tv.cntv.cn/video/C10598/04abe3c0d4374f1d9501b8e1fdc8ebd1。

第6章　账户的分类

素养提升

1. 价值塑造

- 培养分类即管理的科学思维方式。
- 树立总与分的辩证统一思想。
- 将账户分类思想转化为应对一切突发事件的能力。

2. 知识传授

- 账户按照不同的分类基础形成了四种分类，即分别按照经济内容、账户提供指标的详细程度、账户的用途与结构、账户期末是否存在余额进行分类，全面、立体、多视角地呈现了账户的性质和特点。
- 任何一个账户都可以纳入以上四类账户分类。
- 通过古巴比伦人利用不同黏土形状记录不同内容，古希腊人用分类分项核算取代叙述式的记录等内容的介绍，扩大学生视野，汲取世界各国先进会计文明的智慧。
- 通过总分类账与明细分类账平行登记的原理，领悟总与分的关系。

3. 能力培养

- 培养辨别事物同一性、相似性与差异性的能力。在寻找经济业务相似性与差异性的过程中，逐渐了解企业经济活动的本质，引起资金变化的原因以及资金流转于各个账户之间仍然保持平衡的精妙设计。
- 培养多视角认识同一问题的能力。同一账户可以按照不同的分类基础归入不同类型的账户。

● 培养触类旁通的应用能力。通过开放性问题“从分类即管理这个角度谈一下对账户分类的认识，以及对重大公共事件管理的启示”，培养学生对突发公共事件，如新冠疫情以及自然灾害、事故灾难、公共卫生事件、公共安全事件的管理能力。不管是面对突发危机，还是日常管理，都必须进行科学合理的分类，明确事件的性质及严重程度，明确各个责任主体的职责，构建统一科学、相互协调的部门管理体系，健全公共事件预警系统，保障人民生命财产安全，确保应急管理工作和日常管理工作顺利进行。

素养提升

学习目标

1. 掌握：账户按经济内容分类；总分类账户和明细分类账户平行登记的方法。
2. 理解：账户按结构和用途分类；实账户与虚账户对分期计算利润和编制财务报表的重要性。
3. 了解：账户分类的意义与原则。

6.1 账户分类的意义

6.1 即测即评

账户分类是指按照不同标准对企业设置的账户作进一步的分类，以便了解每一个账户的性质、用途和结构，揭示每一个账户的基本特点和内在规律。

1. 账户分类有助于分门别类地反映企业的经济业务

企业经济业务虽然纷繁复杂，但经过梳理以后，可以大致分为三类——筹资业务、投资业务和经营业务。企业将股权和债权作为融资工具，分别从股东和债权人处取得资金，并将资金投入生产经营。

会计首先要分清企业资金来自哪里。来自投资者用资本账户，如“实收资本（股本）”“资本公积”账户；来自债权人的资金用负债性质的账户，如“短期借款”“长期借款”账户。因为不同资金性质是不一样的，资本不需要偿还，是企业的永久资本；负债是要偿还的，时间再长也是别人的资金。

其次要分清企业盈利的来源。企业从事经营活动赚取的利润，先通过收入类账户和费用类账户进行汇总，经过暂时性账户“本年利润”再转入“利润分配——未分配利润”账户，“未分配利润”肩负着使资产负债表平衡的责任。若是投资赚取的利润，则通过“投资收益”账户进行核算。因为经营利润是企业直接从事生产经营活动取得的，投资收益是通过投资优秀企业发行的股票、债券等金融资产取得的投资回报，是间接投资带来的利润。

2. 账户分类可以揭示账户的特征，有利于加深对账户的理解和使用

账户分类标准是依据账户具有的一些特征确定的，而每一个账户都具有若干个特征，因此每一个账户都可以按不同的标准加以分类。

例如，“原材料”账户从会计要素（经济内容）来看，属于资产类账户，反映企业在生产经营过程中必不可少的流动资产；从用途和结构来看，属于盘存类账户，反映在某一时点企业的库存数是多少；从提供指标的详细程度来看，属于总分类账户，总括地反映企业原材料的增减变动及结存情况。

账户按提供指标详细程度分类，目的在于把握不同层次账户提供核算指标的规律性，以便准确运用各级账户，提供不同层级的核算指标，满足经营管理的不同需要。

3. 账户分类有利于从不同侧面了解账户设置和运用的规律性

有些账户从表面看是相互独立的，却存在此消彼长的关系。例如，资产与费用之间就存在转化关系，最初以资产形态表现的资产，随着对其使用、消耗，最终都会转化为费用。存货消耗后，构成产品成本的一部分，记入“生产成本”账户，出售后再转化为已销售产品的成本，记入“主营业务成本”账户；固定资产通过计提折旧转化为费用，也可以说费用是瞬间的资产。因此，资产类账户与费用类账户的结构相同。

再如收入类账户和费用类账户，从经济内容来讲，一个代表资金流入，一个代表资金流出；从账户的用途来讲，它们是损益类账户，专门用来计算企业盈亏；从账户结构来讲，它们在借贷记账法下，收入的贷方表示增加，借方表示转出（减少），费用的借方表示增加，贷方表示转出（减少）。

4. 账户分类有利于编制财务报表

将账户按照是否有期末余额进行分类，有利于定期结账，定期计算利润，定期编制财务报表。将有期末余额的资产类账户、负债类账户和所有者权益类账户加以汇总，利用其期末余额编制资产负债表；将没有期末余额的收入类账户、费用类账户进行汇总，按其当期发生额，编制当期的利润表。因此，资产、负债和所有者权益类账户又称为资产负债表账户，收入、费用类账户又称为利润表账户。

6.2　账户分类的原则

6.2 即测即评

账户分类的原则主要是指按照经济内容进行分类的原则。账户与账户之间的区别其实就是账户所反映经济内容的区别，账户按经济内容分类体现了账户与会计对象之间的内在联系，账户的经济内容决定了账户的本质，其他分类都是对账户按照经济内容分类的补充和完善。

账户按经济内容分类应遵循不同类型账户反映不同类型的经济内容的原则，即属于某一类型的各账户在根本上要有别于其他类型的各个账户，同一类型中各账户在重大方面要彼此相似。

1. 不同类型的账户反映不同类型的经济内容

资产类账户反映具有资产特征的经济内容，负债类账户反映具有负债特征的经济内容，所有者权益类账户反映具有所有者权益特征的经济内容，收入类账户反映具有收入特征的经济内容，费用类账户反映具有费用特征的经济内容。每个账户反映了与之对应的经济内容，因此有别于其他账户。

2. 同一类型账户在重大方面彼此相似

资产类账户中的库存现金、银行存款、交易性金融资产、原材料、固定资产都具有相同特征，都是企业的经济资源，都会为企业带来未来的经济利益。

负债类账户中的银行借款、应付账款、应付股利、应付债券等也具有相同特征，都是企业现时的义务，履行该义务会导致经济利益流出企业。

所有者权益类账户中的实收资本（股本）、资本公积都具有相同特征，都是企业的资本，可供企业长期使用，盈余公积和未分配利润则都是由企业利润形成的。

收入类账户中的主营业务收入、其他业务收入、投资收益、营业外收入等都具有相同特征，都是企业的收入，只是由不同的业务产生，都会导致现金流回企业。

费用类账户中的主营业务成本、其他业务成本、营业外支出、管理费用、财务费用、销售费用等都是企业的费用，是企业不同业务产生的，最终都会导致企业现金的流出。

6.3 账户分类

6.3 即测即评

账户分类是指按照一定的标准对账户所作的分类。按经济业务内容分类是账户最基础和最基本的分类，回答账户是什么，即所要记录的经济内容。在经济内容分类的基础上再按用途和结构分类，以帮助正确使用各种账户。按账户是否有余额分类是了解账户的本质，便于计算利润和编制财务报表。按照提供信息的详细程度分类是为了提供不同信息，便于实物资产和债权债务的管理。

1. 账户按经济内容分类

账户按照经济内容分类，事实上就是按照会计要素进行分类，它是最重要的分类。按经济内容分类也基本决定了账户的用途和结构，是理解其他账户分类的基础。账户按照其反映的经济内容不同，可分为六大类：资产类账户、负债类账户、所有者权益类账户、收入类账户、费用类账户和利润类账户。按经济内容可以从静态（财务状况）和动态（财务成果）方面客观记录和反映企业的经济活动，加强财产物资、债权债务、利润形成和分配的管理。为便于查阅和理解，账户按经济内容分类如图 6-1 所示。

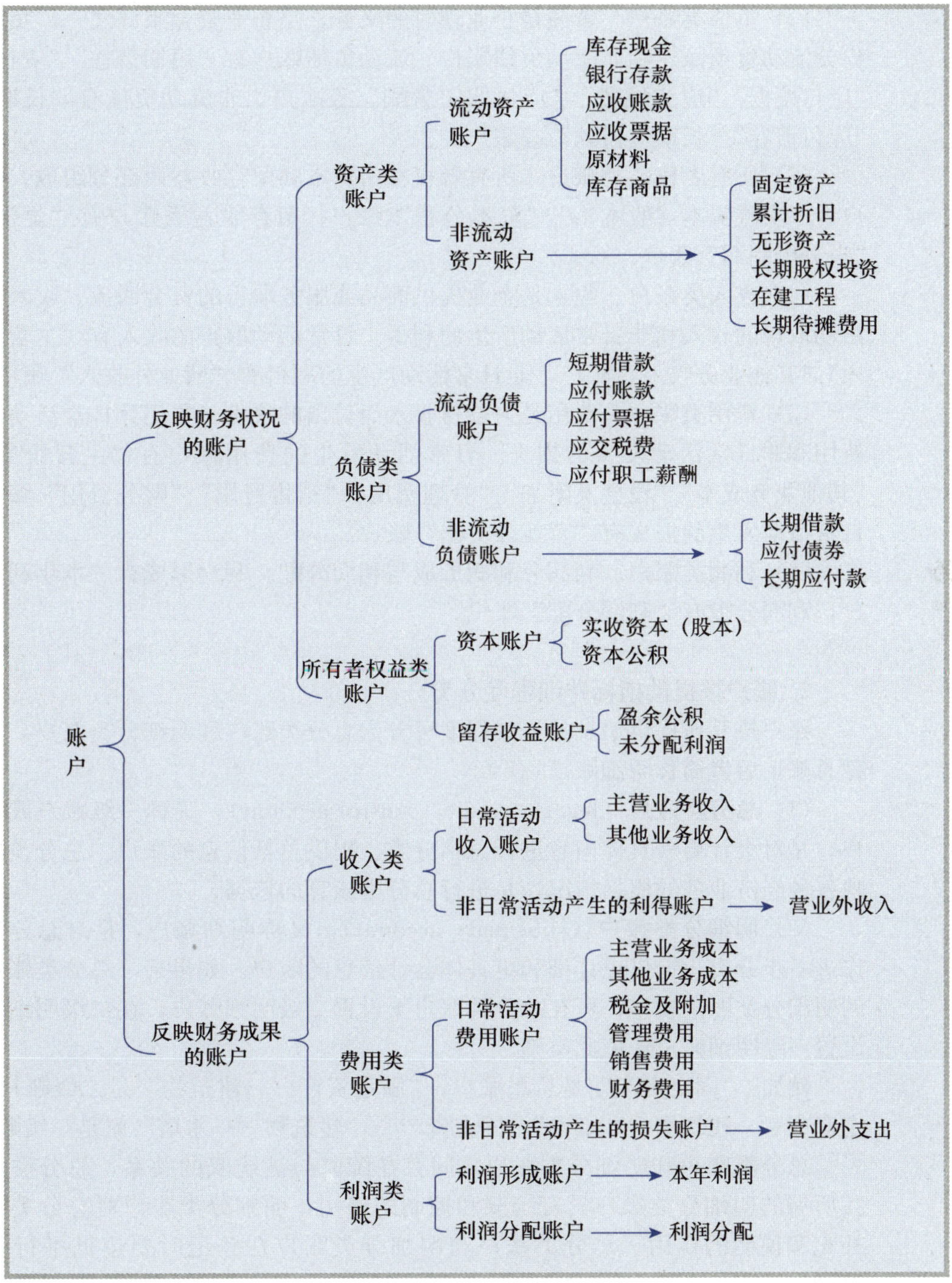

图 6-1　账户按经济内容分类

（1）资产类账户。资产是企业的经济资源，是利润的源泉。资产类账户分流动资产账户和非流动资产账户。流动资产账户有“库存现金”“银行存款”“应收账款”“应收票据”“原材料”“库存商品”等账户，非流动资产账户有“固定资产”“累计折旧”“无形资产”“长期股权投资”“在建工程”“长期待摊费用”等账户。

（2）负债类账户。负债是企业现时的义务，是企业资金来源之一。负债类账户分流动负债账户和非流动负债账户。流动负债账户有“短期借款”“应付账款”“应付票据”“应交税费”“应付职工薪酬”等账户，非流动负债有“长期借款”“应付债券”“长期应付款”等账户。

（3）所有者权益类账户。所有者权益由资本和留存收益两部分组成。资本账户有“实收资本（股本）”“资本公积”账户；留存收益类账户有“盈余公积”“未分配利润”账户。

（4）收入类账户。收入是企业提供商品或服务取得的资金回流。收入分日常活动取得的收入和非日常活动产生的利得。日常活动取得的收入有“主营业务收入”“其他业务收入”账户，非日常活动产生的利得有“营业外收入”账户。

（5）费用类账户。费用是为取得收入而付出的代价。费用分日常活动发生的费用和非日常活动发生的损失。日常活动发生的费用账户有“主营业务成本”“其他业务成本”“税金及附加”“管理费用”“销售费用”“财务费用”账户。非日常活动发生的损失有“营业外支出”账户。

（6）利润类账户。利润分利润形成与利润分配。利润形成有“本年利润”账户，利润分配有“利润分配”账户。

2. 账户按提供指标详细程度分类

账户按其所提供信息的详细程度可分为总分类账户和明细分类账户，前者简称总账，后者简称明细账。

（1）**总分类账户**（leger account，control account），又称一级账户或总账账户，是对会计要素具体内容进行总括分类、提供总括信息的账户。总分类账户反映各种经济业务的概括情况，是进行总分类核算的依据。

（2）**明细分类账户**（subsidiary account），又称明细账户，是对总分类账户作进一步分类、提供更详细和更具体会计信息的账户。如果某一总分类账户所属的明细分类账户较多，可在总分类账户下设置二级明细账户，在二级明细账户下设置三级明细账户，依此类推。

例如，“固定资产”是总账账户，“固定资产——建筑物”是二级账户，“固定资产——建筑物——烟囱”“固定资产——建筑物——水塔”就是三级账户。

总分类账户和明细分类账户之间存在统驭与被统驭的关系，总分类账户对其所属的明细分类账户具有统驭和控制的作用，明细分类账户对总分类账户有补充和说明的作用。总分类账户与明细分类账户在登记时要遵循平行登记的原理。

3. 账户按用途和结构分类

为进一步探讨账户的使用规律，除了按照经济内容（会计要素）分类外，还可以按用途和结构对账户进行分类。账户的用途是指账户的设置目的，即账户能够提供什么样的信息。账户的结构是指账户的借方和贷方哪一方登记增加额，哪一方登记减少额，如果有余额，余额是在借方还是在贷方。

账户按用途和结构可分为盘存账户、资本账户、结算账户、成本计算账户、跨期摊配账户、集合分配账户、调整账户、损益计算账户和财务成果账户等九类账户，如图 6－2 所示。

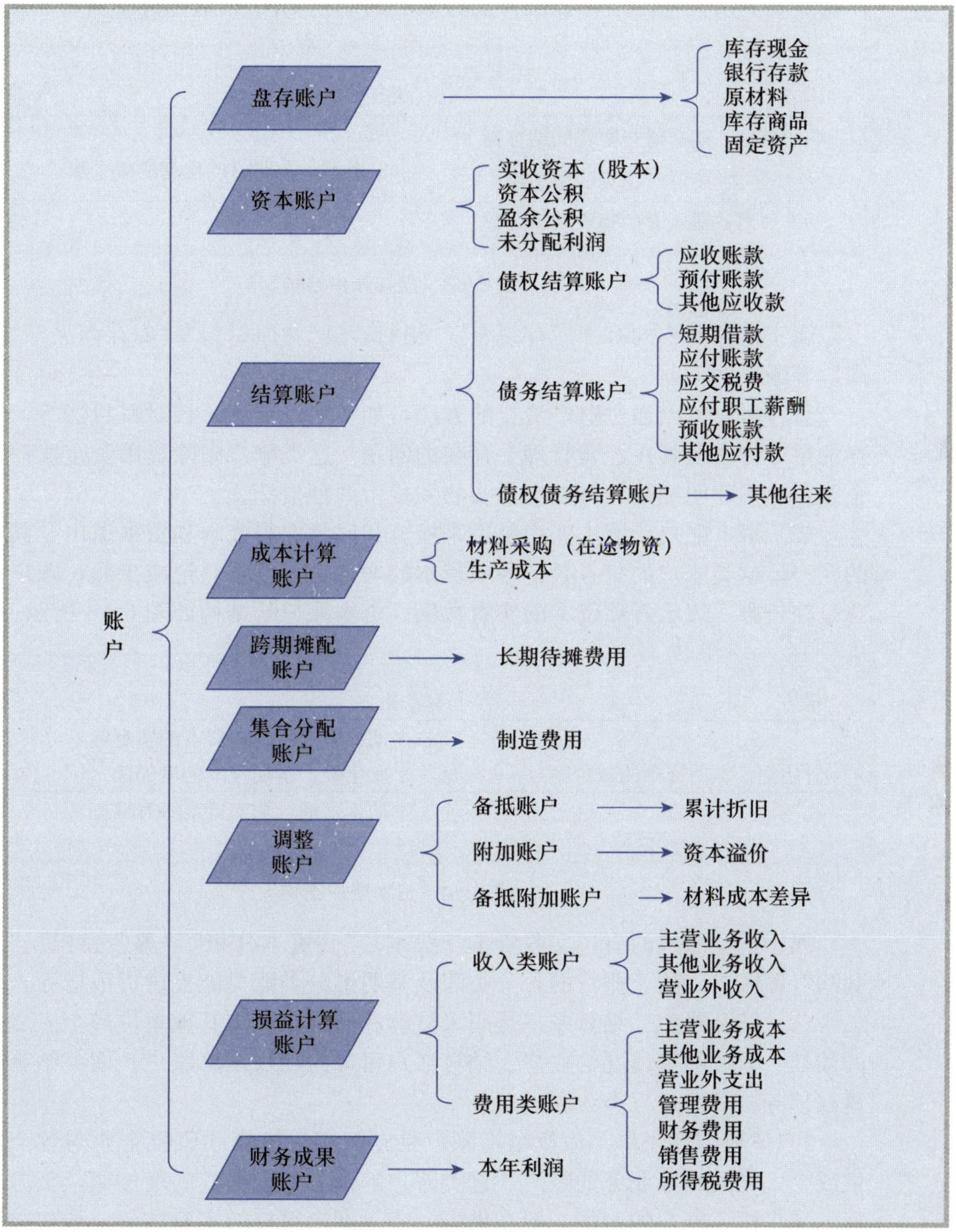

图 6－2　账户按用途和结构分类

从用途和结构分类，更容易理解比较复杂的成本计算账户、调整账户和结算账户的使用方法，丰富对会计账户的认识。

（1）盘存账户。盘存账户是用来核算和监督各种财产物资和货币资金的增减变动及其结存情况的账户。这类账户的借方登记各种财产物资或货币资金的增加额；贷方登记其支出或减少额；账户的余额正常情况下总是在借方，表示各项财产物资或货币资金的结存数额。盘存账户的结构如图 6-3 所示。

借方	盘存账户 贷方
期初余额：期初财产物资的结存额 发生额：本期财产物资的增加额	发生额：本期财产物资的减少额
期末余额：期末财产物资的结存额	

图 6-3　盘存账户结构

属于盘存账户的有“库存现金”“银行存款”“原材料”“库存商品”“固定资产”等账户。

盘存账户可以通过财产清查的方法，如实地盘点法、核对账目法等，检查实存的财产物资及其在经营管理上存在的问题。这类账户中除货币资金账户外，其余账户的实物明细账均可以提供实物和货币两种指标。

（2）资本账户。资本账户是用来核算和监督取得资本和资本退出及其实有数的账户。这类账户的贷方登记各项资本的增加额，借方登记减少额，账户的余额总是在贷方，表示各项资本的实有数额。资本账户的结构如图 6-4 所示。

借方	资本账户 贷方
发生额：本期资本的减少额	期初余额：期初资本的实有额 发生额：本期资本的增加额
	期末余额：期末资本实有额

图 6-4　资本账户结构

属于资本账户的有“实收资本（股本）”“资本公积”“盈余公积”“未分配利润”等账户。这类账户的总分类账及其明细分类账只能提供货币指标。

（3）结算账户。结算账户是用来核算和监督企业与其他单位或个人之间发生的债权、债务结算情况的账户。结算账户可分为债权结算账户、债务结算账户和债权债务结算账户三类。

1）债权结算账户。债权结算账户是专门用于核算和监督企业与各个债务单位或个人之间结算业务的账户。这类账户的借方登记债权的增加额，贷方登记债权的减少额，账户的余额一般在借方，表示期末债权的实有数额。债权结算账户的结构如图 6-5 所示。

属于债权结算账户的有“应收账款”“预付账款”“其他应收款”等账户。

借方	债权结算账户 贷方
期初余额：期初尚未收回的应收款项及未结算的预付款项的数额	
发生额：本期应收款项的增加额及预付款项的增加额	发生额：本期应收款项的减少额及预付款项的减少额
期末余额：期末尚未收回的应收款项及未结算的预付款项的数额	

图 6－5 债权结算账户结构

2）债务结算账户。债务结算账户是专门用于核算和监督企业与各个债权单位或个人之间结算业务的账户。这类账户的贷方登记债务的增加额，借方登记债务的减少额，账户的余额一般在贷方，表示期末债务的实有数额。债务结算账户的结构如图 6－6 所示。

借方	债务结算账户 贷方
	期初余额：期初结欠的应付款项及未结算的预收款项的数额
发生额：本期应付款项及预收款项的减少额	发生额：本期应付款项及预收款项的增加额
	期末余额：期末结欠的应付款项及未结算的预收款项的数额

图 6－6 债务结算账户结构

属于债务结算账户的有“短期借款”“应付账款”“应交税费”“应付职工薪酬”“预收账款”“其他应付款”等账户。

3）债权债务结算账户。债权债务结算账户是用于核算和监督企业与某一单位或个人之间发生的债权和债务往来结算业务的账户。在实际工作中，与企业经常发生结算业务的往来单位，有时是企业的债权人，有时是企业的债务人。例如，企业向同一单位销售产品，有些款项是预收的，预收款项时，该单位是企业的债权人；有些款项是应收未收的，此时该单位是企业的债务人。为了集中反映企业与某一单位或个人所发生的债权和债务的往来结算情况，可以在一个账户中核算应收和应付款项的增减变动和余额。债权债务结算账户的借方登记债权的增加额和债务的减少额；贷方登记债务的增加额和债权的减少额；余额可能在借方，也可能在贷方。

债权债务结算账户具有下列特点：①余额可能在借方，也可能在贷方。借方余额反映的不一定是债权，贷方余额反映的也不一定是债务。②从明细分类账的角度看，借方余额表示期末债权的实有数额，贷方余额表示期末债务的实有数额。③从总分类账的角度看，借方余额表示期末债权大于债务的差额，贷方余额表示期末债务大于债权的差额。债权债务结算账户的结构如图 6－7 所示。

借方　　　　　债权债务结算账户	贷方
期初余额：期初债权大于债务的差额 发生额：本期债权增加额、本期债务减少额	期初余额：期初债务大于债权的差额 发生额：本期债务增加额、本期债权减少额
期末余额：期末债权大于债务的差额	期末余额：期末债务大于债权的差额

图 6－7　债权债务结算账户结构

如果企业不单独设置“预收账款”账户，可以用“应收账款”账户同时反映销售产品或提供服务的应收款项和预收款项，这时“应收账款”账户便是债权债务结算账户。如果企业不单独设置“预付账款”账户，可以用“应付账款”账户同时反映购进材料的应付款项和预付款项，这时“应付账款”账户也是债权债务结算账户。

如果企业将其他应收款和其他应付款的增减变动和结果都集中在“其他往来”账户中核算，“其他往来”账户也是一个债权债务结算账户。债权债务结算账户需根据总分类账户所属明细分类账户的余额方向分析判断其账户的性质。

结算账户只能提供货币指标，应按发生结算业务的对应单位或个人开设明细分类账户，以便及时进行结算和核对账目。

（4）成本计算账户。成本计算账户是用来归集和核算某一成本计算对象的账户。这类账户的借方汇集生产经营过程中某个阶段发生的、应计入成本的全部费用数额；贷方登记转出已完成某个阶段的成本计算对象的实际成本；账户的期末余额在借方，表示尚未完成某个阶段成本计算对象的实际成本。成本计算账户的结构如图 6－8 所示。

借方　　　　　成本计算账户	贷方
期初余额：期初尚未完成某个经营阶段的成本计算对象的实际成本 发生额：归集经营过程某个阶段发生的全部费用数额	发生额：结转已完成某个经营阶段的成本计算对象的实际成本
期末余额：尚未完成该阶段的成本计算对象的实际成本	

图 6－8　成本计算账户结构

成本计算账户主要有“在途物资”“生产成本”等账户。

（5）跨期摊配账户。跨期摊配账户是用来核算和监督应由几个会计期间共同负担的费用，并将这些费用在各个会计期间进行分摊的账户。“长期待摊费用”

是典型的跨期摊配账户，借方登记实际支出的长期待摊费用，贷方登记分摊到各个会计期间的长期待摊费用，期末余额总是在借方，表示已经支付的、留待以后向各个期间分摊的长期待摊费用。跨期摊配账户的结构如图 6－9 所示。

跨期摊配账户

借方	贷方
期初余额：已支付而尚未摊销的待摊费用数额	
发生额：本期新增加的待摊费用数额	发生额：本期费用的摊销数额
期末余额：已支付而尚未摊销的待摊费用数额	

图 6－9 跨期摊配账户结构

（6）集合分配账户。集合分配账户是用来汇集和分配企业在某一阶段所发生的费用，反映和监督费用的发生和分配情况。集合分配账户的借方登记费用的发生，贷方登记费用的分配。一般情况下，该类账户没有期末余额，发生多少，分配多少。集合分配账户的结构如图 6－10 所示。

集合分配账户

借方	贷方
发生额：本期费用增加数额	发生额：本期费用分配数额

图 6－10 集合分配账户结构

集合分配账户最典型的是“制造费用”账户。制造费用的借方归集在制造过程中所发生的各种难以直接计入产品生产成本的间接费用，然后再采用一定的标准分配计入各种产品的生产成本。

“制造费用”账户具有过渡性质，在其借方归集完所有费用后，将从贷方全部转入“生产成本”账户的借方。“制造费用”账户与“生产成本”账户之间的关系如图 6－11 所示。

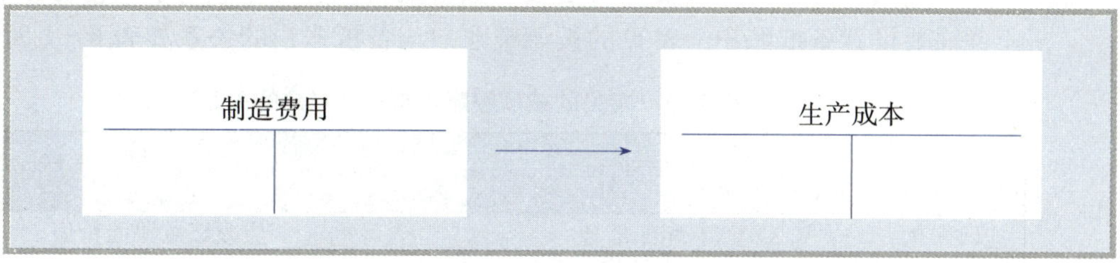

图 6－11 制造费用与生产成本之间的关系

（7）调整账户。调整账户是为了便于计算被调整账户余额而开设的账户。在会计核算工作中，由于经营管理上的需要或其他原因，要求某些账户反映某项经济活动的原始数据，而其增减金额专门设置一个账户来进行反映。例如，固定资产在未处置或报废前，需要按取得固定资产时的历史成本来反映，但其成本需要进行系统合理的分配，每期分配的成本通过“累计折旧”账户进行核算，“累计折旧”对“固定资产”起抵减作用，固定资产账面净值＝固定资产原始成本－累计折旧。

反映经济活动原始数据的账户，称为“被调整账户”；对被调整账户进行调整的账户，称为“调整账户”。调整账户按调整方式分为备抵账户、附加账户和备抵附加账户三类。

1）备抵账户。**备抵账户**（contra account）又称抵减账户，起冲减被调整账户余额的作用。被调整账户实际余额可用下列公式计算：

被调整账户余额－备抵账户余额＝被调整账户实际余额

备抵账户的余额一定要与被调整账户的余额方向相反，上述公式才能成立。被调整账户与备抵账户的关系如图6－12所示。

借方	被调整账户	贷方
余额：某项经济活动的原始数据		

借方	备抵账户	贷方
		余额：该项经济活动的抵减数

图6－12　被调整账户与备抵账户的关系

例6－1

听雨茶社20×7年1月1日购入一台电脑，价值5 400元，预计使用3年，无残值。

【分析】

听雨茶社每月计提固定资产折旧150元，计算如下：

年折旧额＝5 400/3＝1 800（元）

月折旧额＝1 800/12＝150（元）

20×7年1月1日固定资产原价5 400元，1—6月份计提900元折旧后，固定资产净额（账面余额）为4 500元（原价5 400－累计折旧900）。

财务报表中的资产或负债项目按扣除备抵项目后的净额列示，会计中有很多业务需要设置备抵账户。常见的被调整账户与备抵账户的关系如表6－1所示。

表6－1　常见的被调整账户与备抵账户的关系

被调整账户 （1）	备抵账户 （2）	在报表上列示的金额 （3）＝（1）－（2）
应收账款	坏账准备	应收账款账面价值
存货（库存商品等）	存货跌价准备	存货账面价值
固定资产	累计折旧、固定资产减值准备	固定资产账面价值
无形资产	累计摊销、无形资产减值准备	无形资产账面价值

注：资产账面价值是指资产的账面余额减去相关备抵项目后的净额。

2）附加账户。附加账户是用来增加被调整账户的余额，以求得被调整账户实际余额的账户。其调整方式可用下列计算公式表示：

被调整账户余额＋附加账户余额＝被调整账户实际余额

附加账户的余额一定要与被调整账户的余额方向一致。如果被调整账户的余额在借方，附加账户的余额也一定在借方；如果被调整账户的余额在贷方，附加账户的余额也一定在贷方。被调整账户与附加账户的关系如图 6-13 所示。

借方　被调整账户	贷方
余额：某项经济活动的原始数据	

借方　附加账户	贷方
余额：该项经济活动的附加数	

图 6-13　被调整账户与附加账户之间的关系

3）备抵附加账户。备抵附加账户是依据调整账户与被调整账户的余额方向，用来抵减或附加被调整账户余额，以求得被调整账户实际余额的账户。当调整账户的余额与被调整账户的余额方向相反时，该类账户起抵减账户的作用，其调整方式与备抵账户相同；当调整账户的余额与被调整账户的余额方向一致时，该类账户起附加账户的作用，其调整方式与附加账户相同。

典型的备抵附加账户是“材料成本差异”账户，材料成本差异的核算参见《财务会计学（第 14 版・立体化数字教材版）》。

调整账户不能离开被调整账户而独立存在，有调整账户就一定有被调整账户，它们是相互联系、相互结合的一组账户。调整账户与被调整账户所反映的经济内容是相同的，被调整账户反映原始数据，调整账户反映对原始数据的调整数额，二者结合起来使用，可以提供经营管理上所需要的某些特定指标。

（8）损益计算账户。损益计算账户是用来归集企业生产经营过程中某个会计期间的收入和费用的账户。将收入类账户和费用类账户放在一起，是便于理解影响利润（亏损）的因素。从理解账户结构而言，可以将其拆分为收入类账户和费用类账户。收入类账户和费用类账户结构如第 3 章图 3-8 和图 3-9 所示。

（9）财务成果账户。财务成果账户是用来计算并确定企业在一定时期内全部经营活动最终成果的账户。这类账户的贷方登记一定期间发生的各项收入数额；借方汇集一定期间内发生的与收入相配比的各项费用数额。期末如为贷方余额，表示收入大于费用的差额，为企业实现的利润总额；如为借方余额，表示收入小于费用的差额，为企业发生的亏损总额。财务成果账户结构如图 6-14 所示。

属于财务成果账户的主要是“本年利润”账户。这类账户只反映企业在一个会计期间内财务成果的形成，平时的余额为本年的累计利润总额或亏损总额，期末结转后无余额。

借方	财务成果账户 贷方
发生额：转入的各项费用数额	发生额：转入的各项收入数额
期末余额：发生的亏损总额	期末余额：实现的利润总额

图6-14 财务成果账户结构

4. 账户按是否有余额分类

按是否有期末余额可将账户分为实账户和虚账户。

（1）实账户。**实账户**（real account）是指有期末余额的账户，如资产类账户、负债类账户和所有者权益类账户。这些账户不仅反映企业的资产、负债和所有者权益在本期的增减变化，还将这种变化逐期累计记录下来，并将其期末余额转为下期的期初余额，因而又称永久性账户。同时，因实账户的余额是编制资产负债表的基础，又将实账户称为资产负债表账户。

（2）虚账户。**虚账户**（nominal account）是指期末没有余额的账户，如收入类账户和费用类账户。它们是用来记录企业在某一会计期间实现的收入和发生的费用，期末结转或结清后无余额。收入、费用在当期的发生额是编制利润表的基础，因此，虚账户又称为利润表账户。

如何将收入类账户和费用类账户结平，需要设置“本年利润”账户加以配合，“本年利润”账户本身也是虚账户，最后也要将其余额结转至永久性账户“利润分配——未分配利润”，具体核算详见第5章。

6.4 总分类账户与明细分类账户的平行登记

6.4 即测即评

在登记总分类账户和明细分类账户时，要遵循以下**平行登记**（parallel recording）的原理：

（1）同时登记。在登记总账的同时要登记总账所属的所有明细账。

（2）依据相同。登记总账的依据与登记明细账的依据要相同。

（3）方向相同。总账本期发生额登记在借方，明细账也登记在借方，反之亦然。

（4）金额相等。总账登记的金额要等于总账所属明细账登记金额之和。

例6-2

假设听雨茶社2024年3月31日茶叶库存如下：

福建铁观音	2千克	×	单价	300元＝	600元
云南普洱茶	3包	×	单价	260元＝	780元
					1 380元

2024年4月5日采用赊购的方式分别从福建购入铁观音10千克，每千克

300 元；从杭州购入龙井 12 袋，每袋 800 元；从云南购入普洱茶 8 包，每包 260 元。

福建铁观音	10 千克	×	单价	300 元＝	3 000 元
云南普洱茶	8 包	×	单价	260 元＝	2 080 元
杭州龙井	12 袋	×	单价	800 元＝	9 600 元
					14 680 元

同时，听雨茶社分别欠福建茶厂 3 000 元，云南茶厂 2 080 元，杭州茶厂 9 600 元，总计 14 680 元。2024 年 4 月 25 日，听雨茶社用银行存款偿还福建茶厂 2 500 元，云南茶厂 1 800 元，杭州茶厂 9 000 元，总计 13 300 元。

2024 年 4 月 15 日，领用福建铁观音 11 千克、云南普洱茶 10 包、杭州龙井 11 袋。

福建铁观音	11 千克	×	单价	300 元＝	3 300 元
云南普洱茶	10 包	×	单价	260 元＝	2 600 元
杭州龙井	11 袋	×	单价	800 元＝	8 800 元
					14 700 元

要求：根据上述资料，按照总分类账户与明细分类账户平行登记的原理，为听雨茶社的库存商品茶叶和应付账款进行平行登记。

【分析】

(1) 库存商品总分类账[①]如图 6－15 所示。

借方	库存商品		贷方
期初余额	1 380		
本期增加额	14 680	本期减少额	14 700
本期借方发生额	14 680	本期贷方发生额	14 700
期末余额	1 360		

图 6－15　库存商品总分类账

(2) 库存商品明细分类账如表 6－2 至表 6－4 所示。

表 6－2　库存商品——福建铁观音　　金额单位：元

日期	摘要	计量单位	单价	借方		贷方		余额	
				数量	金额	数量	金额	数量	金额
4 月 1 日	期初余额	千克	300					2	600
4 月 5 日	购入铁观音	千克	300	10	3 000			12	3 600
4 月 15 日	领用铁观音	千克	300			11	3 300	1	300
4 月 30 日	本期发生额及库存	千克	300	10	3 000	11	3 300	1	300

① 此处以库存商品丁字账户代替账簿格式的总分类账，后面的应付账款类同。

表 6-3 库存商品——云南普洱茶 金额单位：元

日期	摘要	计量单位	单价	借方		贷方		余额	
				数量	金额	数量	金额	数量	金额
4 月 1 日	期初余额	包	260					3	780
4 月 5 日	购入普洱茶	包	260	8	2 080			11	2 860
4 月 15 日	领用普洱茶	包	260			10	2 600	1	260
4 月 30 日	本期发生额及库存	包	260	8	2 080	10	2 600	1	260

表 6-4 库存商品——杭州龙井 金额单位：元

日期	摘要	计量单位	单价	借方		贷方		余额	
				数量	金额	数量	金额	数量	金额
4 月 1 日	期初余额							0	0
4 月 5 日	购入龙井	袋	800	12	9 600			12	9 600
4 月 15 日	领用龙井	袋	800			11	8 800	1	800
4 月 30 日	本期发生额及库存	袋	800	12	9 600	11	8 800	1	800

听雨茶社库存商品总分类账户与明细分类账户平行登记的结果显示：库存商品总账期初余额 1 380 元，等于所属明细账福建铁观音和云南普洱茶期初余额之和（600+780）；库存商品总账本期借方发生额增加 14 680 元，等于明细账福建铁观音、云南普洱茶和杭州龙井本期借方增加额之和（3 000+2 080+9 600）；库存商品总账本期贷方发生额减少 14 700 元，等于明细账福建铁观音、云南普洱茶和杭州龙井本期贷方减少额之和（3 300+2 600+8 800）；库存商品总账期末余额 1 360 元等于明细账福建铁观音、云南普洱茶和杭州龙井期末余额之和（300+260+800）。

（3）应付账款总分类账如图 6-16 所示。

借方	应付账款		贷方
		期初余额	0
本期减少额	13 300	本期增加额	14 680
本期借方发生额	13 300	本期贷方发生额	14 680
		期末余额	1 380

图 6-16 应付账款总分类账

（4）应付账款明细分类账如表 6-5 至表 6-7 所示。

表 6-5 应付账款——福建茶厂 金额单位：元

日期	摘要	借方	贷方	借或贷	余额
4 月 1 日	期初余额				0
4 月 5 日	欠福建茶厂铁观音货款		3 000	贷	3 000
4 月 25 日	偿还福建茶厂货款	2 500		贷	500
4 月 30 日	本期发生额及期末余额	2 500	3 000	贷	500

表 6-6　应付账款——云南茶厂　　金额单位：元

日期	摘要	借方	贷方	借或贷	余额
4 月 1 日	期初余额				0
4 月 5 日	欠云南茶厂普洱茶货款		2 080	贷	2 080
4 月 25 日	偿还云南茶厂货款	1 800		贷	280
4 月 30 日	本期发生额及期末余额	1 800	2 080	贷	280

表 6-7　应付账款——杭州茶厂　　金额单位：元

日期	摘要	借方	贷方	借或贷	余额
4 月 1 日	期初余额				0
4 月 5 日	欠杭州茶厂龙井货款		9 600	贷	9 600
4 月 25 日	偿还杭州茶厂货款	9 000		贷	600
4 月 30 日	本期发生额及期末余额	9 000	9 600	贷	600

听雨茶社应付账款总分类账户与明细分类账户平行登记的结果显示：应付账款总账本期赊购账款 14 680 元，等于所属明细账福建茶厂、云南茶厂和杭州茶厂赊购账款之和（3 000＋2 080＋9 600）；应付账款本期偿还总额 13 300 元，等于明细账福建茶厂、云南茶厂和杭州茶厂偿还账款之和（2 500＋1 800＋9 000），应付账款总账期末余额 1 380 元，等于明细账福建茶厂、云南茶厂和杭州茶厂期末余额之和（500＋280＋600）。

听雨茶社库存商品茶叶总账期初余额与所属两个明细账金额之和相等；总账库存商品茶叶本期借方、贷方发生额与所属三个明细账金额之和相等；总账库存商品茶叶期末余额与所属三个明细账金额之和相等。应付账款总账本期借方、贷方发生额与所属三个明细账金额之和相等；总账应付账款期末余额与所属三个明细账金额之和相等。这说明听雨茶社的库存商品茶叶与应付账款账户的总账和明细记录正确无误。

实务中，如果明细分类账户数量较多，核对工作难度较大，可以在月末通过编制明细分类账本期发生额及余额表来进行核对。听雨茶社库存商品明细分类账本期发生额及余额如表 6-8 所示。

表 6-8　库存商品明细分类账本期发生额及余额表

2024 年 4 月 30 日　　金额单位：元

库存商品名称	计量单位	单价	期初余额		本期发生额				期末余额	
					借方		贷方			
			数量	金额	数量	金额	数量	金额	数量	金额
福建铁观音	千克	300	2	600	10	3 000	11	3 300	1	300
云南普洱茶	包	260	3	780	8	2 080	10	2 600	1	260
杭州龙井	袋	800			12	9 600	11	8 800	1	800
合计				1 380		14 680		14 700		1 360

听雨茶社应付账款明细分类账本期发生额及余额如表6-9所示。

表6-9 应付账款明细分类账本期发生额及余额表

2024年4月30日　　金额单位：元

客户名称	期初余额		本期发生额		期末余额	
	借方	贷方	借方	贷方	借方	贷方
福建茶厂			2 500	3 000		500
云南茶厂			1 800	2 080		280
杭州茶厂			9 000	9 600		600
合计			13 300	14 680		1 380

关键术语

总分类账户（leger account，control account）
明细分类账户（subsidiary account）　备抵（抵减）账户（contra account）
实账户（real account）　虚账户（nominal account）
平行登记（parallel recording）

思考题

Q6-1　什么是账户分类？为什么要对账户进行分类？
Q6-2　账户分类的原则是什么？
Q6-3　账户按照经济内容进行分类，可以分成几类账户？
Q6-4　账户按照经济内容分类后，为什么还要按照账户的用途和结构分类？
Q6-5　资产类账户结构是什么？还有哪一类账户的结构与其相同？
Q6-6　负债类账户结构是什么？还有哪一类账户的结构与其相同？
Q6-7　本期期末余额就是下期期初余额吗？
Q6-8　什么是实账户？什么是虚账户？
Q6-9　什么是总分类账？什么是明细分类账？它们之间是什么关系？

练习题

E6-1　目的：练习账户分类。

资料：

经济业务	会计科目	按经济内容分类	按用途结构分类	实/虚账户
生产设备	固定资产	资产类账户	盘存账户	实账户
厂房				
生产用原材料				
某职工借支差旅费				
存放在银行的款项				
销售商品取得的货款				
应付给购货方的款项				
未完工产品				
完工产品				
已销售商品的成本				
支付管理部门水电费				
出纳保管的现金				
销售商品支付的运费				

要求：根据所给出的经济业务，确定其归属的会计科目，并按上述表格内容进行填写。

E6-2　目的：练习调整账户与被调整账户之间的关系。

资料：某工厂购买一台设备价值 10 万元，使用期限为 5 年，每年需要计提的折旧费用为 2 万元。

要求：

(1) 编制第 1 年计提折旧的会计分录。

(2) 用丁字账户表示第 1 年计提折旧后调整账户与被调整账户之间的关系。

(3) 计算固定资产账面价值。

E6-3　目的：练习总账与明细账的平行登记。

资料：某公司采用赊销方式销售产品，与两家经销商形成了长期稳定的货款结算方式，特殊情况下还允许等货物销售完了再进行结账，因而形成大量的应收账款。应收账款期初余额及变化如下：

应收账款

客户名称：客户 1　　　　金额单位：元

20×7 年		摘要	销售金额	20×7 年		回款金额	余额
月	日			月	日		
3	1	期初余额					20 000
3	5	销售 A 产品	100 000				120 000
				3	8	80 000	40 000
3	10	销售 B 产品	300 000				340 000
				3	15	250 000	90 000

客户名称：客户 2　　金额单位：元

20×7 年		摘要	销售金额	20×7 年		回款金额	余额
月	日			月	日		
3	1	期初余额					35 000
3	6	销售 A 产品	200 000				235 000
				3	11	180 000	55 000
3	20	销售 B 产品	150 000				205 000
				3	30	180 000	25 000

要求：请采用丁字账户的方式，为该公司设置应收账款总账与应收账款明细账，并进行平行登记。

第7章 会计账簿

素养提升

1. 价值塑造

● 树立统驭与被统驭、补充与被补充、零星分散与系统综合的辩证统一思想。

● 理解浓缩后的信息价值一般要高于非浓缩信息的价值。

● 理解会计账簿是纳税的基础设施。

2. 知识传授

● 会计账簿位于会计核算三大环节的中心位置，是连接会计凭证与财务会计报告的桥梁。对会计凭证的信息进行汇总、浓缩，为编制财务会计报告做准备。

● 根据会计账簿的使用目的和重要程度不同，将会计账簿分为日记账、总分类账、明细分类账和备查账簿等。其中，总分类账统驭明细分类账，明细分类账是对总分类账的补充。

● 设置会计账簿不仅是企业内部管理的需要，更是缴纳税收的依据。根据相关法律法规，营业执照批准下来，首月建完账后，在取得税务登记证次月起进行纳税申报。

● 无论是否赚钱或是否有生意，每个月都要根据经营情况做账，然后根据账本向税务局做税务申报。不记账、不报税，不仅面临税务稽查、补税、罚款，还影响法人征信，公司和法人都会受到各种限制。

● 会计账簿的启用程序、登记方法、对账、结账以及错账更正都有严格规定，需要遵照执行。

3. 能力培养

● 培养对违法行为的辨识能力。可以设问“企业在法定账簿之外是否可以再设置一套账簿?”通过分析讨论让学生充分认识伪造、变造会计凭证、会计账簿，编制虚假财务会计报告，隐匿或者故意销毁应当依法保存的会计凭证、会计账簿、财务会计报告，是法律所不允许的；构成犯罪的，依法追究刑事责任。

● 培养有错必改的觉悟和能力。通过会计错账更正，告诉学生在日常生活和学习过程中也可能会犯错，但是一定要用正确的方法及时更正错误，这样才能真正达到预期目标，否则就会偏离目标路线，产生不可挽回的后果和损失。

素养提升

学习目标

1. 掌握：日记账、总分类账及有关明细分类账的登记方法；对账与结账的方法；掌握错账查找与更正的方法。
2. 理解：会计账簿的登记要求；总分类账与明细分类账平行登记的要点。
3. 了解：会计账簿的概念与分类；会计账簿的更换与保管。

7.1 会计账簿概述

7.1.1 会计账簿的概念与作用

7.1 即测即评

会计账簿（accounting books，book of accounts）是指由一定格式的账页组成的，以经过审核的会计凭证为依据，全面、系统、连续地记录各项经济业务的簿籍。设置和登记账簿，既是填制和审核会计凭证的延伸，也是编制财务报表的基础，是连接会计凭证和财务报表的中间环节。

各单位发生的各项经济业务事项应当在依法设置的会计账簿上统一登记、核算，不得违反会计法和国家统一的会计制度的规定私设会计账簿。

设置和登记账簿的作用主要有：（1）记载和存储会计信息；（2）分类和汇总会计信息；（3）检查和校正会计信息；（4）编报和输出会计信息。

7.1.2 会计账簿的基本内容

在实际工作中，由于各种会计账簿所记录的经济业务不同，账簿的格式也多种多样。但是，不管格式如何，各种账簿都应具备以下基本内容：

（1）封面。主要标明账簿的名称，如总分类账、现金日记账、银行存款日记账等。

（2）扉页。主要列明科目索引（如图7－8和图7－9所示）、账簿使用和经管人员一览表（如图7－1所示。此图仅供参考，印刷版式并无统一规定）。经管人员一览表内容包括单位名称、账簿名称、账簿页数、启用日期；单位领导签章和会计主管人员签章；经管人员职别、姓名、签章；经管或接管日期、移交日期等。

经管人员一览表

单位名称					
账簿名称					
账簿页数	自第 页起至第 页止共 页				
启用日期	年 月 日				
单位领导人签章		会计主管人员签章			
经管人员职别	姓名	经管或接管日期	签章	移交日期	签章
		年 月 日		年 月 日	
		年 月 日		年 月 日	
		年 月 日		年 月 日	
		年 月 日		年 月 日	
		年 月 日		年 月 日	

图7－1 账簿经管人员一览表（示意图）

（3）账页。账页的基本结构包括账户名称、记录经济业务的日期、据以记账的记账凭证编号、经济业务摘要、增加额、减少额和余额等。

7.1.3 会计账簿与账户的关系

会计账簿与会计账户的关系是形式和内容的关系。账簿是由若干账页组成的一个整体，账簿中的每一账页就是账户的具体存在形式和载体；没有账簿，账户就无法存在。账簿是在各个具体的账户中序时、分类地记录每笔经济业务。因此，账簿是一个外在形式，账户是账簿的实质内容。

7.1.4 会计账簿的种类

会计账簿的种类很多，不同类别的会计账簿可以提供不同的信息，满足不同的需要。各单位应当按照国家统一的会计制度的规定和会计业务的需要设置会计账簿。如图7－2所示，会计账簿根据用途有序时账簿、分类账簿和备查账簿；按照账页格式分类，包括两栏式账簿、三栏式账簿、多栏式账簿、数量金额式账簿、横线登记式账簿；按照外形特征分，包括订本式账簿、活页式账簿、卡片式账簿。

下面对会计账簿的种类进行具体介绍。

- 会计账簿
  - 按用途分类
    - 序时账簿
      - 普通日记账
      - 特种日记账
    - 分类账簿
      - 总分类账簿
      - 明细分类账簿
    - 备查账簿
  - 按账页格式分类
    - 两栏式账簿
    - 三栏式账簿
    - 多栏式账簿
    - 数量金额式账簿
    - 横线登记式账簿
  - 按外形特征分类
    - 订本式账簿
    - 活页式账簿
    - 卡片式账簿

图7-2　会计账簿的分类

1. 按用途分类

会计账簿按用途分类可分为序时账簿、分类账簿和备查账簿。

（1）序时账簿。**序时账簿**（book of chronological entry），又称**日记账**（journal），是按照经济业务发生时间的先后顺序逐日逐笔登记的账簿。序时账簿按其记录的内容，可分为**普通日记账**（general journal）和**特种日记账**（special journal）。在我国，大多数单位一般只设库存现金日记账和银行存款日记账，即特种日记账。

1）普通日记账。普通日记账又称分录账、分录簿、分录日记账，是对单位的全部经济业务按其发生时间的先后顺序逐日逐笔登记的账簿，如图7-3所示。

普通日记账　　第1页

20×6年		凭证		摘　要	对应账户	借方金额										贷方金额										过账
月	日	种类	号数			千	百	十	万	千	百	十	元	角	分	千	百	十	万	千	百	十	元	角	分	
9	1	转	1	计算应付管理层薪酬	管理费用		3	0	0	0	0	0	0	0	0											√
					应付职工薪酬												3	0	0	0	0	0	0	0	0	√
9	2	转	2	计算短期借款的应付利息	财务费用			6	0	0	0	0	0	0	0											√
					应付利息													6	0	0	0	0	0	0	0	√

图7-3　普通日记账

这种账簿中所记载的信息是一笔笔的会计分录，因此，普通日记账实质上是记账凭证的誊写本，但是誊写工作量比较大。普通日记账设有借方金额栏和贷方金额栏，因此，又被称作两栏式日记账。

2）特种日记账。特种日记账是对某一特定种类的经济业务按其发生时间的先后顺序逐日逐笔登记的账簿。

（2）分类账簿。**分类账簿**（ledger）是按照分类会计科目设置的对各项经济业务进行分类登记的账簿。分类账簿按其反映经济业务的详略程度，可分为总分类账簿和明细分类账簿。

总分类账簿（general ledger），又称总账，是根据总分类账户开设的，总括反映某类经济活动。**明细分类账簿**（subsidiary ledger），又称明细账，是根据明细分类账户开设的，用来提供某一具体经济业务明细的核算资料。总账对所属的明细账起统驭作用，明细账对总账进行补充和说明。

分类账簿提供的会计信息是编制财务报表的主要依据。

（3）备查账簿。**备查账簿**（memorandum record），又称辅助登记簿或补充登记簿，是指对某些在序时账簿和分类账簿中未能记载或记载不全的经济业务进行补充登记的账簿，如备查日记账、备查分类账。备查账簿只是对其他账簿记录的一种补充，与其他账簿之间不存在严密的依存和勾稽关系。备查账簿根据企业的实际需要设置，没有固定的格式要求。例如，应收票据备查簿、委托加工物资备查簿等。

2. 按账页格式分类

账簿按账页格式可分为两栏式账簿、三栏式账簿、多栏式账簿、数量金额式账簿和横线登记式账簿。

（1）两栏式账簿。两栏式账簿是由只设有借方和贷方两个基本金额栏目的账页所组成的账簿。这种账簿很少采用。

（2）三栏式账簿。三栏式账簿是由设有借方、贷方和余额三个基本栏目的账页组成的账簿。各种日记账、总账以及负债类、所有者权益类总账所属的明细账户都可使用三栏式账簿。

（3）多栏式账簿。多栏式账簿是由在借方和（或）贷方按需要分设若干专栏的账页（如图 7－4 所示）所组成的账簿。收入、费用类总账所属的明细账户一般采用这种格式的账簿。

明细账
主营业务收入

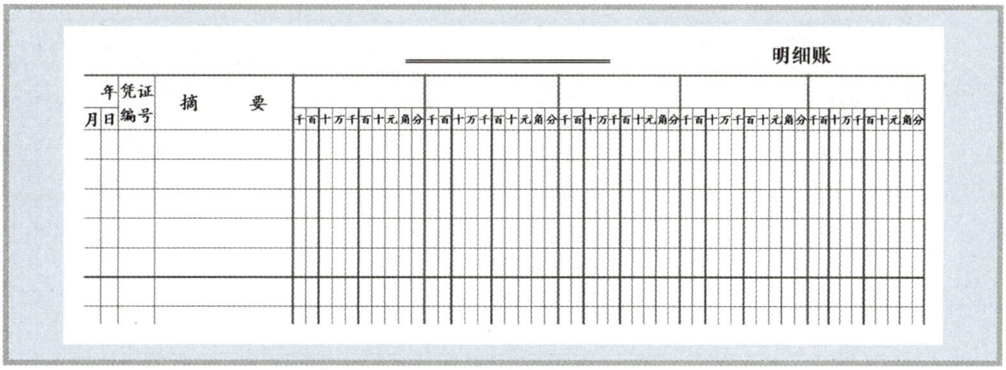

图 7－4　多栏式账页

明细账

原材料——熔喷布

（4）数量金额式账簿。数量金额式账簿是指在账簿的借方、贷方和余额三个栏目内，每个栏目再分设数量、单价和金额三小栏（如图7-5所示），以反映财产物资的实物数量和价值量的账簿。原材料、库存商品、产成品等存货明细账一般采用数量金额式账簿。

（5）横线登记式账簿。横线登记式账簿，又称平行式账簿，是指将前后密切相关的经济业务登记在同一行上，以便检查每笔业务的发生和完成情况的账簿（如图7-6所示）。例如，在采用计划成本法对原材料的采购业务进行核算时，通常需要按照实际采购价格记录实际成本，同时记录计划成本和材料成本差异。

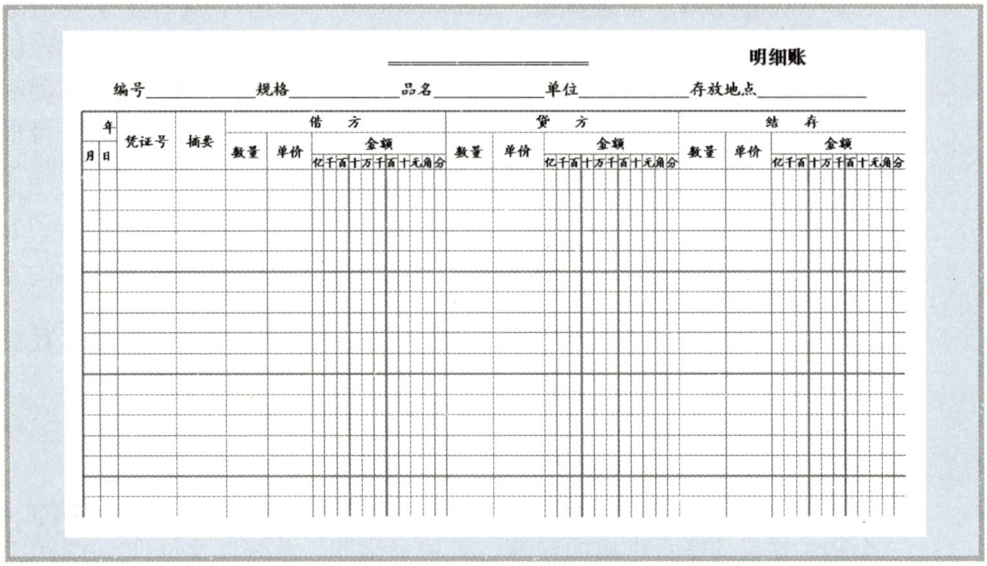
明细账
编号 规格 品名 单位 存放地点
年 月 日 凭证号 摘要
借方：数量 单价 金额（亿千百十万千百十元角分）
贷方：数量 单价 金额（亿千百十万千百十元角分）
结存：数量 单价 金额（亿千百十万千百十元角分）

图7-5 数量金额式账页

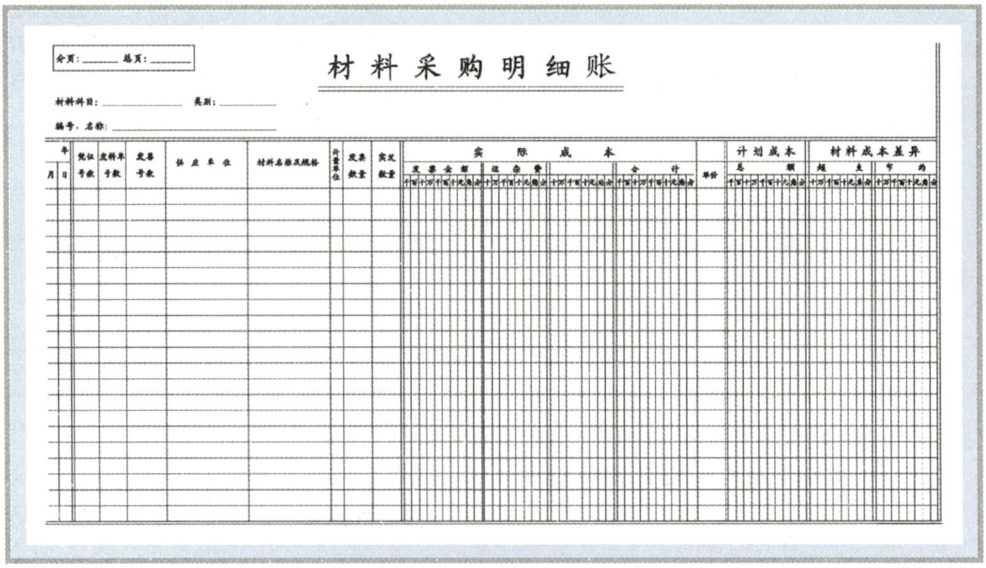
分页： 总页：
材料采购明细账
材料科目： 类别：
编号、名称：
年 月 日 凭证号数 发料单号数 发票号数 供应单位 材料名称及规格 计量单位 发票数量 实发数量
实际成本：发票金额 运杂费 合计
单价
计划成本：总额
材料成本差异：超支 节约

图7-6 横线登记式账页

3. 按外形特征分类

账簿按外形特征可分为订本式账簿、活页式账簿和卡片式账簿。

（1）订本式账簿。订本式账簿简称订本账，是指在启用之前就已将账页装订在一起并对账页进行连续编号的账簿，如**订本分类账**（bound ledger）和**订本日记账**（bound journal）。这类账簿的优点是可以防止账页被抽换，从而保证账簿的完整性，缺点是难以准确地为每一个账户预留账页。订本账一般适用于总分类账、现金日记账、银行存款日记账（如图 7-7 和图 7-8 所示）。

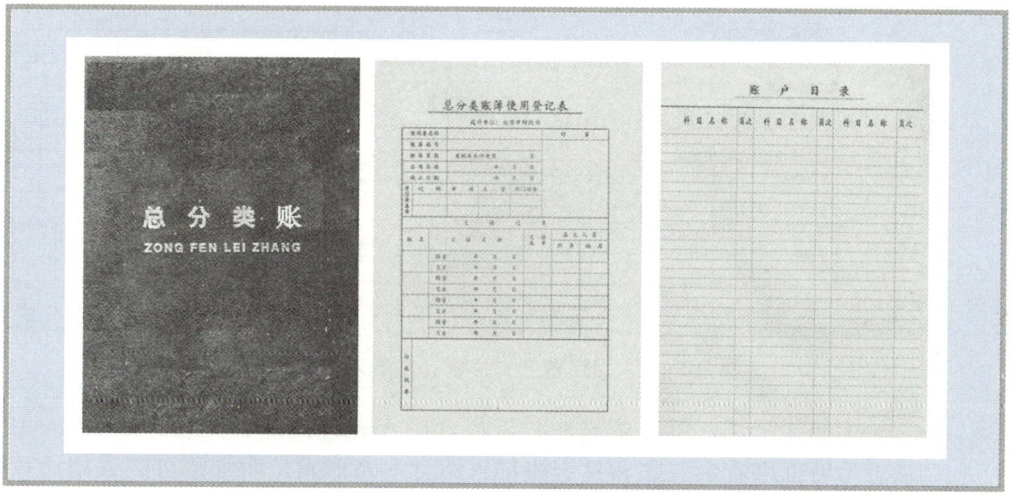

图 7-7　总分类账的封面、扉页和科目索引（账户目录）

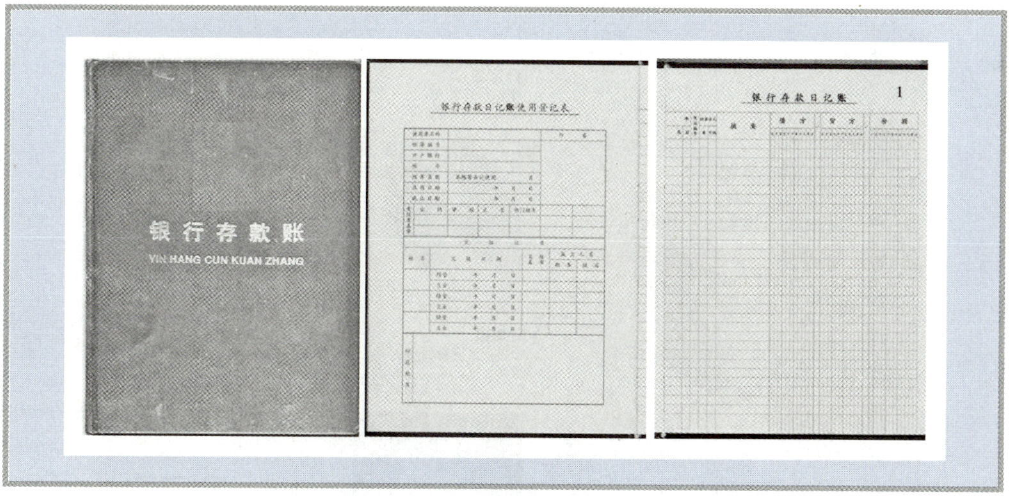

图 7-8　银行存款日记账的封面、扉页和账簿首页

（2）活页式账簿。**活页式账簿**（loose-leaf book）简称活页账，是将一定数量的账页置于活页夹内，可以根据记账内容的变化随时增加或减少部分账页的账簿，如活页分类账。各种明细分类账一般采用活页账形式。在账簿登记完毕前，并不把账页固定地装订在一起，而是装在活页账夹中，直至账簿登记完毕

后（通常是一个会计年度结束后）才将账页装订、加具封面，并给各账页连续编号。

（3）卡片式账簿。**卡片式账簿**（card book）简称卡片账，是将一定数量的卡片式账页存放于专设的卡片箱中，可以根据需要随时增添账页的账簿。严格说，卡片账也是一种活页账，只不过它不是装在活页账夹中，而是装在卡片箱内。实践中，固定资产的明细核算一般采用卡片账形式，如图 7－9 所示。

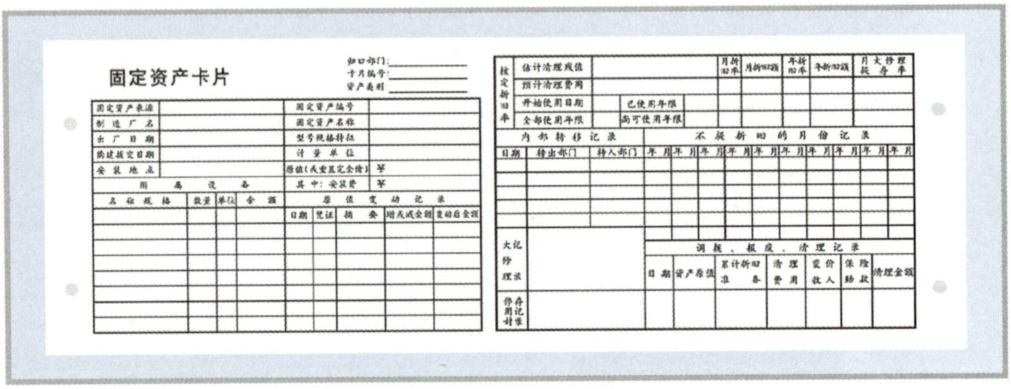

图 7－9　固定资产卡片账（左图为正面，右图为背面）

为便于记忆，可对账簿外形与账页格式进行归纳、比较。如图 7－10 所示，从外形特征来看，总账和日记账都采用订本账形式，明细账可以采用活页账或卡片账形式。从账页格式来看，总账和日记账都使用三栏式账簿，明细账可以使用三栏式账簿、多栏式账簿或数量金额式账簿。

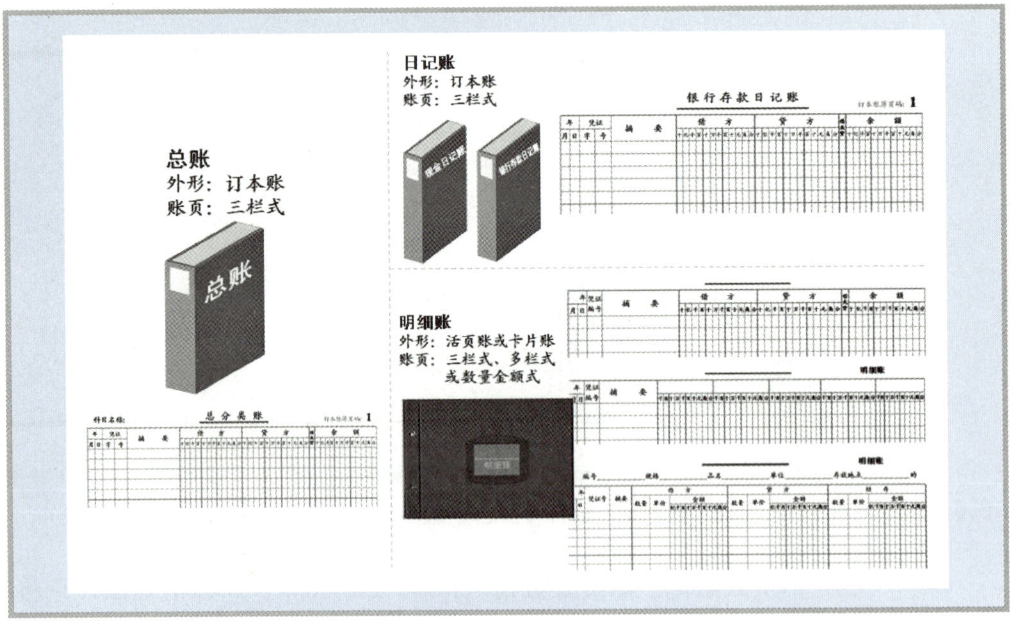

图 7－10　账簿外形与账页格式的比较

7.2　会计账簿的启用与登记要求

7.2 即测即评

7.2.1　会计账簿的启用

启用会计账簿时，应当在账簿封面上写明单位名称和账簿名称。在账簿扉页上附启用表，内容包括启用日期、账簿页数、记账人员和会计机构负责人、会计主管人员姓名，并加盖名章和单位公章。记账人员或者会计机构负责人、会计主管人员调动工作时，应当注明交接日期、接办人员或者监交人员姓名，并由交接双方人员签名或者盖章。

启用订本式账簿，应当从第一页到最后一页按顺序编定页数，不得跳页、缺号。

使用活页式账页，应当按账户顺序编号，并定期装订成册。装订后再按实际使用的账页顺序编定页码。另加目录，记明每个账户的名称和页次。

7.2.2　会计账簿的登记要求

为保证账簿记录的正确性，必须根据审核无误的会计凭证登记会计账簿，并符合有关法律、行政法规和国家统一的会计准则制度的规定。账簿登记的主要要求包括：

（1）准确完整。登记账簿时，将会计凭证日期、编号、业务内容摘要、金额和其他有关资料逐项记入账内，做到数字准确、摘要清楚、登记及时。

（2）注明记账符号。登记完毕后，要在会计凭证上签名或盖章，并注明已经登账的符号（如“√”），表示已经记账。

（3）书写留空。账簿中书写的文字和数字上面要留适当空距，不要写满格，一般应占格高的 1/2。

（4）正常记账使用蓝黑墨水。登记账簿要用蓝黑或黑色墨水书写，不得使用圆珠笔（银行的复写账簿除外）或铅笔书写。

（5）特殊记账使用红墨水。使用红墨水的情况有：第一，依据红字冲账的记账凭证，冲销错误记录。第二，在不设借贷等栏的多栏式账页中，登记减少数。第三，在三栏式账户的余额栏前，如未印明余额的方向，在余额栏内登记负数余额。第四，会计制度中规定用红字登记的其他记录。

（6）顺序连续登记。各种账簿按页次顺序连续登记，不得跳行、隔页。如果发生跳行、隔页，应将空行、空页划线注销，或注明“此行空白”或“此页空白”字样，并由记账人员签名或盖章。

（7）结出余额。凡需要结出余额的账户，结出余额后，应在“借或贷”栏内写明“借”或“贷”字样。没有余额的账户，应在“借或贷”栏内写“平”字，并在余额栏内用“0”表示。现金日记账和银行存款日记账必须逐日结出余额。

（8）过次承前。每一账页登记完毕结转下页时，应结出本页合计数及余额，写在本页最后一行和下页第一行有关栏内，并在本页的摘要栏内注明“过次页”字样，在次页的摘要栏内注明“承前页”字样。

（9）不得涂改、刮擦、挖补。由于记账凭证错误而导致账簿记录发生错误，应按已经更正的记账凭证登记账簿，进行更正。

7.3 会计账簿的格式与登记方法

7.3 即测即评

7.3.1 日记账的格式与登记方法

日记账是按照经济业务发生或完成的时间先后顺序逐日逐笔进行登记的账簿。设置日记账的目的是使经济业务的时间顺序清晰地反映在账簿记录中。日记账按其所核算和监督经济业务的范围，分为特种日记账和普通日记账。在我国，大多数企业只设现金日记账和银行存款日记账。

1. 现金日记账的格式与登记方法

现金日记账是用来核算和监督库存现金日常收、付和结存情况的序时账簿。现金日记账的格式主要有三栏式和多栏式两种，现金日记账必须使用订本账。

（1）三栏式现金日记账。三栏式现金日记账是用来登记库存现金的增减变动及其结果的日记账。设借方、贷方和余额三个金额栏目，分别称为收入、支出和结余。

三栏式现金日记账是由出纳人员根据库存现金收款凭证、库存现金付款凭证以及银行存款的付款凭证，按照库存现金收付款业务和银行存款付款业务发生时间的先后顺序逐日逐笔登记。

此外，为了清晰地反映与现金业务相关的对应账户，在摘要栏右边可设“对方科目”栏，如图 7－11 所示。

现金日记账　　第1页

年		凭证		摘要	对方科目	收入（借方）	支出（贷方）	余额
月	日	种类	号数			千百十万千百十元角分	千百十万千百十元角分	千百十万千百十元角分
7	1			承前页				900000
	2	银付	1	提取现金	银行存款	3000000		3900000
	2	现付	1	孙少安借差旅费	其他应收款		600000	3300000
	2	现付	2	购买办公用品	管理费用		100000	3200000
				本日合计		3000000	700000	3200000
	⋮				⋮			
	31			本日合计				
	31			本月合计				

图 7－11　三栏式现金日记账

出纳员应当逐日逐笔登记现金日记账，按照“上日余额＋本日收入－本日支出＝本日余额”的公式，逐日结出当日的现金余额，并与现金实际数核对。对于从银行提取现金的业务，由于只填制付款凭证，记账时应根据银行存款付款凭证予以登记。

（2）多栏式现金日记账。多栏式现金日记账是在三栏式现金日记账基础上发展起来的。这种日记账的借方（收入）和贷方（支出）金额栏都按对方科目设专栏，也就是按收入的来源和支出的用途设专栏，如图 7－12 所示。这种格式在月末结账时可以结出各收入来源专栏和支出用途专栏的合计数，便于对现金收支的合理性、合法性进行审核分析，便于检查财务收支计划的执行情况。另外，其全月发生额还可以作为登记总账的依据。

现金日记账　　第1页

年		凭证		摘要	收入（对方科目）				支出（对方科目）				余额
					银行存款	主营业务收入	……	小计	其他应收款	管理费用	……	小计	
月	日	种类	号数		十万千百十元角分	十万千百十元角分	十万千百十元角分	十万千百十元角分	十万千百十元角分	十万千百十元角分	十万千百十元角分	十万千百十元角分	十万千百十元角分

图 7－12　多栏式现金日记账

如果多栏式现金日记账借方和贷方对应的科目太多，会计人员不断从左往右粘贴账页，会造成账页宽度过大，不便于记账和保管。于是，手工记账的会计实践中出现了分设多栏式现金收入日记账和现金支出日记账的做法。也就是把长长的账页做成两个分册，前者只按贷方科目设置专栏，另设“支出合计”栏和“余额”栏；后者只按支出的对方科目设专栏，不设“收入合计”栏和“余额”栏，如图 7－13 和图 7－14 所示。

现金收入日记账　　第1页

年		凭证		摘要	收入（对方科目）				支出合计	余额
					银行存款	主营业务收入	……	收入合计		
月	日	种类	号数		十万千百十元角分	十万千百十元角分	十万千百十元角分	十万千百十元角分	十万千百十元角分	十万千百十元角分

图 7－13　现金收入日记账

现金支出日记账 第1页

年		凭证		摘要	支出（对方科目）																															
					其他应收款								管理费用								……								支出合计							
月	日	种类	号数		十	万	千	百	十	元	角	分	十	万	千	百	十	元	角	分	十	万	千	百	十	元	角	分	十	万	千	百	十	元	角	分

图 7－14　现金支出日记账

对于这种分设的多栏式现金日记账，记账时先分别登记现金收入日记账和现金支出日记账，每日营业终了，根据现金支出日记账中记载的支出合计数，转入现金收入日记账，从而结出当日余额。

银行存款日记账

2. 银行存款日记账的格式与登记方法

银行存款日记账是用来核算和监督银行存款每日的收入、支出和结余情况的账簿。银行存款日记账应按企业在银行开立的账户和币种分别设置，每个银行账户设置一本日记账。

银行存款日记账的格式和登记方法与三栏式现金日记账相同。由出纳员根据与银行存款收付业务有关的记账凭证，按时间先后顺序逐日逐笔进行登记。根据银行存款收款凭证和有关的库存现金付款凭证登记银行存款收入栏，根据银行存款付款凭证登记其支出栏，每日结出存款余额。

7.3.2　总分类账的格式与登记方法

1. 总分类账的格式

总分类账是指按照总分类账户分类登记以提供总括会计信息的账簿。总分类账必须采用订本式账簿。一般按照会计科目的编码顺序设置，并为每个账户预留账页。总分类账最常用的格式为三栏式，设有借方、贷方和余额三个金额栏目。根据实际工作需要，也可在借方和贷方两栏内增设对方科目栏，但操作起来比较烦琐。

2. 总分类账的登记方法

总分类账的登记方法因登记的依据不同而有所不同。经济业务少的小型单位的总分类账可以根据记账凭证逐笔登记；经济业务多的大中型单位的总分类账可以根据记账凭证汇总表（又称科目汇总表）或汇总记账凭证等定期登记。

7.3.3　明细分类账的格式与登记方法

各企业在设置总账的同时，还应设置必要的明细账。明细账的信息是对总账的补充，同时也是编制会计报表的依据之一。

明细分类账一般根据记账凭证和相应的原始凭证来登记，能提供交易或事项比较详细、具体的核算资料，以补充总账所提供核算资料的不足。明细分类账一般采用活页式账簿、卡片式账簿。各类明细账的登记可以按照业务量大小逐日逐笔登记，或者三天一登记，七天一登记。

根据各种明细分类账所记录经济业务的特点，明细分类账的常用账页格式主要有以下四种：

1. 三栏式明细账

三栏式账页是设有借方、贷方和余额三个栏目，用以分类核算各项经济业务，提供详细核算资料的账簿，其格式与三栏式总账格式相同。这种格式的明细账适用于只进行金额核算的资本、债权、债务明细账，如“实收资本”“应收账款”“应付账款”等科目的明细分类核算。

2. 多栏式明细账

多栏式账页是将属于同一个总账科目的各个明细科目合并在一张账页上进行登记，即在这种格式账页的借方或贷方金额栏内按照明细项目设若干专栏。这种格式的明细账适用于收入、费用、利润和利润分配明细账，如“管理费用”“营业外收入”“利润分配”等科目的明细分类核算。

3. 数量金额式明细账

数量金额式账页适用于既要进行金额核算又要进行数量核算的账户，如原材料、库存商品等存货账户，其借方（收入）、贷方（发出）和余额（结存）都分别设有数量、单价和金额三个专栏。

数量金额式账页提供了企业有关财产物资数量和金额收、发、存的详细资料，能加强财产物资的实物管理和使用监督，保证这些财产物资的安全完整。

4. 横线登记式明细账

横线登记式账页采用横线登记，即将每一相关业务登记在一行，从而可依据每一行各个栏目的登记是否齐全来判断该项业务的进展情况。这种格式适用于登记材料采购、在途物资、应收票据和一次性备用金业务。

7.4　对账与结账

7.4 即测即评

7.4.1　对账

《会计基础工作规范》要求，各单位应当定期对会计账簿记录的有关数字与库存实物、货币资金、有价证券、往来单位或者个人等进行相互核对，保证账证相符、账账相符、账实相符。对账工作每年至少进行一次。

1. 对账的概念

对账就是核对账目，是对账簿记录进行的核对工作。

2. 对账的内容

对账一般分为账证核对、账账核对和账实核对。

（1）账证核对。账簿是根据经过审核之后的会计凭证登记的，但实际工作中仍有可能发生账证不符的情况。记账后，应将账簿记录与会计凭证核对，核对账簿记录与原始凭证、记账凭证的时间、凭证字号、内容、金额等是否一致，记账方向是否相符，做到账证相符。

会计期末如果发现账证不符，可以再将账簿记录与有关会计凭证进行核对，以保证账证相符。

（2）账账核对。账账核对的内容主要包括：1）总分类账簿之间的核对；2）总分类账簿与所属明细分类账簿之间的核对；3）总分类账簿与序时账簿之间的核对；4）明细分类账簿之间的核对。

（3）账实核对。账实核对是指各项财产物资、债权债务等账面余额与实有数额之间的核对。

账实核对的内容主要包括：1）库存现金日记账账面余额与库存现金实际库存数逐日核对是否相符；2）银行存款日记账账面余额与银行对账单的余额定期核对是否相符；3）各项财产物资明细账账面余额与财产物资的实有数额定期核对是否相符；4）有关债权债务明细账账面余额与对方单位的账面记录核对是否相符等。

7.4.2 结账

1. 结账的概念

结账（closing entry）是一项将账簿记录定期结算清楚的账务工作。在一定时期结束时（如月末、季末或年末），为了编制财务报表，需要进行结账，具体包括月结、季结和年结。结账的内容通常包括两个方面：一是结清各种损益类账户，并据以计算确定本期利润；二是结出各资产、负债和所有者权益账户的本期发生额合计数和期末余额。

2. 结账的程序

（1）结账前，将本期发生的经济业务全部登记入账，并保证其正确性。对于发现的记账错误，应采用适当的方法进行更正。

（2）在本期经济业务全面入账的基础上，根据权责发生制的要求，调整有关账项，合理确定应计入本期的收入和费用。

（3）将各损益类账户余额全部转入“本年利润”账户，结平所有损益类账户。

（4）结出资产、负债和所有者权益账户的本期发生额和余额，并转入下期。

上述工作完成后，就可以根据总分类账和明细分类账的本期发生额和期末余额，分别进行试算平衡。

3. 结账的方法

结账方法的要点主要有：

（1）对不需按月结计本期发生额的账户，每次记账以后都要随时结出余额，每月最后一笔余额是月末余额，即月末余额就是本月最后一笔经济业务记录的同一行内余额。月末结账时，只需在最后一笔经济业务记录之下通栏划单红线，不需要再次结计余额。

（2）库存现金、银行存款日记账和需要按月结计发生额的收入、费用等明细账，每月结账时，要在最后一笔经济业务记录下通栏划单红线，结出本月发生额和余额，在摘要栏内注明“本月合计”字样，并在下面通栏划单红线。

（3）对于需要结计本年累计发生额的明细账户，每月结账时，应在“本月合计”行下结出自年初起至本月末止的累计发生额，登记在月份发生额下面，在摘要栏内注明“本年累计”字样，并在下面通栏划单红线。12 月末的“本年累计”就是全年累计发生额，全年累计发生额下通栏划双红线。

（4）总账账户平时只需结出月末余额。年终结账时，为了总括反映全年各项资金运动情况的全貌，核对账目，要将所有总账账户结出全年发生额和年末余额，在摘要栏内注明“本年合计”字样，并在合计数下通栏划双红线。

（5）年度终了结账时，有余额的账户应将其余额结转下年，并在摘要栏注明“结转下年”字样；在下一会计年度新建有关账户的第一行余额栏内填写上年结转的余额，并在摘要栏注明“上年结转”字样，使年末有余额账户的余额如实地在账户中加以反映，以免混淆有余额的账户和无余额的账户。

7.5　错账查找与更正的方法

7.5 即测即评

《会计法》规定，会计账簿记录发生错误或者隔页、缺号、跳行的，应当按照国家统一的会计制度规定的方法更正，并由会计人员和会计机构负责人（会计主管人员）在更正处盖章。《会计基础工作规范》规定，账簿记录发生错误，不准涂改、挖补、刮擦或者用药水消除字迹，不准重新抄写，必须按规范的方法更正。

7.5.1　错账查找方法

手工记账时，常常会发生记账凭证上的借方金额（或贷方金额）重复记账、漏记借方金额（或贷方金额）、借方金额（或贷方金额）方向记反、相邻数字颠倒、数字整体错位、数字记错等记账差错。这就会导致在试算平衡时，借方发生额（或余额）合计数不等于贷方发生额（或余额）合计数。会计人员需要及时找出差错并予以更正。

1. 差数法

差数法是指按照差数查找错账的方法。例如，若记账时只记了某个会计分录的借方，漏记了贷方，则在试算平衡时就会出现借方金额大于贷方金额的情况；若记账时只记了某个会计分录的贷方，漏记了借方，则在试算平衡时就会出现贷方金额大于借方金额的情况。会计人员可通过检索含有该差额的记账凭证，从而查找并补记漏记的金额。

2. 尾数法

尾数法是指对于发生的差错只查找末位数，以提高查错效率的方法。

3. 除 2 法

除 2 法是指以差数除以 2 来查找错账的方法。如果试算平衡时借贷方之差是偶数，就可以将该差额除以 2，根据得出的商，去检索含有该商数的记账凭证，从而查找并更正记账差错。

出现这种差错的原因通常是会计分录的借方或贷方的某一方出现记账方向错误，即某个会计分录中的借方金额在记账时被错记入贷方，或某个会计分录中的贷方金额错记入借方。在这类情况下，试算平衡时借方合计、贷方合计的差额便表现为该金额的 2 倍。因此，将该差额用 2 去除，得出的商即是记错借贷方向的金额。

例如，应贷记“银行存款”账户 15 330 000 元，但记账时误记为借记“银行存款”账户 15 330 000 元，从而导致试算平衡时借方合计比贷方合计多 30 660 000 元。在追查错账时，将 30 660 000 除以 2，得出的商是 15 330 000。从而，可通过检索含有该商数（即 15 330 000）的记账凭证，从而查找并更正记账差错。

4. 除 9 法

除 9 法是指以差数除以 9 来查找错账的方法，适用于查找由于数字整体错位和邻数颠倒所导致的记账差错，具体包括以下三种情况。

（1）将数字写小，即数字位数整体上小写一位，错误金额是正确金额的 1/10。例如，记账凭证上显示，借记“库存商品”账户 5 000 000 元，贷记“银行存款”账户 5 000 000 元，但在记账时，借记的金额没问题，贷记的金额误记为 500 000 元，这样，在试算平衡时，借方合计比贷方合计大 4 500 000 元。该差额除以 9，得出的商为 500 000 元，即为错误金额。该商乘以 10，所得到的积 5 000 000 元即为应记的正确金额。

（2）将数字写大，即数字位数整体上大写一位，错误金额是正确金额的 10 倍。例如，记账凭证上显示，借记“库存商品”账户 5 000 000 元，贷记“银行存款”账户 5 000 000 元，但在记账时，借记的金额没问题，贷记的金额误记为

50 000 000 元。这样，在试算平衡时，借方合计比贷方合计小 45 000 000 元。该差额除以 9，得出的商为 5 000 000 元，即为应记的正确金额。该商乘以 10，所得到的积 50 000 000 元即为错误金额。

当然，在试算平衡时，对于借方合计和贷方合计之间存在的能被 9 整除的差额，会计人员并不能一眼看出究竟是将数字写小了还是写大了。所以，只能将该差额除以 9，尝试着去寻找应记的正确金额。

（3）邻数颠倒。在电子账务处理下，由于系统中设有借方金额和贷方金额的校验平衡程序，因此，记账时所录入的借方金额与贷方金额必然相等。但在手工记账的情况下，偶尔会出现借方金额（或贷方金额）相邻数字颠倒的情况。例如，记账凭证上显示，借记“管理费用”账户 369 000 元，贷记“银行存款”账户 369 000 元，但在记账时，借记的金额误记为 639 000 元，贷记的金额没问题。这样，在试算平衡时，借方发生额合计比贷方发生额合计大 270 000 元。该差额除以 9，得出的商为 30 000 元。由此判断，出现颠倒的数字可能在十万位、万位，且两个相邻数字的差为±3。在这种情况下，会计人员就可以锁定十万位、万位的数字相差 3 的金额数字，然后根据这些数字逐个尝试寻找出现记账差错的数据源头。

7.5.2 错账更正方法

1. 划线更正法

在结账前如果发现账簿记录有文字或数字错误，而记账凭证没有错误，则采用划线更正法。即在错误的文字或数字上划一条红线，在红线的上方用蓝（黑）字填写正确的文字或数字。当然，责任人应在更正处盖章，以示负责。若是数字差错，则应全部划红线更正，不能仅仅更正错误数字的个别数字。若是文字差错，可只划去错误的局部文字。

例 7-1

神州美食股份公司第 4 号记账凭证（如图 7-15 所示）上显示的是借记“库存商品”科目 5 000 000 元，但登记账簿时主管会计误记为 8 000 000 元。“银行存款”科目的记录是正确的。

记　账　凭　证　　　　凭证号：4

20×6 年 12 月 9 日　　　　附件__张

摘　要	总账科目	明细科目	√	借方金额（千百十万千百十元角分）	√	贷方金额（千百十万千百十元角分）
购入库存商品	库存商品		√	500000000		
	银行存款				√	500000000

会计主管：　　记账人：　　审核人：　　填制人：

图 7-15　神州美食股份公司第 4 号记账凭证

【分析】

此时，应采用划线更正法操作，示例见图 7－16。另外，责任人还应在更正处盖章，以示负责。

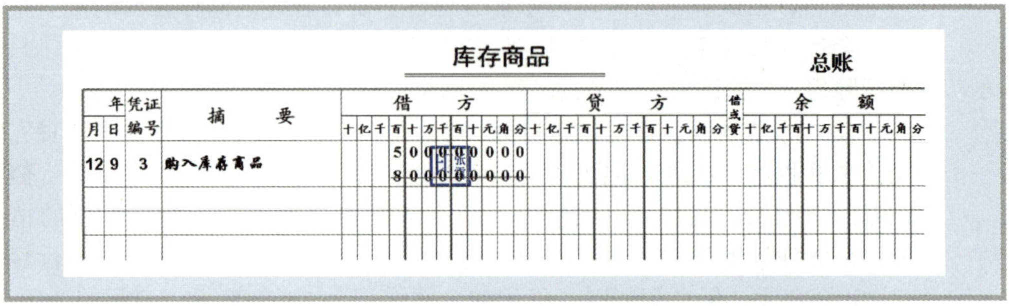

图 7－16　划线更正法操作示例

2. 红字更正法

红字更正法适用于以下两种情形：（1）记账后发现记账凭证中的应借、应贷会计科目有错误所引起的记账错误。（2）记账后发现记账凭证和账簿记录中应借、应贷会计科目无误，只是所记金额大于应记金额所引起的记账错误。对于前一种情形，可用红字填写一张与原记账凭证完全相同的记账凭证，然后用（蓝）黑字填写一张用正确的应借、应贷会计科目的记账凭证，并据以记账。对于后一种情形，可按多记的金额用红字编制一张与原记账凭证应借、应贷科目完全相同的记账凭证，以冲销多记的金额，并据以记账。

例 7－2A

神州美食股份公司转账支付 5 000 000 元购买了库存商品，若第 4 号记账凭证误记为：

借：固定资产　　5 000 000

　贷：银行存款　　5 000 000

假设已经根据上述记账凭证错误地登记了账簿，应如何更正。

【分析】

先用红字填制一张科目相同的记账凭证（在单色印刷的情况下，一般以数字加框表示红字），冲销错账。（为更正错账而编制的凭证不要求附原始凭证。）

借：固定资产　　[5 000 000]

　贷：银行存款　　[5 000 000]

图 7－17 演示了“固定资产”账户信息得以恢复的情形。

图 7－18 演示了“银行存款”账户信息得以恢复的情形。然后，重新以（蓝）黑字填写正确的第 4 号记账凭证，并据以登记账簿。

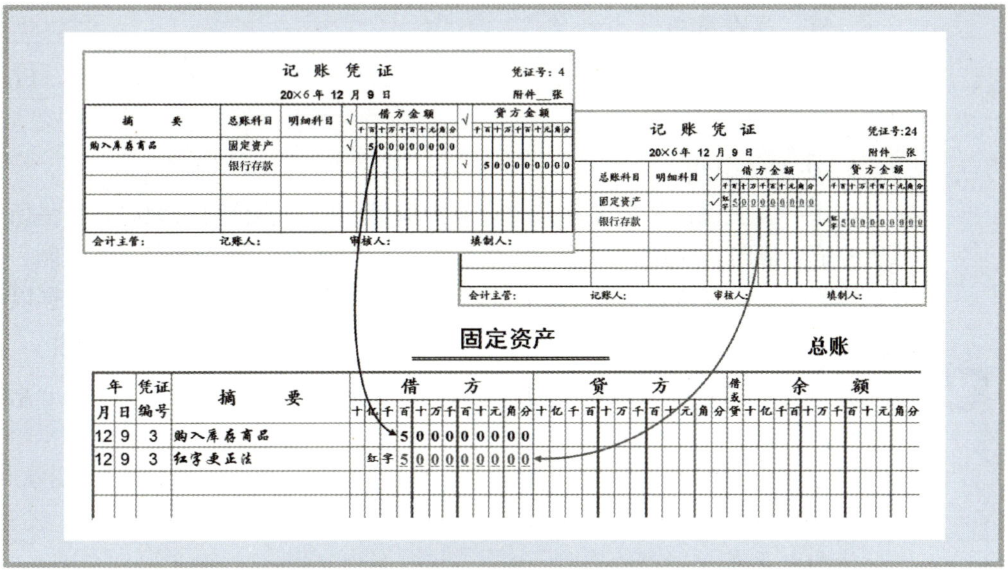

图7-17　“固定资产”账户信息的恢复

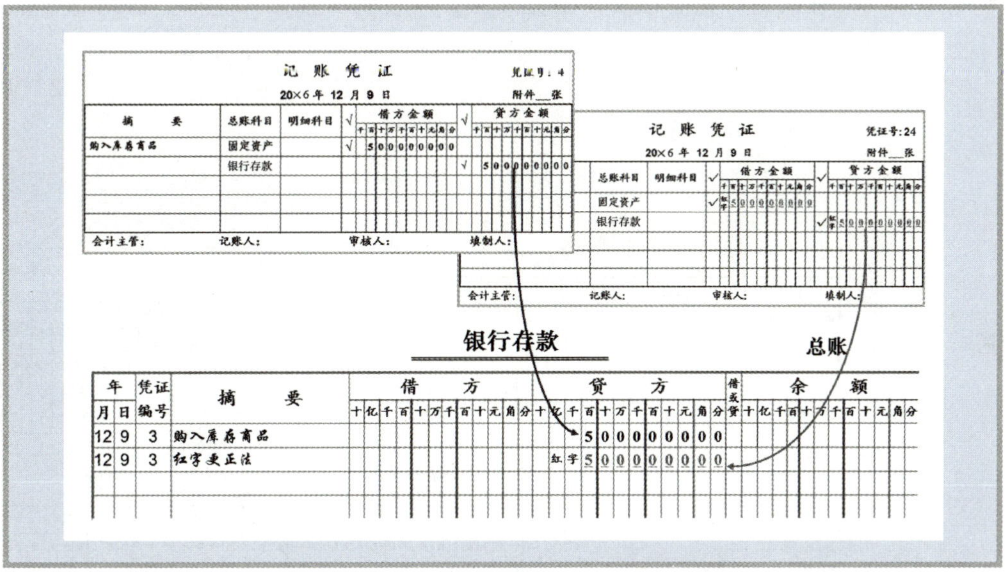

图7-18　“银行存款”账户信息的恢复

例7-2B

神州美食股份公司转账支付5 000 000元购买了库存商品，若第4号记账凭证误记为：

借：库存商品　　　　9 000 000

　贷：银行存款　　　　9 000 000

请加以更正。

【分析】

更正方法是用红字填制一张科目相同的记账凭证，冲销多记的金额。

借：库存商品　　4 000 000

　　贷：银行存款　　4 000 000

3. 补充登记法

记账后若发现记账凭证和账簿记录中应借、应贷会计科目无误，只是所记金额小于应记金额时，采用补充登记法进行更正。即按少记的金额用蓝字编制一张与原记账凭证应借、应贷科目完全相同的记账凭证，以补充少记的金额，并据以记账。

例 7－3

神州美食股份公司转账支付 5 000 000 元购买了库存商品。若第 4 号记账凭证误记为：

借：库存商品　　3 000 000

　　贷：银行存款　　3 000 000

请加以更正。

【分析】

此时采用补充登记法，用蓝（黑）字填制一张记账凭证，如同正常情形，凭证号仍然是第 4 号。图 7－19 演示了补充登记法的操作情况。

借：库存商品　　2 000 000

　　贷：银行存款　　2 000 000

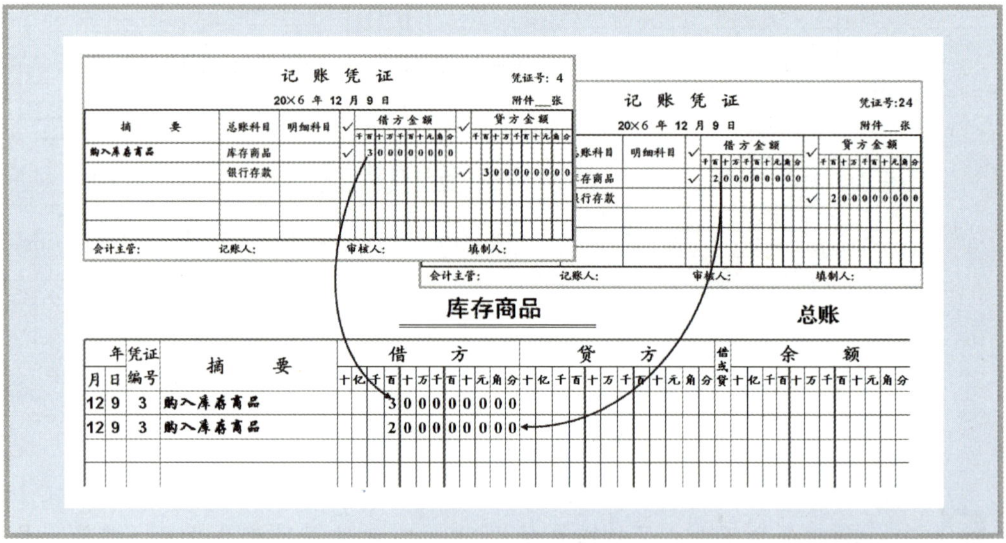

图 7－19　补充登记法演示

7.6 会计账簿的更换与保管

7.6 即测即评

1. 会计账簿的更换

会计账簿的更换通常在新会计年度建账时进行。总账、日记账和多数明细账应每年更换一次，备查账簿可以连续使用。

2. 会计账簿的保管

年度终了，各种账户在结转下年、建立新账后，一般应将旧账集中统一管理。会计账簿暂由本单位财务会计部门保管一年，期满后，由本单位财务会计部门编造清册移交本单位的档案部门保管。

各种账簿应按年度分类归档，编造目录，妥善保管。既保证在需要时迅速查阅，又保证各种账簿的安全和完整。保管期满后，要按规定的审批程序经批准后才能销毁。

关键术语

会计账簿（accounting books，book of accounts）

序时账簿（book of chronological entry）

日记账（journal）

普通日记账（general journal）

特种日记账（special journal）

分类账簿（ledger）

总分类账簿（general ledger）

明细分类账簿（subsidiary ledger）

备查账簿（memorandum record）

订本分类账（bound ledger）

订本日记账（bound journal）

活页式账簿（loose-leaf book）

卡片式账簿（card book）

结账（closing entry）

思考题

Q7-1 为什么要设置账簿？可否用会计凭证代替会计账簿？

Q7-2 设置账簿时需要注意哪些原则？

Q7-3 按照不同的标准，账簿有哪些种类？

Q7-4 总分类账与明细分类账有哪些格式？

Q7-5 在启用新账簿时需要注意什么问题？

Q7-6 登记账簿时需要注意什么问题？

Q7-7 查找错账有几种方法？各自适用于什么情况？

Q7-8 更正错账有几种方法？各自适用于什么情况？

练习题

E7-1 目的：练习错账的更正。

资料：某企业收回一笔金额为 1 130 000 元的应收账款，会计人员编制的会计分录如下：

借：银行存款 1 130 000

贷：营业外收入 1 130 000

要求：

(1) 判断上述会计分录是否正确。

(2) 如果上述会计分录不正确，请你采用正确的更正方法予以更正（包括编制会计分录，登记有关总分类账）。

E7-2　目的：练习红字更正法。

资料：企业生产车间管理人员使用转账支票购买办公用品1 050元，会计人员在填制记账凭证时发生错误，并根据错误的记账凭证登记了账簿，其错误的会计分录为：

借：管理费用 1 050

贷：银行存款 1 050

要求：用红字更正法进行更正。

E7-3　目的：练习补充登记法。

资料：某公司会计人员在手工记账时，把记账凭证上的借方、贷方金额均少记了5 000元，记为3 000元，并根据错误的记账凭证登记了账簿。其错误的记账凭证（以会计分录表示）为：

借：销售费用 3 000

贷：银行存款 3 000

要求：请用补充登记法进行更正。

第 8 章　成本计算

素养提升

1. 价值塑造

● 培养战略思维，节约成本要前移至设计阶段。产品设计体现企业家的初心和情怀。

● 树立节约成本光荣，浪费资源、偷工减料可耻的思想。

● 树立成本无小事的观念，成本计算不仅关系利润高低，更关系利益分配。

2. 知识传授

● 经济学上的成本是为获取某物而付出的代价。广义成本还包括机会成本。会计学上的成本是已经发生的资源消耗，一般按照成本计算对象进行归集。因此，成本是指获得资产的成本，是对象化了的成本，如原材料成本、固定资产成本、无形资产成本等。

● 由于成本计算涉及很多估计和判断，对估计方法的选择不同，往往也会导致计算结果不同，因此合理选择与行业特点相符、保持计算方法的一致性是计算成本的关键，特别是对折旧的分摊，按成本流转假设计算存货发出成本的影响较大。

● 通过案例“点亮心灵的成本”的讲解，了解企业为什么要生产产品，为哪些人生产产品。除了盈利以外，产品生产也是实现企业家履行社会责任、为弱势群体服务的心愿。产品定位不同，产品设计的功能和成本就不同，产品成本中约70%是由设计决定的。

3. 能力培养

● 培养前瞻性思维的能力。一般产品成本约70%在设计阶段就决定了，生产中节约成本的空间非常有限。

● 培养发散性思维的能力。通过案例“点亮心灵的成本”提出的问题及延伸思考，帮助学生拓宽视野，理解产品设计与产品成本之间的关系，有形成本与无形成本的区别，高质量与高成本如何平衡等决策时需要考虑的各种因素。

● 节约成本即创造社会价值，使学生认识到成本节约也是爱护资源的一种体现。任何人都没有资格浪费资源。

● 培养选择符合企业特点的会计处理方法的能力。了解不同会计处理方法会带来不同成本，不同成本会带来不同利润，不同利润会带来不同税赋。

素养提升

学习目标

1. 掌握：资产入账价值的计算；成本的计算。
2. 理解：成本概念的含义；成本计算在会计管理中的意义。
3. 了解：成本会计的发展历程。

党的二十大报告指出，“高质量发展是全面建设社会主义现代化国家的首要任务”。未来五年是全面建设社会主义现代化国家开局起步的关键时期，主要目标任务之一是“经济高质量发展取得新突破”。无论是对提高整个国民经济的高质量发展，还是对促进企业的高质量发展，加强精益化成本管理都有着重要的战略意义。而要加强成本管理就必须先做好成本计算工作。

8.1 成本计算概述

8.1 即测即评

产品成本计算的源起

8.1.1 成本内涵

日常生活中，成本（cost）是一个普通的常用词汇，比如，时间成本、社会成本、责任成本、交易成本、产品成本等。对成本的理解，有广义，也有狭义。《现代汉语词典》将成本定义为“产品在生产和流通过程中所需的全部费用”，费用是指“花费的钱；开支”。《牛津英汉双解词典》将“cost”定义为“价钱、成本、费用”“（欲获得某物所付的）代价”。

这两本字典中，前者是用费用来定义成本，后者也是成本、费用同义混用。确实是仁者见仁、智者见智。

从会计学角度，关于成本的定义有多种表述，其中有代表性的定义如下：

美国会计学会（AAA）所属的成本概念与标准委员会 1951 年对成本的定义：成本是为了实现特定目的而发生或应发生的可以用货币度量的价值牺牲。

中国成本协会（CCA）2005 年发布的“CCA 2101：2005 成本管理体系术语”中对成本的定义：为过程增值或结果有效已付出或应付出的资源代价。

对成本有深刻洞察和最本质认识的马克思政治经济学认为，成本是商品生产中耗费的活劳动和物化劳动（劳动对象的耗费、劳动手段的耗费）的货币表现。

总结上述定义，成本的主要特征可以概括为：(1) 成本是企业的资源耗费；(2) 成本的发生是为了实现企业特定目的。作为一个营利组织，企业开展各类经济活动的主要目的是取得收入，因此我们可以把“成本”理解为：与取得收入直接相关的支出。

为便于初学者理解，从会计学角度可将成本分为计入资产的成本和计入费用的成本。计入资产的成本是指构成资产入账价值的代价，在资产负债表中列示为资产。计入费用的成本是指企业为了取得营业收入而付出的代价，在利润表中列示为营业成本。列入资产负债表中的各种资产都会随着生产的领用和消耗，最终转化为费用。

计入资产的成本与计入费用的成本的比较如图 8-1 所示。

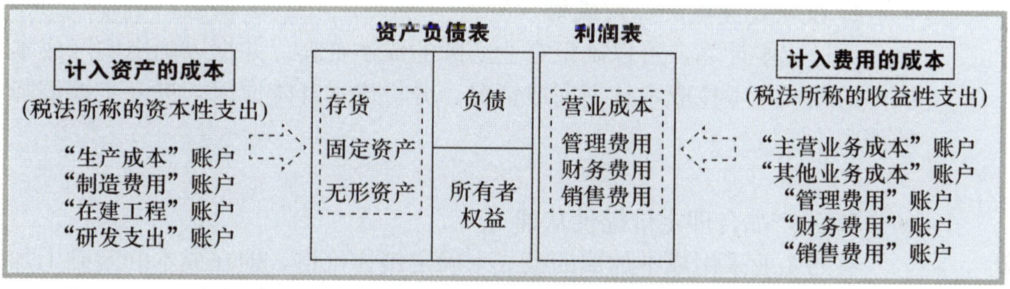

图 8-1 计入资产的成本与计入费用的成本

从报表视角，成本在资产负债表中反映为存货、固定资产等。费用在利润表中反映为管理费用、销售费用等。

如果将两张报表（资产负债表和利润表）联系起来看，也就是从狭义成本角度，资产负债表列报的是未消耗的成本，利润表列报的是已经消耗了的成本。会计将已消耗的成本称为费用，直接抵减当期的利润。

需要指出的是，本教材介绍的成本主要是基于财务会计视角。如前所述，成本有广义与狭义之分，广义的成本包括各类耗费、损失与付出。例如，一个会计主体为完成一项经济活动而发生的所有可计量的经济代价，如人、财、物及时间上的损耗与付出。

狭义的成本主要是指获得某项资产（包括实物资产和权利资产）而付出的对价，即一些可以对象化的成本，比如制造或购买一台电脑的成本。

由于成本计算是一个复杂的知识体系，其系统性的知识可通过学习《成本会计》或《成本与管理会计》课程获得。

8.1.2 成本计算对象

成本计算，又称成本核算，是指将一定期间内企业生产经营过程中所发生的各种耗费，按照一定的计算对象和标准进行归集和分配，以计算出计算对象的总成本和单位成本的过程。

成本计算对象是指成本计算的客体。该客体可以是一件产品、一个项目、一个工程、一个步骤等。具体到各个行业，基于生产方式或管理的需要，成本计算对象是复杂多变的。例如，大型钢铁制造业企业采用的是大批量分步式生产，其成本计算对象就是生产步骤，成本计算一般采用标准成本。房地产企业可以按具体开发的项目进行成本核算，如住宅用地、商业用地、公共建筑、配套和厂房等，由于建筑标准不同，其施工成本也不同。医疗行业可以按病种或科室进行成本计算。

总之，不同的行业有不同的成本计算对象和成本项目。

8.1.3 成本计算的意义

1. 反映企业生产经营成果

通过成本计算，可以确定企业实际的成本资料，并据以确定实际成本与计划成本的差异，考核成本计划完成情况，分析成本升降原因，进一步挖掘降低成本的潜力。

2. 为产品合理定价提供基础

有的企业采用成本加成的模式来确定销售价格，即在成本的基础上加上企业的预期利润。在这种定价策略下，售价高低在很大程度上取决于成本高低。当然，不同企业的定价策略不尽相同。例如，奢侈品采用高价策略，民生产品采用低价策略；有战略眼光的企业如华为，在保证供应商都能获得利润的前提下，赚取合理利润，以谋求企业和供应商等利益相关者的共同长期和谐发展。

3. 改善企业经营管理

通过成本计算，可以反映和监督企业各项费用支出的合理性，揭示生产经营管理中存在的问题，以便及时采取措施，改善经营管理。

4. 为预算编制提供基础

通过成本计算，企业可以预测和规划下一期成本指标，为企业的计划和预算编制、利润预测提供数据支持。

5. 考核企业经营业绩

通过准确计算成本，可以考核各部门的经营业绩，评价企业的综合实力和市场竞争力。

总之，成本计算对于企业的经营管理至关重要，在满足对外财务报告需要的同时，重点要满足企业内部精益化管理的需要，前移作为预算的支撑，后延成为考核和评价的依据。

8.1.4　成本计算的原则

1. 合理性原则

成本计算的核心是对成本的分配，尤其是对间接费用的分配。在分配间接费用时，应根据因果关系，体量大的项目或优质项目多承担，体量小的项目或低效益项目少承担，充分体现量能负担的原则。

2. 精准性原则

企业竞争在很大程度上是成本的竞争。成本计算的颗粒度越细，越能掌握决策的主动权，越能满足多层次精益化管理的需要，从而为企业高效精准决策提供支撑。

8.1.5　制造业企业成本计算的相关规则

为了加强企业产品成本核算工作，保证产品成本信息真实、完整，促进企业和经济社会的可持续发展，财政部于 2013 年 8 月 16 日发布了《企业产品成本核算制度（试行）》。该制度分别针对制造业、农业、批发零售业、建筑业、房地产业、采矿业、交通运输业、信息传输业、软件及信息技术服务业、文化业以及其他行业的企业制定了成本核算规则。该制度所称的产品成本，是指企业在生产产品过程中所发生的材料费用、职工薪酬等，以及不能直接计入而按一定标准分配计入的各种间接费用。

1. 制造业企业的成本项目

制造业企业一般设置直接材料、燃料和动力、直接人工和制造费用等成本项目。其中，直接材料是指构成产品实体的原材料以及有助于产品形成的主要材料和辅助材料。燃料和动力，是指直接用于产品生产的燃料和动力。直接人工是指直接从事产品生产的工人的职工薪酬。制造费用是指企业为生产产品和提供劳务而发生的各项间接费用，包括企业生产部门（如生产车间）发生的水电费、固定资产折旧、无形资产摊销、管理人员的薪酬、劳动保护费、国家规定的有关环保费用、季节性和修理期间的停工损失等。

2. 产品成本归集、分配和结转

制造业企业发生的直接材料和直接人工，能够直接计入成本核算对象的，应当直接计入成本核算对象的生产成本，否则应当按照合理的分配标准分配计入。

制造业企业发生的制造费用，应当按照合理的分配标准按月分配计入各成本核算对象的生产成本。企业可以采取的分配标准包括机器工时、人工工时、计划分配率等。

完整的成本计算包括各类资产取得成本的核算，持有期间成本的核算和期末成本的核算。由于存货采购和固定资产购置的核算在第5章企业主要经济业务的核算中已有介绍，本章重点介绍发出存货成本计算和期末存货计价方法、存货跌价准备的计提、固定资产折旧和固定资产减值的计提。

专栏8-1 税收立法机关对资本性支出和收益性支出划分依据的解读

1. 税前扣除的相关性原则和合理性原则

立法机关认为，企业所发生的支出种类很多，形式各异，与企业取得的收入的关系也呈多样化。根据企业所得税法中收入与支出的关联、配比等原则要求，并非所有的企业支出都可以在税前扣除，否则将严重侵蚀企业所得税的税基，损害国家税收利益。《企业所得税法》第八条明确了税前扣除的相关性原则和合理性原则，是企业所发生的准予税前扣除的支出都必须遵循的两个指导性原则。

（1）相关性原则：何谓“与取得收入有关的支出”。

“与取得收入有关”本身是一个弹性相对比较大的不确定概念，若将任何与企业取得收入有些联系的支出都界定为“与取得收入有关”的支出，势必无限制地扩大企业可以税前扣除的支出范围，架空了支出扣除中的相关性原则，因为企业任何形式的支出，从某种意义上来说都可以与企业的收入扯上关系。为了维护国家税收利益，进一步落实税前扣除中的相关性原则，《企业所得税法实施条例》将其界定为“与取得收入直接相关的支出”，能够给企业带来现实、实际的经济利益的支出，或者能够给企业带来可预期经济利益的流入的支出。这符合企业所得税法的立法本意和税收制度的基本要求。

（2）合理性原则：何谓“企业发生的合理的支出”。

合理性原则是企业所得税税前扣除的另一项基本原则，是建立在税前扣除真实性和合法性原则基础上的要求。合理的支出，是指符合生产经营活动的常规的、必要的、正常的支出。合理性的具体判断，主要是看所发生支出的计算和分配方法是否符合一般经营常规，如企业发生的业务招待费与所成交的业务额或者业务的利润水平是否相吻合，工资水平与社会整体或者同行业工资水平是否差异过大，等等。合理性原则为防止企业利用不合理的支出调节利润水平，规避税收，以及全面加强我国一般反避税工作提供了依据。

2. 收益性支出和资本性支出的扣除方式

根据企业所得税制度中的收入与支出的配比原则，能给企业带来长期经济利益的支出，或者需要长期才能回收经济利益的支出，在税收制度安排中就不宜在支出发生的当期据实予以税前扣除，而是要区分企业发生的支出在为企业带来经济利益上的时效性，分别予以处理。

如果企业发生的支出能够在短期内实现经济利益，那么根据收入与支出的配比原则，应当允许这部分支出在计算收益的同一纳税期间予以据实扣除。如果企业发生的支出不能够在短期内实现经济利益，即不能够在短期内回收经济利益，而是需要一个相对较长的时间，则根据收入与支出配比原则，应当将这部分支出人为划分，与同时期实现的经济利益分段对应，予以分期在税前扣除。也就是说，企业发生的支出应当按照支出产生效益的长短，区分为收益性支出和资本性支出。

收益性支出是指企业支出的效益仅及于本纳税年度的支出；资本性支出是指企业支出的效益及于本纳税年度和以后纳税年度的支出。比如，企业支付给职工的工资支出，支出的效益仅与本纳税年度有关，应作为收益性支出；企业购建固定资产的支出，支出的效益会通过固定资产的不断使用逐步回收，支出的效益不仅与本纳税年度相关，也与以后纳税年度相关，应作为资本性支出。

划分收益性支出与资本性支出既是所得税处理的要求，也是会计核算的一般原则。一方面，所得税处理需要实现应税收益与支出在时间上的配比，以避免企业发生的支出随意在不同纳税期间扣除，从而逃避税收；另一方面，会计核算上也需要防止混淆收益性支出和资本性支出，从而高估（或低估）资产和收益。因此，企业实际发生的所有支出都要按照收益性支出和资本性支出的标准严格划分。收益性支出应在发生的纳税年度直接扣除。资本性支出则由于其支出的效益及于本纳税年度和以后纳税年度，不允许在发生支出的纳税年度“一次性扣除”。常见的例子如建筑物、厂房、机械、专利等，一般通过折旧或者摊销以税前扣除的方式在资产使用期间确认。

资料来源：《中华人民共和国企业所得税法实施条例》立法起草小组编.《中华人民共和国企业所得税法实施条例》释义及适用指南. 北京：中国财政经济出版社，2007.

8.2 发出存货成本的计算

8.2 即测即评

发出存货成本的确定取决于发出存货的单价和数量，单价乘以数量即可得出发出存货的成本。当数量确定后，选择何种单价就很重要。例如，本月第一次购进材料的单价为每件280元，第二次购进材料的单价为每件275元，第三次购进材料的单价为每件290元。那么，发出材料的成本应选择哪个单价计算？选择不同的单价，就会形成不同的成本。因此，需要解决两个问题：第一，确定各项存货的发出数量；第二，确定发出存货的价格。第一个问题涉及存货盘存制度，第二个问题涉及发出存货的计价方法。

8.2.1 存货盘存制度

存货盘存制度是通过设置存货明细账，对日常发生的存货增加或减少，根据会计凭证在账簿中进行登记，以结算各项存货结存数的一种制度。存货盘存制度包括永续盘存制和实地盘存制。

1. 永续盘存制

永续盘存制（perpetual inventory system），又称永续盘存法、账面盘存制，

是根据存货的明细账簿记录计算结存数量的方法。在这种方法下，对于每一笔存货的增加或减少，平时都要根据会计凭证在账簿中进行连续登记，因此随时可以结算各项存货的账面结存数。账面结存数量的计算公式如下：

期末账面结存数量＝期初账面结存数量＋本期增加数量－本期减少数量

例 8－1

假设大美同心 2020 年 7 月份熔喷布的期初结存、购进和发出的资料如下：

（1）7 月 1 日，结存 5 吨，单价 30 万元/吨，金额 150 万元。

（2）7 月 6 日，发出 3 吨。

（3）7 月 13 日，购进 2 吨，单价 30 万元/吨，金额 60 万元。

（4）7 月 19 日，购进 3 吨，单价 30 万元/吨，金额 90 万元。

（5）7 月 24 日，发出 5 吨。

（6）7 月 30 日，结存 2 吨。

【分析】

根据上述资料，采用永续盘存制在材料明细账上的记录如表 8－1 所示。

表 8－1　材料明细账

金额单位：万元

品名：熔喷布

数量单位：吨

2020 年		凭证		摘要	收入			发出			结存		
月	日	字	号		数量	单价	金额	数量	单价	金额	数量	单价	金额
7	1			期初结存							5	30	150
	6			发出				3	30	90	2	30	60
	13			购进	2	30	60				4	30	120
	19			购进	3	30	90				7	30	210
	24			发出				5	30	150	2	30	60
	30			盘点							2	30	60
	30			本期发生额及余额	5	30	150	8	30	240	2	30	60

通过例 8－1 可以看出，采用永续盘存制可以在账簿中随时反映一定会计期间内某一存货的收入、发出和结存情况，并从数量和金额两方面进行存货的管理和控制。账簿上的期末结存数量可以通过盘点加以核对。如果账簿上的结存数量与实存数量不符，需要及时查明原因，并做出相应处理。由于这种盘存制度要求对每一品种的存货都要开设一个明细账，因此，存货的明细分类核算工作量较大。

2. 实地盘存制

实地盘存制（periodic inventory system），又称定期盘存制，是在期末通过实地盘点或技术推算得到存货的结存数量，作为确认各项存货账面结存数量的方法。在这种方法下，对于存货的增加业务，平时都要根据会计凭证连续登记入账；但对于存货的减少业务，平时不做登记，期末通过实地盘点或技术推算确定账面结存数量，然后倒轧出本期存货的减少数量。计算本期存货减少数量的计算公式如下：

本期减少数量＝期初账面结存数量＋本期增加数量－期末结存数量

例 8－2

根据例 8－1 的资料，期末盘点时，该种材料的结存数量为 2 吨。

【分析】

采用实地盘存制，熔喷布材料明细账如表 8－2 所示。

表 8－2　材料明细账

金额单位：万元

品名：熔喷布　　数量单位：吨

2020 年		凭证		摘要	收入			发出			结存		
月	日	字	号		数量	单价	金额	数量	单价	金额	数量	单价	金额
7	1			期初结存							5	30	150
	6			发出									
	13			购进	2	30	60						
	19			购进	3	30	90						
	24			发出									
	30			盘点							2	30	60
	30			发出成本				8①	30	240			
	30			本期发生额及余额	5	30	150	8	30	240	2	30	60

①8 为倒轧出的数量。

通过例 8－2 可以看出，采用实地盘存制，平时只记录存货购进数量和金额，不记录存货发出的数量和金额，可以简化存货的核算工作。但这种盘存制度不能通过账簿随时反映存货的收入、发出和结存情况，只能通过定期盘点，计算、结转发出存货的成本，不利于存货的管理和监督。

8.2.2　发出存货的计价方法

1. 存货成本流转假设的定义

发出存货计价的方法有很多，不同的计价方法会得出不同的成本，对企业的利润和税赋等都会产生影响。本教材重点介绍存货成本流转假设下的四种方法。其他计算方法见《财务会计学》教材。

存货流转包括实物流转和成本流转两个方面。在理论上，存货的成本流转与其实物流转应当一致，即购置存货时所确定的成本应当随着该存货的耗用而结转。但在实际工作中，企业的存货不仅品种繁多，而且由于存货购入的时间、产地不同或生产批次不同，使得相同存货的单位成本往往不一致，很难辨认所发出存货的入库成本是多少。

考虑到实际工作中，存货的成本流转与实物流转不一致，因此在计算发出和结存存货成本时，需要对存货成本流转做一些假设，并以此为依据计算本期发出存货和期末结存存货的实际成本。

成本流转假设（cost flow assumption），是通过假定存货成本与存货实物的流动关系来确定期末存货和发出存货成本的计价方法，从理论上假定发出存货成本的流转顺序。

2. 四种发出存货成本的计算方法

我国企业会计准则针对实务中多批量采购的实际情况，规定了三种发出存货成本的计算方法：**先进先出法**（first-in first-out，FIFO）、**加权平均法**（weighted average-cost method）和**个别计价法**（specific identification method）。第四种方法是**后进先出法**，现阶段我国取消了这种方法。

不同的发出存货计价方法将会直接关系到所计算的销货成本、当期利润和期末结存存货的账面成本。对于性质和用途相似的存货，应当采用相同的成本计算方法确定发出存货的成本。

下面通过几个例子分别介绍利用上述方法计算发出存货成本的具体步骤。北京蓝瑞医药有限公司2024年9月N95口罩的购销情况如表8-3所示。

表8-3 库存商品明细账

金额单位：元

品名：N95口罩

数量单位：只

2024年		摘要	收入			发出			结存		
月	日		数量	单价	金额	数量	单价	金额	数量	单价	金额
9	9	采购	① 2 000	3.5	7 000				2 000		
	10	销售				① 900			1 100		
	15	采购	② 1 000	3.8	3 800				2 100		
	16	销售				② 1 600			500		
	20	采购	③ 2 000	3.9	7 800				2 500		
	21	销售				③ 2 000			500		
		本月合计	5 000			4 500			500		

1. 先进先出法

先进先出法的理念是假定先购入的存货先发出，按照这样的假设计算发出存货的成本和期末存货的成本。

例8-3

假设北京蓝瑞医药有限公司采用先进先出法计算发出存货的成本，如表8-4所示。表中以下划线标示需要计算填列的数据（后面的类似情况亦照此处理）。

表8-4 库存商品明细账

（采用先进先出法计算）

金额单位：元

品名：N95口罩

数量单位：只

2024年		摘要	收入			发出			结存		
月	日		数量	单价	金额	数量	单价	金额	数量	单价	金额
9	9	采购	① 2 000	3.5	7 000				2 000	3.5	7 000
	10	销售				① 900	3.5	3 150	1 100	3.5	3 850
	15	采购	② 1 000	3.8	3 800				1 100 1 000	3.5 3.8	3 850 3 800

续表

2024年		摘要	收入			发出			结存		
月	日		数量	单价	金额	数量	单价	金额	数量	单价	金额
9	16	销售				② 1 100 500	3.5 3.8	3 850 1 900	500	3.8	1 900
	20	采购	③ 2 000	3.9	7 800				500 2 000	3.8 3.9	1 900 7 800
	21	销售				③ 500 1 500	3.8 3.9	1 900 5 850	500	3.9	1 950
		本月合计	5 000		18 600	4 500		16 650	500	3.9	1 950

【分析】

北京蓝瑞医药有限公司采用先进先出法计算发出存货的成本，所以9月10日销售900只口罩时，发出的是9月9日购入的单价3.5元口罩900只，销售成本：3.5×900=3 150（元）。

9月15日进货后，可供销售的N95口罩有两种：9月9日以单价3.5元购入的1 100只口罩和9月15日以单价3.8元购入的1 000只口罩。

9月16日销售1 600只口罩时，先发出9月9日购进的单价3.5元口罩1 100只，再发出9月15日购进的单价3.8元口罩500只。

销售成本=3.5×1 100+3.8×500=3 850+1900=5 750(元)

9月20日进货后，可供销售的N95口罩有两种：9月15日以单价3.8元购入的500只口罩和9月20日以单价3.9元购入的2 000只口罩。

9月21日销售2 000只口罩时，先发出9月15日购进的单价3.8元口罩500只，再发出9月20日购进的单价3.9元口罩1 500只。

销售成本=3.8×500+3.9×1 500=1 900+5 850=7 750(元)

期末库存N95口罩500只，单价3.9元。

期末存货成本=3.9×500=1 950(元)

因此，采用先进先出法计算的本期销售成本为16 650元（3 150+5 750+7 750），期末库存N95口罩的成本为1 950元。

先进先出法的优点是据此所计算出的期末结存存货的账面价值比较接近最新市价。其缺点是在手工核算的情形下工作量比较大。

2. 加权平均法

加权平均法是一种通过赋予不同观测值不同的权重来计算平均数的方法，存货加权平均法是以存货数量为权数来计算存货的平均价格。根据计算频次不同，加权平均法分全月一次加权平均和移动加权平均。

（1）全月一次加权平均法。全月一次加权平均法的理念是仅在期末计算本期可供销售的存货的平均成本，然后以此计算发出存货的总成本。全月一次加权平均法只在月底计算一次平均单价。

例8-4

北京蓝瑞医药有限公司采用加权平均法计算发出存货的成本，如表8-5所示。

表8-5　库存商品明细账

（采用全月一次加权平均法计算）

品名：N95口罩　　金额单位：元　　数量单位：只

2024年		摘要	收入			发出			结存		
月	日		数量	单价	金额	数量	单价	金额	数量	单价	金额
9	9	采购	① 2 000	3.5	7 000				2 000		
	10	销售				①900	3.72	3 348	1 100		
	15	采购	② 1 000	3.8	3 800				2 100		
	16	销售				② 1 600	3.72	5 952	500		
	20	采购	③ 2 000	3.9	7 800				2 500		
	21	销售				③ 2 000	3.72	7 440	500		
		本月合计	5 000		18 600	4 500		16 740	500	3.72	1 860

【分析】

全月一次加权平均单位成本的计算公式如下：

$$\text{全月一次加权平均单位成本}=\frac{\text{期初存货成本}+\text{本期增加存货实际成本}}{\text{期初结存存货数量}+\text{本期增加存货数量}}$$

因本例期初存货为零，故

$$\text{全月一次加权平均单位成本}=\frac{7\,000+3\,800+7\,800}{2\,000+1\,000+2\,000}=3.72(\text{元/只})$$

因此，每次销售时都按照全月一次加权平均单位成本计算发出存货的成本。

9月10日销售900只口罩的成本=3.72×900=3 348(元)

9月16日销售1 600只口罩的成本=3.72×1 600=5 952(元)

9月21日销售2 000只口罩的成本=3.72×2 000=7 440(元)

期末库存500只N95口罩，成本为1 860元（3.72×500）。

因此，采用全月一次加权平均法计算的本期销售成本为16 740元（3 348+5 952+7 440），期末库存N95口罩的成本为1 860元。

实务中，一般采用上月计算的全月一次加权平均法计算下月发出存货的成本。本例仅为示范。

采用全月一次加权平均法在月末计算得到的平均单价显得比较“公道”。这种方法的特点是，平时只记录发出存货的数量而不记录金额，因此，在手工核算的情形下，该方法有助于减少工作量，但不能随时提供存货的账面价值数据，不利于企业的存货管理。

（2）移动加权平均法。移动加权平均法克服了前述全月一次加权平均法不能随时提供存货账面价值数据的缺陷。在该方法下，每次进货后都要计算一次当时全部可供销售存货的加权平均单位成本（即平均单价），从而能够利用该单价计算其后所售货物的销售成本和所结存货物的账面价值。

$$加权平均单位成本=\frac{以前结存存货成本+本批次增加存货实际成本}{以前结存存货数量+本批次增加存货数量}$$

例 8-5

假设北京蓝瑞医药有限公司采用移动加权平均法计算发出存货的成本，如表 8-6 所示。

表 8-6　库存商品明细账

（采用移动加权平均法计算）

金额单位：元

品名：N95 口罩　　　　数量单位：只

2024 年		摘要	收入			发出			结存		
月	日		数量	单价	金额	数量	单价	金额	数量	单价	金额
9	9	采购	① 2 000	3.5	7 000				2 000	3.5	7 000
	10	销售				① 900	3.5	3 150	1 100	3.5	3 850
	15	采购	② 1 000	3.8	3 800				2 100	3.642 9	7 650
	16	销售				② 1 600	3.642 9	5 829	500	3.642 9	1 821
	20	采购	③ 2 000	3.9	7 800				2 500	3.848 4	9 621
	21	销售				③ 2 000	3.848 4	7 697	500	3.848 4	1 924
		本月合计	5 000		18 600	4 500		16 676	500	3.848 4	1 924

注：金额做了四舍五入处理。

【分析】

在本例中，9 月 15 日和 9 月 20 日采购后计算加权平均单位成本的情形如下：

$$\begin{array}{c}9月15日计算的\\移动加权平均单位成本\end{array}=\frac{3\,850+3\,800}{1\,100+1\,000}=3.642\,9(元/只)$$

所以，9 月 16 日销售时，1 600 只 N95 口罩的成本按每只 3.642 9 元计算：3.642 9×1 600=5 829 元。

$$\begin{array}{c}9月20日计算的\\移动加权平均单位成本\end{array}=\frac{1\,821+7\,800}{500+2\,000}=3.848\,4(元/只)$$

所以，9 月 21 日销售时，2 000 只 N95 口罩的成本按每只 3.848 4 元计算：3.848 4×2 000=7 697 元。

$$期末库存 500 只 N95 口罩的成本=3.848\,4\times 500=1\,924(元)$$

采用移动加权平均法计算的本期销售成本为 16 676 元（3 150＋5 829＋

7 697)，期末库存N95口罩的成本为1 924元。

移动加权平均法所计算出的加权平均单位成本也显得比较“公道”。与全月一次加权平均法相比，该方法能使管理层及时了解存货的结存情况，有利于对存货进行适时控制。当然，在手工核算的情形下工作量也比较大。

3. 个别计价法

对于不能替代使用的存货（如大型设备）、价格高昂的存货（如名贵珠宝或钟表）、为特定项目专门购入或制造的存货，通常采用个别计价法确定其销售成本。

显然，这种计算方法是最客观的，但在手工核算的情形下，其工作量比较大。值得庆幸的是，如今条码技术已经比较先进，大大减少了采用个别计价法计算销售成本的工作量。

4. 后进先出法

由于我国取消了后进先出法，所以用专栏的方式进行介绍。

专栏8-2　后进先出法

后进先出法的理念是假定后购进的存货先发出。

例8-6

北京蓝瑞医药有限公司采用后进先出法计算发出存货的成本，如表8-7所示。

表8-7　库存商品明细账

（采用后进先出法计算）

品名：N95口罩　　金额单位：元　　数量单位：只

2024年		摘要	收入			发出			结存		
月	日		数量	单价	金额	数量	单价	金额	数量	单价	金额
9	9	采购	① 2 000	3.5	7 000				2 000	3.5	7 000
	10	销售				①900	3.5	3 150	1 100	3.5	3 850
	15	采购	② 1 000	3.8	3 800				1 100 1 000	3.5 3.8	3 850 3 800
	16	销售				② 1 000 600	3.8 3.5	3 800 2 100	500	3.5	1 750
	20	采购	③ 2 000	3.9	7 800				500 2 000	3.5 3.9	1 750 7 800
	21	销售				③ 2 000	3.9	7 800	500	3.5	1 750
		本月合计	5 000		18 600	4 500		16 850	500	3.5	1 750

【分析】

北京蓝瑞医药有限公司采用后进先出法计算发出存货的成本，9月10日销售

900 只口罩时，发出的是 9 月 9 日购入的单价 3.5 元口罩 900 只，销售成本：3.5×900=3 150（元）。

9 月 15 日进货后，可供销售的 N95 口罩有两种：9 月 9 日以单价 3.5 元购入的 1 100 只口罩和 9 月 15 日以单价 3.8 元购入的 1 000 只口罩。

9 月 16 日销售 1 600 只口罩时，先发出 9 月 15 日购进的单价 3.8 元口罩 1 000 只，再发出 9 月 9 日购进的单价 3.5 元口罩 600 只。

销售成本=3.8×1 000+3.5×600=5 900(元)

9 月 20 日进货后，可供销售的 N95 口罩有两种：9 月 9 日以单价 3.5 元购入的 500 只口罩和 9 月 20 日以单价 3.9 元购入的 2 000 只口罩。

9 月 21 日销售 2 000 只口罩时，先发出 9 月 20 日购进的单价 3.9 元口罩 2 000 只。

销售成本=3.9×2 000=7 800(元)

期末库存 N95 口罩 500 只，单价 3.5 元。

期末存货成本=3.5×500=1 750(元)

因此，采用先进先出法计算的本期销售成本为 16 850 元（3 150+5 900+7 800），期末库存 N95 口罩的成本为 1 750 元。

后进先出法的优点是可以以最接近市价的金额计算销售成本。缺点是期末存货的成本可能偏离市价较大，在手工核算的情形下工作量比较大。

实务中，如果本期生产车间领用的原材料是以前分批次以不同价格采购的，那么，在计算生产过程所耗用的材料成本时也可以选择采用先进先出法、加权平均法、移动加权平均法或者个别计价法进行计算。其计算步骤与前面的例题相同。

8.2.3　存货跌价准备

1. 存货跌价准备计提

根据《企业会计准则第 1 号——存货》，存货包括：(1) 企业日常活动中持有以备出售的产成品或商品；(2) 处在生产过程中的在产品；(3) 在生产过程或是提供劳务过程中耗用的材料和物料等。那么，在商品被销售前、在原材料被投入生产过程或提供劳务过程前，入库的存货有可能由于遭受毁损、全部或部分陈旧过时或销售价格低于成本等原因，使存货的部分成本不能收回。

根据准则的规定，资产负债表日，存货应当按照成本与可变现净值孰低计量，存货成本高于其可变现净值的，应当计提存货跌价准备，计入当期损益。这个计提原则就是**成本与可变现净值孰低**（lower of cost or market，LCM）原则。其中，“资产负债表日”是指对外公布财务报表之日。在我国，一般是指季末、半年末和年末。“成本”是指任何一种以实际成本为基础的存货计价方法

（除后进先出法外）计算的期末存货价值。“可变现净值”（net realizable value，NRV）是指其估计售价减去估计的销售费用和相关税费后的金额。其计算公式如下：

$$\text{直接对外出售存货的可变现净值}=\text{估计售价}-\text{估计销售费用}-\text{估计相关税费}$$

需要进一步加工才能对外销售的存货，其可变现净值的计算是在前述计算公式的基础上再扣除估计的继续加工成本。

2. 计提存货跌价准备设置的账户

（1）资产减值损失。“资产减值损失”科目核算其计提各项资产减值准备所形成的损失。该科目可按照资产减值损失的项目进行明细核算，借方登记发生额（增加数），贷方登记结转额（减少数）；期末结转后，该科目无余额。

（2）存货跌价准备。“存货跌价准备”科目核算企业对存货计提的跌价准备。该科目是存货项目的备抵科目，可按存货项目或类别进行明细核算。该科目贷方登记计提额（增加数），借方登记转回额或转销额（减少数）；期末余额在贷方，反映企业已计提但尚未转销的存货跌价准备。

3. 计提存货跌价准备的账务处理

计提存货跌价准备时，应作如下会计处理：

借：资产减值损失——存货跌价准备

　贷：存货跌价准备

例 8-7

大美同心 2020 年 6 月 30 日，期末存货成本为 182 905 元（其中，库存商品 134 905 元，辅助材料 48 000 元）。期末存货可变现净值为 180 405 元（其中，库存商品 133 000 元，辅助材料 47 405 元）。公司按类别计提存货跌价准备。

【分析】

这是一项对存货分类别计提跌价准备的业务。这项经济业务一方面使资产减值损失增加 2 500 元（182 905－180 405），记入“资产减值损失”账户的借方；另一方面使存货跌价准备增加 2 500 元，记入“存货跌价准备”账户的贷方（其中，库存商品 1 905 元，辅助材料为 595 元）。计提存货跌价准备的会计分录如下：

借：资产减值损失　2 500

　贷：存货跌价准备——库存商品　1 905

　　　　　　　　——辅助材料　595

值得注意的是，当销售已计提存货跌价准备的商品、生产领用已计提存货跌价准备的原材料时，转出商品和原材料部分所计提的存货跌价准备也应一并转销。转销的账务处理请参考财务会计学教材。

8.3 固定资产折旧

8.3 即测即评

在企业的生产经营过程中，固定资产由于被使用而损耗，其价值不断减少。由于损耗而减少的价值就是固定资产**折旧**（depreciation）。折旧概念的基础是权责发生制以及体现这一制度要求的配比原则。按照配比原则，固定资产的成本不仅仅是为取得当期收入而发生的成本，也是为取得以后各项收入而发生的成本，即固定资产成本是为在固定资产有效使用期内取得收入而发生的成本，自然与收入相配比。因此，为了使减少的固定资产价值得到及时补偿，需要将折旧费用分期计入产品成本或费用中。如图 8－2 所示，企业购入固定资产后，根据入账价值计入资产负债表。随着固定资产的使用，其减少的价值分期计入利润表中的营业成本或费用（如管理费用销售费用等）。

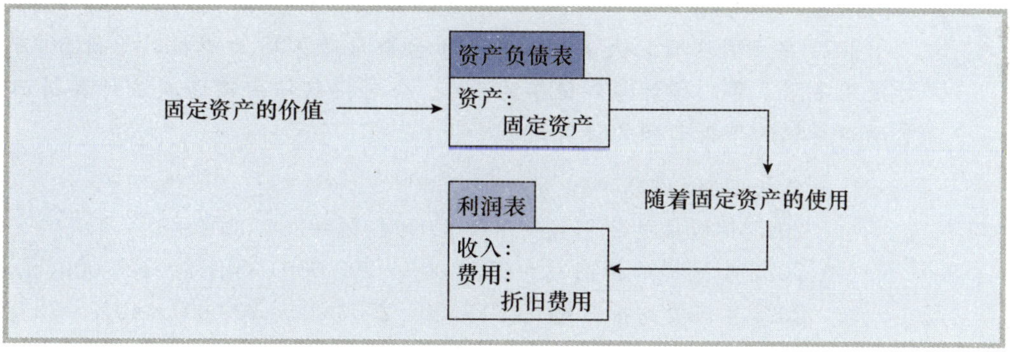

图 8－2　折旧费用的产生

8.3.1 固定资产折旧的计算方法

固定资产折旧的计算方法是指将固定资产的应提折旧总额在其使用期间进行分摊时所采用的具体计算方法。固定资产折旧主要有两类方法，一是直线法，二是加速折旧法（accelerated depreciation method）。直线法的特点是每期计提的折旧额相等，也称平均分摊法。加速折旧法的特点是在固定资产有效使用年限的前期多提折旧，后期少提折旧，从而相对加快折旧的速度，以使固定资产成本在有效使用年限中加快得到补偿。加速折旧法包括双倍余额递减法和年数总和法。

折旧方法选择不同，所计提的折旧额也不同。因此，企业需要根据具体情况和相关的制度规定选择合适的折旧方法。本书在第 5 章按直线法计提折旧的基础上，重点介绍双倍余额递减法和年数总和法。需要指出的是，折旧方法一经确定，原则上不得随意变更。如需变更，除了满足会计政策变更的规定程序外（包括提出申请、评价可操作性、董事会审议通过和股东会批准等），还应在财务报表附注中予以说明。但是，与固定资产有关的经济利益预期实现方式有重大改变的，应当改变固定资产折旧方法，作为会计估计变更。

1. 双倍余额递减法

双倍余额递减法（double-declining-balance method）是指在不考虑固定资产预计净残值的情况下，根据每期期初固定资产原价减去累计折旧后的余额乘以双倍的直线法折旧率来计算固定资产折旧的一种方法。计算公式如下：

年折旧率＝2/预计使用年限×100％

年折旧额＝固定资产账面净值×年折旧率

月折旧额＝年折旧额/12

为简化核算，在我国现行会计实务中，采用双倍余额递减法计提固定资产折旧时，应在其折旧年限到期前两年内，将固定资产净值扣除预计净残值后的余额平均摊销。

例 8－8

2021 年 1 月 1 日，大美同心购入 1 台全自动 N95 口罩机，单价 50 万元，预计使用年限 5 年，预计净残值率为 4％。公司按双倍余额递减法计算折旧。该全自动口罩机的年折旧额的计算过程如下：

年折旧率＝2/5＝40％

2021 年应提的折旧额＝500 000×40％＝200 000(元)

2022 年应提的折旧额＝(500 000－200 000)×40％＝120 000(元)

2023 年应提的折旧额＝(500 000－200 000－120 000)×40％＝72 000(元)

从第四年起改按年限平均法计提折旧：

2024 年和 2025 年应提的折旧额＝(500 000－200 000－120 000－72 000－500 000×4％)/2

＝44 000(元)

表 8－8 报告了该全自动 N95 口罩机在双倍余额递减法下的各年折旧额。

表 8－8　全自动 N95 口罩机的各年折旧额　　金额单位：元

年份	尚可使用寿命	应计折旧额	年折旧率	年折旧额	累计折旧
2021 年	5	500 000	2/5	200 000	200 000
2022 年	4	300 000	2/5	120 000	320 000
2023 年	3	180 000	2/5	72 000	392 000
2024 年	2	88 000	1/2	44 000	436 000
2025 年	1	44 000	1/2	44 000	480 000

2. 年数总和法

年数总和法（sum-of-the-years' digits method）是将固定资产的原价减去预计净

残值的余额，乘以一个以固定资产尚可使用年限为分子、以预计使用年限逐年数字之和为分母的逐年递减的折旧率计算每年折旧额的一种方法。计算公式如下：

年折旧率＝尚可使用年限/预计使用年限的逐年数字之和×100%

年折旧额＝(原价－预计净残值)×年折旧率

尚可使用年限：n，$n-1$，$n-2$，…，1

$$预计使用年限的逐年数字之和 = n+(n-1)+(n-2)+\cdots+1 = n\times(n+1)/2$$

例 8－9

资料同例 8－8，公司按年数总和法计算折旧。该全自动口罩机年折旧额的计算过程如下：

应提折旧总额＝500 000－500 000×4%＝480 000(元)

预计使用年限的逐年数字之和＝5×(5＋1)/2＝15

2021 年应提的折旧额＝480 000×5/15＝160 000(元)

2022 年应提的折旧额＝480 000×4/15＝128 000(元)

2023 年应提的折旧额＝480 000×3/15＝96 000(元)

2024 年应提的折旧额＝480 000×2/15＝64 000(元)

2025 年应提的折旧额＝480 000×1/15＝32 000(元)

月折旧额＝年折旧额/12

表 8－9 报告了该全自动 N95 口罩机在年数总和法下的各年折旧额。

表 8－9　全自动 N95 口罩机的各年折旧额　　金额单位：元

年份	尚可使用寿命	应计折旧额	年折旧率	年折旧额	累计折旧
2021 年	5	480 000	5/15	160 000	160 000
2022 年	4	480 000	4/15	128 000	288 000
2023 年	3	480 000	3/15	96 000	384 000
2024 年	2	480 000	2/15	64 000	448 000
2025 年	1	480 000	1/15	32 000	480 000

8.3.2　固定资产折旧计提的账务处理

计提折旧就是根据固定资产的受益对象将固定资产成本分期分配计入有关的成本或费用中。例如，生产部门使用的固定资产计提折旧，记入“制造费用”账户；管理部门使用的固定资产计提折旧，记入“管理费用”账户；专设销售机构使用的固定资产计提折旧，记入“销售费用”账户；自行建造固定资产过程中使用的固定资产计提折旧，记入“在建工程”账户。

企业设置“累计折旧”账户，核算固定资产的成本已转化为费用的累计金额。因此，企业计提固定资产折旧时，一方面使折旧费用增加，记入“制造费用”“管理费用”“销售费用”“在建工程”等账户的借方；另一方面使固定资产账面价值减少，记入“累计折旧”账户的贷方。

例 8-10

2021 年 12 月 31 日，大美同心按照规定计提固定资产折旧，其中车间使用固定资产应计提 120 000 元，行政管理部门使用固定资产应提取 100 000 元。

【分析】

这项经济业务一方面使折旧费用增加，车间使用固定资产的折旧费用 120 000 元记入“制造费用”账户的借方，行政管理部门使用固定资产的折旧费用 100 000 元记入“管理费用”账户的借方；另一方面使固定资产账面价值减少 220 000 元，记入“累计折旧”账户的贷方。会计分录如下：

借：制造费用	120 000	
管理费用	100 000	
贷：累计折旧		220 000

8.3.3 固定资产折旧计提的相关规定

除了已经提足折旧继续使用的固定资产以及单独估价入账的土地不计提折旧外，其他固定资产均应计提折旧。提前报废的固定资产不补提折旧。

固定资产一般按月计提折旧。当月增加的固定资产，当月不计提折旧；当月减少的固定资产，当月仍计提折旧。

8.4 固定资产减值

8.4 即测即评

8.4.1 固定资产减值计提

每年年末，企业购置固定资产后，由于固定资产市价持续下跌或是技术陈旧、资产损失以及长期闲置导致资产老化等原因，导致其可收回金额低于账面价值。这种情况称之为固定资产**减值**（impairment）。

根据《企业会计准则第 8 号——资产减值》的规定，资产的可收回金额低于其账面价值的，应当将资产的价值减记至可收回金额，减记的金额确认为资产减值损失，计入当期损益，同时计提相应的资产减值准备。固定资产可收回金额应当根据固定资产的公允价值减去处置费用后的净额与固定资产预计未来现金流量的现值两者之间较高者确定。固定资产的公允价值减去处置费用后的净额与固定资产预计未来现金流量的现值，只要有一项超过了资产的账面价值，就表明固定资产没有发生减值，不需再估计另一项金额。

8.4.2　计提固定资产减值准备设置的账户

计提固定资产减值准备时，设置“固定资产减值准备”账户。“固定资产减值准备”科目核算企业对固定资产计提的减值准备，是固定资产的备抵科目。该科目借方登记结转的固定资产减值准备，贷方登记计提额（增加数），期末余额在贷方，反映企业已计提但尚未转销的固定资产减值准备。需要注意的是，固定资产减值损失一经确认，在以后会计期间不得转回。以后期间处置固定资产时，需同时结转固定资产减值准备。

8.4.3　固定资产减值准备计提的账务处理

企业计提固定资产减值准备时，一方面使资产减值损失增加，记入“资产减值损失”账户的借方；另一方面使固定资产账面价值减少，记入“固定资产减值准备”账户的贷方。

例 8-11

沿用例 5-20 的资料，截至 2023 年 12 月 31 日，大美同心全自动 N95 口罩机按直线法已计提折旧 45 个月，累计折旧金额为 436 500 元（45×9 700），固定资产账面净值为 843 500 元（1 280 000－436 500）。2023 年 12 月 31 日，该口罩机发生减值，公允价值减去处置费用后的金额为 790 000 元，未来现金流量的现值为 800 000 元。

【分析】

这是一项对固定资产计提减值准备的业务。2023 年 12 月 31 日全自动 N95 口罩机的公允价值减去处置费用后的金额为 790 000 元，未来现金流量的现值为 800 000 元，按照固定资产可收回金额应当根据固定资产的公允价值减去处置费用后的净额与固定资产预计未来现金流量的现值两者之间较高者确定原则，全自动 N95 口罩机的可收回金额为 800 000 元。账面净值为 843 500 元，按可收回金额低于其账面价值的差额 43 500 元（843 500－800 000）计提减值准备。

这项经济业务一方面使资产减值损失增加，记入“资产减值损失”账户的借方；另一方面使固定资产减值准备增加，记入“固定资产减值准备”账户的贷方。会计分录如下：

借：资产减值损失　　43 500
　贷：固定资产减值准备——全自动 N95 口罩机　　43 500

关键术语

成本（cost）　　　　生产成本（manufacturing cost）

制造费用（manufacturing overheads）
永续盘存制（perpetual inventory system ）
实地盘存制（periodic inventory system）
成本流转假设（cost flow assumption）
先进先出法（first-in first-out，FIFO）
加权平均法（weighted average-cost method）
移动加权平均法（moving weighted average-cost method）
个别计价法（specific identification method）
后进先出法（last-in first-out，LIFO）
可变现净值（net realizable value，NRV）
成本与可变现净值孰低（lower of cost or market，LCM）
折旧（depreciation）
加速折旧法（accelerated depreciation method）
双倍余额递减法（double-declining-balance method）
年数总和法（sum-of-the-years' digits method）
减值（impairment）

思考题

Q8－1 成本计算的意义是什么？

Q8－2 哪些成本计入资产的入账价值？哪些成本用于计算当期利润？其判断依据是什么？

Q8－3 什么是存货的盘存制度？

Q8－4 发出存货的计价方法有哪些？它们的特点是什么？

Q8－5 计算固定资产折旧的方法有哪些？使用直线法和加速折旧法对会计信息的影响有什么不同？

练习题

E8－1 **目的：**存货跌价准备的计提。

资料：久泰实业有限公司为增值税一般纳税人，适用的增值税税率为13%。2022年12月31日该公司甲商品的账面余额为280万元。公司根据确凿证据计算的该批商品的可变现净值为220万元.

要求：根据以上资料，请为久泰公司编制相关的会计分录。

E8－2 **目的：**练习发出存货的成本的核算。

资料：中原食品有限公司某品牌挂面的购销情况见下表。

库存商品明细账

金额单位：元
数量单位：箱

品名：强筋挂面

2023 年		摘要	收入			发出			结存		
月	日		数量	单价	金额	数量	单价	金额	数量	单价	金额
9	9	采购	① 3 000	600							
	10	销售				① 1 600					
	15	采购	② 2 000	700							
	16	销售				② 1 200					
	20	采购	③ 1 000	800							
	21	销售				③ 2 000					
		本月合计		—			—			—	

要求：分别采用先进先出法、加权平均法、移动加权平均法和后进先出法计算企业月末该品牌挂面的结存金额和当月的主营业务成本。

E8－3　目的：掌握各种不同计提折旧额的方法

资料：A 公司 2023 年 1 月 1 日以 144 000 元购入一台设备，估计使用 4 年，净残值为 6 000 元 。

要求：分别采用直线法、双倍余额递减法和年数总和法计算 2023—2026 年的折旧额。

案例题

点亮心灵的成本①

目的：理解成本由“心”而生的道理以及成本的形成机制及主要构成内容。

资料：深圳市诚信诺②科技有限公司（Power Solution）成立于 2009 年。创始人李霞女士有些积累以后，一直想为社会做点什么，她的梦想是让人们用到实用、耐用、环保且买得起的产品。

不知道做什么产品应该是所有创业公司的难题。李霞早期做过消费类电子产品，主要经营电子礼品、电脑、数码产品等。这类产品虽然赚钱，但是对环境不友好，对地球的伤害是长期甚至不可逆的。这与李霞的梦想不相符，公司在最初两年迟迟不能确定主打产品。

机缘巧合的是，2011 年公司接到了一位斯坦福学生和一位麻省理工学生发来的订单。这份订单使李霞逐渐了解客户需要什么样的产品，公司应该为什么样的人群服务，知道了世界银行认证的标准。正是在完成这一定制产品的过程中，公司产品实现了创新升级，一次性通过了德国电子产品质量安全检测，并获得了世界银行资质认证，这极大地鼓舞了公司员工的士气。公司也进一步明确了愿景和

① 本案例资料根据 2018 年 10 月 9 日社会企业家在中国人民大学所做的讲座“点亮三百万非洲贫困家庭——中国女企业家（李霞）的全球化社会创业”及网络资料编写而成。

② 诚信诺的含义是诚立业、信行远、诺双赢。

目标，致力于为全世界缺电的地区，尤其是亚非拉国家处于金字塔底层（bottom of the pyramid，BOP）的人群提供绿色能源照明灯，改善 BOP 人群的生活状况。

越贫困的人为照明支付的成本比例越高。每个家庭每月需要花 5 美元购买蜡烛、煤油灯，这让本就贫困的 BOP 人群更加贫困。更为严重的是，BOP 人群在付出金钱的同时，还可能付出生命的代价。据世界卫生组织统计，全球 70 亿人口中有 12 亿人没有电用。每年由于蜡烛和煤油灯引起火灾导致的死亡人数是 250 万人，煤油黑烟导致因肺部疾病死亡的人数是 280 万人，蜡烛和煤油灯产生的二氧化碳是 1.9 亿吨。

绿色照明灯首选太阳能发电系统，但太阳能板和蓄电池制造属于高科技，具有一定的技术门槛。2008 年金融危机使部分企业经营困难，不得已低价出售公司。这为诚信诺公司进入该市场提供了良机，在别人纷纷退出时，它却逆向而行，果断进入绿色能源行业，不仅取得了技术，还获得了低成本的先发优势。

如何做出低成本的绿色能源照明灯？除了技术上的低成本优势，最主要的成本取决于设计，只有无缺陷的设计才能降低成本。创始人李霞坚信，产品的品质和 70%的成本是由设计决定的，而不是靠生产过程中的节约和对供应商的压榨来降低原材料成本。因此，公司在生产照明灯时，在技术上做到一颗螺丝即可保证防跌、防摔、防水，一次通过世界银行认证。在外观上做到简单轻巧。比如，照明灯的支架比同类产品低很多，这么做不仅节约材料成本，还可节约运输成本。因为越是落后的地区，交通运输越是不便，往往最后一公里没有路，是靠人爬、靠骡子驮上去的，太大太高的支架会增加运输成本；利用路边随处可见的矿泉水瓶，把照明灯支架一弯，挂在矿泉水瓶上就可以增加高度。在包装上，将两个照明灯扣起来，可以节省包装空间，一个包装箱可以装 96～100 只照明灯。

为了保证产品质量，在主要材料上公司坚守产品生产原则——绝不偷工减料！太阳能板使用美国 Sun Power 技术，价格较贵；电池用的是比亚迪的动力电池（磷酸铁铝电池），寿命是 2 000 次循环，正常情况下可使用 5 年。照明灯充一次电，可以照明 4～5 小时，完全可以代替所有的蜡烛和煤油灯。终端用户的售价是 5 美元，至少可以用 3 年，维护得好可用 5 年。

因此，产品任何一个环节的设计优化和成本控制都能改善更大范围 BOP 人群的照明情况。设计优化需要同时考虑后续运输、安装、使用、回收、循环等环节。只有全流程采用最节约成本的方式，才能最大程度降低产品成本。但产品再好，如果需要者没有支付能力，一切又都归于零。用买一个月蜡烛和煤油的钱，就能买到一盏可持续使用几年的太阳能 LED 阅读灯。也许这就是创办一家公司的不竭源泉吧！

要求：

（1）有人说“痛点在哪里，生意就在哪里”。诚信诺科技公司为什么要选择“低消费能力市场”？

（2）如何理解成本由“心”而生？产品设计与成本之间的关系是什么？

（3）看图设想一下这个售价约 5 美元的太阳能 LED 阅读灯的成本及其构成。

第9章 财产清查

素养提升

1. 价值塑造

- 树立据实记录是美德的价值观。
- 严格按照内部控制流程，采用科学合理的盘点方法。
- 做到账账相符、账实相符，保证会计信息真实可靠。

2. 知识传授

● 财产清查是摸清企业家底的重要举措，是在编制财务会计报告，尤其是年报之前必须要做的工作。

● 财产清查分定期清查、不定期清查，全面清查和局部清查。全面清查包括货币资金清查、实物资产清查和应收款项清查。这部分内容涉及面广、业务量大，要针对不同财产采用不同的盘点方法。

● 能实地盘点的就实地盘点，如房屋、机器设备、存货等。农林渔、畜牧业由于自然生长及产品具有生命等特点，盘点难度较大，要加以高度关注。对高密闭、高腐蚀、剧毒等物资的盘点要借助高科技手段。对债权债务采用函证的核对方法。

● 对盘点结果通过“待处理财产损溢”账户，分批准前和批准后两步进行处理。

3. 能力培养

● 培养明辨是非的能力。教育学生无论日后从事何种工作，都要坚持原则，恪守职业道德规范。挪用公款、贪污受贿就是犯罪。

● 培养负责的精神和能力。财产清查能够反映企业内部控制制度的有效性、财会人员及相关工作人员的职业道德水平和工作作风问题，对学生的思想政治教育影响较大。要本着对投资者等利益相关者负责的态度切实履行职责，认真清查财产，如实反映。

素养提升

学习目标

1. 掌握：银行存款余额调节表的编制；财产清查结果的账务处理。
2. 理解：财产清查的一般程序；货币资金、实物资产和往来款项的清查方法。
3. 了解：财产清查的意义与种类。

9.1 财产清查概述

9.1 即测即评

9.1.1 财产清查的概念与意义

1. 财产清查的概念

财产清查是指通过对货币资金、实物资产和往来款项等财产物资进行盘点或核对，确定其实存数，查明账存数与实存数是否相符的一种专门方法。

财产清查的目的是保证账实相符。导致账实不符的常见原因有：(1) 收发计量工具、衡器误差；(2) 会计程序遗漏登记、重复登记、错误登记或者计算错误；(3) 实物资产的物理属性所导致的误差，如盐的称重会受到空气湿度的影响；(4) 未达账项，即票据传递时差会导致暂时性的账实不符；(5) 管理人员的过失或营私舞弊、贪污失职；(6) 不可抗力导致的实物资产灭失或毁损。

2. 财产清查的意义

企业应当建立健全财产物资清查制度，加强管理，以保证财产物资核算的真实性和完整性。具体而言，财产清查的意义主要有：

(1) 保证账实相符，提高会计资料的准确性。通过财产清查，可以查明各项财产物资的实有数量，确定实有数量与账面数量之间的差异，查明原因和责任，以便采取有效措施，消除差异，改进工作，从而保证账实相符，提高会计资料的准确性。

(2) 切实保障各项财产物资的安全完整。通过财产清查，可以查明各项财产物资的保管情况是否良好，有无因管理不善造成霉烂、变质、损失浪费，或者被非法挪用、贪污盗窃的情况，以便采取有效措施，改善管理，切实保障各项财产物资的安全完整。

（3）加速资金周转，提高资金使用效益。通过财产清查，可以查明各项财产物资的库存和使用情况，合理安排生产经营活动，充分利用各项财产物资，加速资金周转，提高资金使用效果。

9.1.2 财产清查的种类

1. 按照清查范围分类

（1）全面清查。全面清查是指对所有的财产进行全面的盘点和核对，所涉及的范围广、内容多、工作量大。《会计基础工作规范》要求对账工作每年至少进行一次。单位可根据管理需要组织实施全面清查，一般安排在年末进行。

（2）局部清查。局部清查是指根据需要只对部分财产进行盘点和核对。一般针对流动性较强的财产，如库存现金、原材料、在产品、库存商品等。相对而言，局部清查能够抓住管理中的主要矛盾和矛盾的主要方面，实施范围小，所涉及的实物资产和管理人员都比较少，可根据管理需要灵活进行。一般对库存现金，出纳人员应每日清点核对一次；对银行存款，要根据银行对账单每月至少核对一次；对存货尤其是贵重物资，每月要盘点一次。

2. 按照清查时间分类

（1）定期清查。定期清查是指按照预先计划安排的时间对财产进行的盘点和核对。定期清查一般在年末、季末、月末进行。定期清查可以是全面清查（如年末决算前的清查），也可以是局部清查（如月末、季末对货币资金和贵重物资的清查）。

（2）不定期清查。不定期清查是指事前不规定清查日期，而是根据特殊需要临时进行的盘点和核对。不定期清查可以是全面清查，也可以是局部清查，应根据实际需要来确定清查的对象和范围。一般在会计工作交接、企业重组或发生贪污盗窃、营私舞弊等特殊情况时，单位通常会组织临时清查。

3. 按照清查的执行单位分类

（1）内部清查。内部清查是指由本单位内部自行组织清查工作小组所进行的财产清查工作。大多数财产清查都是内部清查。

（2）外部清查。外部清查是指由上级主管部门、审计机关、司法部门、注册会计师根据国家有关规定或情况需要对本单位进行的财产清查。一般来讲，进行外部清查时应有本单位相关人员参加。

9.1.3 财产清查的一般程序

财产清查既是会计核算的一种专门方法，又是财产物资管理的一项重要制度。企业必须有计划、有组织地进行财产清查。财产清查一般包括以下程序：

（1）建立财产清查小组；

（2）组织清查人员学习有关政策规定，掌握有关法律、法规和相关业务知识，以提高财产清查工作的质量；

（3）确定清查对象、范围，明确清查任务；

（4）制定清查方案，具体安排清查内容、时间、步骤、方法，以及必要的清查前准备；

（5）清查时本着先清查数量、核对有关账簿记录等，后认定质量的原则进行；

（6）填制盘存清单；

（7）根据盘存清单，填制实物、往来账项清查结果报告表。

9.2 财产清查的方法

9.2 即测即评

货币资金、实物、往来款项的特点各有不同，在进行财产清查时，应采用与其特点和管理要求相适应的方法。

9.2.1 货币资金的清查方法

1. 库存现金的清查

库存现金的清查是采用实地盘点法确定库存现金的实存数，然后与库存现金日记账的账面余额相核对，确定账实是否相符。

库存现金日记账必须逐日结出余额，并与实存数进行核对。在财产清查小组到达之前，出纳人员应当将现金收款凭证和现金付款凭证登记入账并结出账存金额。在清查小组实地盘点时，出纳人员必须在场。清查过程中，如发现有挪用现金、白条抵库（即采用不符合规定的原始凭证进行报销处理）的情况，应当责令改正。

盘点完成后，应编制现金盘点报告表如表9-1所示，并由清查人员和出纳人员签章。

表9-1 现金盘点报告表

单位名称：　　　　　　　　　　　　年　月　日　　　　　　　　　　　金额单位：元

实有金额	账存金额	对比结果		备注
		盘盈	盘亏	

清查小组负责人签章：　　　　　　盘点人签章：　　　　　　出纳员签章：

2. 银行存款的清查方法

银行存款的清查是采用与开户银行核对账目的方法进行的，即将本单位银行存款日记账的账簿记录与开户银行转来的对账单逐笔进行核对，来查明银行存款的实有数额。银行存款的清查一般在月末进行。

（1）银行存款日记账与银行对账单不一致的原因。将截至清查日所有银行存款的收付业务都登记入账后，对发生的错账、漏账应及时查清更正，再与银行的对账单逐笔核对。如果二者余额相符，通常说明没有错误；如果二者余额不相符，则可能是企业或银行一方或双方记账过程有错误或者存在未达账项。

未达账项（deposit in transit），是指企业和银行之间由于对同一笔收付业务记账时间不一致而发生的一方已经入账，而另一方尚未入账的事项。未达账项一般分为以下四种情况：

1）企业已收款记账，银行未收款未记账的款项；

2）企业已付款记账，银行未付款未记账的款项；

3）银行已收款记账，企业未收款未记账的款项；

4）银行已付款记账，企业未付款未记账的款项。

上述任何一种未达账项都会使企业银行存款日记账的余额与银行对账单的余额不符。所以，在与银行对账时首先应查明记账是否有错漏；在确定记账正确的情况下，再查明是否存在未达账项。如果存在未达账项，就应该编制**银行存款余额调节表**（bank reconciliation），据以调节双方的账面余额，然后验证经过调整后的双方余额是否相等。

（2）银行存款清查的步骤。

1）根据经济业务、结算凭证的种类、号码和金额等资料逐日逐笔核对银行存款日记账和银行对账单。凡双方都有记录的，用铅笔在金额旁打上“√”。

2）找出未达账项（即银行存款日记账和银行对账单中没有打“√”的款项）。

3）将日记账和对账单的月末余额及找出的未达账项填入“银行存款余额调节表”，并计算出调整后的余额。

4）调整平衡的银行存款余额调节表，经主管会计签章后呈报开户银行。

银行存款余额调节表的编制是以双方账面余额为基础，各自分别加上对方已收款入账而己方尚未入账的金额，减去对方已付款入账而己方尚未入账的金额。其计算公式如下：

$$\begin{matrix}\text{企业银行存款}\\\text{日记账余额}\end{matrix}+\begin{matrix}\text{银行已收}\\\text{企业未收款}\end{matrix}-\begin{matrix}\text{银行已付}\\\text{企业未付款}\end{matrix}=\begin{matrix}\text{银行对账单}\\\text{存款余额}\end{matrix}+\begin{matrix}\text{企业已收}\\\text{银行未收款}\end{matrix}-\begin{matrix}\text{企业已付}\\\text{银行未付款}\end{matrix}$$

（3）银行存款余额调节表的作用。

1）银行存款余额调节表仅仅是加强管理的一种手段，是一种对账记录或对账工具，它不是原始凭证，更不是记账凭证，因此，不能根据银行存款余额调节表中的未达账项来调整银行存款账面记录，未达账项只有在收到有关凭证后才能进行有关账务处理。

2）调节后的余额如果相等，通常说明企业和银行的账面记录一般没有错误。该余额通常为企业可以动用的银行存款实有数。

3）调节后的余额如果不相等，通常说明一方或双方记账有误，需进一步追查，查明原因后予以更正和处理。

例 9－1

2024 年 6 月 30 日，中原粮油有限公司的银行存款日记账余额为 368 000 元，银行对账单余额为 362 000 元。经过逐笔核对，发现有下列未达账项：

（1）29 日，中原粮油有限公司销售商品，收到客户开出的 8 000 元的转账支票，已经增记银行存款，但该支票尚未送达银行。

（2）29 日，中原粮油有限公司开出 1 000 元的转账支票支付采购款，但银行尚未划款（即客户尚未提示付款）。

（3）30 日，开户银行收到中原粮油有限公司的客户汇过来的货款 5 000 元，但进账单尚未送达中原粮油有限公司。

（4）30 日，开户银行代中原粮油有限公司支付水电费 4 000 元，但结算单据尚未送达中原粮油有限公司。

【分析】

此例题中共有四笔未达账项：（1）企业已收而银行未收款 8 000 元；（2）企业已付而银行未付款 1 000 元；（3）银行已收而企业未收款 5 000 元；（4）银行已付而企业未付款 4 000 元。

编制银行存款余额调节表时，分别把银行对账单余额和企业银行存款日记账余额作为调整的起点。具体调整步骤如表 9－2 所示。调整后的余额 369 000 元，即为中原粮油有限公司可动用的在开户银行的实有存款金额。

表 9－2 银行存款余额调节表

2024 年 6 月 30 日　　　　金额单位：元

项目	金额	项目	金额
银行对账单余额	362 000	企业银行存款日记账余额	368 000
加：企业已收而银行未收款	8 000	加：银行已收而企业未收款	5 000
减：企业已付而银行未付款	1 000	减：银行已付而企业未付款	4 000
调节后的余额	369 000	调节后的余额	369 000

9.2.2 实物资产的清查方法

实物资产主要包括固定资产、存货等。实物资产的清查就是对实物资产在数量和质量上进行的清查。常用的清查方法主要有实地盘点法和技术推算法。

1. 实地盘点法

实地盘点法（physical count）是在实物存放现场逐一清点数量或者使用计量仪器确定其实存数的一种方法。

2. 技术推算法

技术推算法是指运用科学技术手段推算特定物资的实存数量的方法。这种方法主要适用于量大、难以逐一清点的物资，如露天堆放的煤炭、矿石、石材等。石油、仓储粮食等货物，也常常采用技术推算法。

随着人工智能等新技术的发展，实物资产的盘点中有了新技术的支持，盘点效率得以提高。例如，利用机器人和自动化系统进行存货盘点，可以提高盘点速度和准确率，减少人为错误。再如，本章章后的案例题“用 AI 数猪”生动展现了人工智能在存货盘点中的应用。

清查实物时，实物保管人员应当与盘点人员同时在场，并在盘存单（见表 9-3）上签字确认盘点结果。

表 9-3　盘存单

单位名称：　　　　盘点时间：　　　　编号：
财产类别：　　　　存放地点：　　　　金额单位：元

实有数量	账存数量	对比结果		备注
		盘盈	盘亏	

清查小组负责人签章：　　　　盘点人签章：　　　　保管人签章：

盘存单既是记录盘点结果的书面证明，也是反映财产物资实存数的原始凭证。为了查明实存数与账存数是否一致，确定盘盈或盘亏的情况，还可以根据盘存单和有关账簿的记录，编制实存账存对比表如表 9-4 所示。该表既是调整账簿记录的重要原始凭证，也是分析差异产生的原因、明确经济责任的重要依据。

表 9-4　实存账存对比表

单位名称：　　　　盘点时间：　　　　编号：
财产类别：　　　　存放地点：　　　　金额单位：元

编号	类别名称	计量单位	单价	对比结果								备注
				实存		账存		盘盈		盘亏		
				数量	金额	数量	金额	数量	金额	数量	金额	

主管：　　　　会计：　　　　制表：

9.2.3　往来款项的清查方法

往来款项主要包括应收、应付款项和预收、预付款项等。往来款项的清查一般采用发函询证的方法进行核对，即根据账户信息编制对账单，给各位债权人和债务人发函求证。往来款项清查以后，将清查结果编制往来款项清查表（见表 9-5），填列各项债权、债务的余额，以供管理层作参考。对于有争执的款项以及无法收回的款项，应在报告单上详细列明情况，以便及时采取措施进行处理，避免或减少坏账损失。

表9-5　往来账项清查表

编号：

单位名称：　　　　年　月　日　　　　金额单位：元

明细账户名称	账面结存余额	实存		发生日期	核对不符原因分析					备注
		核对相符金额	核对不符金额		错误账项	未达账项	拒付账项	异议账项	其他	

9.3 财产清查结果的处理

9.3 即测即评

9.3.1 财产清查结果处理的要求

企业进行财产清查后，财产物资与账面数进行比较后可能产生的结果有：(1) 账实相符；(2) 实存数大于账存数，即盘盈；(3) 实存数小于账存数，即盘亏。

对于财产清查中发现的问题，如财产物资的盘盈、盘亏、毁损或其他各种损失，应核实情况，调查分析产生的原因，按照国家有关法律法规的规定进行相应的处理。

财产清查结果处理的具体要求有：(1) 分析产生差异的原因和性质，提出处理建议；(2) 积极处理多余积压财产，清理往来款项；(3) 总结经验教训，建立健全各项管理制度；(4) 及时调整账簿记录，保证账实相符。

9.3.2 财产清查结果处理的步骤与方法

财产清查结果的处理可分为两个步骤：

1. 审批之前的处理

根据清查结果报告表、盘点报告表等已经查实的数据资料，填制记账凭证，记入有关账簿，使账簿记录与实际盘存数相符，同时根据权限将处理建议报股东大会、董事会、经理（厂长）会议或类似机构批准。

2. 审批之后的处理

企业清查的各种财产损溢，应于期末前查明原因，并根据企业的管理权限，经股东大会、董事会、经理（厂长）会议或类似机构批准后，在期末结账前处理完毕。企业应严格按照有关部门对财产清查结果提出的处理意见进行账务处理，填制有关记账凭证，登记有关账簿，并追回应由责任者承担的财产损失。

期末结账前，如果企业清查的各种财产损溢尚未经批准，在对外提供财务报表时，先按上述规定进行处理，并在附注中作出说明；其后批准处理的金额与已处理金额不一致的，调整财务报表相关项目的年初数。

9.3.3 财产清查结果的账务处理

1. 设置“待处理财产损溢”账户

为了反映和监督企业在财产清查过程中查明的各种财产物资的盘盈、盘亏、毁损及其处理情况，应设置“待处理财产损溢”账户（但固定资产盘盈要通过“以前年度损益调整”账户核算）。该账户属于双重性质的资产类账户，下设“待处理流动资产损溢”和“待处理非流动资产损溢”两个明细分类账户进行明细分类核算。

该账户的借方登记财产物资的盘亏数、毁损数和批准转销的财产物资盘盈数；贷方登记财产物资的盘盈数和批准转销的财产物资盘亏及毁损数。企业清查的各种财产的盘盈、盘亏和毁损应在期末结账前处理完毕，所以“待处理财产损溢”账户在期末结账后没有余额。

2. 库存现金清查结果的账务处理

（1）库存现金盘盈的账务处理。库存现金盘盈时，应及时办理库存现金的入账手续，调整库存现金账簿记录，即按盘盈的金额借记“库存现金”科目，贷记“待处理财产损溢——待处理流动资产损溢”科目。

对于盘盈的库存现金，应及时查明原因，按管理权限报经批准后，按盘盈的金额借记“待处理财产损溢——待处理流动资产损溢”科目，按需要支付或退还他人的金额贷记“其他应付款”科目，按无法查明原因的金额贷记“营业外收入”科目。

（2）库存现金盘亏的账务处理。库存现金盘亏时，应及时办理盘亏的确认手续，调整库存现金账簿记录，即按盘亏的金额借记“待处理财产损溢——待处理流动资产损溢”科目，贷记“库存现金”科目。

在现金短缺的情形下，对于应由责任人赔偿或保险公司赔偿的部分，应记入“其他应收款”科目。对于无法查明原因的现金短缺，企业会计准则体系并未明确规定其会计处理规则，理论上各单位可在管理制度中予以统一规定。例如，可根据管理所需采取如下三种处理方法：一是视为出纳人员失职，因此，出于加强管理、彻底堵住管理漏洞的考虑，可责令其赔偿，记入“其他应收款”科目；二是视为管理水平欠佳的代价，记入“管理费用”科目，在分析管理质量时可酌情采取针对性措施；三是视为偶然发生的损失，记入“营业外支出”科目。比较而言，第一种处理方法对于加强管理更为有效，但显得对出纳人员过于苛刻。后二者显得颇有道理，但给管理制度开了口子。

例9-2

正明会计师事务所有限公司盘点现金的有关业务的会计分录如下：

（1）发现现金短缺9 000元（实际款数少于账簿记载金额）。

借：待处理财产损溢——待处理流动资产损溢	9 000
贷：库存现金	9 000

经查明，有3 000元需向责任人徐永祚追还。其余6 000元无从追还，记入“管理费用”。

借：其他应收款——徐永祚	3 000
管理费用	6 000
贷：待处理财产损溢——待处理流动资产损溢	9 000

（2）发现现金溢余2 000元（实际款数多于账簿记载金额）。

借：库存现金	2 000
贷：待处理财产损溢——待处理流动资产损溢	2 000

原因不明，经批准记入“营业外收入”。

借：待处理财产损溢——待处理流动资产损溢	2 000
贷：营业外收入	2 000

3. 存货清查结果的账务处理

（1）存货盘盈的账务处理。存货盘盈时，应及时办理存货入账手续，调整存货账簿的实存数。盘盈的存货应按其重置成本作为入账价值，借记“原材料”“库存商品”等科目，贷记“待处理财产损溢——待处理流动资产损溢”科目。

对于盘盈的存货，应及时查明原因，按管理权限报经批准后，冲减管理费用，即按其入账价值，借记“待处理财产损溢——待处理流动资产损溢”科目，贷记“管理费用”科目。

（2）存货盘亏的账务处理。存货盘亏时，应按盘亏的金额借记“待处理财产损溢——待处理流动资产损溢”科目，贷记“原材料”“库存商品”等科目。材料、产成品、商品采用计划成本（或售价）核算的，还应同时结转材料成本差异（或商品进销差价）。涉及增值税的，还应进行相应处理。

对于盘亏的存货，应及时查明原因，按管理权限报经批准后，自然损耗产生约定额内合理损耗由管理费用负担，借记“管理费用”科目；超出定额的短缺或毁损造成的损失，应由过失人负责赔偿，按可收回的保险赔偿和过失人赔偿的金额，借记“其他应收款”科目；自然灾害等不可抗力原因导致的非常损失，在扣除保险公司赔款和残料价值后，借记“营业外支出”科目；按原记入“待处理财产损溢——待处理流动资产损溢”科目借方的金额贷记本科目。

例9-3

润生商贸有限责任公司期末盘点库存商品时，发现副食品盘盈，估计的重置成本是1 000元，盘盈原因待查。其会计分录如下：

借：库存商品	1 000
贷：待处理财产损溢——待处理流动资产损溢	1 000

经调查，盘盈系收发时衡器误差所致，经批准冲减企业的管理费用。

借：待处理财产损溢——待处理流动资产损溢　　1 000
　贷：管理费用　　1 000

4. 固定资产清查结果的账务处理

（1）固定资产盘盈的账务处理。为了限制企业利用盘盈固定资产来操纵利润，我国现行企业会计准则及其应用指南要求企业对固定资产盘盈比照会计差错进行账务处理。

企业设“以前年度损益调整”科目核算企业本年度发生的调整以前年度损益的事项，以及本年度发现的重要前期差错更正涉及调整以前年度损益的事项。该科目结转后应无余额。

企业在财产清查过程中盘盈的固定资产，经查明确属企业所有，按管理权限报经批准后，应根据盘存凭证填制固定资产交接凭证，经有关人员签字后送交企业会计部门，填写固定资产卡片账，并作为前期差错处理，通过“以前年度损益调整”科目核算。盘盈的固定资产通常按其重置成本作为入账价值借记“固定资产”科目，贷记“以前年度损益调整”科目。涉及增值税、所得税和盈余公积的，还应按相关规定处理。

（2）固定资产盘亏的账务处理。固定资产盘亏可比照存货盘亏进行账务处理，通过“待处理财产损溢”科目进行核算。

固定资产盘亏时，应及时办理固定资产注销手续，按盘亏固定资产的账面价值，借记“待处理财产损溢——待处理非流动资产损溢”科目，按已提折旧额，借记“累计折旧”科目，按其原价，贷记“固定资产”科目。涉及增值税和递延所得税的，还应按相关规定处理。

对于盘亏的固定资产，应及时查明原因，按管理权限报经批准后，按过失人及保险公司应赔偿额，借记“其他应收款”科目，按盘亏固定资产的原价扣除累计折旧和过失人及保险公司赔偿后的差额，借记“营业外支出”科目，按盘亏固定资产的账面价值，贷记“待处理财产损溢——待处理非流动资产损溢”科目。

例 9－4

中南电器股份公司年末对固定资产进行清查时，发现丢失一台计量设备，该设备原价 48 000 元，已计提折旧 18 000 元。经查，计量设备丢失的原因在于保管员看守不当。经批准，由保管员赔偿 10 000 元。有关账务处理如下：

（1）发现计量设备丢失时。

借：待处理财产损溢——待处理非流动资产损溢　　30 000
　　累计折旧　　18 000
　贷：固定资产——计量设备　　48 000

（2）报经批准后处理时。

借：其他应收款——××保管员　　10 000
　　营业外支出　　20 000
　贷：待处理财产损溢——待处理非流动资产损溢　　30 000

关键术语

未达账项（deposit in transit）
银行存款余额调节表（bank reconciliation）
实地盘点（physical count）

思考题

Q9-1 进行财产清查的意义是什么？
Q9-2 财产清查的方法有哪些？
Q9-3 什么是未达账项？其产生原因有哪些？
Q9-4 如何进行库存现金和存货盘盈盘亏的账务处理？
Q9-5 如何进行固定资产盘亏的账务处理？

练习题

E9-1 目的：练习存货盘亏的账务处理。

资料：企业财产清查中，库存甲材料盘亏18 000元。经查明：属于定额内损耗的300元；属于非常损失的17 700元，其中，残料价值260元，保险公司应给予赔偿款17 000元，剩余440元经批准按营业外支出处理。

要求：编制按规定上报批准后转销的会计分录。

E9-2 目的：练习货币资金、实物清查的账务处理。

资料：20×6年11月30日，某企业按照预定的清查计划，对货币资金、实物进行清查，详细情况如下：

（1）清查小组采用实地盘点法清查现金。在清查人员的监督下，出纳张某经手盘点现金32 000元，清查人员审核相关凭证和账簿后，发现账簿记录的金额为30 000元。账实不符的原因是出纳应支付职工许某差旅费2 000元，该职工未领取。清查小组组长为李某，盘点人为王某。

（2）清查小组通过与开户银行转来的对账单进行银行存款核对，银行对账单余额为350 000元，而企业账簿记录银行存款余额为280 000元。经查，差额是由于以下未达账项引起的：

1）11月28日，企业支付水电费，计8 000元，已开出支票并已编制会计凭证且登记入账，银行尚未处理。

2）11月28日，银行将借给企业的130 000元划入企业的存款账户，企业未收到入账通知。

3）企业因开空头支票，被银行罚款 18 000 元。11 月 29 日，银行将款项从企业账户划出，企业未作处理。

4）11 月 29 日，企业收到转账支票一张，金额为 50 000 元，是上个月赊销的货款，企业已入账，但未将支票带去银行办理手续。

（3）清查小组采用实地盘点法确定了某设备的实存数，发现账上多记了一台设备，账面原价为 28 000 元，已计提折旧 10 000 元。清查小组未查明原因。清查小组将盘点结果填制盘存单及实存账存对比表，相关人员已将处理意见（作为非常损失）报请领导批示，领导同意该处理方法。

要求：根据上述资料，完成以下表格和会计分录：

（1）填制库存现金盘点报告表。

库存现金盘点报告表

单位名称：　　　　20×6 年 11 月 30 日　　　　单位：元

实存金额	账存金额	对比结果（打“√”）		备注（处理意见）
		盘盈	盘亏	

负责人签章：（　　）　　盘点人签章：（　　）　　出纳员签章：（　　）

（2）填制银行存款余额调节表，在项目栏括号内填上相应的计算符号，在金额栏内填上相应的数字。

银行存款余额调节表

20×6 年 11 月 30 日　　　　单位：元

项目	金额	项目	金额
企业银行存款日记账余额		银行对账单余额	
（　）银行已收，企业未收 （　）银行已付，企业未付		（　）企业已收，银行未收 （　）企业已付，银行未付	
调节后存款余额		调节后存款余额	

（3）根据资料（3）的清查结果编制处理意见报批前和报批后的会计分录。

案例题

用 AI 数猪①

目的：了解盘点生物（活体）资产的最新技术和方法。

资料：猪是较早被人类驯化的动物之一，也是人类食物来源之一。中国是世界上最大的猪肉消费国，也是最大的猪肉生产国，每年新产的小猪是 6.9 亿只。

① 本案例资料整理自讲座“我用 AI 养猪”和网络资料。“我用 AI 养猪”演讲者为睿畜科技 CTO 张腾飞，演讲视频：https://www.yixi.tv/h5/speech/724/。

与猪肉直接相关的产业价值约1.4万亿元，相当于智能手机市场规模的2.3倍。但看似简单的数猪和称重却难倒了不少大型养殖场。

传统的数数法对单个养殖户或小型养殖场问题不大，但对规模上万、几十万、百万级的大型养殖场来说就非易事了。因为猪除了能吃能睡，还喜欢挤在一起。如果散养，则会到处乱跑，很容易数了这个，漏了那个。

称重也不容易，按照传统的称重方式，人必须把猪赶上秤，再把猪赶下来，整个过程非常混乱。猪的胆子很小，遇到威胁时猪的第一反应是往后缩，你越赶它越乱。所以，赶猪是猪场技术含量最高的工作之一，需要靠经验，不是一下就能学会的。

那么，在生猪养殖业，如何通过智能设备实现智能化管理呢？睿畜科技是一家专注于养猪产业智能化管理服务的提供商，旨在通过信息化、智能化管理应用，提高猪场的生产效率，降低养殖成本，提升猪肉品质。公司CTO张腾飞专门研究日珥，通过他编的程序来识别和追踪日珥，就能算出日珥的大小。本是仰望星空的技术，却机缘巧合地用到了养猪行业。

首先，要为猪设计一个可穿戴设备。为了采集猪的活动信息，需要在猪耳朵上佩戴耳标，耳标的作用主要在于身份识别、远程定位，以监测猪的活动如行走步数、采食频次、体型体重等信息。其次，需要会看耳标的"眼睛"，为了以最佳视角进行拍摄，将类似于监控交通流量的监测设备安装在猪场的天花板上。该系统使用的是最新的AI技术，如深度神经网络等，需要用计算机视觉技术，通过传感器、物联网，以深度学习为核心，实时理解图像中的空间方位，理解图像中的场地信息，追踪猪的行为，全天候自动收集生猪的各种数据，实现标准化管理。最终通过识别和累加解决了数数的问题；通过提供轮廓的提取功能，利用图像去重构建猪的三维体型和体重，解决了给猪称重的难题。

有关猪的数量和重量问题解决以后，作为大型养殖场，还需要按猪的种类进行盘点。比如按照种猪、公猪、幼猪进行分类，对母猪还可以按胎龄结构、产仔数量等及时记录母猪各胎次生产情况、繁殖能力、疫苗免疫记录，及早发现繁殖能力低的问题母猪，及时加以淘汰。

此外，喂食量、饲料种类、疫苗接种、请兽医次数、用药成本等信息可以帮助养殖场提高经营成绩，降低生产成本。

要求：

(1) 什么是活物资产？会计中的生物资产包括哪些内容（请查生物资产准则)？

(2) 企业进行财产清查的目的是什么？实地盘点方法和技术推算方法的适用场景及各自利弊是什么？

延伸思考：

(1) 有人说"猪粮安则天下安"，你是如何理解的？

(2) AI技术还可以运用到会计的哪些场景？

(3) 活物资产的可追溯对于老百姓的食品安全、国家食品检疫监管、保险赔付和银行贷款又意味着什么？

第 10 章 账项调整

素养提升

1. 价值塑造

- 树立权利与义务对等的理念。
- 坚信有付出才有回报，凡有因必有果的思想。
- 一般意义上，合理、客观的估计与判断比不估计、不判断更有价值。

2. 知识传授

● 根据会计期间假设，企业一般按照时间来计算利润。而费用的支付期往往与受益期不在同一会计期间，可能会跨越多个会计期间。这就涉及如何将费用在不同期间进行分配的问题。

● 企业收到一笔资金，并不意味着要确认收入。收入的确认需要更多证据加以证实。因此，在会计上就有收到钱不确认收入、未收到钱反而确认收入的现象。同理，花出去的钱不一定马上确认费用，没有花钱反而有可能提前确认费用。

● 账项调整的理论基础是权责发生制。它是根据权利与义务来确认收入和费用。与此相对应的记账基础是收付实现制，其确认收入和费用的标准是实收实付；只要收到钱，不管是否属于本期，都确认为本期收入；只要付出钱，不管是否属于本期，都属于本期费用。

● 权责发生制和收付实现制是两种完全不同的逻辑，财务会计采用权责发生制。权责发生制严格要求划分本期收入和非本期收入；严格区分本期费用和非本期费用；将相关收入和相关费用进行配比，计算出企业利润。

● 由权责发生制延伸的配比原则，需要根据收入与费用的因果关系来进行判断。有判断就会涉及职业道德问题。通过案例比较不同的费用分配会导致不同的利润结果。

3. 能力培养

- 培养学生因果逻辑的思维能力。费用是因，收入是果。种瓜得瓜，种豆得豆。
- 培养专业判断能力。按权责发生制进行账项调整是继复式记账之后，最具专业性的知识，比较抽象，不容易理解，需要较高的判断能力。

素养提升

学习目标

1. 掌握：递延项目、应计项目和估计项目账项调整分录的编制。
2. 理解：会计分期假设和持续经营假设是账项调整的原因，权责发生制是账项调整的依据。
3. 了解：账项调整的目的。

10.1 会计分期与账项调整

10.1 即测即评

10.1.1 会计分期与账项调整的原因

会计分期是指将企业持续不断的经营活动划分为时间间隔相等的期间，以满足企业及时地定期对外提供财务报告的目的。以会计年度为例，会计年度是指以一年为会计期间来总结企业的经营活动及其结果的时间尺度。

企业经营活动是一个川流不息的过程。在持续经营假设下，企业在可预见的未来不会破产和清算。对于任何投资者或者企业的其他利益相关者，无法等到企业清算解散时一次性地结算损益，定期报告成为一种及时了解企业财务状况和经营成果的重要方式，会计分期便由此产生。例如，大型建造合同工期三年甚至更长，如果等到工程结束再报告，很多管理上存在的问题、资金问题等就不容易被发现，年终绩效考核也无法进行，对外也无法及时传递信息，不利于投资者、债权人等利益相关者做出明智的判断和决策。

定期报告需要严格区分本期与非本期的界限。由于企业的经营活动是循环往复的连续过程，很多经济业务需要仔细辨认分析才能确定其归属期间。比如，2024 年 10 月 10 日购买全年汽车保险 5 000 元，保险期间是 2024 年 10 月 11 日至 2025 年 10 月 10 日。这项费用是全部计入 2024 年，部分计入 2024 年，部分计入 2025 年，还是全部计入 2025 年？因此，分期报告会产生很多估计、判断的因素，需要对本期与非本期的会计事项进行调整。

没有会计分期假设就不会有会计期末的账项调整，在持续经营假设及会计分期假设条件下，按照权利与义务的关系来确认收入和费用是账项调整的直接原因。

10.1.2　账项调整的含义

账项调整（entry adjustment）是指按照权责发生制的要求，对已入账的资产或负债项目和尚未入账的事项进行调整，通过编制调整分录以确定应该属于本期的收入和费用的一种专门方法。

已入账是指在账项调整之前已计入资产或负债项目，如预付房租、预收账款；尚未入账是指在账项调整之前，与收入或费用有关的业务已经发生，但尚未记录的事项，如购买债券应得的利息收入等。

账项调整有狭义和广义之分，狭义账项调整是指对已入账的资产和负债进行调整；广义的账项调整是指除了对已入账的事项进行调整以外，对尚未记账的事项也要进行调整，以确定应归属于本期的收入和费用。

账项调整是将外部交易和事项全部记录完成之后，在编制财务报告之前必须要做的一项重要工作，调整时间是在结账之前。因为在编制账务报表之前必须编制调整分录，将调整分录过入丁字账户，计算出调整后的本期发生额和期末余额，再根据调整后的发生额和期末余额编制财务报表。

例如，美天美发馆 2024 年发生如下业务：

（1）理发业务收入 100 万元。

（2）支付工资 50 万元。

（3）支付水电费 10 万元。

（4）购买洗发水等清洁用品 5 万元，全部投入使用，年末无库存。

（5）支付两年房屋租金 20 万元。

（6）缴纳税金 2 万元。

假设上述业务均以现金收付，美天美发馆 2024 年的利润是多少？

美天美发馆的经济业务在发生时已经编制了会计分录，并过入会计账簿。按照已经记录的经济业务，美天美发馆 2024 年调整前的净利润如表 10－1 所示。

上述经济业务中，20 万元的租金需要考虑期间划分问题。美天美发馆支付 20 万元的租金，获得了所租房屋的两年使用权。两年使用权可以带来两年的收入，从这个意义上讲，20 万元租金不应当全部计入 2024 年的费用，应当在两年期间平均分摊。因此，美天美发馆 2024 年的净利润重新计算之后，如表 10－1 所示。

表 10－1　调整前后的净利润　　金额单位：元

项目	调整前的金额	调整后的金额
营业收入	1 000 000	1 000 000
减：营业成本	870 000	770 000
其中：工资	500 000	500 000
水电费	100 000	100 000
消耗品	50 000	50 000
租金	**200 000**	**100 000**
税金	20 000	20 000
净利润	130 000	230 000

美天美发馆支付的20万元租金应视为取得了一项资产（两年使用权），记入“长期待摊费用——预付租金”账户。美天美发馆支付租金时编制的会计分录如下：

借：长期待摊费用——预付租金　　200 000

　贷：银行存款　　200 000

会计科目的设置及使用

这笔20万元租金中，10万元是为2024年发生的，因此，2024年产生了10万元的房屋租金费用，计入营业成本。由于20万元的租金在支付时已经作为一项资产登记入账，所以10万元的房屋租金费用应通过调整“长期待摊费用——预付租金”项目予以确认，调整分录如下：

借：营业成本①　　100 000

　贷：长期待摊费用——预付租金　　100 000

10.1.3 账项调整的目的

账项调整是为了使企业分期报告的利润更加接近实际，能全面、真实地反映企业的财务状况和经营成果。

具体而言，账项调整的目的是要严格区分本期收入与非本期收入、本期费用与非本期费用，并将相关的收入与相关的费用进行配比，计算出本期利润，为决策者提供真实、可靠的信息，便于管理者做出正确的经营决策。美天美发馆的例子中，如果没有对2024年支付的租金进行调整，则美天美发馆将低估2024年的净利润10万元，高估2025年的净利润10万元。

如果在会计期末不做账项调整，直接按照会计账簿记录的资料编制财务报表，就会有很多不合理或者遗漏的事项。所谓不合理是指将受益期超过一个会计期间的收付直接一次作为收付期间的收入和费用处理的情况。比如年初支付的三年房租，购买的使用期超过一年的机器设备都一次作为当期费用，将收到的两年期合约通信服务费直接作为当期的收入。可能遗漏的事项是指平时尚未记录的事项。比如银行存款、债券上的利息，年终可能得到的奖金，需要缴纳的各种税费，各种资产的减值，等等。

造成这种情况的原因主要是，由于日常账簿记录严格按照具有法律事实依据的原始凭证所反映的交易或事项来记录资产、负债、收入和费用，而有些交易事项由于在本期没有收到或支付款项，没有取得原始凭证，就没有在账簿中加以记录。如果按照实际收付来记录，就不存在需要调整和补充记录的情况。但是，如果按照权利与义务的关系来记录，则需要将应在本期确认的收入和费用，加以调整计入本期的收入和费用；不属于本期的收入和费用，即使收到或支付了现金，也不应该计入本期的收入和费用。

---

① 由于美天美发馆业务单一，不用区分主营业务和其他业务，将租金直接记入“营业成本”。

10.2　账项调整的依据

10.2 即测即评

账项调整的依据是权责发生制。为了更好地理解权责发生制，将与之对应的收付实现制加以对比进行介绍。

1. 收付实现制

收付实现制，又称**现金制**（cash basis），是以现金的实际收付作为标准来确认收入和费用。按照实收实付的标准，凡是在本期收到的款项都作为本期收入，凡是在本期支付的款项都作为本期费用，不管是否属于本期；反之，凡是本期未收到款项的收入和未支付款项的费用，即使归属于本期，也不能作为本期的收入和费用。

2. 权责发生制

权责发生制，又称**应计制**（accrual basis）或应收应付制，是以经济业务发生的权利和义务的归属期为依据来确认收入和费用。凡是本期已获得的收入和已发生的费用，不论是否在本期收到或支付款项，均应作为本期的收入和费用处理；反之，凡不应归属本期的收入和费用，即使在本期已收到或支付款项，都不作为本期的收入和费用处理。

美天美发馆的例子中，将 20 万元租金全部计入 2024 年的费用，遵循的是收付实现制，即以现金支付为依据确认当期费用。将 20 万元租金平均计入 2024 年和 2025 年的费用，遵循的是权责发生制，即按照经济业务发生的权利和义务归属期确认收入和费用，支付两年的租金实际取得了房屋两年的使用权，20 万元的租金应该由 2024 年和 2025 年来承担。

3. 两种基础比较

权责发生制和收付实现制都是会计确认和报告的基础，只是标准不同而已。前者按照权利与义务，以应收应付（归属期）作为确认标准，后者以实收实付（支付期）作为确认标准。由于确认标准不同，带来的结果差异很大，比如美天美发馆 2024 年与 2025 年的净利润相差 77%。为了如实反映企业的财务状况和经营成果，企业财务会计以权责发生制为会计基础。

权责发生制与收付实现制的区别在于，收付实现制的现金收付期间与收入费用确认的归属期是一致的，不需要进行调整，收入和费用之间也不需要配比；而权责发生制的现金收付期间与收入和费用确认的归属期可能不同，需要按照权利与义务的关系进行调整，收入和费用需要进行配比。由权责发生制引申出一个配比原则，在费用确认上具有重要意义。

4. 配比原则

配比原则是由权责发生制原则延伸出来的确认费用的原则。企业的费用是为了取得收入而发生的耗费，应归属本期的费用就应由本期所实现的销售收入来负担，这种将相关费用和相关收入相互配合和相互比较的计算过程，称为“配比”。配比的结果是将费用与其产生的收入列入同一张利润表，即在收入确定的情况下，通过仔细辨认与该期收入有关的费用来计算当期的损益。美天美发馆租金业务的核算就体现了配比原则的要求，2024 年的租金费用应当与当年的收入配比，如果将 20 万元租金全部计入 2024 年，就是将本该由 2025 年承担的租金费用也计入了 2024 年，收入与费用就发生错配了。

相关费用与相关收入的配比方式有下列三种：

（1）因果配比，是指将存在因果关系的收入和费用进行配比。企业进行各项经营活动取得的收益，与开展各项经营活动所需要的费用是密切相关的。企业发生费用是为了取得收入；企业之所以能够取得收入，是因为发生了费用。费用是因，收入是果，费用与收入之间存在因果关系。典型的因果关系配比是商品销售收入和销售成本的配比，销售一件商品的收入是 1 000 元，该商品的进货成本是 700 元，花 700 元购买这件商品是为了能够取得 1 000 元的销售收入，这件商品的收入和费用之间存在直接的因果关系。

（2）采用系统而合理的方法进行配比。如果费用的发生不能确定其所取得的某一笔具体收入，但可以得知费用与其收入的逻辑关系，便可以采用系统而合理的方法进行配比。比如企业购置一台设备，使用年限是 5 年，尽管不知道该设备的使用具体与哪一笔收入存在直接的因果关系，但知道该设备的使用与 5 年的收入都相关，便可以按时间来进行配比，采用系统而合理的方法对固定资产的成本进行分摊，即采用计提折旧的方法。

（3）期间配比。如果费用的发生既无法确定直接存在因果关系的收入，也不能采用系统而合理的方法，则全部计入当期，与当期收入进行配比。比如公司的安保支出，董事会的经费开支，不能对象化的财务费用、广告费用、培训费用等，很难确定具体是为了取得哪一笔收入而发生的，也不知道收益期的长短，创造收入的金额也很难确定，但都与当期收入存在密不可分的关系，需要由当期收入进行弥补。与当期收入进行配比的费用主要是期间费用，如管理费用、财务费用和销售费用。

分计分录知多少？

10.3 账项调整的项目

期末需要调整的项目主要包括递延项目（预付项目和预收项目）、应计项目（应计收入和应计费用）、估计项目和已售存货成本的调整。

会计通过编制调整分录的方式进行账项调整。调整分录是指根据权责发生制对已计入资产或负债的会计事项和尚未记录的会计事项进行调整而编制的会计分录。

10.3 即测即评

10.3.1 递延项目

所谓“递延”有推迟之意，抑或证据不足，需要等待进一步的证据加以证实。递延项目是指现金已在本期收到或支付，但不在本期确认，而要推迟到以后期间确认的项目，递延项目分预付项目和预收项目。

1. 预付项目

预付项目是指预先支付货币资金而由其后几个会计期间共同受益的项目。预付项目又称递延费用，主要是指**预付费用**（prepaid expenses）。预付费用是指企业已经支付，但尚未受益的资产或资产的使用权。

预付费用从本质上看，是企业取得资产或资产的使用权而发生的成本。这项支出将给企业带来未来的经济利益，名为费用，实为资产，随着经济利益的获得，这些预付费用就被转为费用。其特点是现金支付在前，费用发生在后，调整的目的就是将资产转化为费用。预付费用的调整如图 10－1 所示。

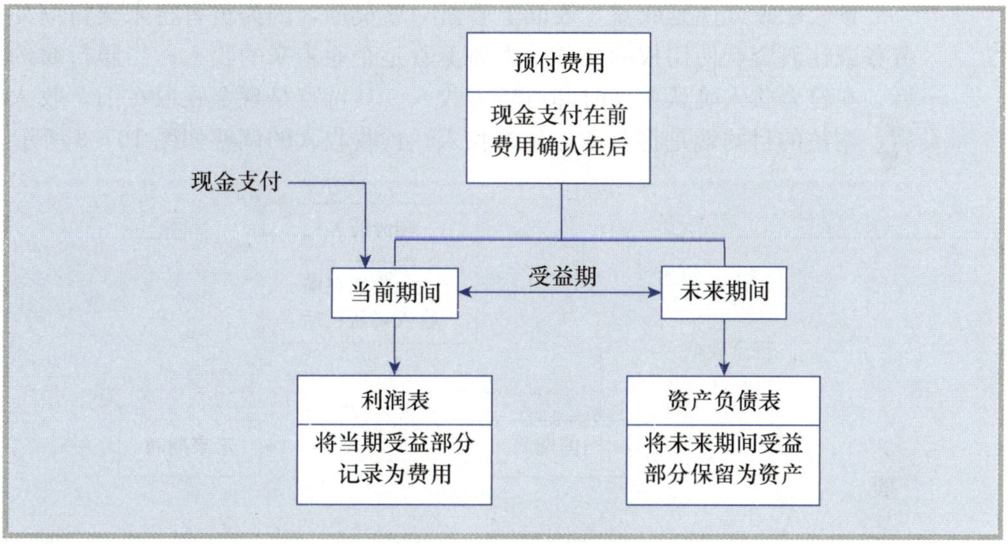

图 10－1 预付费用的调整

例 10－1

用银行存款支付两年房屋租金 60 万元。假设例 10－1 至例 10－4 的会计期间为 1 年。

【分析】

为了便于理解，将同时编制业务发生时的会计分录 A 与期末调整分录 B，下同。

例 10－1A：用银行存款支付租金 60 万元。

借：长期待摊费用——预付租金　　600 000

　贷：银行存款　　600 000

例 10－1B：年末房屋已经使用 1 年，需要从预付租金中转出 1 年的租金 30 万元作为管理费用，即将资产转为费用。

借：管理费用——租金费用　　300 000

　贷：长期待摊费用——预付租金　　300 000

原分录例 10－1A 与调整分录例 10－1B 之间的调整与被调整账户之间的关系如图 10－2 所示。

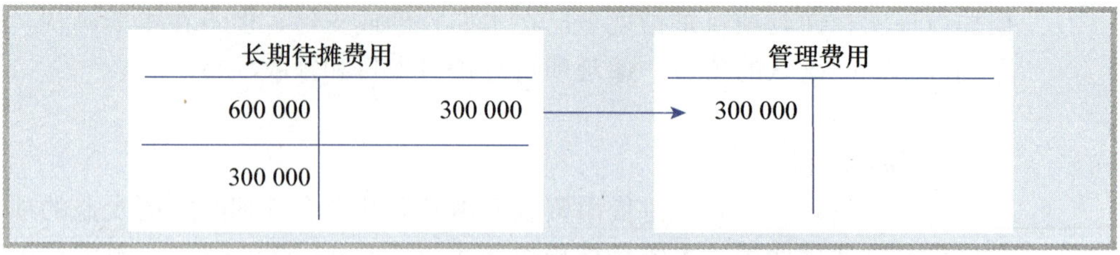

图 10－2　管理费用与长期待摊费用之间的关系

2. 预收项目

预收项目，又称为递延收益，如**预收收入**（unearned revenues），是指预先收取货币资金而由其后几个会计期间共同受益的项目。预收收入是指企业已经收到款项，但尚未符合收入确认条件，尚未确认的收入。

预收账款或递延收益，表面上看是一项负债，因为负有将来交付商品、提供劳务或让渡资产使用权的义务。本质上看是企业未来的收入；当履行履约义务以后，在符合收入确认条件时即可转为收入。其特点是现金收取在前，收入确认在后，调整的目的就是将负债转化为收入。预收收入的调整如图 10－3 所示。

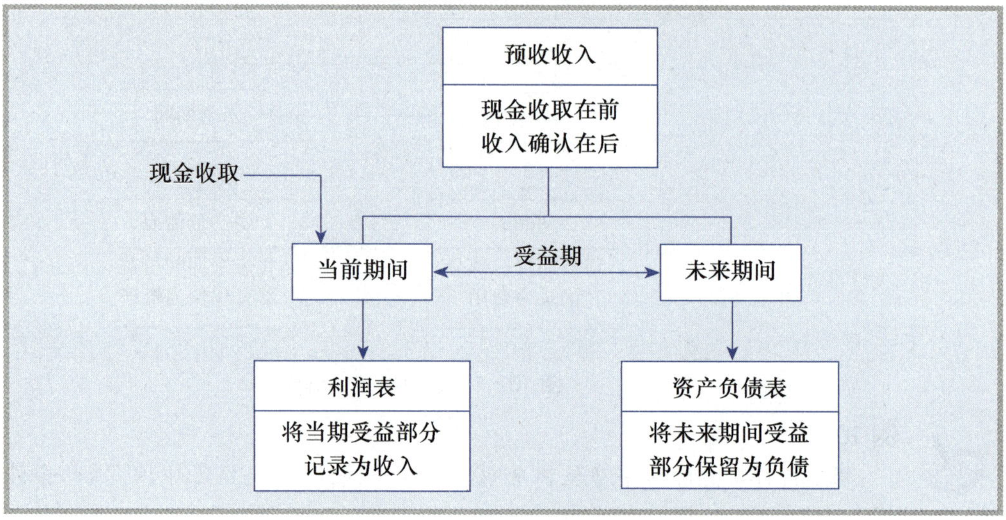

图 10－3　预收收入的调整

例 10－2

年初预收客户 3 年租金 12 万元。

【分析】

例 10－2A：收到客户预付的租金 12 万元。

借：银行存款　　120 000

　贷：预收账款——预收租金　　120 000

例 10－2B：年末，调整已取得的 1 年租金收入 4 万元。

借：预收账款——预收租金　　40 000

　贷：其他业务收入　　40 000

原分录 10－2A 与调整分录 10－2B 之间的调整与被调整账户之间的关系如图 10－4 所示。

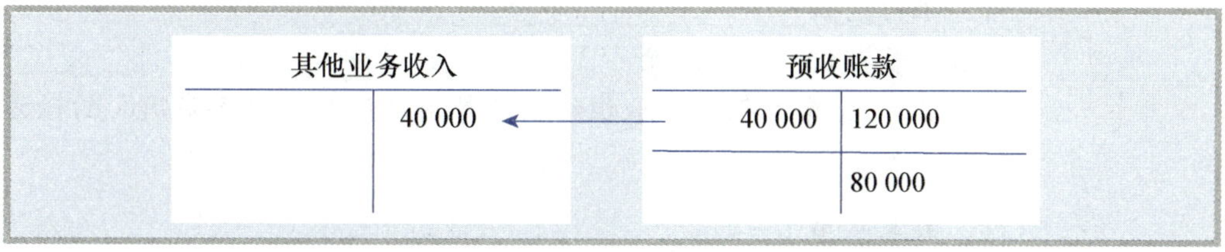

图 10－4　其他业务收入与预收账款之间的关系

10.3.2　应计项目

所谓“应计”有应该之意，是指已符合确认条件，应该计入当期收入或者费用但尚未收付的项目，先计算出来列入当期收入或者当期费用。应计项目与递延项目相反，应计项目是指在现金实际收付之前确认收入或费用的项目，即企业交易或内部事项产生的营利活动在前，与此相关的现金收付在后，且尚未记录的项目。包括应计费用和应计收入，最典型的业务是应付利息或应收利息的调整。

1. 应计费用

应计费用（accrued expenses）也称应付费用，是本期虽未支付，但已在本期耗用，或已由本期受益，从而应由本期负担的费用。如应付利息费用、应付职工薪酬等。应计费用的特点是费用发生在前，现金支付在后。调整的目的就是承担应由本期承担的费用，并确认相应负债。应计费用的调整如图 10－5 所示。

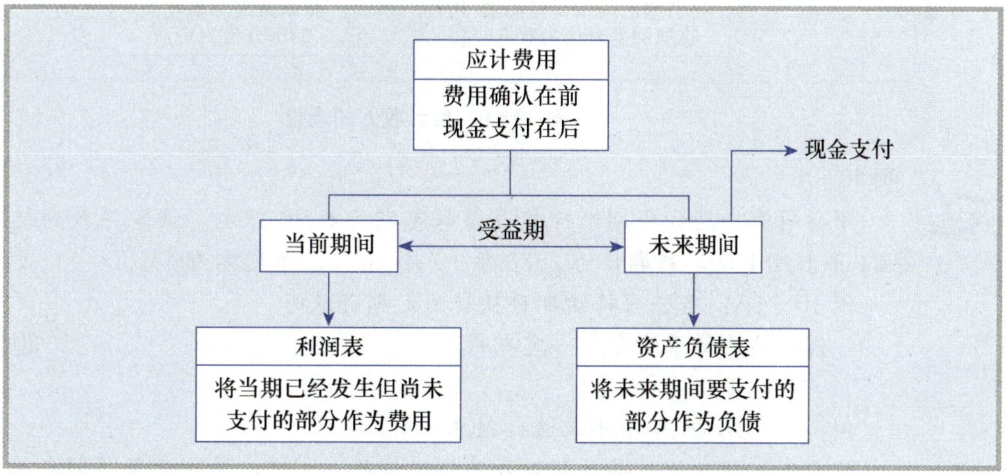

图 10－5　应计费用的调整

例 10－3

年初向银行借款 10 万元，期限 3 年，利率为 5%。

【分析】

例 10－3A：当银行将 10 万元借款划入公司银行存款账户时。

借：银行存款	100 000	
贷：长期借款——本金		100 000

例 10－3B：计算 1 年需要承担的利息费用，记入“财务费用”的借方。

利息费用＝100 000×5％＝5 000（元）

借：财务费用	5 000	
贷：长期借款——利息		5 000

2. 应计收入

应计收入（accrued revenue）也称应收收入，是本期已经实现但尚未收到款项的收入。它主要是企业向外界提供服务或资产使用权，而尚未结算、尚未收到的收入，如债券投资利息收入等。应计收入的特点是收入赚取在前，现金取得在后。调整的目的就是将应归属本期的收入归入本期，并确认相应的资产。应计收入的调整如图 10－6 所示。

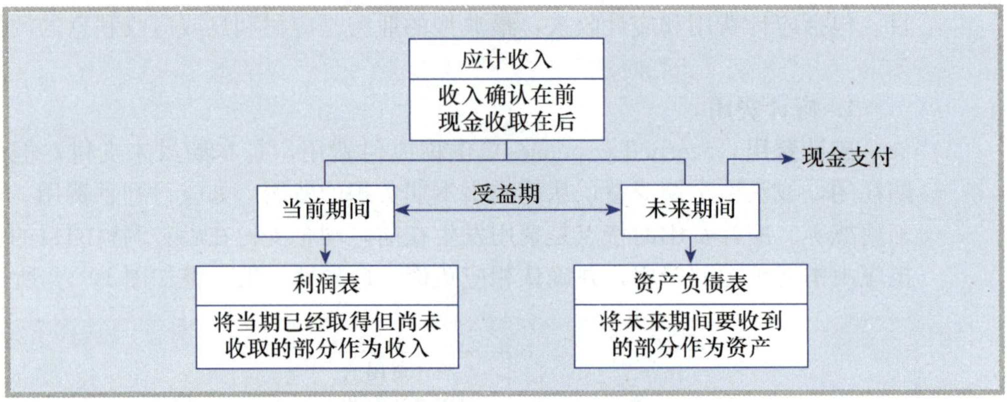

图 10－6　应计收入的调整

例 10－4

甲公司有一笔 3 年期银行整存整取定期存款 20 万元。该笔存款的起息日为 2024 年 1 月 1 日，到期日为 2026 年 12 月 31 日，年利率为 4％。

例 10－4A：当公司将活期存款转为定期存款时。

借：其他货币资金——定期存款	200 000	
贷：银行存款		200 000

例 10－4B：2024 年年末进行利息调整。

理论上，利息收入属于让渡资产使用权收入，可以单独设置“利息收入”会计科目进行核算。实务中，非金融企业的利息费用和利息收入通常都在“财务费用”会计科目中进行核算，利息收入直接冲减财务费用，即贷记“财务费用”。这笔调整分录一方面增加应收利息 8 000 元，另一方面减少财务费用 8 000 元。

利息收入＝200 000×4％×1＝8 000（元）

借：应收利息　　8 000
　贷：财务费用　　8 000

10.3.3　估计项目

企业在计算收益时，有些费用是无法直接计算或确认的，需要根据历史资料和经验来估计判断。比如，固定资产的折旧额受购买成本、使用年限和残值三个因素影响。三个因素中只有成本是确定的，年限和残值都需要估计。计提应收账款的坏账准备需要根据客户信用、逾期时间长短等因素加以考虑。估计项目主要包括固定资产折旧、各项资产计提的减值准备等。

例 10－5

购入办公设备，价值 5 万元，预计使用年限 5 年，净残值为零。

【分析】

例 10－5A：购入办公设备。

借：固定资产　　50 000
　贷：银行存款　　50 000

例 10－5B：按直线法计提折旧。

年折旧额＝(成本－残值)/使用年限
　　　　＝(50 000－0)/5
　　　　＝10 000(元)

借：管理费用　　10 000
　贷：累计折旧　　10 000

10.3.4　销售成本的调整

销售成本的调整，主要是对已销售存货的成本进行结转，是将存货资产转化为费用的过程。由于存货的管理方式有永续盘存制和实地盘存制之分，因而在结转已售存货成本的方式上，两者的顺序存在差异。

1. 永续盘存制下销售成本的调整

在永续盘存制下，平时记录存货增加的同时也记录存货的减少，期末加以汇总就可以得出本期销售成本。

例 10－6

某企业本年度共购入商品 41 000 件，每件商品的成本为 30 元；销售商品 40 000 件，每件售价为 50 元。货款已通过银行转账收讫，暂不考虑增值税。

【分析】

例 10－6A：用银行存款支付购入商品款 1 230 000 元（41 000×30）时。

借：库存商品　　1 230 000
　贷：银行存款　　1 230 000

例 10－6B：销售商品取得货款 2 000 000 元（40 000×50）时。

借：银行存款　　2 000 000
　贷：主营业务收入　　2 000 000

例 10－6C：结转已售商品的成本 1 200 000 元（40 000×30）时。

借：主营业务成本　　1 200 000
　贷：库存商品　　1 200 000

2. 实地盘存制下销售成本的调整

实地盘存制平时只记存货的增加，不记存货的减少，期末通过实地盘点，倒挤出本期销售成本。计算公式如下：

期初存货＋本期购货－期末存货＝销售成本

例 10－7

某企业期初库存商品 5 万元，本期购入商品 30 万元，期末盘点库存商品为 10 万元。

【分析】

本例将专设一个“购货”① 账户来反映本期购入的存货。

例 10－7A：购入商品，支付货款 30 万元。

借：购货　　300 000
　贷：银行存款　　300 000

例 10－7B：期末编制调整分录。

借：库存商品（期末）　　100 000
　　主营业务成本　　250 000
　贷：库存商品（期初）　　50 000
　　　购货　　300 000

注：由于实地盘存制的这个做法不利于对存货的控制和管理，因此，大多数企业都采用永续盘存制，只有一部分经营鲜活商品的企业不得不采用实地盘存制。

10.4 调整后试算平衡表

10.4 即测即评

调整后试算平衡表（adjusted trial balance）是指在编制调整分录后编制的试算平衡表。在编制调整后试算平衡表之前需

① “购货”是 purchase 的英译，是为规模较小、采用实地盘存制的企业设置的会计科目，专门用于登记存货的增加，既便于期末存货盘点后，通过“期初存货＋本期购货－期末存货＝销售成本”倒推出本期销售成本，也便于已售产品成本调整分录的编制。关于会计科目的设置，请参看本书配套的学习指导书中的疑难解答“再话会计科目的设置及使用”。

要将所有会计分录过入丁字账户，并计算出本期发生额和期末余额。本试算平衡表的范围是例 10－1 至例 10－6。

1. 过丁字账，如图 10－7 所示

长期待摊费用

10－1A	600 000	10－1B	300 000
本期发生额	600 000	本期发生额	300 000
期末余额	300 000		

银行存款

10－2A	120 000	10－1A	600 000
10－3A	100 000	10－4A	200 000
10－6B	2 000 000	10－5A	50 000
		10－6A	1 230 000
本期发生额	2 220 000	本期发生额	2 080 000
期末余额	140 000		

预收账款

10－2B	40 000	10－2A	120 000
本期发生额	40 000	本期发生额	120 000
		期末余额	80 000

管理费用

10－1B	300 000		
10－5B	10 000		
本期发生额	310 000		

其他业务收入

		10－2B	40 000
		本期发生额	40 000

长期借款

		10－3A	100 000
		10－3B	5 000
		本期发生额	105 000
		期末余额	105 000

财务费用

10－3B	5 000	10－4B	8 000
本期发生额	5 000	本期发生额	8 000
		期末余额	3 000

应收利息

10－4B	8 000		
本期发生额	8 000		
期末余额	8 000		

主营业务收入

		10－6B	2 000 000
		本期发生额	2 000 000

其他货币资金——定期存款

10－4A	200 000		
本期发生额	200 000		
期末余额	200 000		

固定资产

10－5A	50 000		
本期发生额	50 000		
期末余额	50 000		

累计折旧

		10－5B	10 000
		本期发生额	10 000
		期末余额	10 000

库存商品

10－6A	1 230 000	10－6C	1 200 000
本期发生额	123 000	本期发生额	1 200 000
期末余额	30 000		

主营业务成本

10－6C	1 200 000		
本期发生额	1 200 000		

图 10－7 丁字账

2. 编制调整后试算平衡表

调整后试算平衡表分本期发生额和期末余额两列进行试算平衡，如表 10－2 所示。

表 10－2 调整后试算平衡表

金额单位：元

项目	本期发生额		期末余额	
	借方	贷方	借方	贷方
银行存款	2 220 000	2 080 000	140 000	
应收利息	8 000		8 000	
库存商品	1 230 000	1 200 000	30 000	
其他货币资金——定期存款	200 000		200 000	
固定资产	50 000		50 000	
累计折旧		10 000		10 000
长期待摊费用	600 000	300 000	300 000	
预收账款	40 000	120 000		80 000
长期借款		105 000		105 000
主营业务收入		2 000 000		2 000 000
其他业务收入		40 000		40 000
主营业务成本	1 200 000		1 200 000	
管理费用	310 000		310 000	
财务费用	5 000	8 000		3 000
合计	5 863 000	5 863 000	2 238 000	2 238 000

值得注意的是，表 10－2 只是根据调整分录编制的试算平衡表。实务中要将所有账户的期初余额，经调整后的本期发生额和期末余额，编制三栏式试算平衡表。

关键术语

账项调整（entry adjustment）
收付实现制（现金制）（cash basis）
权责发生制（应计制）（accrual basis）
预付费用（prepaid expenses）
预收收入（unearned revenues）
应计费用（accrued expenses）
应计收入（accrued revenue）
调整后试算平衡表（adjusted trial balance）

思考题

Q10－1　什么是账项调整？为什么要进行账项调整？

Q10－2　账项调整的依据是什么？

Q10－3　什么是收付实现制？什么是权责发生制？收付实现制与权责发生制的区别是什么？

Q10－4　收付实现制与权责发生制，你认为哪一种确认基础更能反映企业的财务状况和经营成果？

Q10－5　一般企业账项调整的项目包括哪些？

Q10－6　费用如何与收入进行配比？

Q10－7　为什么会计计算和报告的是某一期间的利润而不是整个经营期间的利润？

练习题

E10－1　目的： 练习调整分录的编制。

资料： 某企业 3 月份发生以下经济业务：

(1) 收到 2 月份提供劳务的收入 5 000 元。

(2) 月初预付 3 个月的房租 18 000 元。

(3) 偿还以前的货款 2 000 元。

(4) 将 1 月初预收客户的货款 10 000 元转为本期收入。

(5) 月初向银行借入为期 3 个月的借款 60 000 元，利息率为 4%。

要求： 按权责发生制编制调整分录。

E10－2　目的： 对比收付实现制与权责发生制。

资料： 某企业 20×7 年 1—6 月份发生的经济业务如下表所示：

序号	项目	收付实现制		权责发生制	
	经济业务	收入	费用	收入	费用
1	借款 100 万元，半年应计利息 3 万元				
2	支付全年租金 120 万元				
3	赊购检测线 100 万元，按 10 年计提折旧				
4	购进汽车 2 000 万元				
5	1—6 月共收到销售汽车收入 4 500 万元				
6	收到半年维修收入 30 万元				

续表

序号	项目	收付实现制		权责发生制	
	经济业务	收入	费用	收入	费用
7	预收全年租金收入24万元				
8	支付半年日常运营费25万元				
9	结转已售汽车成本4 200万元				
10	年末计算属于上半年的销售奖励3万元				
11	合计				
12	利润				

要求：根据上述资料，以20×7年1—6月为会计期间，按照权责发生制和收付实现制的要求，完成表格中阴影空格数据的填列。

案例题

目的：理解两种会计记账基础的差异。

资料：美天美发馆在2024年经营小有利润的基础上，准备继续扩大营业面积，招聘理发师，吸收优秀理发师入股，每人入股10万元，年底可参与分红。采取预收会员费的方式稳定老客户，同时还为女宾推出护手业务。此外，水费和电费收取方式由上年的实缴制改为预付费形式。2025年1—6月份共发生下列经济业务：

（1）有5位理发师入股美天美发馆，共收到投资款50万元。

（2）预收会员费40万元。1—6月顾客已消费20万元。

（3）向银行借款30万元，期限1年，利率为4%。

（4）理发业务收入90万元。

（5）护手业务收入5万元。

（6）预付水电费20万元。1—6月实际发生的水电费为18万元。

（7）购买洗发水、护手霜等用品8万元。

（8）洗发水、护手霜等用品已全部投入使用，无库存，结转其成本。

（9）支付新增面积两年租金16万元。

（10）支付工资50万元。

（11）缴纳所得税3万元。

要求：

（1）按业务顺序编制会计分录。

（2）以权责发生制为基础编制调整分录。

（3）分别按收付实现制和权责发生制为美天美发馆编制2025年1—6月的利润表。

（4）解释（3）中两者差异产生的原因。

第 11 章　财务会计报告

素养提升

1. 价值塑造

- 树立财务会计报告具有社会属性和经济后果的责任意识。
- 树立只有充分、如实披露信息才能降低信息不对称，优化社会资源配置的理念。
- 树立高质量的信息才是有价值的信息的思想。
- 培养万事万物之间都是相关、相连的，财务报表数据之间也是如此的思维方式。
- 激发学生支持企业研发，树立科技兴国的爱国思想。中国梦的实现需要一代又一代人的努力。

2. 知识传授

- 财务报表是会计工作的最终产品。该产品不同于普通产品，具有影响投资和资源重新分配的作用。
- 根据证监会的监管要求，上市公司需要定期对外披露第一季度报表、半年度报表、第三季度报表和年度报表。财务报告属于公共产品，任何人都可以方便获取。
- 财务报表是企业综合实力、财务状况、经营成果和现金流量信息的集中展示，信息含量高，具有决策价值。
- 高质量信息应具备真实性、准确性、完整性和及时性等信息质量特征。
- 财务报表之间不是孤立的，而是彼此相连的，可以相互印证。报表与报表之间、报表内部各项目之间具有勾稽关系。
- 资产负债表反映企业某一特定时日的财务状况，即资产、负债和所有者权益的构成情况。利润表反映企业在一定会计期间的经营成果，即盈利或亏损的信息。现金流量表反映企业一定期间现金流入和现金流出的流量信息。所有者权益变动表反映一定期间所有者权益增减变动的原因。
- 四表一注构成企业财务报告的主体内容。附注主要是对主表项目及采用方法的解释和说明。只有读懂附注，才能深刻理解财务报表上每一项目的内涵和每一个数据的计算方法。

3. 能力培养

- 培养编制财务报表的能力。财务报表编制除掌握基本方法，还要具备细心和耐心的品质。
- 培养解读财务报表的能力。编表是一种提供信息能力的体现，解读报表则是综合运用这些信息能力的体现，是更高一级的能力要求。解读报表，除了需要会计知识，还需要经济学、管理学、组织学、心理学、法学和相关行业知识等以及对未来的判断能力。
- 培养科技强国的自豪感。通过利润表中的研发费用、资产负债表中的开发支出、无形资产项目的讲解，让学生明白主动关心企业的科技投入和发展成果对推动社会进步的巨大作用。
- 培养对虚假信息说“不”的能力和勇气。通过披露会计信息虚假事件的案例，说明企业应诚实履行信息披露义务，教育学生要自觉维护国家利益、社会利益、集体利益，提供的财务报表要真实准确，体现客观公正的原则，没有粉饰经济业务活动的情况。
- 培养将财务报表数据关联起来的能力。通过案例“有种利润叫诚信（2）”的拓展思考，分析三张报表相关数据存在差异的原因。

素养提升

学习目标

1. 掌握：资产负债表和利润表的编制方法。
2. 理解：财务报表的作用。
3. 了解：财务会计报告的概念与分类。

11.1 财务会计报告概述

11.1.1 财务会计报告的概念与分类

11.1 即测即评

1. 财务会计报告的概念

财务会计报告（又称财务报告，financial report），是财务报表、财务报表附注和财务情况说明书等文件的统称。

财务报表（financial statement）是对企业财务状况、经营成果和现金流量的结构性表述。一套完整的财务报告至少应当包括四表一注，四表是指资产负债表、利润表、现金流量表和所有者权益变动表。一注是指附注，附注是对财务报表的编制基础、编制依据、编制原则和方法及主要项目等所作的解释，以帮助报表使用者理解报表项目的内容和计量方法。

财务情况说明书是对财务报表反映出的经营情况，采用文字或者图表的方式对其做进一步的解释和说明。重点解释财务报表数据背后的公司战略、市场环境、业务背景、主客观原因以及合理化的建议等。比如，企业亏损的主客观原因分析、收支的详细对比以及扭亏为盈的对策等。

需要指出的是，对外披露的财务报表是统一的标准化格式（特殊企业特殊业务除外），附注和财务情况说明书是非标准产品，但它们都具有同等的重要性。财务会计报告的构成如图 11－1 所示。

- 财务会计报告
  - 财务报表
    - 资产负债表
    - 利润表
    - 现金流量表
    - 所有者权益（股东权益）变动表
  - 财务报表附注
  - 财务情况说明书

图 11－1　财务会计报告的构成

对外披露财务会计报告时，财务会计报告应当由单位负责人和主管会计工作的负责人、会计机构负责人（会计主管人员）签名并盖章；设置总会计师的单位，还须由总会计师签名并盖章。

单位负责人应当保证财务会计报告真实、完整。单位负责人是指单位法定代表人或者法律、行政法规规定代表单位行使职权的主要负责人。

2. 财务会计报告的分类

财务报告可以按其编报期间不同分为中期财务会计报告和年度会计财务报告。会计学中将会计期间短于一个完整会计年度的财务会计报告统称为**中期财务报告**（interim financial report），如半年度报告、季度报告、月度报告等。

年度财务报告应当包括四表一注，中期财务报告除所有者权益变动表可以选择披露、附注可以简化外，其格式和内容应当与年度财务报告相一致。

3. 个别财务报表与合并财务报表

财务报表按其报告范围不同分为个别财务报表和合并财务报表。

个别财务报表（separate financial statement）只反映一个会计主体的财务状况、经营成果和现金流量信息。编报主体可以是法律主体，如子公司；也可以是非法律主体，如分公司、事业部等。

合并财务报表（consolidated financial statement）反映一个集团对外业务形成的财务状况、经营成果和现金流量信息。由母公司编制，集团包括母公司及其纳入合并范围的子公司。集团业务包括对外业务和对内业务，对外业务是指除母子公司、各子公司之间的业务以外的业务。对内业务是指母公司与子公司及其各子公司之间形成的投融资、担保、采购、销售等业务。合并财务报表只包括对外业务，对内业务需要编制抵销分录加以调整，核算非常复杂，不属于本书内容，进一步的学习请参考《高级会计学》。

11.1.2 财务报表编制的基本要求

1. 以持续经营为基础编制

企业应当以持续经营为基础，根据实际发生的交易和事项，按照《企业会计准则——基本准则》和其他各项具体会计准则的规定进行确认和计量，在此基础上编制财务报表。

在编制财务报表的过程中，企业管理层应当利用所有可获得信息来评价企业自报告期末起至少12个月的持续经营能力。评价时需要考虑宏观政策风险、市场经营风险、企业目前或长期的盈利能力、偿债能力、财务弹性以及企业管理层改变经营政策的意向等因素。如果评价结果对持续经营能力产生重大怀疑的，企业应当在附注中披露导致对持续经营能力产生重大怀疑的因素以及企业拟采取的改善措施。

企业如有近期获利经营的历史且有财务资源支持，则通常表明以持续经营为基础编制财务报表是合理的。企业正式决定或被迫在当期或将在下一个会计期间进行清算或停止营业的，则表明以持续经营为基础编制财务报表不再合理。在这种情况下，企业应当采用清算价值或其他基础编制财务报表，比如破产企业的资产采用可变现净值计量、负债按照其预计的结算金额计量等。并在附注中声明财务报表未以持续经营为基础编制的事实、披露未以持续经营为基础编制的原因和财务报表的编制基础。

2. 附注披露与报表列示不可相互代替

企业不应以附注披露代替确认和计量，不恰当的确认和计量也不能通过充分披露相关会计政策而纠正。如果按照各项会计准则规定披露的信息不足以让报表使用者了解特定交易或事项对企业财务状况和经营成果的影响，企业还应当披露其他的必要信息。

3. 采用正确的会计基础

除现金流量表按照收付实现制原则编制外，企业应当按照权责发生制原则编制财务报表。

4. 保持各个会计期间财务报表项目列报的一致性

财务报表项目的列报应当在各个会计期间保持一致，不得随意变更，但下列情况除外：（1）会计准则要求改变财务报表项目的列报；（2）企业经营业务的性质发生重大变化或对企业经营影响较大的交易或事项发生后，变更财务报表项目的列报能够提供更可靠、更相关的会计信息。

5. 财务报表列报的重要性原则

根据重要性原则，性质或功能不同的项目，应当在财务报表中单独列报，但不具有重要性的项目除外。性质或功能类似的项目，其所属类别具有重要性的，应当按其类别在财务报表中单独列报。某些项目的重要性程度不足以在资产负债表、利润表、现金流量表或所有者权益变动表中单独列示，但对附注具有重要性，则应当在附注中单独披露。

重要性，是指在合理预期下，财务报表某项目的省略或错报会影响使用者据此作出经济决策的，该项目具有重要性。重要性应当根据企业所处的具体环境，从项目的性质和金额两方面予以判断，且对各项目重要性的判断标准一经确定，不得随意变更。判断项目性质的重要性，应当考虑该项目在性质上是否属于企业日常活动，是否显著影响企业的财务状况、经营成果和现金流量等因素；判断项目金额大小的重要性，应当考虑该项目金额占资产总额、负债总额、所有者权益总额、营业收入总额、营业成本总额、净利润、综合收益总额等直接相关项目金额的比重或所属报表单列项目金额的比重。例如，错报金额达到资产总额的5%，就具有重要性。

6. 各财务报表项目之间原则上不得相互抵销

财务报表中的资产项目和负债项目的金额、收入项目和费用项目的金额、直接计入当期利润的利得项目和损失项目的金额不得相互抵销。例如，企业欠客户的应付款不得与其他客户欠本企业的应收款相抵销，否则就掩盖了交易的实质，但其他会计准则另有规定的除外。

一组类似交易形成的利得和损失应当以净额列示，例如，汇兑损益是按照汇兑收益与汇兑损失之差进行列示，但具有重要性的除外。

资产或负债项目按扣除备抵项目后的净额列示，不属于抵销。例如，存货是按照减去存货跌价准备之后的余额进行列示。

非日常活动产生的利得和损失，以同一交易形成的收益扣减相关费用后的净额列示更能反映交易实质的，不属于抵销。例如，非流动资产处置收益，是按照处置收入扣除该资产的账面金额和相关税费后的净额进行列示。

7. 比较数据的列报

当期财务报表的列报，至少应当提供所有列报项目上一个可比会计期间的比较数据，以及与理解当期财务报表相关的说明，但其他会计准则另有规定的除外。

财务报表的列报项目发生变更的，应当至少对可比期间的数据按照当期的列报要求进行调整，并在附注中披露调整的原因和性质，以及调整的各项目金额。对可比数据进行调整不切实可行的，应当在附注中披露不能调整的原因。

不切实可行，是指企业在作出所有合理努力后仍然无法采用某项会计准则规定。

8. 关于表头信息的规定

企业应当在财务报表的显著位置至少披露下列各项：(1) 编报企业的名称；(2) 资产负债表日或财务报表涵盖的会计期间；(3) 人民币金额单位；(4) 财务报表是合并财务报表的，应当予以标明。

9. 财务报表的编制期间

企业至少应当按年编制财务报表。年度财务报表涵盖的期间短于一年的，应当披露年度财务报表的涵盖期间、短于一年的原因以及报表数据不具有可比性的事实。

在沪深交易所上市的公司财务报表需要按照一季度、半年、第三季度和年度进行披露。

10. 关于单列项目的规定

《企业会计准则第30号——财务报表列报》要求单独列报的项目，应当单独列报。其他会计准则要求单独列报的项目，应当增加单独列报项目。

11.1.3 财务报表编制前的准备工作

在编制财务报表前，要完成下列工作：

(1) 财产清查。年度末，需要对企业所有财产物资、债权债务进行盘点和核对。如果发现有问题，应及时查明原因，按规定程序报批后，进行相应的会计处理，以保证账面数据与实际数据一致，达到账实相符的要求。

(2) 期末账项调整。按照权责发生制的要求，将已支付或已收到的款项，按照受益期进行调整，以严格区分本期和非本期的收入和费用，以正确计算本期的损益。

除了按照权责发生制进行调整以外，还有大量的工作需要在年末集中进行。例如，所得税的年终清缴，员工各种奖金福利的计算以及因会计差错、会计政策变更等原因需要调整前期或本期相关项目的情况等。

(3) 结账。严格审核会计账簿的记录和有关资料，在确保所有账项都已入账的前提下，计算各账户的本期发生额和期末余额。

(4) 对账。通过对账，以保证账证、账账、账实相符。财务报表编制完成后，再对账表进行核对，达到账表相符的目的。

此外，在手工环境下，为了便于财务报表的编制，还可以事先编制工作底稿，在底稿上完成账项调整、试算平衡和财务报表的编制工作。由于目前计算机软件的普及，财务报表编制可以通过会计软件加以快速实现。

11.2 即测即评

11.2　资产负债表

11.2.1　资产负债表的概念与作用

资产负债表（balance sheet，B/S）是反映企业在某一特定日期的财务状况的财务报表，也称**财务状况表**（statement of financial position）。财务状况是指企业资产、负债和所有者权益的构成以及各自的结构。因其所列报的是时点数据，故又称为“静态报表”。

资产负债表的作用主要有：（1）可以提供某一日期资产的总额及其结构，表明企业拥有或控制的资源及其分布情况；（2）可以提供某一日期的负债总额及其结构，表明企业未来需要用多少资产或劳务清偿债务以及清偿时间；（3）可以反映所有者所拥有的权益，据以判断资本保值增值的情况以及对负债的保障程度。

11.2.2　资产负债表的列示要求

资产负债表应当按照资产、负债和所有者权益三大类别分类列报。

资产和负债应当按照流动性分别分为流动资产和非流动资产、流动负债和非流动负债列示。资产负债表中的资产类至少应当列示流动资产和非流动资产的合计项目；负债类至少应当列示流动负债、非流动负债以及负债的合计项目；所有者权益类应当列示所有者权益的合计项目。

资产负债表应当分别列示资产总计项目、负债与所有者权益之和的总计项目，并且这二者的金额应当相等。

11.2.3　我国企业资产负债表的一般格式

在我国，资产负债表采用账户式的格式，即资产列于左侧，负债和所有者权益（股东权益）分别列于右侧的上端、下端；另将资产区分为流动资产和非流动资产，将负债区分为流动负债和非流动负债予以分类列示。

资产负债表由表头和表体两部分组成。表头部分应列明报表名称、编表单位名称、资产负债表日和人民币金额单位；表体部分反映资产、负债和所有者权益的内容。其中，表体部分是资产负债表的主体和核心，各项资产、负债按流动性排列，所有者权益项目按永久性排列，分别为股本（实收资本）、资本公积、盈余公积、未分配利润。我国企业资产负债表的格式一般如表 11－1 所示。

表 11－1 资产负债表

会企 01 表

编制单位： 年 月 日 金额单位：元

资产	期末余额	年初余额	负债和所有者（股东）权益	期末余额	年初余额
流动资产：			流动负债：		
货币资金			短期借款		
交易性金融资产			交易性金融负债*		
衍生金融资产*			衍生金融负债*		
应收票据			应付票据		
应收账款			应付账款		
应收款项融资*			预收款项		
预付款项			合同负债*		
其他应收款			应付职工薪酬		
存货			应交税费		
合同资产*			其他应付款		
持有待售资产*			持有待售负债*		
一年内到期的非流动资产			一年内到期的非流动负债		
其他流动资产			其他流动负债		
流动资产合计			流动负债合计		
非流动资产：			非流动负债：		
债权投资*			长期借款		
其他债权投资*			应付债券		
长期应收款*			其中：优先股*		
长期股权投资*			永续债*		
其他权益工具投资*			租赁负债*		
其他非流动金融资产			长期应付款*		
投资性房地产*			预计负债*		
固定资产			递延收益*		
在建工程			递延所得税负债*		
生产性生物资产*			其他非流动负债		
油气资产*			非流动负债合计		
使用权资产*			负债合计		
无形资产			所有者权益（或股东权益）：		
开发支出			实收资本（或股本）		
商誉*			其他权益工具*		
长期待摊费用			其中：优先股		
递延所得税资产*			永续债		
其他非流动资产			资本公积		
非流动资产合计			减：库存股*		
			其他综合收益*		
			专项储备*		
			盈余公积		
			未分配利润		
			所有者权益（或股东权益）合计		
资产总计			**负债和所有者权益（或股东权益）总计**		

注：标有 * 的报表项目超出了本课程的教学范围，不要求掌握。

流动资产（current assets）是指满足下列条件之一的资产：(1) 预计在一个正常营业周期中变现、出售或耗用；(2) 主要为交易目的而持有；(3) 预计在资产负债表日起一年内（含一年，下同）变现；(4) 自资产负债表日起一年内，交换其他资产或清偿负债的能力不受限制的现金或现金等价物。**非流动资产**（non-current assets）是指未列入流动资产的资产。

流动负债（current liabilities）是指满足下列条件之一的负债：(1) 预计在一个正常营业周期内清偿；(2) 主要为交易目的而持有；(3) 自资产负债表日起一年内到期应予以清偿；(4) 企业无权自主将清偿推迟至资产负债表日后一年以上。**非流动负债**（non-current liabilities）是指未列入流动负债的负债。

11.2.4 资产负债表编制的基本方法

1. "期末余额"栏的填列方法

资产负债表"期末余额"栏内各项数字，一般应根据资产、负债和所有者权益类科目的期末余额填列，具体方法如下：

(1) 根据总账科目余额直接誊写。如"交易性金融资产""短期借款""应付职工薪酬""实收资本""盈余公积"等项目。

(2) 根据多个总账科目余额的加总数字填写。如"货币资金"项目，需要根据"库存现金""银行存款""其他货币资金"三个总账科目的期末借方余额计算填列。

(3) 根据总账科目和明细账科目余额分析计算填列。如"一年内到期的非流动资产""一年内到期的非流动负债"等项目。

(4) 根据总账科目余额减去其备抵科目余额及减值准备后的净额填列。如"固定资产"项目列示的是账面价值，固定资产账面价值等于固定资产原价减去"累计折旧"和"固定资产减值准备"后的差额。

(5) 综合运用上述方法填列。如"存货"项目，应根据存货类各科目期末余额合计，减去"存货跌价准备"科目期末余额后的金额填列。

资产负债表附注的内容，根据实际需要和有关备查账簿等的记录分析填列。

2. "年初余额"栏的填列方法

资产负债表的"年初余额"栏通常根据上年末有关项目的期末余额填列，且与上年末资产负债表"期末余额"栏一致。如果企业上年度资产负债表规定的项目名称和内容与本年度不一致，应当对上年年末资产负债表相关项目的名称和数字按照本年度的规定进行调整，填入"年初余额"栏。

3. 资产负债表中各个项目的具体填列方法

(1)"货币资金"项目，反映企业库存现金、银行存款、其他货币资金（外埠存款、银行汇票存款、银行本票存款、信用卡存款、信用证保证金存款）等的合计数。本项目应根据"库存现金""银行存款""其他货币资金"科目期末余额的合计数填列。

（2）“交易性金融资产”项目，反映分类为以公允价值计量且其变动计入当期损益的金融资产，以及直接指定以公允价值计量且其变动计入当期损益的金融资产的期末账面价值。本项目应根据“交易性金融资产”科目的相关明细科目期末余额分析填列。自资产负债表日起超过一年到期且预期持有超过一年的以公允价值计量且其变动计入当期损益的非流动金融资产的期末账面价值，在“其他非流动金融资产”项目反映。

（3）“应收票据”项目，反映资产负债表日以摊余成本计量的、企业因销售商品、提供服务等收到的商业汇票，包括银行承兑汇票和商业承兑汇票。该项目应根据“应收票据”科目的期末余额，减去“坏账准备”科目中相关坏账准备期末余额后的金额分析填列。

（4）“应收账款”项目，反映资产负债表日以摊余成本计量的、企业因销售商品、提供服务等经营活动应收取的款项。该项目应根据“应收账款”和“预收账款”科目所属明细科目的期末借方余额合计数，减去“坏账准备”科目中相关坏账准备期末余额后的金额分析填列。

（5）“预付款项”项目，反映企业按照购货合同规定预付给供应单位的款项等。本项目应根据“预付账款”和“应付账款”科目所属各明细科目的期末借方余额合计数，减去“坏账准备”科目中有关预付款项计提的坏账准备期末余额后的金额填列。

（6）“其他应收款”项目，根据“应收利息”“应收股利”和“其他应收款”科目的期末余额合计数，减去“坏账准备”科目中相关坏账准备期末余额后的金额填列。其中的“应收利息”仅反映相关金融工具已到期可收取但于资产负债表日尚未收到的利息。基于实际利率法计提的金融工具的利息应包含在相应金融工具的账面余额中。

（7）“存货”项目，反映企业期末在库、在途和在加工中的各项存货的账面价值，需要根据原材料、生产成本、库存商品、低值易耗品等科目的期末余额合计数，减去“存货跌价准备”科目期末余额后的金额填列。

（8）“一年内到期的非流动资产”项目，反映企业将于一年内（含一年）到期的非流动资产项目金额。本项目应根据有关科目的期末余额填列。

值得注意的是，对于按照相关会计准则采用折旧（或摊销、折耗）方法进行后续计量的固定资产、无形资产、油气资产等非流动资产，折旧（或摊销、折耗）年限（或期限）只剩一年或不足一年的，无须归类为流动资产，仍在各该非流动资产项目中列报，不转入“一年内到期的非流动资产”项目列报；预计在一年内（含一年）进行折旧（或摊销、折耗）的部分，也无须归类为流动资产，不转入“一年内到期的非流动资产”项目列报。

（9）“其他流动资产”项目，反映企业除上述流动资产以外的其他流动资产。本项目应根据有关科目的期末余额填列。

（10）“长期股权投资”项目，反映企业对子公司、联营企业和合营企业的长期股权投资。本项目应根据“长期股权投资”科目的期末余额，减去“长期股权投资减值准备”科目期末余额后的金额填列。

(11)“固定资产”项目，反映资产负债表日企业固定资产的期末账面价值（即固定资产原价减去累计折旧和累计减值准备后的净额）和企业尚未清理完毕的固定资产清理净损益。本项目应根据“固定资产”科目的期末余额，减去“累计折旧”和“固定资产减值准备”科目的期末余额后的金额，以及“固定资产清理”科目的期末余额填列。

(12)“在建工程”项目，反映资产负债表日企业尚未达到预定可使用状态的在建工程的期末账面价值（即在建工程的期末余额减去在建工程减值准备的期末余额后的净额），和企业为在建工程准备的各种物资的期末账面价值（即“工程物资”的期末余额减去“工程物资减值准备”的期末余额后的净额）。本项目应根据“在建工程”科目的期末余额，减去“在建工程减值准备”科目的期末余额后的金额，以及“工程物资”科目的期末余额，减去“工程物资减值准备”科目的期末余额后的金额填列。

(13)“短期借款”项目，反映企业向银行或者其他金融机构等借入的期限在一年以下（含一年）的各种借款。本项目应根据“短期借款”科目的期末余额填列。

(14)“应付票据”项目，反映资产负债表日以摊余成本计量的、企业因购买材料、商品和接受服务等开出、承兑的商业汇票，包括银行承兑汇票和商业承兑汇票。该项目应根据“应付票据”科目的期末余额填列。

(15)“应付账款”项目，反映资产负债表日以摊余成本计量的、企业因购买材料、商品和接受服务等经营活动应支付的款项。该项目应根据“应付账款”和“预付账款”科目所属的相关明细科目的期末贷方余额合计数填列。

(16)“预收款项”项目，反映企业按照销货合同规定预收购买单位的款项。本项目应根据“预收账款”和“应收账款”科目所属各明细科目的期末贷方余额合计数填列。

(17)“应付职工薪酬”项目，反映企业根据有关规定应付给职工的工资、职工福利费、社会保险费、住房公积金、工会经费、职工教育经费、非货币性福利、辞退福利等各种薪酬。本项目应根据“应付职工薪酬”科目期末贷方余额填列。

(18)“应交税费”项目，反映企业按照税法规定计算应缴纳的各种税费。本项目应根据“应交税费”科目的期末贷方余额填列；如“应交税费”科目期末为借方余额，应以“－”号填列。

(19)“其他应付款”项目，应根据“应付利息”“应付股利”和“其他应付款”科目的期末余额合计数填列。其中的“应付利息”仅反映相关金融工具已到期应支付但于资产负债表日尚未支付的利息。基于实际利率法计提的金融工具的利息应包含在相应金融工具的账面余额中。

(20)“一年内到期的非流动负债”项目，反映企业非流动负债中将于资产负债表日后一年内到期部分的金额，如将于一年内偿还的长期借款。本项目应根据有关科目的期末余额填列。

(21)“长期借款”项目，反映企业向银行或其他金融机构借入的尚未归还的

1年期以上（不含1年）的各项借款。本项目应根据"长期借款"科目所属明细科目的期末余额填列。

（22）"实收资本（或股本）"项目，反映企业各投资者实际投入的资本（或股本）总额。本项目应根据"实收资本（或股本）"科目的期末余额填列。

（23）"资本公积"项目，反映企业资本公积的期末余额。本项目应根据"资本公积"明细科目的期末余额之和填列。

（24）"盈余公积"项目，反映企业盈余公积的期末余额。本项目应根据"盈余公积"明细科目的期末余额之和填列。

（25）"未分配利润"项目，反映企业尚未分配的利润。本项目应根据"利润分配——未分配利润"明细科目的余额计算填列。未弥补的亏损在本项目内以"—"号填列。

例 11-1

沿用本书第5章大美同心口罩有限责任公司2020年的资料，编制资产负债表。

【分析】

根据第5章的资料，大美同心口罩有限公司2020年6月30日全部资产、负债和所有者权益类总账和明细账余额如表11-2所示。

表11-2 大美同心口罩有限公司总账和明细账余额表 金额单位：元

总账	明细账	借方余额	贷方余额
库存现金		28 850	
银行存款		4 487 965	
应收票据		3 757 250	
应收账款		525 500	
原材料	辅助材料	48 000	
库存商品	医用口罩	54 845	
	N95口罩	80 060	
固定资产	厂房	3500 000	
	环氧乙烷灭菌柜	400 000	
	N95口罩生产线	1 280 000	
	医用口罩生产线	840 000	
累计折旧			102 000
无形资产	专利权	1 500 000	
累计摊销	专利权		93 750
合计		16 502 470	195 750

总账	明细账	借方余额	贷方余额
短期借款			1 000 000
应付票据	无锡无纺布		135 600
应付账款	浙江电子		745 800
应付职工薪酬			186 900
应交税费	未交增值税		49 750
	城市维护建设税		3 482.5
	教育费附加		1 492.5
	地方教育附加		995
应付利息			10 000
长期借款	本金		800 000
	利息		8 000
实收资本	法人资本		6 111 100
	国家资本		3 500 000
	个人资本		1 500 000
资本公积	资本溢价		888 900
盈余公积	法定盈余公积		166 470
	任意盈余公积		166 470
利润分配	未分配利润		1 031 760
合计			16 306 720

根据上述资料编制该公司 2020 年 6 月 30 日的资产负债表，如表 11-3 所示（省略了没有数据的报表项目）。

表 11-3　资产负债表

编制单位：大美同心口罩有限公司　　2020 年 6 月 30 日　　金额单位：元

资产	期末余额	负债和所有者权益	期末余额
流动资产：		流动负债：	
货币资金	4 516 815	短期借款	1 000 000
应收票据	3 757 250	应付票据	135 600
应收账款	525 500	应付账款	745 800
存货	182 905	应付职工薪酬	186 900
流动资产合计	8 982 470	应交税费	55 720
非流动资产：		其他应付款	10 000
固定资产	5 918 000	流动负债合计	2 134 020
无形资产	1 406 250	非流动负债：	
非流动资产合计	7 324 250	长期借款	808 000
		非流动负债合计	808 000
		负债合计	2 942 020
		所有者权益（或股东权益）	
		实收资本	11 111 100
		资本公积	888 900
		盈余公积	332 940
		未分配利润	1 031 760
		所有者权益（股东权益）合计	13 364 700
资产总计	16 306 720	**负债和所有者权益总计**	16 306 720

11.3 即测即评

11.3 利润表

11.3.1 利润表的概念与作用

利润表（income statement，earnings statement，operating statement，statement of operations）又称**损益表**（profit and loss statement，P&L），是反映企业在一定会计期间的经营成果的财务报表。因其所记载的是期间数据，故又称为“动态报表”。

利润表的作用主要有：（1）反映企业一定会计期间收入的规模。收入规模可以较好地反映企业的市场地位和影响力，世界《财富》500 强、中国《财富》500 强的排名依据就是收入。（2）反映企业一定会计期间为取得收入而发生的费用情况。（3）反映企业的经营成果，据以判断企业的盈利能力。

11.3.2 利润表的列示要求

利润表主要反映企业利润的来源及其构成。其列示的基本要求如下：

1. 反映营业利润

企业营业利润主要来自企业日常从事的商业活动，商业活动分直接活动和间接活动，直接活动包括制造业务活动和服务业务活动。制造业务活动通过生产产品、出售产品赚取收入；服务业务活动通过提供劳务赚取收入，如运输、物流、通讯、安保等服务，在利润表中用营业收入项目列示。与此对应，为取得收入而发生的成本，用营业成本项目列示。此外，为赚取收入而发生的费用，按功能将其分为管理费用、销售费用和财务费用、研发费用，以及应由经营活动承担的税金及附加。

间接活动主要是通过投资金融产品获得收益，如股权投资、债权投资等。间接活动赚取的利润用投资收益项目列示。需要说明的是，对于一般制造业，间接活动对利润的贡献不大，按照重要性原则，在利润表中，投资收益按净额列示。

此外，由于经营性资产（如存货、固定资产等）的账面价值高于市价或者可收回金额而计提的资产减值损失、应收账款预计信用减值损失等作为营业利润的减少项目加以列示。

企业接受政府补助单独在“其他收益”项目中列示。

资产处置收益也列入营业利润。

2. 反映利润总额

企业利润总额等于营业利润加上营业外收入减去营业外支出。营业外收入和营业外支出是企业非日常活动产生的，营业外支出与营业外收入之间没有因果关系。

3. 反映净利润

净利润是指企业缴纳所得税之后的利润。计算公式为：

净利润＝利润总额－所得税费用

为了向报表使用者提示风险，在净利润之下又分为持续经营净利润和终止经营净利润。

以上是本课程应掌握的内容。下面的内容由于涉及更为细致的金融资产和设定受益计划业务的核算，只作一般了解即可。

4. 反映其他综合收益的税后利润

其他综合收益，是指企业根据其他会计准则规定未在当期损益中确认的各项利得和损失。例如，根据《企业会计准则第 22 号——金融工具确认和计量》的规定，以公允价值计量且变动计入其他综合收益的金融资产，其公允价值变动带来的利得和损失，先进入资产负债表中的其他综合收益，等实现以后再转入利润表。还有一部分业务产生的利得和损失就永久留在资产负债表。

因此，其他综合收益分为以后会计期间不能重分类进损益的其他综合收益项目和以后会计期间在满足规定条件时将重分类进损益的其他综合收益项目两类进行列示。

其他综合收益需要按照税后利润列示，以便与净利润口径一致。

5. 反映综合收益总额

综合收益，是指企业在某一期间除与所有者以其所有者身份进行的交易之外的其他交易或事项所引起的所有者权益变动。综合收益总额项目反映净利润和其他综合收益扣除所得税影响后的净额相加后的合计金额。

综合收益体现的是收益总括观。①

6. 反映每股收益

每股收益是评价企业业绩的相对指标，分基本每股收益和稀释每股收益。基本每股收益一般指的是普通股的每股收益，计算公式为：

$$\text{基本每股收益}=\frac{\text{归属于普通股股东的当期净利润}}{\text{发行在外普通股的加权平均数}}$$

稀释每股收益与一般每股收益的区别主要是分母，稀释每股收益考虑了今后可能影响普通股数量的因素。例如，可转换债券行权后，会增加企业股份数量，在业绩没有同步增长的情况下，就会稀释每股收益。

列示稀释每股收益是为了帮助财务报表使用者理解潜在股权变化对每股收益带来的影响，此外，在合并利润表中，企业应当在净利润项目下单独列示归属于母公司所有者的损益和归属于少数股东的损益，在综合收益总额项目下单独列示归属于母公司所有者的综合收益总额和归属于少数股东的综合收益总额。

11.3.3　我国企业利润表的一般格式

现行企业会计准则所规定的利润表格式分步列示了营业利润、利润总额和净利润等项目，这种格式的利润表称作**多步式利润表**（multiple-step income statement）。多步式利润表有助于使用者理解企业经营成果的不同来源。与此相对应的概念是单步式利润表，顾名思义，就是指用全部收入减去全部费用，从而一步得出净利润数字的利润表格式。

利润表通常包括表头和表体两部分。表头应列明报表名称、编表单位名称、财务报表涵盖的会计期间和人民币金额单位等内容；利润表的表体反映形成经营成果的各个项目和计算过程。我国企业利润表的格式一般如表 11－4 所示。

① 对如何计算收益，会计学术上有两派观点，一是收益总括观，二是交易观。收益总括观是从资产负债变动的结果来度量收益，主张将未实现收益如公允价值变动收益，计入利润表，是资产负债观的具体体现，侧重于对资产和负债的计量。交易观强调收益来自交易，只有交易才会产生收益，侧重于对收入和费用的计量，强调配比原则。

表 11－4 利润表

会企 02 表

编制单位： ××年度 单位：元

项目	本期金额	上期金额
一、营业收入		
减：营业成本		
税金及附加		
销售费用		
管理费用		
研发费用		
财务费用		
其中：利息费用		
利息收入		
加：其他收益		
投资收益		
其中：对联营企业和合营企业投资的收益*		
净敞口套期收益*（损失以“—”号填列）*		
以摊余成本计量的金融资产终止确认收益*（损失以“—”号填列）		
公允价值变动收益（损失以“—”号填列）*		
资产减值损失（损失以“—”号填列）		
信用减值损失（损失以“—”号填列）*		
资产处置收益*（损失以“—”号填列）		
二、营业利润（亏损以“—”号填列）		
加：营业外收入		
减：营业外支出		
三、利润总额（亏损总额以“—”号填列）		
减：所得税费用		
四、净利润（净亏损以“—”号填列）		
（一）持续经营净利润（净亏损以“—”号填列）		
（二）终止经营净利润（净亏损以“—”号填列）		
五、其他综合收益的税后净额*		
（一）以后不能重分类进损益的其他综合收益		
（二）以后将重分类进损益的其他综合收益		
六、综合收益总额*		
七、每股收益：		
（一）基本每股收益		
（二）稀释每股收益*		

注：标有 * 的报表项目超出了本课程的教学范围，不要求掌握。

11.3.4 利润表编制的基本方法

1.“本期金额”栏的填列方法

“本期金额”栏根据本期“主营业务收入”“主营业务成本”“税金及附加”“销售费用”“管理费用”“研发费用”“财务费用”“其他收益”“信用减值损失”“投资收益”“资产减值损失”“公允价值变动损益”“资产处置损益”“营业外收入”“营业外支出”“所得税费用”等科目的发生额分析填列。其中，“营业利润”“利润总额”“净利润”等项目根据该表中相关项目计算填列。

（1）“营业收入”项目，反映企业经营主要业务和其他业务所确认的收入总额。本项目应根据“主营业务收入”和“其他业务收入”科目的发生额分析填列。

（2）“营业成本”项目，反映企业经营主营业务和其他业务所发生的成本总额。本项目应根据“主营业务成本”和“其他业务成本”科目的发生额分析填列。

（3）“税金及附加”项目，反映企业经营业务应负担的消费税、城市维护建设税、教育费附加、地方教育附加、资源税、房产税、城镇土地使用税、车船税、土地增值税等。本项目应根据“税金及附加”科目的发生额分析填列。

（4）“销售费用”项目，反映企业在销售商品过程中发生的包装费、广告费等费用以及为销售本企业商品而专设的销售机构的职工薪酬、业务费等经营费用。本项目应根据“销售费用”科目的发生额分析填列。

（5）“管理费用”项目，反映企业为组织和管理生产经营发生的管理费用。本项目应根据“管理费用”科目的发生额分析填列。

（6）“研发费用”项目，反映企业进行研究与开发过程中发生的费用化支出，以及计入管理费用的自行开发无形资产的摊销。该项目应根据“管理费用”科目下的“研究费用”明细科目的发生额，以及“管理费用”科目下的“无形资产摊销”明细科目的发生额分析填列。

（7）“财务费用”项目，反映企业为筹集生产经营所需资金等而发生的应予费用化的利息支出。本项目应根据“财务费用”明细科目的发生额分析填列，如果利息费用大于利息收入，按正数填列；如果利息收入大于利息费用，按负数填列。

“财务费用”项目下的“利息费用”项目，反映企业为筹集生产经营所需资金等而发生的应予费用化的利息支出。该项目应根据“财务费用”科目的相关明细科目的发生额分析填列。该项目作为“财务费用”项目的其中项，以正数填列。

“财务费用”项目下的“利息收入”项目，反映企业按照相关会计准则确认的应冲减财务费用的利息收入。该项目应根据“财务费用”科目的相关明细科目的发生额分析填列。该项目作为“财务费用”项目的其中项，以正数填列。

（8）“其他收益”项目，反映计入其他收益的政府补助，以及其他与日常活动相关且计入其他收益的项目。该项目应根据“其他收益”科目的发生额分析填列。企业作为个人所得税的扣缴义务人，根据《中华人民共和国个人所得税法》收到的扣缴税款手续费，应作为其他与日常活动相关的收益在该项目中填列。

（9）“投资收益”项目，反映企业以各种方式对外投资所取得的收益。本项目应根据“投资收益”科目的发生额分析填列。如为投资损失，本项目以“－”号填列。

（10）“公允价值变动收益”项目，反映企业应当计入当期损益的资产或负债的公允价值变动收益。本项目应根据“公允价值变动损益”科目的发生额分析填列，如为净损失，本项目以“－”号填列。

（11）“资产减值损失”项目，反映企业各项资产发生的减值损失。本项目应根据“资产减值损失”科目的发生额分析填列，损失以“－”号填列

（12）“信用减值损失”项目，反映企业按照《企业会计准则第22号——金融工具确认和计量》（2017年修订）的要求计提的各项金融工具减值准备所形成的预期信用损失。本项目应根据“信用减值损失”科目的发生额分析填列，损失以“－”号填列。

（13）“资产处置收益”项目，反映企业出售划分为持有待售的非流动资产（金融工具、长期股权投资和投资性房地产除外）或处置组（子公司和业务除外）时确认的处置利得或损失，以及处置未划分为持有待售的固定资产、在建工程、生产性生物资产及无形资产而产生的处置利得或损失。债务重组中因处置非流动资产（金融工具、长期股权投资和投资性房地产除外）产生的利得或损失和非货币性资产交换中换出非流动资产（金融工具、长期股权投资和投资性房地产除外）产生的利得或损失也包括在本项目内。该项目应根据“资产处置损益”科目的发生额分析填列；如为处置损失，以“－”号填列。

（14）“营业利润”项目，反映企业实现的营业利润。如为亏损，本项目以“－”号填列。

（15）“营业外收入”项目，反映企业的偶然所得，主要包括与企业日常活动无关的盘盈利得、捐赠利得（企业接受股东或股东的子公司直接或间接的捐赠，经济实质属于股东对企业的资本性投入的除外）等。本项目应根据“营业外收入”明细科目的发生额分析填列。

（16）“营业外支出”项目，反映企业发生的除营业利润以外的支出，主要包括公益性捐赠支出、非常损失、盘亏损失、非流动资产毁损报废损失等。本项目应根据“营业外支出”明细科目的发生额分析填列。非流动资产毁损报废损失通常包括因自然灾害发生毁损、已丧失使用功能等原因而报废清理产生的损失。

（17）“利润总额”项目，反映企业实现的利润。如为亏损，本项目以“－”号填列。

（18）“净利润”项目，反映企业实现的净利润（税后利润）。如为净亏损，本项目以“－”号填列。其中，“（一）持续经营净利润”和“（二）终止经营净利润”

项目分别反映净利润中与持续经营相关的净利润和与终止经营相关的净利润；如为净亏损，以“—”号填列。这两个项目应按照《企业会计准则第 42 号——持有待售的非流动资产、处置组和终止经营》的相关规定分别列报。

（19）每股收益。见前面的列示要求。

2.“上期金额”栏的填列方法

“上期金额”栏应根据上年该期利润表“本期金额”栏内所列数字填列。如果上年该期利润表规定的各个项目的名称和内容与本期不一致，应对上年该期利润表各项目的名称和数字按本期的规定进行调整，填入利润表“上期金额”栏内。

例 11-2

沿用本书第 5 章大美同心口罩有限公司 2020 年 4 月 1 日至 6 月 30 日的资料，编制利润表。

【分析】

根据第 5 章的资料，大美同心口罩有限公司 2020 年 4 月 1 日至 6 月 30 日全部收入、费用类账户总账和明细账结转“本年利润”之前发生额如表 11-5 所示。

表 11-5　大美同心口罩有限公司收入、费用发生额总账和明细账　　金额单位：元

总账	明细账	借方发生额	贷方发生额
主营业务收入	医用口罩		1 395 000
	N95 口罩		3 325 000
其他业务收入			40 000
营业外收入			1 715
投资收益		14 000	196 400
主营业务成本	医用口罩	728 655	
	N95 口罩	1 521 140	
其他业务成本		32 000	
营业外支出	捐赠支出	100 000	
税金及附加		5 970	
销售费用	广告费用	100 000	
管理费用	管理人员工资	120 000	
	办公费用	5 000	
	折旧费用	93 750	
财务费用	短期借款	10 000	
	长期借款	8 000	
所得税费用		554 900	
合计		3 293 415	4 958 115

根据上述资料编制大美同心口罩有限公司 2020 年 4—6 月利润表，如表 11-6 所示（省略了没有数据的报表项目）。

表 11-6 利润表

编制单位：大美同心口罩有限公司　　2020 年 4—6 月　　金额单位：元

项目	行次	本年金额
一、营业收入		4 760 000
减：营业成本		2 281 795
税金及附加		5 970
销售费用		100 000
管理费用		218 750
财务费用		18 000
加：投资收益（损失以“—”号填列）		182 400
二、营业利润（亏损以“—”号填列）		2 317 885
加：营业外收入		1 715
减：营业外支出		100 000
三、利润总额（亏损总额以“—”号填列）		2 219 600
减：所得税费用		554 900
四、净利润（净亏损以“—”号填列）		1 664 700

11.4 现金流量表、所有者权益变动表与财务报表附注①

11.4 即测即评

11.4.1 现金流量表

1. 现金流量表的内容与结构

现金流量表（cash flow statement），是指反映企业一定会计期间内的现金和现金等价物的流入和流出情况的报表。

“现金”和“现金等价物”

《企业会计准则第 31 号——现金流量表》中所称的**“现金”**（cash），是指库存现金和可以随时用于支付的存款。不能随时用于支付的存款不属于该准则所称的“现金”。这与惯常所称的现金概念有所不同。

该准则所称的**“现金等价物”**（cash equivalents），是指企业持有的期限短、流动性强、易于转换为已知金额现金、价值变动风险很小的投资。“期限短”一般是指从购买日起三个月内到期。现金等价物通常包括三个月内到期的债券投资。至于权益性投资（即股权性质的投资），由于其变现的金额通常不确定，因

① 本节内容超出了本课程要求，可酌情调整。

而财务分析中一般不视其为现金等价物。企业应当根据具体情况确定现金等价物的范围，一经确定不得随意变更。

现金流量，是指现金和现金等价物的流入和流出。企业从银行提取现金、用现金购买短期到期的国库券等现金和现金等价物之间的转换不会导致现金流量的变化。

现金流量表中区分经营活动、投资活动和筹资活动的现金流入总额和现金流出总额，分别列报了这三类活动所产生的现金流量净额，最后汇总列示了企业的现金及现金等价物的净增加额，如表 11-7 所示。

表 11-7 现金流量表

会企 03 表

编制单位： ××年 金额单位：元

项目	行次	本年金额	上年金额
一、经营活动产生的现金流量			
销售商品、提供劳务收到的现金			
收到的税费返还			
收到其他与经营活动有关的现金			
经营活动现金流入小计			
购买商品、接受劳务支付的现金			
支付给职工以及为职工支付的现金			
支付的各项税费			
支付其他与经营活动有关的现金			
经营活动现金流出小计			
经营活动产生的现金流量净额			
二、投资活动产生的现金流量			
收回投资收到的现金			
取得投资收益收到的现金			
处置固定资产、无形资产和其他长期资产收回的现金净额			
处置子公司及其他营业单位收到的现金净额			
收到其他与投资活动有关的现金			
投资活动现金流入小计			
购建固定资产、无形资产和其他长期资产支付的现金			
投资支付的现金			
取得子公司及其他营业单位支付的现金净额			
支付其他与投资活动有关的现金			
投资活动现金流出小计			
投资活动产生的现金流量净额			

续表

项目	行次	本年金额	上年金额
三、筹资活动产生的现金流量			
吸收投资收到的现金			
取得借款收到的现金			
收到其他与筹资活动有关的现金			
筹资活动现金流入小计			
偿还债务支付的现金			
分配股利、利润或偿付利息支付的现金			
支付其他与筹资活动有关的现金			
筹资活动现金流出小计			
筹资活动产生的现金流量净额			
四、汇率变动对现金及现金等价物的影响			
五、现金及现金等价物净增加额			
加：期初现金及现金等价物余额			
六、期末现金及现金等价物余额			

鉴于现金流量表的编制方法超出了本教材范围，因此，以下阐释以帮助读者阅读现金流量表为主，而不再关注如何编制现金流量表。

2. 现金流量表的列报规则

企业应当分别按照现金流入和现金流出的总额列报其现金流量信息，但是，代客户收取或支付的现金以及周转快、金额大、期限短项目的现金流入和现金流出可以按净额列报。

自然灾害损失、保险索赔等特殊项目，应当根据其性质，分别归并到经营活动、投资活动和筹资活动现金流量类别中单独列报。

外币现金流量及境外子公司的现金流量，应当采用现金流量发生日的即期汇率或按照系统合理的方法确定的、与现金流量发生日即期汇率近似的汇率折算。汇率变动对现金的影响额应作为调节项目，在现金流量表中单设“汇率变动对现金及现金等价物的影响”项目。

11.4.2 所有者权益变动表

所有者权益变动表（statement of changes in equity）是列示所有者权益各组成部分的当期增减变动情况的报表。该表在各列中逐项列出了所有者权益的各个项目，然后在各行中逐项列出了期初余额（与上期资产负债表的数据一致）、本期增加额及其发生原因、本期减少额及其发生原因，最后列出了期末余额（与本期资产负债表数据一致）。这样，通过所有者权益变动表，就可以了解所有者权益各个项目在过去整个会计期间内的增减变动的全貌。

根据《企业会计准则第 30 号——财务报表列报》(2014 年修订)的规定，所有者权益变动表至少应当单独列示反映下列信息的项目：(1) 综合收益总额；(2) 会计政策变更和前期差错更正的累积影响金额；(3) 所有者投入资本和向所有者分配利润等；(4) 按照规定提取的盈余公积；(5) 所有者权益各组成部分的期初和期末余额及其调节情况。

11.4.3　财务报表附注

报表附注(notes to financial statements) 是对在资产负债表、利润表、现金流量表和所有者权益变动表等报表中列示项目的文字描述或明细资料，以及对未能在这些报表中列示项目的说明等。

附注应当披露财务报表的编制基础，相关信息应当与资产负债表、利润表、现金流量表和所有者权益变动表等报表中列示的项目相互参照。

附注一般应当按照下列顺序披露：

(1) 企业的基本情况：1) 企业注册地、组织形式和总部地址；2) 企业的业务性质和主要经营活动；3) 母公司以及集团最终母公司的名称；4) 财务报告的批准报出者和财务报告批准报出日，或者以签字人及其签字日期为准；5) 营业期限有限的企业，还应当披露有关其营业期限的信息。

(2) 财务报表的编制基础。

(3) 遵循企业会计准则的声明。企业应当声明编制的财务报表符合企业会计准则的要求，真实、完整地反映了企业的财务状况、经营成果和现金流量等有关信息。

(4) 重要会计政策和会计估计。重要会计政策的说明，包括财务报表项目的计量基础和在运用会计政策过程中所做的重要判断等。重要会计估计的说明，包括可能导致下一个会计期间内资产、负债账面价值重大调整的会计估计的确定依据等。企业应当披露采用的重要会计政策和会计估计，并结合企业的具体实际披露其重要会计政策的确定依据和财务报表项目的计量基础，及其会计估计所采用的关键假设和不确定因素。

(5) 会计政策和会计估计变更以及差错更正的说明。

(6) 报表重要项目的说明。企业应当按照资产负债表、利润表、现金流量表、所有者权益变动表及其项目列示的顺序，对报表重要项目的说明采用文字和数字描述相结合的方式进行披露。报表重要项目的明细金额合计，应当与报表项目金额相衔接。企业应当在附注中披露费用按照性质分类的利润表补充资料，可将费用分为耗用的原材料、职工薪酬费用、折旧费用、摊销费用等。

(7) 或有和承诺事项、资产负债表日后非调整事项、关联方关系及其交易等需要说明的事项。

(8) 有助于财务报表使用者评价企业管理资本的目标、政策及程序的信息。

关键术语

财务会计报告（financial report）　　财务报表（financial statement）
中期财务报告（interim financial report）
个别财务报表（separate financial statement）
合并财务报表（consolidated financial statement）
资产负债表（balance sheet，B/S）
财务状况表（statement of financial position）
流动资产（current assets）　　非流动资产（non-current assets）
流动负债（current liabilities）　　非流动负债（non-current liabilities）
利润表（income statement，earnings statement，operating statement，statement of operations）
损益表（profit and loss statement，P&L）
多步式利润表（multiple-step income statement）
现金流量表（cash flow statement）　　现金（cash）
现金等价物（cash equivalents）
所有者权益变动表（statement of changes in equity）
报表附注（notes to financial statements）

思考题

Q11-1　请简要阐释财务会计报告的含义及其构成。

Q11-2　学术界有关于资产负债表和利润表哪个更重要的争论。你怎么看待这个问题?

Q11-3　请简要阐释财务报表附注的含义及其内容。

Q11-4　请简要阐释资产负债表中各个项目的列报规则。

Q11-5　有人认为，财务报表比报表附注更加重要，更加有用。你怎么看?

练习题

E11-1　目的：练习资产负债表部分项目的填列。

资料：某公司固定资产相关总账信息如下："固定资产"账户借方余额6 000万元，"累计折旧"账户贷方余额1 000万元。

该公司货币资金相关总账信息如下："库存现金"账户借方余额300万元，"银行存款"账户借方余额5 000万元，"其他货币资金"账户借方余额300万元。

要求： 请给出资产负债表中“货币资金”项目和“固定资产”项目的金额。

E11－2　目的： 练习利润表的编制。

资料： 某企业某年某季度发生下列经济业务：

(1) 销售商品一批，不含税售价为 4 000 000 元，增值税 520 000 元，价税合计为 4 520 000 元。商品已经发出，收到货款 3 000 000 元存入银行，应收账款 1 520 000 元。

(2) 发出上月已经预收货款 1 000 000 元的商品一批，该批商品不含税价格为 2 000 000 元，增值税 260 000 元，价税合计为 2 260 000 元。

(3) 收回应收账款 1 520 000 元。

(4) 以银行存款 50 000 元支付广告费。

(5) 以银行存款 100 000 元支付总部管理部门办公经费，计提总部办公大楼的固定资产折旧 2 000 000 元。

(6) 结转已售商品销售成本 3 600 000 元。

(7) 通过转账方式向灾区捐赠救灾款 990 000 元。

要求：

(1) 根据上述经济业务编制会计分录。

(2) 根据会计分录编制利润表（列示出季度数据）。

E11－3　目的： 练习资产负债表的编制。

资料： 中兴实业有限责任公司 20×6 年 12 月 31 日总账账户和有关明细账余额如下表所示。

总账和有关明细账余额表　　金额单位：元

总账账户	明细账账户	借方余额	贷方余额	总账账户	明细账账户	借方余额	贷方余额
库存现金		300 000		短期借款			6 000 000
银行存款		2 000 000		应付账款			5 000 000
交易性金融资产		500 000			丁公司		1 500 000
应收账款		3 000 000			戊公司		3 500 000
	甲公司	1 000 000		预收账款			4 000 000
	乙公司	2 000 000			己公司		1 000 000
预付账款		500 000			庚公司		3 000 000
	丙公司	500 000		其他应付款			60 000
其他应收款		60 000		应付职工薪酬			900 000
原材料		60 000 000		应交税费			300 000
生产成本		80 000 000		长期借款			13 000 000
库存商品		90 000 000		实收资本			200 000 000
固定资产		110 000 000		盈余公积			73 600 000
累计折旧			30 000 000	利润分配	未分配利润		13 500 000
借方余额合计		316 360 000		贷方余额合计			316 360 000

要求： 根据上述信息，编制该公司20×6年12月31日的资产负债表。

E11-4 目的： 练习利润表的编制。

资料： 中兴实业有限责任公司20×6年度有关收入、费用类总账账户的发生额如下表所示。

总账和有关明细账发生额表 金额单位：元

总账账户	借方发生额	贷方发生额
主营业务收入		60 000 000
其他业务收入		3 000 000
投资收益		600 000
营业外收入		280 000
主营业务成本	40 000 000	
其他业务成本	1 700 000	
税金及附加	800 000	
销售费用	1 100 000	
管理费用	3 600 000	
财务费用	2 900 000	
所得税费用	3 305 000	

要求： 根据上述信息，编制该公司20×6年度的利润表。

E11-5 目的： 练习开立账户（用丁字账），编制结账后试算平衡表。

资料： 第5章的经济业务（共45笔）。

要求：

（1）根据第5章经济业务发生的先后顺序，为其开立丁字账户，将每一笔相关业务过入相对应的丁字账，并结出所有账户的本期发生额及期末余额。

（2）编制结账后试算平衡表。

案例题

有种“利润”叫诚信（2）

——中国人民大学诚信小摊

目的：

1. 培养编制三张账务报表的能力和解读三张财务报表数据之间逻辑关系的能力。

2. 建立一般商业常识，具备初步分析问题和解决问题的能力。

资料： 同第5章章末的案例题。

要求：

1. 请根据已编制的试算平衡表，为人大诚信小摊出具三张财务报表：利润表、资产负债表和现金流量表。

2. 进一步拓展，并思考：

(1) 利润表显示利润为 502 元，但现金流量表显示现金余额为 3 052 元，资产负债表显示的资产总额为 3 652 元。如何理解三张财务报表之间的数字关系？

(2) 与最初投入的 3 150 元相比，人大诚信小摊到底是亏了还是赚了？

(3) 如何理解“诚信”二字？

(4) 人大诚信小摊的模式可以推广吗？

(5) 从组织形式、管理、经营及会计等方面为人大诚信小摊提一些建议。

第12章 账务处理程序

素养提升

1. 价值塑造

- 树立程序即秩序的理念。良好的程序是完成任务的根本保障。
- 建立殊途同归的思维方式。不同的账务处理程序，其目的都是高效准确地编制财务报表。
- 理解分工合作、协调配合是提高工作效率的内在机制。

2. 知识传授

- 账务处理程序是将会计凭证、会计账簿组织起来，以顺利编制出财务报表的方法。
- 由于凭证、账簿和报表编制由不同人员负责，账务处理程序就是将不同工作岗位的人员组织起来，以简便和快捷的程序编制出财务报表。
- 账务处理程序主要介绍了三种：一是记账凭证账务处理程序；二是汇总记账凭证账务处理程序；三是科目汇总表账务处理程序。它们各有优缺点和适用场景。
- 记账凭证账务处理和汇总记账凭证账务处理的不同之处是记账凭证是否需要汇总，多长时间（3天、10天、一个月）汇总一次。目的是进行人员分工，减轻记账凭证过入会计账簿的工作量。
- 账务处理程序一旦确定，就要严格执行；否则整个工作就会处于混乱状态。

3. 能力培养

- 培养流程思维能力。流程是保障工作有条不紊、符合规范的手段。

● 培养将零散信息加以整合的能力。会计信息加工过程就是信息不断整合的过程。

素养提升

学习目标

1. 掌握：企业账务处理程序的种类；记账凭证账务处理程序的特点；汇总记账凭证账务处理程序的特点；科目汇总表账务处理程序的特点。
2. 理解：企业账务处理程序的一般步骤。
3. 了解：企业账务处理程序的概念与意义。

12.1 即测即评

12.1 账务处理程序概述

12.1.1 账务处理程序的概念与意义

账务处理程序（bookkeeping procedures），又称会计核算组织程序、会计核算形式，是指会计凭证、会计账簿、财务报表相结合的方式，包括账簿组织和记账程序。账簿组织是指会计凭证和会计账簿的种类、格式，会计凭证与账簿之间的联系方法；记账程序是指由填制、审核原始凭证到填制、审核记账凭证，登记日记账、明细分类账和总分类账，编制财务报表的工作程序和方法等。通俗地解释，会计核算形式是指在手工记账的情形下，财务会计部门各会计人员之间的分工合作方式。

科学、合理地选择账务处理程序的意义主要有：（1）有利于规范会计工作，保证会计信息加工过程的严密性，提高会计信息质量；（2）有利于保证会计记录的完整性和正确性，增强会计信息的可靠性；（3）有利于减少不必要的会计核算环节，提高会计工作效率，保证会计信息的及时性。

12.1.2 账务处理程序的种类

企业常用的账务处理程序主要有记账凭证账务处理程序、汇总记账凭证账务处理程序和科目汇总表账务处理程序等。它们之间的主要区别为登记总分类账的依据和方法不同。

1. 记账凭证账务处理程序

记账凭证账务处理程序是指对发生的经济业务，先根据原始凭证或汇总原始凭证填制记账凭证，再直接根据记账凭证登记总分类账的一种账务处理程序。也就是说，如果总账记账人员直接根据记账凭证逐笔登记总分类账，则称为“记账凭证账务处理程序”。

2. 汇总记账凭证账务处理程序

汇总记账凭证账务处理程序是指先根据原始凭证或汇总原始凭证填制记账凭证，定期根据记账凭证分类编制汇总收款凭证、汇总付款凭证和汇总转账凭证，再根据汇总记账凭证登记总分类账的一种账务处理程序。

3. 科目汇总表账务处理程序

科目汇总表账务处理程序，又称记账凭证汇总表账务处理程序，是指根据记账凭证定期编制科目汇总表，再根据科目汇总表登记总分类账的一种账务处理程序。

12.2 记账凭证账务处理程序

12.2 即测即评

12.2.1 一般步骤

记账凭证账务处理程序的一般步骤是：

（1）根据原始凭证填制汇总原始凭证；

（2）根据原始凭证或汇总原始凭证，填制收款凭证、付款凭证和转账凭证，也可以填制通用记账凭证；

（3）根据收款凭证和付款凭证逐笔登记库存现金日记账和银行存款日记账；

（4）根据原始凭证、汇总原始凭证和记账凭证，登记各种明细分类账；

（5）根据记账凭证逐笔登记总分类账；

（6）期末，将库存现金日记账、银行存款日记账和明细分类账的余额与有关总分类账的余额核对相符；

（7）期末，根据总分类账和明细分类账的记录编制财务报表。

记账凭证账务处理程序流程图如图 12－1 所示。

12.2.2 记账凭证账务处理程序的特点和适用范围

1. 特点

记账凭证账务处理程序的特点是，总账的记账人员直接根据记账凭证对总分类账进行逐笔登记。这种分工形式对总账记账人员的要求很高。它是最基本的账务处理程序，其他账务处理程序都是在此基础上发展、演变形成的。

2. 优缺点

记账凭证账务处理程序的优点是简单明了、易于理解、便于追溯检查，总分

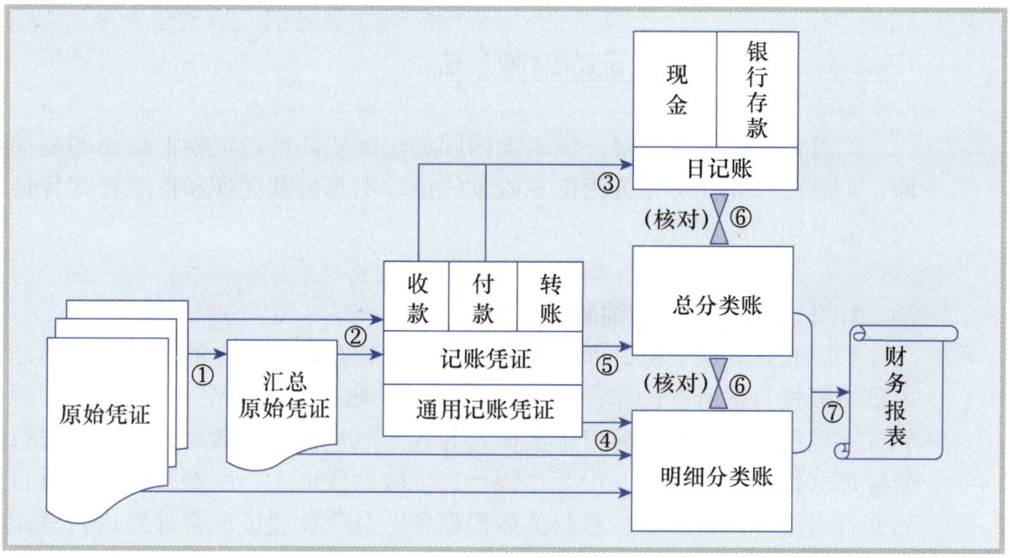

图 12－1　记账凭证账务处理程序流程图

类账簿的信息量大，可以比较详细地反映企业经营活动的全貌。其缺点是登记总分类账的工作量较大。

3. 适用范围

在手工记账的情形下，这种分工合作方式适用于规模较小、业务量较少、凭证不多的企业。如果经济业务较多，为了简化编制记账凭证，减少登记总账的工作量，则可以考虑将内容相同的原始凭证先行汇总，编制汇总原始凭证，然后再根据汇总原始凭证编制记账凭证。

12.3　汇总记账凭证账务处理程序

12.3 即测即评

汇总记账凭证账务处理程序是财务会计部门先行指定专人定期编制汇总收款凭证、汇总付款凭证和汇总转账凭证，然后交由总账记账人员根据汇总记账凭证登记总分类账。

通俗地理解，负责总账的会计主管让下属会计人员平时先把收款凭证、付款凭证和转账凭证汇总起来，进行归纳整理，定期上交汇总记账凭证。这样，总账的手工记账工作量就会大幅降低，这就是汇总记账凭证账务处理程序的设计理念。

在此情形下，应把记账凭证分为收款凭证、付款凭证和转账凭证，不应使用通用记账凭证。

12.3.1 汇总记账凭证的编制方法

汇总记账凭证是指对一段时期内同类记账凭证进行定期汇总而编制的记账凭证。汇总记账凭证可以分为汇总收款凭证、汇总付款凭证和汇总转账凭证，三种凭证有不同的编制方法。

1. 汇总收款凭证的编制

汇总收款凭证根据“库存现金”和“银行存款”账户的借方进行编制。会计人员一般按月把所有的库存现金收款凭证（现收）汇总到一份汇总库存现金收款凭证上，所涉及的贷方科目依次排列并各自结算出合计数。把所有的银行存款收款凭证（银收）汇总到一份汇总银行存款收款凭证上，所涉及的贷方科目依次排列并各自结算出合计数。总分类账根据各汇总收款凭证的合计数进行登记，分别记入“库存现金”“银行存款”总分类账户的借方，并将汇总收款凭证上各账户贷方的合计数分别记入有关总分类账户的贷方。

2. 汇总付款凭证的编制

汇总付款凭证根据“库存现金”和“银行存款”账户的贷方进行编制。会计人员一般按月把所有的库存现金付款凭证（现付）汇总到一份汇总库存现金付款凭证上，所涉及的借方科目依次排列并各自结算出合计数。把所有的银行存款付款凭证（银付）汇总到一份汇总银行存款付款凭证上，所涉及的借方科目依次排列并各自结算出合计数。总分类账根据各汇总付款凭证的合计数进行登记，分别记入“库存现金”“银行存款”总分类账户的贷方，并将汇总付款凭证上各账户借方的合计数分别记入有关总分类账户的借方。

3. 汇总转账凭证的编制

由于转账凭证上不涉及库存现金和银行存款科目，借方和贷方的会计科目多种多样，那么，怎么对它们进行归纳整理呢？有人提出，汇总转账凭证一般按照每一个科目的贷方分别设置，在编制的过程中贷方账户必须唯一（借方账户可一个或多个），即转账凭证必须是“一借一贷”或“多借一贷”。汇总转账凭证是在对所设置账户相对应的借方账户分类之后，进行汇总编制。总分类账根据各汇总转账凭证的合计数进行登记，分别记入对应账户的总分类账户的贷方，并将汇总转账凭证上各账户借方的合计数分别记入有关总分类账户的借方。

这意味着，对于存在多个贷方科目的业务，也必须拆分出一个贷方的分录。但如果真是如此操作，岂不是徒增烦恼？因此，除非某个贷方科目单独出现且使用频率接近于“库存现金”和“银行存款”科目的使用频率，否则就没有必要编制汇总转账凭证，直接根据转账凭证登记总账的做法更为可取。

12.3.2　一般步骤

汇总记账凭证账务处理程序的一般步骤是：

（1）根据原始凭证填制汇总原始凭证；

（2）根据原始凭证或汇总原始凭证，填制收款凭证、付款凭证和转账凭证，也可以填制通用记账凭证；

（3）根据收款凭证、付款凭证逐笔登记库存现金日记账和银行存款日记账；

（4）根据原始凭证、汇总原始凭证和记账凭证，登记各种明细分类账；

（5）根据各种记账凭证编制有关汇总记账凭证；

（6）根据各种汇总记账凭证登记总分类账；

（7）期末，将库存现金日记账、银行存款日记账和明细分类账的余额与有关总分类账的余额核对相符；

（8）期末，根据总分类账和明细分类账的记录编制财务报表。

汇总记账凭证账务处理程序流程图如图 12－2 所示。

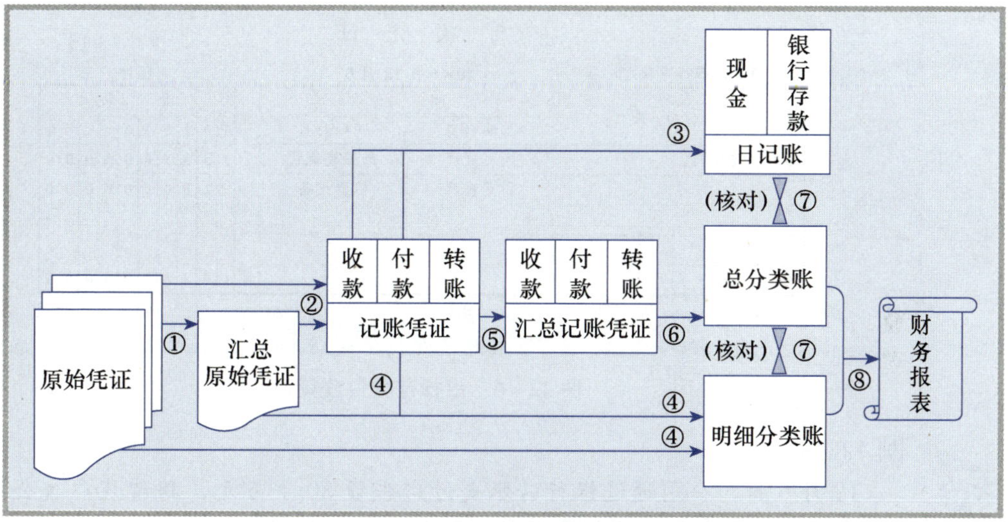

图 12－2　汇总记账凭证账务处理程序流程图

12.3.3　实务示例

需要说明的是，为简明起见，本例进行了简化处理：资产的采购一律不考虑增值税；职工薪酬的发放不通过“应付职工薪酬”科目核算，而是直接贷记“银行存款”账户。

1. 记账凭证的编制

例 12－1

20×6 年 12 月 1 日，公司发行股份 600 万股，每股面值 1 元，共收到股东投资款 3 400 万元，已经存入银行。银行存款收款凭证如图 12－3 所示。

收 款 凭 证

银收字第1号

借方科目：银行存款　　　　20×6年12月1日　　　　附件___张

摘要	贷方		√	金额									
	总账科目	明细科目		千	百	十	万	千	百	十	元	角	分
接受股东投资	股本				6	0	0	0	0	0	0	0	0
	资本公积	股本溢价		2	8	0	0	0	0	0	0	0	0
合计			¥	3	4	0	0	0	0	0	0	0	0

会计主管：　　记账：　　出纳：　　审核：　　填制：

图 12－3　银行存款收款凭证

例 12－2

12月6日，公司动用银行存款1 533万元购进固定资产，其中房屋建筑物1 333万元、机器设备200万元。银行存款付款凭证如图12－4所示。

付 款 凭 证

银付字第1号

贷方科目：银行存款　　　　20×6年 12月 6 日　　　　附件___张

摘要	借方		√	金额									
	总账科目	明细科目		千	百	十	万	千	百	十	元	角	分
购入固定资产	固定资产	房屋建筑物		1	3	3	3	0	0	0	0	0	0
	固定资产	机器设备			2	0	0	0	0	0	0	0	0
合计			¥	1	5	3	3	0	0	0	0	0	0

会计主管：　　记账：　　出纳：　　审核：　　填制：

图 12－4　银行存款付款凭证

例 12－3

12月6日，公司通过银行转账支付广告费30.1万元，聘请某广告公司面向企业客户和家庭客户开展精准营销。银行存款付款凭证如图12－5所示。

付 款 凭 证

银付字第2号

贷方科目：银行存款　　　　20×6年 12月 6 日　　　　附件___张

摘要	借方		√	金额									
	总账科目	明细科目		千	百	十	万	千	百	十	元	角	分
支付广告费	销售费用					3	0	1	0	0	0	0	0
合计					¥	3	0	1	0	0	0	0	0

会计主管：　　记账：　　出纳：　　审核：　　填制：

图 12－5　银行存款付款凭证

例 12-4

12 月 9 日，公司动用银行存款 500 万元购进餐饮服务所需的库存商品。银行存款付款凭证如图 12-6 所示。

付　款　凭　证

银付字第3号

贷方科目：银行存款　　20×6年 12 月 9 日　　附件___张

摘　要	借　方		√	金　额									
	总账科目	明细科目		千	百	十	万	千	百	十	元	角	分
购入库存商品	库存商品				5	0	0	0	0	0	0	0	0
合　计				¥	5	0	0	0	0	0	0	0	0

会计主管：　记账：　出纳：　审核：　填制：

图 12-6　银行存款付款凭证

例 12-5

12 月 12 日，公司承接一项重要会议的接待任务，收到餐饮服务部门的营业收入 600 万元、会议服务部门的营业收入 300 万元，款项均已存入银行。依公司管理章程的规定，前者记入“主营业务收入”科目，后者记入“其他业务收入”科目，以便公司领导评价各部门的业绩、把握业务导向。银行存款收款凭证如图 12-7 所示。

收　款　凭　证

银收字第2号

借方科目：银行存款　　20×6年12月12日　　附件___张

摘　要	贷　方		√	金　额									
	总账科目	明细科目		千	百	十	万	千	百	十	元	角	分
收到营业收入存入银行	主营业务收入				6	0	0	0	0	0	0	0	0
	其他业务收入				3	0	0	0	0	0	0	0	0
合　计				¥	9	0	0	0	0	0	0	0	0

会计主管：　记账：　出纳：　审核：　填制：

图 12-7　银行存款收款凭证

例 12-6

12 月 15 日，公司开出支票，转账支付管理费用 56.3 万元（办公经费和总部管理人员薪酬）。银行存款付款凭证如图 12-8 所示。

付　款　凭　证

银付字第4号

贷方科目：银行存款　　20×6年 12 月 15日　　附件___张

摘　要	借　方		√	金　额									
	总账科目	明细科目		千	百	十	万	千	百	十	元	角	分
支付管理费用	管理费用					5	6	3	0	0	0	0	0
合　计					¥	5	6	3	0	0	0	0	0

会计主管：　记账：　出纳：　审核：　填制：

图 12-8　银行存款付款凭证

例 12-7

12 月 21 日，公司向银行借入长期借款 888 万元。银行存款收款凭证如图 12-9 所示。

收 款 凭 证

银收字第3号

借方科目：银行存款　　20×6年12月21日　　附件___张

摘要	贷方		√	金额									
	总账科目	明细科目		千	百	十	万	千	百	十	元	角	分
向银行借入长期借款	长期借款				8	8	8	0	0	0	0	0	0
合计				¥	8	8	8	0	0	0	0	0	0

会计主管：　　记账：　　出纳：　　审核：　　填制：

图 12-9 银行存款收款凭证

例 12-8

12 月 31 日，公司结转主营业务成本 370 万元，包括餐饮服务部门耗用的库存商品价值 300 万元，动用银行存款支付餐饮服务部门人员工资 70 万元。转账凭证如图 12-10 所示，银行存款付款凭证如图 12-11 所示。

转 账 凭 证

转字第1号

20×6 年 12 月 31 日　　附件___张

摘要	总账科目	明细科目	√	借方金额										√	贷方金额									
				千	百	十	万	千	百	十	元	角	分		千	百	十	万	千	百	十	元	角	分
结转主营业务成本	主营业务成本				3	0	0	0	0	0	0	0	0											
	库存商品															3	0	0	0	0	0	0	0	0
合计				¥	3	0	0	0	0	0	0	0	0		¥	3	0	0	0	0	0	0	0	0

会计主管：　　记账：　　审核：　　填制：

图 12-10 转账凭证

付 款 凭 证

银付字第5号

贷方科目：银行存款　　20×6年 12 月 31日　　附件___张

摘要	借方		√	金额									
	总账科目	明细科目		千	百	十	万	千	百	十	元	角	分
结转主营业务成本	主营业务成本					7	0	0	0	0	0	0	0
合计					¥	7	0	0	0	0	0	0	0

会计主管：　　记账：　　出纳：　　审核：　　填制：

图 12-11 银行存款付款凭证

例 12-9

12 月 31 日，公司结转其他业务成本，即动用银行存款支付推拿按摩服务部门人员工资 80 万元。银行存款付款凭证如图 12-12 所示。

付　款　凭　证

银付字第6号

贷方科目：银行存款　　20×6年 12 月 31日　　附件___张

摘　要	借方 总账科目	借方 明细科目	√	千	百	十	万	千	百	十	元	角	分
结转其他业务成本	其他业务成本					8	0	0	0	0	0	0	0
合　计					¥	8	0	0	0	0	0	0	0

会计主管：　记账：　出纳：　审核：　填制：

图 12-12　银行存款付款凭证

例 12-10

12 月 31 日，经税务机关查账征收，计算缴纳企业所得税 90.9 万元，当日公司转账缴纳。银行存款付款凭证如图 12-13 所示。

付　款　凭　证

银付字第7号

贷方科目：银行存款　　20×6年 12 月 31日　　附件___张

摘　要	借方 总账科目	借方 明细科目	√	千	百	十	万	千	百	十	元	角	分
缴纳企业所得税	所得税费用					9	0	9	0	0	0	0	0
合　计					¥	9	0	9	0	0	0	0	0

会计主管：　记账：　出纳：　审核：　填制：

图 12-13　银行存款付款凭证

例 12-11

12 月 31 日，公司结转收入、费用，计算利润总额。转账凭证如图 12-14 和图 12-15 所示。

转　账　凭　证

转字第2号

20×6 年 12 月 31 日　　附件___张

摘　要	总账科目	明细科目	√	借方金额 千	百	十	万	千	百	十	元	角	分	√	贷方金额 千	百	十	万	千	百	十	元	角	分
结转各种收入	主营业务收入				6	0	0	0	0	0	0	0	0											
	其他业务收入				3	0	0	0	0	0	0	0	0											
	本年利润															9	0	0	0	0	0	0	0	0
合计				¥	9	0	0	0	0	0	0	0	0		¥	9	0	0	0	0	0	0	0	0

会计主管：　记账：　审核：　填制：

图 12-14　转账凭证

转　账　凭　证

转字第3号

20×6 年 12 月 31 日

附件___张

摘要	总账科目	明细科目	√	借方金额										√	贷方金额									
				千	百	十	万	千	百	十	元	角	分		千	百	十	万	千	百	十	元	角	分
结转各种费用	本年利润				5	3	6	4	0	0	0	0	0											
	主营业务成本															3	7	0	0	0	0	0	0	0
	其他业务成本																8	0	0	0	0	0	0	0
	销售费用																3	0	1	0	0	0	0	0
	管理费用																5	6	3	0	0	0	0	0
合计				¥	5	3	6	4	0	0	0	0	0		¥	5	3	6	4	0	0	0	0	0

会计主管：　　记账：　　审核：　　填制：

图 12-15　转账凭证

例 12-12

12 月 31 日，公司结转所得税费用，计算净利润。转账凭证如图 12-16 所示。

转　账　凭　证

转字第4号

20×6 年 12 月 31 日

附件___张

摘要	总账科目	明细科目	√	借方金额										√	贷方金额									
				千	百	十	万	千	百	十	元	角	分		千	百	十	万	千	百	十	元	角	分
结转所得税	本年利润					9	0	9	0	0	0	0	0											
	所得税费用																9	0	9	0	0	0	0	0
合计					¥	9	0	9	0	0	0	0	0			¥	9	0	9	0	0	0	0	0

会计主管：　　记账：　　审核：　　填制：

图 12-16　转账凭证

例 12-13

12 月 31 日，公司决定本年度暂不分红，净利润全部转入未分配利润。转账凭证如图 12-17 所示。

转　账　凭　证

转字第5号

20×6 年 12 月 31 日

附件___张

摘要	总账科目	明细科目	√	借方金额										√	贷方金额									
				千	百	十	万	千	百	十	元	角	分		千	百	十	万	千	百	十	元	角	分
结转净利润	本年利润				2	7	2	7	0	0	0	0	0											
	利润分配	未分配利润														2	7	2	7	0	0	0	0	0
合计				¥	2	7	2	7	0	0	0	0	0		¥	2	7	2	7	0	0	0	0	0

会计主管：　　记账：　　审核：　　填制：

图 12-17　转账凭证

2. 汇总收款凭证和汇总付款凭证的编制

会计人员根据收款凭证的借方科目（即库存现金、银行存款）进行汇总，把对应的贷方科目进行归类汇总，编制出汇总收款凭证。本例中只涉及银行存款汇总收款凭证。“总账页数”是指借方、贷方各个账户在总账订本账簿中的页码，其用途是提高登记总账的效率。银行存款汇总收款凭证如图 12－18 所示。

汇总收款凭证

借方科目：银行存款　　20×6年12月31日　　汇收第1号

贷方科目	金额				总账页数	
	1—10日银收字第1号至第1号	11—20日银收字第2号至第2号	21—31日银收字第3号至第3号	合计	借方	贷方
股本	6 000 000			6 000 000	1	5
资本公积	28 000 000			28 000 000	1	6
主营业务收入		6 000 000		6 000 000	1	8
其他业务收入		3 000 000		3 000 000	1	9
长期借款			8 880 000	8 880 000	1	4
合 计	34 000 000	9 000 000	8 880 000	51 880 000		

图 12－18　银行存款汇总收款凭证

会计人员根据付款凭证的贷方科目（即库存现金、银行存款）分别进行汇总，把对应的借方科目进行归类汇总，编制出汇总付款凭证。本例中只涉及银行存款汇总付款凭证。银行存款汇总付款凭证如图 12－19 所示。

汇总付款凭证

贷方科目：银行存款　　20×6年12月31日　　汇付第1号

借方科目	金额				总账页数	
	1—10日银付字第1号至第3号	11—20日银付字第4号	21—31日银付字第5号至第7号	合计	借方	贷方
固定资产	15 330 000			15 330 000	3	1
库存商品	5 000 000			5 000 000	2	1
销售费用	301 000			301 000	12	1
管理费用		563 000		563 000	13	1
主营业务成本			700 000	700 000	10	1
其他业务成本			800 000	800 000	11	1
所得税费用			909 000	909 000	14	1
合 计	20 631 000	563 000	2 409 000	23 603 000		

图 12－19　银行存款汇总付款凭证

鉴于各个转账凭证的贷方科目的使用频率不高，为避免烦琐的重复工作，本例不编制汇总转账凭证，直接根据转账凭证登记相关账簿。

3. 根据汇总记账凭证登记账簿

得益于先期整理好的汇总收款凭证和汇总付款凭证，登记“银行存款”总账的工作量大幅减轻。作为对比，使用频率不高的账户的总账登记工作量并未显著减轻。这就是说，会计主体的业务量越大，汇总记账凭证账务处理程序的优势越明显。

限于篇幅，本例只展示总账的登记情况，如图 12－20 至图 12－34 所示，日记账和明细账的登记情况此处从略。

总 分 类 账

科目名称：银行存款　　　　订本账簿页码：1

月	日	凭证字	凭证号	摘要	借方	贷方	借或贷	余额
12	31	汇收	1	汇总收款凭证	5188000000			
12	31	汇付	1	汇总付款凭证		2360300000		
				本年累计	5188000000	2360300000	借	282770000
				结转下年			借	282770000

图 12－20　银行存款总分类账

总 分 类 账

科目名称：库存商品　　　　订本账簿页码：2

月	日	凭证字	凭证号	摘要	借方	贷方	借或贷	余额
12	31	汇付	1	汇总付款凭证	500000000			
12	31	转	1	结转主营业务成本		300000000		
				本年累计	500000000	300000000	借	200000000
				结转下年			借	200000000

图 12－21　库存商品总分类账

总 分 类 账

科目名称：固定资产　　　　订本账簿页码：3

月	日	凭证字	凭证号	摘要	借方	贷方	借或贷	余额
12	31	汇付	1	汇总付款凭证	1533000000			
				结转下年			借	1533000000

图 12－22　固定资产总分类账

总　分　类　账

科目名称：长期借款　　　　订本账簿页码：**4**

月	日	凭证字	凭证号	摘要	借方	贷方	借或贷	余额
12	31	汇收	1	汇总收款凭证		888000000		
				结转下年			贷	888000000

图 12－23　长期借款总分类账

总　分　类　账

科目名称：股本　　　　订本账簿页码：**5**

月	日	凭证字	凭证号	摘要	借方	贷方	借或贷	余额
12	31	汇收	1	汇总收款凭证		600000000		
				结转下年			贷	600000000

图 12－24　股本总分类账

总　分　类　账

科目名称：资本公积　　　　订本账簿页码：**6**

月	日	凭证字	凭证号	摘要	借方	贷方	借或贷	余额
12	31	汇收	1	汇总收款凭证		2800000000		
				结转下年			贷	2800000000

图 12－25　资本公积总分类账

总　分　类　账

科目名称：利润分配　　　　订本账簿页码：**7**

月	日	凭证编号	摘要	借方	贷方	借或贷	余额
12	31	13	结转净利润		272700000		
			本年累计		272700000	贷	272700000
			结转下年		272700000	贷	272700000

图 12－26　利润分配总分类账

科目名称：主营业务收入　　**总分类账**　　订本账簿页码：8

月	日	凭证字	凭证号	摘要	借方	贷方	借或贷	余额
12	31	汇收	1	汇总收款凭证		600000000		
12	31	转	2	结转各种收入	600000000			
				本年累计	600000000	600000000		

图 12-27　主营业务收入总分类账

科目名称：其他业务收入　　**总分类账**　　订本账簿页码：9

月	日	凭证字	凭证号	摘要	借方	贷方	借或贷	余额
12	31	汇收	1	汇总收款凭证		300000000		
12	31	转	2	结转各种收入	300000000			
				本年累计	300000000	300000000		

图 12-28　其他业务收入总分类账

科目名称：主营业务成本　　**总分类账**　　订本账簿页码：10

月	日	凭证字	凭证号	摘要	借方	贷方	借或贷	余额
12	31	汇付	1	汇总付款凭证	70000000			
12	31	转	1	结转主营业务成本	300000000			
12	31	转	3	结转各种费用		370000000		
				本年累计	370000000	370000000		

图 12-29　主营业务成本总分类账

科目名称：其他业务成本　　**总分类账**　　订本账簿页码：11

月	日	凭证字	凭证号	摘要	借方	贷方	借或贷	余额
12	31	汇付	1	汇总付款凭证	80000000			
12	31	转	3	结转各种费用		80000000		
				本年累计	80000000	80000000		

图 12-30　其他业务成本总分类账

科目名称：销售费用　　**总 分 类 账**　　订本账簿页码：**12**

年		凭证		摘　要	借　方	贷　方	借或贷	余　额
月	日	字	号		十亿千百十万千百十元角分	十亿千百十万千百十元角分		十亿千百十万千百十元角分
12	31	汇付	1	汇总付款凭证	30100000			
12	31	转	3	结转各种费用		30100000		
				本年累计	30100000	30100000		

图 12－31　销售费用总分类账

科目名称：管理费用　　**总 分 类 账**　　订本账簿页码：**13**

年		凭证		摘　要	借　方	贷　方	借或贷	余　额
月	日	字	号		十亿千百十万千百十元角分	十亿千百十万千百十元角分		十亿千百十万千百十元角分
12	31	汇付	1	汇总付款凭证	56300000			
12	31	转	3	结转各种费用		56300000		
				本年累计	56300000	56300000		

图 12－32　管理费用总分类账

科目名称：所得税费用　　**总 分 类 账**　　订本账簿页码：**14**

年		凭证		摘　要	借　方	贷　方	借或贷	余　额
月	日	字	号		十亿千百十万千百十元角分	十亿千百十万千百十元角分		十亿千百十万千百十元角分
12	31	汇付	1	汇总付款凭证	90900000			
12	31	转	4	结转所得税		90900000		
				本年累计	90900000	90900000		

图 12－33　所得税费用总分类账

科目名称：本年利润　　**总 分 类 账**　　订本账簿页码：**15**

年		凭证		摘　要	借　方	贷　方	借或贷	余　额
月	日	字	号		十亿千百十万千百十元角分	十亿千百十万千百十元角分		十亿千百十万千百十元角分
12	31	转	2	结转各种收入		900000000		
12	31	转	3	结转各种费用	536400000			
12	31	转	4	结转所得税	90900000			
12	31	转	5	结转净利润	272700000			
				本年累计	900000000	900000000		

图 12－34　本年利润总分类账

12.3.4 汇总记账凭证账务处理程序的特点和适用范围

1. 特点

汇总记账凭证账务处理程序的特点是先根据记账凭证编制汇总记账凭证，再根据汇总记账凭证登记总分类账。

2. 优缺点

汇总记账凭证账务处理程序的优点是：(1) 减轻了登记总分类账的工作量；(2) 汇总记账凭证清晰地反映了科目之间的对应关系，便于查对和分析账目，比科目汇总表账务处理程序更合理。缺点是当转账凭证较多时，编制汇总转账凭证的工作量较大，并且按每一贷方账户编制汇总转账凭证，不利于会计核算的日常分工。可以说，手工记账的总体工作量并未减少，只是总账管理人员（通常是会计部门的主管领导）的工作量有明显减轻。

3. 适用范围

汇总记账凭证账务处理程序适用于规模较大、经济业务较多且大量重复使用某些会计科目的情形。

12.4 科目汇总表账务处理程序

12.4 即测即评

科目汇总表账务处理程序是财务会计部门先行指定专人定期根据所有的记账凭证编制科目汇总表（即把记账凭证信息转抄在一起），然后交由总账记账人员根据科目汇总表登记总分类账。这种分工形式可以减轻总账记账人员的工作量，能够及时进行试算平衡。在手工记账的情形下，这种分工方式适用于业务量较多的单位。

12.4.1 科目汇总表的编制方法

科目汇总表，又称记账凭证汇总表，是企业通常定期对全部记账凭证进行汇总后，按照不同的会计科目分别列示各账户借方发生额和贷方发生额的一种汇总凭证。它是用以呈报每一个会计科目在特定期间（一般按旬或者按月）的借方发生额和贷方发生额的表格。

科目汇总表的编制方法是，根据一定时期内的全部记账凭证，按照会计科目进行归类，定期汇总出每一个账户的借方本期发生额和贷方本期发生额，填写在科目汇总表的相关栏内。对于“库存现金”和“银行存款”科目，也可以直接根据现金日记账和银行存款日记账的收入合计数和支出合计数填列。科目汇总表可每月编制一张，按旬汇总，也可每旬汇总一次编制一张。任何格式的科目汇总表，都只反映各个账户的借方本期发生额和贷方本期发生额，不反映各个账户之间的对应关系。

12.4.2　一般步骤

科目汇总表账务处理程序的一般步骤是：

（1）根据原始凭证填制汇总原始凭证；

（2）根据原始凭证或汇总原始凭证填制记账凭证；

（3）根据收款凭证、付款凭证逐笔登记库存现金日记账和银行存款日记账；

（4）根据原始凭证、汇总原始凭证和记账凭证，登记各种明细分类账；

（5）根据各种记账凭证编制科目汇总表；

（6）根据科目汇总表登记总分类账；

（7）期末，将库存现金日记账、银行存款日记账和明细分类账的余额同有关总分类账的余额核对相符；

（8）期末，根据总分类账和明细分类账的记录编制财务报表。

科目汇总表账户处理程序流程图如图 12-35 所示。

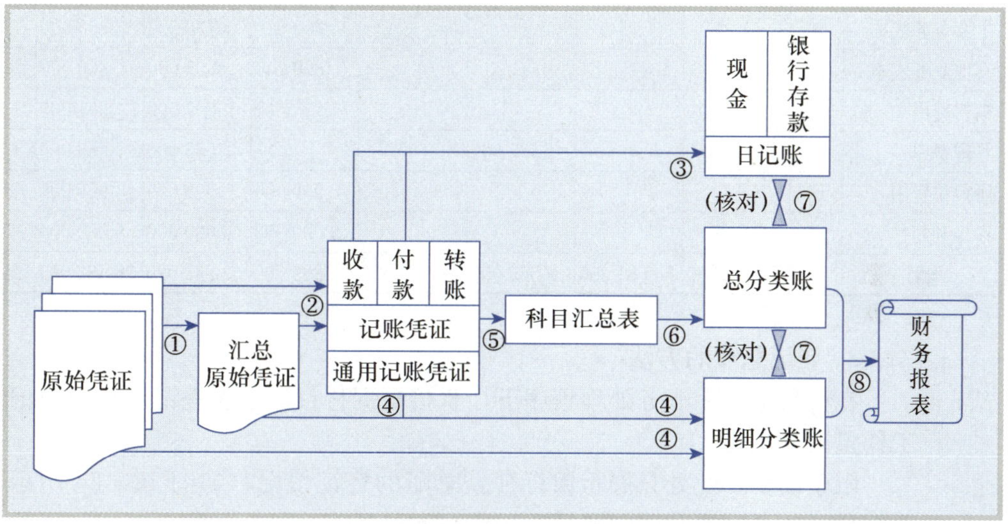

图 12-35　科目汇总表账务处理程序流程图

12.4.3　实务示例

1. 记账凭证的填制

在科目汇总表账务处理程序下，既可以使用通用记账凭证，也可以使用收款凭证、付款凭证、转账凭证。这是因为，无论记账凭证是什么样的，都可以汇总得到各个会计科目在特定期间的借方发生额和贷方发生额。因此，记账凭证的填制与本章前文所述环节相同，限于篇幅，此处不再赘述。

2. 科目汇总表的编制

沿用例 12－1 至例 12－13 编制科目汇总表，如表 12－1 所示。其中的“账页”一栏表示该会计科目在总账订本账簿中的页数。

表 12－1　科目汇总表

20×6 年 12 月 31 日　　　　第 1 号

会计科目	账页	1—10 日		11—20 日		21—31 日		本月合计	
		借方	贷方	借方	贷方	借方	贷方	借方	贷方
银行存款	1	34 000 000	20 631 000	9 000 000	563 000	8 880 000	2 409 000	51 880 000	23 603 000
库存商品	2	5 000 000					3 000 000	5 000 000	3 000 000
固定资产	3	15 330 000						15 330 000	
长期借款	4						8 880 000		8 880 000
股本	5		6 000 000						6 000 000
资本公积	6		28 000 000						28 000 000
未分配利润	7						2 727 000		2 727 000
主营业务收入	8				6 000 000	6 000 000		6 000 000	6 000 000
其他业务收入	9				3 000 000	3 000 000		3 000 000	3 000 000
主营业务成本	10					3 700 000	3 700 000	3 700 000	3 700 000
其他业务成本	11					800 000	800 000	800 000	800 000
销售费用	12	301 000					301 000	301 000	301 000
管理费用	13			563 000			563 000	563 000	563 000
所得税费用	14					909 000	909 000	909 000	909 000
本年利润	15					9 000 000	9 000 000	9 000 000	9 000 000
合计		54 631 000	54 631 000	9 563 000	9 563 000	32 289 000	32 289 000	96 483 000	96 483 000

3. 登记总账的方法

在科目汇总表账务处理程序下，直接根据科目汇总表登记总账，登记总账的工作量大幅减轻。

限于篇幅，此处只展示银行存款总账的登记情况，如图 12－36 所示，其余总账科目、日记账和明细账的登记情况此处从略。

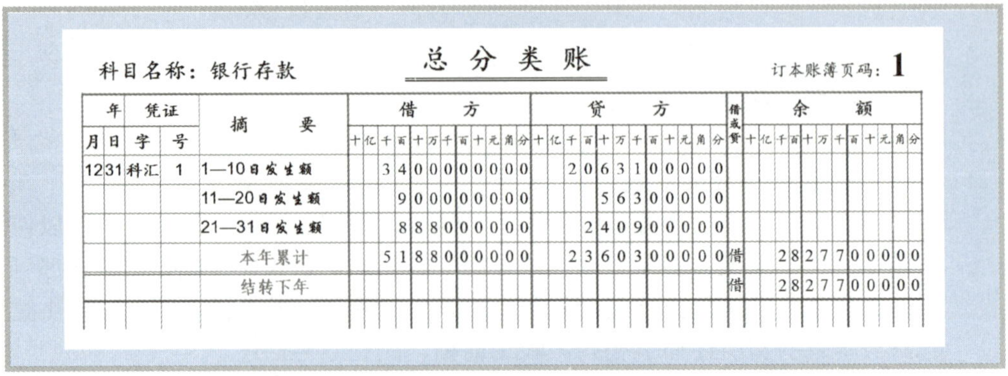

总分类账

科目名称：银行存款　　　　订本账簿页码：1

月	日	凭证字	凭证号	摘要	借方	贷方	借或贷	余额
12	31	科汇	1	1—10日发生额	3400000000	2063100000		
				11—20日发生额	900000000	56300000		
				21—31日发生额	888000000	240900000		
				本年累计	5188000000	2360300000	借	2827700000
				结转下年			借	2827700000

图 12－36　银行存款总分类账

12.4.4　科目汇总表账务处理程序的特点和适用范围

1. 特点

通过以上操作情况可以清楚地看出，科目汇总表账务处理程序的特点是先将所有记账凭证汇总编制成科目汇总表，然后以科目汇总表为依据登记总分类账。由于科目汇总表实际上已经对账户的情况进行了分类统计，因此，总账的登记工作就相对轻松了。

2. 优缺点

科目汇总表账务处理程序的优点是减轻了登记总分类账的工作量，易于理解，方便学习，并可做到试算平衡。缺点是科目汇总表不能反映各个账户之间的对应关系，不利于对账目进行检查；科目汇总表的编制工作量大。

3. 适用范围

科目汇总表账务处理程序适用于所有类型的单位，尤其是经济业务较多的单位。但总体来看，手工记账的总体工作量变化不大，负责登记总账的会计人员相对轻松一些。

关键术语

账务处理程序（bookkeeping procedures）

思考题

Q12－1　科学、合理地选择账务处理程序的意义是什么？

Q12－2　简述记账凭证账务处理程序的优缺点。

Q12－3　简述科目汇总表账务处理程序的一般步骤。

Q12－4　简述汇总记账凭证账务处理程序的特点和适用情形。

Q12－5　大数据、人工智能等技术发展对会计管理工作的积极意义体现在哪些方面？对会计行业发展有什么影响？请谈谈你的看法。

练习题

E12－1　目的：练习记账凭证账务处理程序下的账务处理。

资料：

1. 某企业 20××年 3 月 31 日的总分类账余额和明细账余额见下表。

总分类账余额表

金额单位：元

会计科目	借方	贷方	会计科目	借方	贷方
库存现金	3 500		短期借款		1 570 000
银行存款	300 000		应付账款		400 000
应收账款	200 000		应付职工薪酬		0
其他应收款	22 000		应交税费		50 000
原材料	900 000		应付利润		70 000
库存商品	600 000		其他应付款		35 500
生产成本	300 000		实收资本		2 000 000
固定资产	3 000 000		盈余公积		150 000
累计折旧		1 000 000	利润分配——未分配利润		50 000
合计	5 325 500	1 000 000	合计		4 325 500

材料明细账

名称	数量（吨）	单价（元）	金额（元）
甲材料	1 500	400	600 000
乙材料	2 000	150	300 000

2. 4月发生下列经济业务（暂不考虑增值税）：

（1）2日，购进甲材料100吨，单价400元，材料已验收入库，货款已由银行支付。

（2）5日，从某单位购进乙材料400吨，单价150元，材料已验收入库，货款尚未支付。

（3）15日，仓库发出材料，发出材料汇总表如下。

发出材料汇总表

项目	甲材料		乙材料		合计	
	数量（吨）	金额（元）	数量（吨）	金额（元）	数量（吨）	金额（元）
制造产品耗用	120	48 000	450	67 500		115 500
其中：A产品	70	28 000	200	30 000		58 000
B产品	50	20 000	250	37 500		57 500
管理部门耗用	10	4 000				4 000
合计	130	52 000	450	67 500		119 500

（4）16日，以现金支付管理部门日常的零星开支2 000元。

（5）17日，以银行存款支付广告费12 000元。

（6）20日，从银行提取现金50 000元以备发放工资。

（7）20日，以现金50 000元发放工资。

（8）25日，以银行存款8 000元支付水电费，其中A产品耗用4 000元，B产品耗用2 500元，管理部门一般耗用1 500元。

（9）25日，销售A产品100件，货款180 000元存入银行。

（10）26日，销售B产品200件，货款100 000元，收回60 000元存入银行，其余部分尚未收回。

(11) 28 日，以银行存款支付销售费用 3 000 元。

(12) 30 日，分配本月工资，其中 A 产品工人工资 30 000 元，B 产品工人工资 15 000 元，管理人员工资 5 000 元。

(13) 30 日，计提固定资产折旧 6 000 元，其中 A 产品应负担 3 000 元，B 产品应负担 2 000 元，管理部门负担 1 000 元。

(14) 30 日，结转本月完工产品成本，其中 A 产品完工 180 件，共 216 000 元，B 产品完工 300 件，计 120 000 元。

(15) 30 日，计算本月应纳消费税，税率为 10%。

(16) 30 日，结转本月入库材料的采购成本。

(17) 30 日，结转本月销售收入。

(18) 30 日，结转本月销售产品成本，其中 A 产品已售产品成本为 120 000 元，B 产品成本为 80 000 元。

(19) 30 日，结转本月的各项成本费用。

(20) 30 日，本月应纳所得税 10 000 元。

(21) 30 日，本月应分配利润 10 000 元。

(22) 30 日，本月应提盈余公积 10 000 元。

要求：

1. 根据以上经济业务编制记账凭证。
2. 根据收付款凭证逐日逐笔顺序登记现金日记账和银行存款日记账。
3. 根据原始凭证、记账凭证登记材料明细账。
4. 根据记账凭证逐笔登记总分类账。
5. 根据总分类账资料编制总分类账户发生额及余额试算平衡表。
6. 根据账簿记录编制资产负债表和利润表。

E12-2 目的：练习科目汇总表账务处理程序下的账务处理。

资料：同 E12-1。

要求：

1. 根据上题所编制的记账凭证编制科目汇总表。
2. 根据科目汇总表登记总分类账。

E12-3 目的：练习汇总记账凭证的编制。

资料：某工业企业 20××年 11 月有关销售的经济业务如下：

(1) 销售产品一批，货款 50 000 元尚未收到。

(2) 以现金支付销售费用 120 元。

(3) 销售产品一批，收到货款 40 000 元送存银行。

(4) 结转已售产品的生产成本 60 000 元。

(5) 以银行存款支付广告费用 2 000 元。

(6) 销售产品一批，取得现金销售收入共计 20 000 元。

(7) 计算并登记应交消费税，税率为销售收入的 5%。

要求：根据以上资料编制汇总记账凭证，并列明科目。

第 13 章　会计管理相关工作规范

素养提升

1. 价值塑造

● 树立“不以规矩，不能成方圆”的信念，培养学生成为懂法、守法的合格会计人才。

● 形成守法即平安的意识，德法兼修才是万全之策。

● 坚持原则，熟悉财经法律法规和国家统一会计制度，确保会计信息真实、准确、完整，维护国家利益、社会公众利益和正常的经济秩序。

● 爱岗敬业，廉洁自律，诚实守信，品行端正，具有高度的社会责任感。

● 养成重要文件归档管理的习惯，有案可稽是一个国家文明的底色，尤其是重大经济档案的保管具有震慑作用。

2. 知识传授

● 会计是讲规则、讲原则的，会计业务处理必须按照准则的要求，按照一定程序有条不紊地进行。会计工作的根本大法是《会计法》。会计工作除了遵守《会计法》，同时要遵守《证券法》《公司法》《税法》以及国务院、各部委颁布的部门规章、制度和行政法规。

● 会计通过会计机构展开工作，从事会计工作需要具备一定的资格，会计工作分企业内部会计工作和外部会计工作（即在会计师事务所从事鉴证工作的注册会计师）。

● 会计工作是一项专业性很强的工作，需要一定的知识技能。除了在学校接受系统训练，还可以参加全国统一组织的会计职称考试和 CPA 考试。

● 从事审计工作，除取得 CPA 资格证书，还需要有实际工作经验，工作一定年限后才有资格在审计报告上签字，成为有签字权的注册会计师。

● 从事会计工作，必须遵守职业道德。会计师遵守会计人员职业道德，注册会计师遵守《审计机关审计人员职业道德准则》。

● 会计凭证、会计账簿、财务报表都是重要的文件，不能随意销毁，需要归档保存。保存一定年限后经批准才能销毁。有些需要保存长达 30 年的时间，年度财务会计报告则需要永久保存。

● 纸质文件电子化后，可利用计算机、云技术等存储和管理会计档案。

3. 能力培养

● 培养学生将遵纪守法内化于心，外化为能够做出合乎逻辑、有道德的商业决策的能力。

● 法律作为人与人之间相互协作的基本规范，是社会有效运转的基石。通过对会计行业各项规章制度的介绍，不仅提高学生的中国制度自信，更要培养学生遵纪守法的良好素质，使学生主动践行诚实守信的职业品格和职业信念。

● 培养区分他律和自律的能力，做有道德修养的社会主义接班人。透过讲述会计职业道德的性质，让学生在内心深处体会会计职业道德是自律与他律的辩证统一，是行为约束与核心价值的辩证统一，引导学生以优秀的中国传统道德文化对自身的职业道德进行体悟、修炼与实践。

● 培养自觉抵制做假账的能力。结合案例，分析会计舞弊行为在微观、中观和宏观上的危害性，引导学生理解和认识中国经济和资本市场的健康发展必须以遵纪守法和良好道德行为作为基础和前提。

● 培养凭证整理、装订成册、归档管理的能力。

素养提升

学习目标

1. 掌握：我国会计法规体系的构成；会计档案的保管要求。
2. 理解：会计基础工作规范的主要内容及其意义。
3. 了解：会计职业发展和相关专业考试。

13.1　我国的会计法律法规体系

13.1 即测即评

企业是在特定的法律环境中开展经营活动的。会计人员在履行对企业经营管理活动的反映和监督职能时，必要掌握相应的法律知识。我国的会计考试制度均把经济法律知识列入考试范围。我国现行的会计法规体系如表 13－1 所示。就层级效力而言，下位法应当遵循上位法。

表 13-1　我国现行会计法规体系中的部分法规

法律渊源	法规示例
法律	《中华人民共和国税收征收管理法》 《中华人民共和国企业所得税法》 《中华人民共和国公司法》 《中华人民共和国会计法》 《中华人民共和国注册会计师法》
行政法规	《总会计师条例》 《企业财务会计报告条例》
规章	《企业会计准则——基本准则》 《注册会计师全国统一考试办法》
部门规范性文件	《企业会计准则第 1 号——存货》等 42 项具体会计准则 《小企业会计准则》 《会计基础工作规范》 《会计专业技术资格考试暂行规定》 《会计档案管理办法》

13.1.1　法律

《中华人民共和国立法法》第七条规定，全国人民代表大会和全国人民代表大会常务委员会行使国家立法权。全国人民代表大会制定和修改刑事、民事、国家机构的和其他的基本法律。全国人民代表大会常务委员会制定和修改除应当由全国人民代表大会制定的法律以外的其他法律；在全国人民代表大会闭会期间，对全国人民代表大会制定的法律进行部分补充和修改，但是不得同该法律的基本原则相抵触。

以下简要介绍与会计相关的法律，主要是《中华人民共和国会计法》《中华人民共和国税收征收管理法》《中华人民共和国公司法》《中华人民共和国证券法》《中华人民共和国刑法》。

《中华人民共和国会计法》是会计工作的根本大法。该法强调了会计信息的真实、完整，严格禁止虚假信息；明确规定单位负责人对本单位的会计工作和会计资料的真实性、完整性负责；要求各单位强化会计监督，建立健全内部会计监督制度，将其纳入本单位内部控制制度，并提出了内部会计监督制度的具体要求；强调了应在国有和国有资本占控股地位或者主导地位的大、中型企业设置总会计师。

《中华人民共和国税收征收管理法》第十九条规定，纳税人、扣缴义务人按照有关法律、行政法规和国务院财政、税务主管部门的规定设置账簿，根据合法、有效凭证记账，进行核算。第二十条规定，从事生产、经营的纳税人的财务、会计制度或者财务、会计处理办法和会计核算软件，应当报送税务机关备案。纳税人、扣缴义务人的财务、会计制度或者财务、会计处理办法与国务院或者国务院财政、税务主管部门有关税收的规定抵触的，依照国务院或者国务院财政、税务主管部门有关税收的规定计算应纳税款、代扣代缴和代收代缴税款。

《中华人民共和国公司法》规定了公司利润分配的程序。

自 2020 年 3 月 1 日起施行的《中华人民共和国证券法》第一百八十一条规定，发行人在其公告的证券发行文件中隐瞒重要事实或者编造重大虚假内容，尚未发行证券的，处以二百万元以上二千万元以下的罚款；已经发行证券的，处以非法所募资金金额百分之十以上一倍以下的罚款。对直接负责的主管人员和其他直接责任人员，处以一百万元以上一千万元以下的罚款。发行人的控股股东、实际控制人组织、指使从事前款违法行为的，没收违法所得，并处以违法所得百分之十以上一倍以下的罚款；没有违法所得或者违法所得不足二千万元的，处以二百万元以上二千万元以下的罚款。对直接负责的主管人员和其他直接责任人员，处以一百万元以上一千万元以下的罚款。第一百九十七条规定，信息披露义务人报送的报告或者披露的信息有虚假记载、误导性陈述或者重大遗漏的，责令改正，给予警告，并处以一百万元以上一千万元以下的罚款；对直接负责的主管人员和其他直接责任人员给予警告，并处以五十万元以上五百万元以下的罚款。发行人的控股股东、实际控制人组织、指使从事上述违法行为，或者隐瞒相关事项导致发生上述情形的，处以一百万元以上一千万元以下的罚款；对直接负责的主管人员和其他直接责任人员，处以五十万元以上五百万元以下的罚款。

《中华人民共和国刑法》第一百六十一条规定，依法负有信息披露义务的公司、企业向股东和社会公众提供虚假的或者隐瞒重要事实的财务会计报告，或者对依法应当披露的其他重要信息不按照规定披露，严重损害股东或者其他人利益，或者有其他严重情节的，对其直接负责的主管人员和其他直接责任人员，处三年以下有期徒刑或者拘役，并处或者单处二万元以上二十万元以下罚金。第一百六十二条规定，公司、企业进行清算时，隐匿财产，对资产负债表或者财产清单作虚伪记载或者在未清偿债务前分配公司、企业财产，严重损害债权人或者其他人利益的，对其直接负责的主管人员和其他直接责任人员，处五年以下有期徒刑或者拘役，并处或者单处二万元以上二十万元以下罚金。隐匿或者故意销毁依法应当保存的会计凭证、会计账簿、财务会计报告，情节严重的，处五年以下有期徒刑或者拘役，并处或者单处二万元以上二十万元以下罚金。第二百二十九条规定，承担资产评估、验资、验证、会计、审计、法律服务等职责的中介组织的人员故意提供虚假证明文件，情节严重的，处五年以下有期徒刑或者拘役，并处罚金。第一款规定的人员，严重不负责任，出具的证明文件有重大失实，造成严重后果的，处三年以下有期徒刑或者拘役，并处或者单处罚金。

13.1.2　行政法规

《中华人民共和国立法法》第六十五条规定，国务院根据宪法和法律，制定行政法规。行政法规可以就下列事项作出规定：(1) 为执行法律的规定需要制定行政法规的事项；(2) 宪法第八十九条规定的国务院行政管理职权的事项。

与会计相关的行政法规主要是《企业财务会计报告条例》《总会计师条例》。

《企业财务会计报告条例》对财务会计报告的构成、编制、对外提供、法律责任等做出了规定。

《总会计师条例》对总会计师的设置、职权、任免和奖惩作了规定，详见13.2.3。

13.1.3 规章

规章包括国务院部门规章和地方政府规章。《中华人民共和国立法法》第八十条规定，国务院各部、委员会、中国人民银行、审计署和具有行政管理职能的直属机构，可以根据法律和国务院的行政法规、决定、命令，在本部门的权限范围内，制定规章。部门规章规定的事项应当属于执行法律或者国务院的行政法规、决定、命令的事项。该法第八十四条规定，部门规章应当经部务会议或者委员会会议决定。该法第八十五条规定，部门规章由部门首长签署命令予以公布。

《企业会计准则——基本准则》是具体准则的制定依据，在整个企业会计准则体系中扮演概念框架的角色，起统驭作用。

《企业财务通则》对国有企业财务管理体制、资金筹集、资产营运、成本控制、收益分配、重组清算、信息管理、财务监督等方面进行了规范。

13.1.4 其他规范性文件

1. 其他规范性文件概览

关于规范性文件缺乏公认的定义。广义的规范性文件，泛指立法法所指的立法性文件（具体包括宪法、法律、行政法规、地方性法规、自治条例和单行条例、国务院部门规章和地方政府规章）和此外由国家机关和其他团体、组织制定的具有约束力的非立法性文件的总和。

通常所称规范性文件，乃是取其狭义，指行政机关制定的规范性文件，如国务院主管部门以部门文件形式印发的规范性文件。

实务中的会计法规大多属于这种意义上的规范性文件，例如，财政部于2006年2月以财会〔2006〕3号文件印发的《企业会计准则第1号——存货》等38项具体准则、2006年10月以财会〔2006〕18号文件印发的《企业会计准则——应用指南》、2011年10月以财会〔2011〕17号文件印发的《小企业会计准则》、2014年以来陆续发布的具体会计准则（其中4项新准则、15项经修订的准则）等，均属于这种规范性文件。根据立法动态来看，我国企业会计实务已经初步形成大中型企业执行企业会计准则体系，小型企业执行《小企业会计准则》的局面。

我国自1992年以来的会计改革借鉴国际会计准则和美国证券市场上的公认会计原则，于2006年建立了与国际会计准则①“实质性趋同”的企业会计准则

① 国际会计准则与国际财务报告准则系同义语，泛指**国际会计准则委员会**（International Accounting Standards Committee，IASC）及其后继者**国际会计准则理事会**（International Accounting Standards Board，IASB）先后制定的**国际会计准则**（International Accounting Standard，IAS）、**国际财务报告准则**（International Financial Reporting Standard，IFRS）及其解释公告。为简化表述，一般以“国际会计准则”统称之。

体系。目前，这一体系由 1 项《企业会计准则——基本准则》、42 项具体会计准则和 15 份企业会计准则解释组成，迄今已推行于大中型企业和上市公司。

2. 会计准则概览

（1）会计准则的构成。**会计准则**（accounting standards）是反映经济活动、确认产权关系、规范收益分配的会计技术标准，是生成和提供会计信息的重要依据，也是政府调控经济活动、规范经济秩序和开展国际经济交往等的重要手段。会计准则具有严密和完整的体系。我国已颁布的会计准则有《企业会计准则》《小企业会计准则》《政府会计准则》《事业单位会计准则》。

（2）企业会计准则。我国的企业会计准则体系包括基本准则、具体准则、应用指南和解释公告等。

2006 年 2 月，财政部发布了《企业会计准则——基本准则》，同时发布了《企业会计准则第 1 号——存货》等 38 项具体准则，自 2007 年 1 月 1 日起在上市公司范围内施行，并鼓励其他企业执行。为了实现我国企业会计准则与国际财务报告准则的持续趋同，财政部于 2014 年 7 月公布修改后的《企业会计准则——基本准则》，对公允价值的定义给出了新的表述。

2014 年 1 月以来，财政部陆续修订了 15 项具体准则，发布了 4 项新的具体准则，如表 13 - 2 所示。这些准则的名称不要求掌握，读者大体了解即可。

表 13 - 2 企业会计准则中的具体准则一栏表

编号	准则名称	发布日期	修订日期
1	存货	2006.02.15	—
2	长期股权投资	2006.02.15	2014.03.13
3	投资性房地产	2006.02.15	—
4	固定资产	2006.02.15	—
5	生物资产	2006.02.15	—
6	无形资产	2006.02.15	—
7	非货币性资产交换	2006.02.15	2019.05.09
8	资产减值	2006.02.15	—
9	职工薪酬	2006.02.15	2014.01.27
10	企业年金基金	2006.02.15	—
11	股份支付	2006.02.15	—
12	债务重组	2006.02.15	2019.05.16
13	或有事项	2006.02.15	—
14	收入	2006.02.15	2017.07.05
15	建造合同	2006.02.15	—
16	政府补助	2006.02.15	2017.05.10
17	借款费用	2006.02.15	—
18	所得税	2006.02.15	—
19	外币折算	2006.02.15	—
20	企业合并	2006.02.15	—

续表

编号	准则名称	发布日期	修订日期
21	租赁	2006.02.15	2018.12.07
22	金融工具确认和计量	2006.02.15	2017.03.31
23	金融资产转移	2006.02.15	2017.03.31
24	套期会计	2006.02.15	2017.03.31
25	原保险合同	2006.02.15	2020.12.19
26	再保险合同	2006.02.15	2020.12.19
27	石油天然气开采	2006.02.15	—
28	会计政策、会计估计变更和差错更正	2006.02.15	—
29	资产负债表日后事项	2006.02.15	—
30	财务报表列报	2006.02.15	2014.01.26
31	现金流量表	2006.02.15	—
32	中期财务报告	2006.02.15	—
33	合并财务报表	2006.02.15	2014.02.17
34	每股收益	2006.02.15	—
35	分部报告	2006.02.15	—
36	关联方披露	2006.02.15	—
37	金融工具列报	2006.02.15	2014.06.20 2017.05.02
38	首次执行企业会计准则	2006.02.15	—
39	公允价值计量	2014.01.26	—
40	合营安排	2014.01.27	—
41	在其他主体中权益的披露	2014.03.14	—
42	持有待售的非流动资产、处置组和终止经营	2017.04.28	—

（3）小企业会计准则。2011年10月，财政部发布了《小企业会计准则》，自2013年1月1日起执行。

《小企业会计准则》适用于在我国境内依法设立的、符合《中小企业划型标准规定》所规定的小型企业标准的企业。下列三类小企业除外：1）股票或债券在市场上公开交易的小企业；2）金融机构或其他具有金融性质的小企业；3）企业集团内的母公司和子公司。母公司，是指控制一个或一个以上主体（含企业、被投资单位中可分割的部分，以及企业所控制的结构化主体等）的主体；子公司是指被母公司控制的主体。

符合工业和信息化部、国家统计局、国家发展和改革委员会、财政部于2011年6月联合发布的《中小企业划型标准规定》所规定的微型企业标准的企业，参照执行《小企业会计准则》。

（4）政府会计准则。我国政府会计准则体系由政府会计基本准则、具体准则和应用指南三部分组成。

《国务院关于批转财政部权责发生制政府综合财务报告制度改革方案的通知》（国发〔2014〕63号）指出，权责发生制政府综合财务报告制度改革是基于政府会计规则的重大改革，其前提和基础任务是建立健全政府会计核算体系，包括制定政府会计基本准则和具体准则及应用指南。2015 年 10 月，财政部发布《政府会计准则——基本准则》，自 2017 年 1 月 1 日起在各级政府、各部门、各单位施行。《政府会计准则——基本准则》的出台，对于构建统一、科学、规范的政府会计准则体系，推进政府会计改革，建立现代财政制度都具有重要的基础性作用。2016 年 7 月，财政部发布《政府会计准则第 1 号——存货》《政府会计准则第 2 号——投资》《政府会计准则第 3 号——固定资产》《政府会计准则第 4 号——无形资产》。2017 年 4 月，财政部发布《政府会计准则第 5 号——公共基础设施》。2017 年 7 月，财政部发布《政府会计准则第 6 号——政府储备物资》。2018 年 10 月财政部发布《政府会计准则第 7 号——会计调整》。2018 年 11 月财政部发布《政府会计准则第 8 号——负债》。2018 年 12 月财政部发布《政府会计准则第 9 号——财务报表编制和列报》。2019 年 7 月财政部发布《政府会计准则制度解释第 1 号》。2019 年 12 月财政部发布《政府会计准则制度解释第 2 号》。2020 年 10 月 20 日财政部发布《政府会计准则制度解释第 3 号》。2019 年 12 月财政部发布《政府会计准则第 10 号——政府和社会资本合作项目合同》，同时发布其应用指南。

（5）事业单位会计准则。2012 年 12 月，财政部修订发布了《事业单位会计准则》，自 2013 年 1 月 1 日起在各级各类事业单位施行。该准则对我国事业单位的会计工作进行了规范。2017 年 10 月，财政部发布《政府会计制度——行政事业单位会计科目和报表》。2019 年 12 月，财政部发布《事业单位成本核算基本指引》。

13.2　会计职业发展

13.2 即测即评

2007 年 12 月，《国务院办公厅发布关于清理规范各类职业资格相关活动的通知》（国办发〔2007〕73 号）要求清理规范职业资格的设置。职业资格必须在职业分类的基础上统一规划、规范设置。对涉及公共安全、人身健康、人民生命财产安全等特定职业（工种），国家依据有关法律、行政法规或国务院决定设置行政许可类职业资格；对社会通用性强、专业性强、技能要求高的职业（工种），根据经济社会发展需要，由国务院人事、劳动保障部门会同国务院有关主管部门制定职业标准，建立能力水平评价制度（非行政许可类职业资格）。

目前，对会计相关职业资格而言，注册会计师考试属于职业准入类职业资格考试，会计专业技术资格考试、税务师考试、资产评估师考试属于职业水平评价类职业资格考试。

13.2.1　会计专业技术资格的获得

《会计专业技术资格考试暂行规定》把会计专业技术资格分为初级资格（专业职务名称为会计员、助理会计师）、中级资格（专业职务名称为会计师，与工程师、讲师、助理研究员等相当）和高级资格（专业职务名称为高级会计师，与高级工程师、副教授、副研究员相当，俗称“副高”级）。此外，部分省、自治区进行了教授级高级会计师（与教授级高级工程师、教授、研究员相当，俗称“正高”级）资格评审的试点。

会计专业技术初级、中级资格（即会计员、助理会计师、会计师职称）实行全国统考的办法。也就是说，会计人员可以通过会计专业技术资格考试获取初级、中级职称。目前，会计专业技术初级资格（即会计员、助理会计师）考试科目为初级会计实务、经济法基础 2 个科目；中级资格（即会计师）考试科目为中级会计实务、财务管理、经济法 3 个科目。

会计专业技术高级资格（即高级会计师职称）实行考试与评审结合的评价制度，也就是说，申请人必须考试合格，且通过高级会计师资格评审，方可获得高级会计师资格。

报名参加会计专业技术资格考试的人员，应具备下列基本条件：坚持原则，具备良好的职业道德品质；认真执行《中华人民共和国会计法》和国家统一的会计制度，以及有关财经法律、法规、规章制度，无严重违反财经纪律的行为；履行岗位职责，热爱本职工作；具备从事会计工作所需要的专业能力。报名参加初级资格考试的人员，还必须具备教育部门认可的高中毕业以上学历。报名参加中级资格考试的人员，还必须具备下列条件之一：取得大学专科学历，从事会计工作满五年；取得大学本科学历，从事会计工作满四年；取得双学士学位或研究生班毕业，从事会计工作满二年；取得硕士学位，从事会计工作满一年；取得博士学位。

财政部会计资格评价中心负责全国会计专业技术资格考试组织实施和会计人才评价工作，具体包括命制试题、组织编写考试用书等职能。考生可以通过财政部会计资格评价中心官方网站“全国会计资格评价网”的链接进入各省级财政厅（局）的会计考试管理网站进行网上报名，或者通过财政部“会计行业管理网”（www.acc.gov.cn）进行网上报名。

13.2.2 注册会计师执业资格的获得

《中华人民共和国注册会计师法》规定，**注册会计师**（certified public accountant，CPA）是依法取得注册会计师证书并接受委托从事审计和会计咨询、会计服务业务的执业人员。会计师事务所是依法设立并承办注册会计师业务的机构。注册会计师执行业务，应当加入会计师事务所。参加注册会计师全国统一考试成绩合格，并从事审计业务工作二年以上的，可以向省、自治区、直辖市注册会计师协会申请注册。

通俗地说，“会计师”是供职于特定单位的会计管理人员；“注册会计师”是面向不特定的客户提供审计和会计咨询等会计专业服务的中介机构执业人员。注册会计师并不是有些刊物上所宣传的“独立职业”，而是必须在会计师事务所执业。（截至 2023 年 12 月 31 日，中国注册会计师协会个人会员达 36.4 万人，其中，执业会员 102 017 人，非执业会员 261 787 人。）

《注册会计师全国统一考试办法》（根据财政部令〔2014〕第 75 号修订）规定，具有完全民事行为能力且具有高等专科以上学校毕业学历，或者具有会计或者相关专业中级以上技术职称的中国公民，可以报名参加注册会计师全国统一考试；考试划分为专业阶段考试和综合阶段考试，考生在通过专业阶段考试的全部科目后，才能参加综合阶段考试。

专业阶段考试设会计、审计、财务成本管理、公司战略与风险管理、经济法、税法 6 个科目；综合阶段考试设职业能力综合测试 1 个科目。专业阶段考试的单科考试合格成绩 5 年内有效。对在连续 5 个年度考试中取得专业阶段考试全部科目考试合格成绩的考生，财政部考委会颁发注册会计师全国统一考试专业阶段考试合格证书。

对取得综合阶段考试科目考试合格成绩的考生，财政部考委会颁发注册会计师全国统一考试全科考试合格证书。

注册会计师全国统一考试报名均通过中国注册会计师协会“注册会计师全国统一考试网上报名系统”进行。详情可登录中国注册会计师协会网站（www.cicpa.org.cn）查询。

有所准备的同学在本科毕业后几年内就能够先后通过上述职业资格考试。还有的同学在通过上述考试之后另行考取其他职业资格，构筑了复合型的知识结构和能力结构。这种自主学习的习惯为自己的职业生涯打下了扎实的基础，也为有志于从事科研工作的青年才俊夯实了理论基础。考证不是万能的，但完全忽视考证的正当性是万万不能的。概括地说，大学教育要教给青年才俊比考证更多更有用的知识。

13.2.3　总会计师与财务总监

随着社会经济的发展，**总会计师**和**财务总监**（chief financial officer，CFO，又译作首席财务官）作为单位的财务负责人，日益成为受人尊敬、媒体曝光度较高的职业头衔，是人们普遍感兴趣的话题。但是，要说清两者的异同还真不大容易。这里结合我国现行法规的规定和管理实践的动态，简要勾勒一下这两个职业头衔的轮廓。

1. 总会计师

总会计师是单位行政领导成员，属于单位的“副总”，协助单位主要行政领导人工作，直接对单位主要行政领导人负责。凡设置总会计师的单位，在单位行政领导成员中，不设与总会计师职权重叠的副职。

企业的总会计师由本单位主要行政领导人提名，政府主管部门任命或者聘任。[①] 事业单位和业务主管部门的总会计师依照干部管理权限任命或者聘任。

---

① 对于公司制的企业，通常由政府主管部门或控股股东提名，公司依照公司法履行相应程序后正式任命或者聘任。

总会计师组织领导本单位的财务管理、成本管理、预算管理、会计核算和会计监督等方面的工作，参与本单位重要经济问题的分析和决策。总会计师协助单位主要行政领导人对企业的生产经营、行政事业单位的业务发展以及基本建设投资等问题作出决策。总会计师参与新产品开发、技术改造、科技研究、商品（劳务）价格和工资奖金等方案的制定；参与重大经济合同和经济协议的研究、审查。

总会计师负责组织本单位的下列工作：（1）编制和执行预算、财务收支计划、信贷计划，拟订资金筹措和使用方案，开辟财源，有效地使用资金；（2）进行成本费用预测、计划、控制、核算、分析和考核，督促本单位有关部门降低消耗、节约费用、提高经济效益；（3）建立健全经济核算制度，利用财务会计资料进行经济活动分析；（4）承办单位主要行政领导人交办的其他工作。

在国有和国有资产占控股地位或者主导地位的大中型工业企业，人们通常所说的“三总师”，是指总工程师、总经济师、总会计师。

2. 财务总监（或首席财务官）

财务总监（或首席财务官）这一头衔是从美国借鉴而来的。[①] 在我国，这一头衔的应用情形较为复杂，含义差异较大，难以全面罗列，需要结合具体情况来判断。我们在此不揣冒昧，尝试基于我国经济法规的规定来勾勒其职业轮廓。

在企业集团管理实践中，有些企业集团（包括但不限于中央企业集团和地方国有企业集团）为了加强对各级子公司的管控，往往会采取财务总监委派制即派遣财务总监的办法。

一些省级及以下政府部门向地方国有企业委派的，依法履行财务会计监管职责的高级管理人员，往往明确定名为财务总监。这种做法被称作财务总监委派制，是加强国有资产管理的重要举措。

《公司法》（2018年修正）第二百一十六条规定，高级管理人员，是指公司的经理、副经理、财务负责人、上市公司董事会秘书和公司章程规定的其他人员。该法所称的“财务负责人”要么是总会计师，要么是财务总监（或首席财务官）。也就是说，上市公司的财务负责人，如果不是被上级机关任命或聘任的总会计师，通常称作财务总监（或首席财务官）。

民营企业、外资企业的董事会有的聘任财务总监作为财务负责人，也有的聘任首席财务官或者主管财会工作的副总裁作为财务负责人。在这种情况下，财务总监的含义可能就是指财会部门的负责人，这种情形不大常见。

总之，在多数情况下，总会计师、财务总监（或首席财务官）都是单位的财务负责人。单位的性质、规模不同，称谓有所不同。[②] 但无论是叫做总会计师，

---

① 在美国，企业界用CFO来指称企业的财务负责人。后来，这一头衔被联邦政府机构借鉴，政府部门也通过立法正式采用了这一头衔。在英国，对应的称呼是FD（financial director）。

② 例如，国务院国有资产监督管理委员会2006年4月14日发布的《中央企业总会计师工作职责管理暂行办法》第七条规定，设置属于企业高管层的财务总监、首席财务官等类似职位的企业或其各级子企业，可不再另行设置总会计师职位，但应当明确指定其履行总会计师工作职责。

还是叫做财务总监，设立这样一个会计管理职位，体现了单位对会计管理工作的高度重视。

13.3 即测即评

13.3　会计基础工作规范

1996 年 6 月，财政部印发《会计基础工作规范》，要求各单位应当依据有关法律、法规和该规范的规定，加强会计基础工作，严格执行会计法规制度，保证会计工作依法有序地进行。① 国家机关、社会团体、企业、事业单位、个体工商户和其他组织的会计基础工作，应当符合《会计基础工作规范》的规定。单位领导人对本单位的会计基础工作负有领导责任。

本书前面讲解了《会计基础工作规范》关于会计核算的规定。本节简要介绍该规范关于会计机构和会计人员、会计监督和内部会计管理制度的规定。

13.3.1　会计机构和会计人员

1. 会计机构设置和会计人员配备

为了提高会计管理工作的效率，恰当分配工作量，各单位都要结合管理需要设置会计机构和配备会计人员。

各单位应当根据会计业务的需要设置会计机构；不具备单独设置会计机构条件的，应当在有关机构中配备人员。行政事业单位会计机构的设置和会计人员的配备，应当符合国家统一行政事业单位会计制度的规定。设置会计机构，应当配备会计机构负责人；在有关机构中配备专职会计人员，应当在专职会计人员中指定会计主管人员。（也就是说，该规范所称会计主管人员，是指不设置会计机构、只在其他机构中设置专职会计人员的单位行使会计机构负责人职权的人员。）会计机构负责人、会计主管人员的任免，应当符合《中华人民共和国会计法》和有关法律的规定。

会计机构负责人、会计主管人员应当具备下列基本条件：

（1）坚持原则，廉洁奉公；

（2）具有会计师以上专业技术资格或者从事会计工作不少于 3 年；

（3）熟悉国家财经法律、法规、规章和方针、政策，掌握本行业业务管理的有关知识；

（4）有较强的组织能力；

（5）身体状况能够适应本职工作的要求。

没有设置会计机构和配备会计人员的单位，应当根据《代理记账管理办法》委托会计师事务所或者持有代理记账许可证书的代理记账机构进行代理记账。

---

① 该工作规范根据 2019 年 3 月 14 日《财政部关于修改〈代理记账管理办法〉等 2 部部门规章的决定》修改。

各单位应当根据会计业务配备会计人员，督促其遵守职业道德和国家统一会计制度。

各单位应当根据会计业务需要设置会计工作岗位。会计工作岗位一般可分为：会计机构负责人或者会计主管人员，出纳，财产物资核算，工资核算，成本费用核算，财务成果核算，资金核算，往来结算，总账报表，稽核，档案管理等。开展会计电算化和管理会计的单位，可以根据需要设置相应工作岗位，也可以与其他工作岗位相结合。

会计工作岗位，可以一人一岗、一人多岗或者一岗多人。但出纳人员不得兼管审核、会计档案保管和收入、费用、债权债务账目的登记工作。这一规定体现了内部控制制度关于内部牵制的要求。

会计人员的工作岗位应当有计划地进行轮换。

会计人员应当具备必要的专业知识和专业技能，熟悉国家有关法律、法规、规章和国家统一会计制度，遵守职业道德。会计人员应当按照国家有关规定参加会计业务的培训。各单位应当合理安排会计人员的培训，保证会计人员每年有一定时间用于学习和参加培训。

各单位领导人应当支持会计机构、会计人员依法行使职权；对忠于职守，坚持原则，做出显著成绩的会计机构、会计人员，应当给予精神的和物质的奖励。

国家机关、国有企业、事业单位任用会计人员应当实行回避制度。单位领导人的直系亲属不得担任本单位的会计机构负责人、会计主管人员。会计机构负责人、会计主管人员的直系亲属不得在本单位会计机构中担任出纳工作。需要回避的直系亲属为：夫妻关系、直系血亲关系、三代以内旁系血亲以及配偶亲关系。

2. 会计人员职业道德

红军诚信故事——兑换苏区布币

1996 年发布、2019 年修订的《会计基础工作规范》规定，会计人员在会计工作中应当遵守职业道德，树立良好的职业品质、严谨的工作作风，严守工作纪律，努力提高工作效率和工作质量。会计人员应当热爱本职工作，努力钻研业务，使自己的知识和技能适应所从事工作的要求。

会计人员应当熟悉财经法律、法规、规章和国家统一会计制度，并结合会计工作进行广泛宣传。

会计人员应当按照会计法律、法规和国家统一会计制度规定的程序和要求进行会计工作，保证所提供的会计信息合法、真实、准确、及时、完整。

会计人员办理会计事务应当实事求是、客观公正。

会计人员应当熟悉本单位的生产经营和业务管理情况，运用掌握的会计信息和会计方法，为改善单位内部管理、提高经济效益服务。

会计人员应当保守本单位的商业秘密。除法律规定和单位领导人同意外，不能私自向外界提供或者泄露单位的会计信息。

财政部门、业务主管部门和各单位应当定期检查会计人员遵守职业道德的情况，并作为会计人员晋升、晋级、聘任专业职务、表彰奖励的重要考核依据。会计人员违反职业道德的，由所在单位进行处理。

2001 年 4 月，朱镕基总理在视察上海国家会计学院时书写“不做假账”的题词。同年 10 月，朱总理视察北京国家会计学院，题词“诚信为本，操守为重，坚持准则，不做假账”。诚信是会计人员从事会计工作需要遵循的价值理念和行为规范，是会计人员的立身之本、是会计行业的立业之基。诚信也是社会主义核心价值观的重要组成部分。

近年来，随着市场经济的快速发展、经济业务的复杂多变和社会诚信的某种缺失，会计失信行为也有所抬头，一定程度上影响了会计信息质量和会计行业声誉，引发社会广泛关注。为此，财政部 2018 年 4 月印发《关于加强会计人员诚信建设的指导意见》，明确了加强会计人员诚信建设的指导思想、基本原则，并分别从增强会计人员诚信意识、加强会计人员信用档案建设、健全会计人员守信联合激励和失信联合惩戒机制、强化组织实施等方面进行统筹部署。2018 年 12 月，财政部联合国家发改委等 22 个部门共同制定印发《关于对会计领域违法失信相关责任主体实施联合惩戒的合作备忘录》，明确了联合惩戒对象、信息共享与联合惩戒的实施方式、联合惩戒措施、共享信息的持续管理等内容。

2022 年 10 月，习近平总书记在党的二十大报告中指出，“坚持依法治国和以德治国相结合，把社会主义核心价值观融入法治建设、融入社会发展、融入日常生活”“弘扬诚信文化，健全诚信建设长效机制”。① 会计诚信是诚信体系建设的重要组成部分。习近平总书记关于诚信建设的重要论述，深刻阐明了加强包括会计诚信建设在内的诚信体系建设的重要意义，为加强会计诚信建设指明了正确方向、提供了根本遵循。

为进一步贯彻落实党的二十大精神，推进会计诚信体系建设，提高会计人员职业道德水平，2023 年 1 月，财政部印发《会计人员职业道德规范》，提出“三坚三守”24 个字的会计人员职业道德要求，即“坚持诚信、守法奉公，坚持准则、守责敬业，坚持学习、守正创新”，要求广大会计人员普遍认同和自觉践行。

3. 会计工作交接

会计人员工作调动或者因故离职，必须将本人所经管的会计工作全部移交给接替人员。没有办清交接手续的，不得调动或者离职。接替人员应当认真接管移交工作，并继续办理移交的未了事项。办理交接手续，是划分会计责任的需要。

会计人员办理移交手续前，必须及时做好以下工作：

（1）已经受理的经济业务尚未填制会计凭证的，应当填制完毕。

（2）尚未登记的账目，应当登记完毕，并在最后一笔余额后加盖经办人员印章。

---

① 习近平. 高举中国特色社会主义伟大旗帜 为全面建设社会主义现代化国家而团结奋斗：在中国共产党第二十次全国代表大会上的报告. 北京：人民出版社，2022：44，45.

（3）整理应该移交的各项资料，对未了事项写出书面材料。

（4）编制移交清册，列明应当移交的会计凭证、会计账簿、财务报表、印章、现金、有价证券、支票簿、发票、文件、其他会计资料和物品等内容；实行会计电算化的单位，从事该项工作的移交人员还应当在移交清册中列明会计软件及密码、会计软件数据磁盘（磁带等）及有关资料、实物等内容。

会计人员办理交接手续，必须有监交人负责监交。一般会计人员交接，由单位会计机构负责人、会计主管人员负责监交；会计机构负责人、会计主管人员交接，由单位领导人负责监交，必要时可由上级主管部门派人会同监交。

移交人员在办理移交时，要按移交清册逐项移交；接替人员要逐项核对点收。

（1）现金、有价证券要根据会计账簿有关记录进行点交。库存现金、有价证券必须与会计账簿记录保持一致。不一致时，移交人员必须限期查清。

（2）会计凭证、会计账簿、财务报表和其他会计资料必须完整无缺。如有短缺，必须查清原因，并在移交清册中注明，由移交人员负责。

（3）银行存款账户余额要与银行对账单核对，如不一致，应当编制银行存款余额调节表调节相符，各种财产物资和债权债务的明细账户余额要与总账有关账户余额核对相符；必要时，要抽查个别账户的余额，与实物核对相符，或者与往来单位、个人核对清楚。

（4）移交人员经管的票据、印章和其他实物等，必须交接清楚；移交人员从事会计电算化工作的，要对有关电子数据在实际操作状态下进行交接。

会计机构负责人、会计主管人员移交时，还必须将全部财务会计工作、重大财务收支和会计人员的情况等，向接替人员详细介绍。对需要移交的遗留问题，应当写出书面材料。

交接完毕后，交接双方和监交人员要在移交清册上签名或者盖章，并应在移交清册上注明：单位名称，交接日期，交接双方和监交人员的职务、姓名，移交清册页数以及需要说明的问题和意见等。移交清册一般应当填制一式三份，交接双方各执一份，存档一份。

接替人员应当继续使用移交的会计账簿，不得自行另立新账，以保持会计记录的连续性。

会计人员临时离职或者因病不能工作且需要接替或者代理的，会计机构负责人、会计主管人员或者单位领导人必须指定有关人员接替或者代理，并办理交接手续。临时离职或者因病不能工作的会计人员恢复工作的，应当与接替或者代理人员办理交接手续。移交人员因病或者其他特殊原因不能亲自办理移交的，经单位领导人批准，可由移交人员委托他人代办移交，但委托人应当承担相应的责任。

单位撤销时，必须留有必要的会计人员，会同有关人员办理清理工作，编制决算。未移交前，不得离职。接收单位和移交日期由主管部门确定。单位合并、分立的，其会计工作交接手续比照上述有关规定办理。

移交人员对所移交的会计凭证、会计账簿、财务报表和其他有关资料的合法性、真实性承担法律责任。

13.3.2　会计监督

各单位的会计机构、会计人员对本单位的经济活动进行会计监督。

会计机构、会计人员进行会计监督的依据是：

（1）财经法律、法规、规章；

（2）会计法律、法规和国家统一会计制度；

（3）各省、自治区、直辖市财政厅（局）和国务院业务主管部门根据《中华人民共和国会计法》和国家统一会计制度制定的具体实施办法或者补充规定；

（4）各单位根据《中华人民共和国会计法》和国家统一会计制度制定的单位内部会计管理制度；

（5）各单位内部的预算、财务计划、经济计划、业务计划。

会计机构、会计人员应当对原始凭证进行审核和监督。对不真实、不合法的原始凭证，不予受理。对弄虚作假、严重违法的原始凭证，在不予受理的同时应当予以扣留，并及时向单位领导人报告，请求查明原因，追究当事人的责任。对记载不明确、不完整的原始凭证予以退回，要求经办人员更正、补充。

会计机构、会计人员对伪造、变造、故意毁灭会计账簿或者账外设账行为，应当制止和纠正；制止和纠正无效的，应当向上级主管单位报告，请求作出处理。

会计机构、会计人员应当对实物、款项进行监督，督促建立并严格执行财产清查制度。发现账簿记录与实物、款项不符时，应当按照国家有关规定进行处理。超出会计机构、会计人员职权范围的，应当立即向本单位领导报告，请求查明原因，作出处理。

会计机构、会计人员对指使、强令编造、篡改财务报告行为，应当制止和纠正；制止和纠正无效的，应当向上级主管单位报告，请求处理。

会计机构、会计人员应当对财务收支进行监督。

（1）对审批手续不全的财务收支，应当退回，要求补充、更正。

（2）对违反规定不纳入单位统一会计核算的财务收支，应当制止和纠正。

（3）对违反国家统一的财政、财务、会计制度规定的财务收支，不予办理。

（4）对认为是违反国家统一的财政、财务、会计制度规定的财务收支，应当制止和纠正；制止和纠正无效的，应当向单位领导人提出书面意见请求处理。单位领导人应当在接到书面意见起十日内作出书面决定，并对决定承担责任。

（5）对违反国家统一的财政、财务、会计制度规定的财务收支，不予制止和纠正，又不向单位领导人提出书面意见的，也应当承担责任。

（6）对严重违反国家利益和社会公众利益的财务收支，应当向主管单位或者财政、审计、税务机关报告。

会计机构、会计人员对违反单位内部会计管理制度的经济活动，应当制止和纠正；制止和纠正无效的，向单位领导人报告，请求处理。

会计机构、会计人员应当对单位制定的预算、财务计划、经济计划、业务计划的执行情况进行监督。

各单位必须依照法律和国家有关规定接受财政、审计、税务等机关的监督，如实提供会计凭证、会计账簿、财务报表和其他会计资料以及有关情况，不得拒绝、隐匿、谎报。

按照法律规定应当委托注册会计师进行审计的单位，应当委托注册会计师进行审计，并配合注册会计师的工作，如实提供会计凭证、会计账簿、财务报表和其他会计资料以及有关情况，不得拒绝、隐匿、谎报；不得示意注册会计师出具不当的审计报告。

2023年2月，中共中央办公厅、国务院办公厅印发《关于进一步加强财会监督工作的意见》，这是以习近平同志为核心的党中央对“健全党统一领导、全面覆盖、权威高效的监督体系”[①] 作出的重大制度安排，将财会监督作为党和国家监督体系的重要组成部分，对财会监督体制机制作出顶层设计，为推进新时代财会监督工作高质量发展指明了方向。

13.3.3 内部会计管理制度

各单位应当根据《中华人民共和国会计法》和国家统一会计制度的规定，结合单位类型和内部管理的需要，建立健全相应的内部会计管理制度。

各单位制定内部会计管理制度应当遵循下列原则：

（1）应当执行法律、法规和国家统一的财务会计制度。

（2）应当体现本单位的生产经营、业务管理的特点和要求。

（3）应当全面规范本单位的各项会计工作，建立健全会计基础，保证会计工作的有序进行。

（4）应当科学、合理，便于操作和执行。

（5）应当定期检查执行情况。

（6）应当根据管理需要和执行中的问题不断完善。

各单位应当建立内部会计管理体系。主要内容包括：单位领导人、总会计师对会计工作的领导职责；会计部门及其会计机构负责人、会计主管人员的职责、权限；会计部门与其他职能部门的关系；会计核算的组织形式等。

各单位应当建立会计人员岗位责任制度。主要内容包括：会计人员的工作岗位设置；各会计工作岗位的职责和标准；各会计工作岗位的人员和具体分工；会计工作岗位轮换办法；对各会计工作岗位的考核办法。

各单位应当建立账务处理程序制度。主要内容包括：会计科目及其明细科目的设置和使用；会计凭证的格式、审核要求和传递程序；会计核算方法；会计账簿的设置；编制财务报表的种类和要求；单位会计指标体系。

各单位应当建立内部牵制制度。主要内容包括：内部牵制制度的原则；组织分工；出纳岗位的职责和限制条件；有关岗位的职责和权限。

---

① 习近平．高举中国特色社会主义伟大旗帜 为全面建设社会主义现代化国家而团结奋斗：在中国共产党第二十次全国代表大会上的报告．北京：人民出版社，2022：66.

各单位应当建立稽核制度。主要内容包括：稽核工作的组织形式和具体分工；稽核工作的职责、权限；审核会计凭证和复核会计账簿、财务报表的方法。

各单位应当建立原始记录管理制度。主要内容包括：原始记录的内容和填制方法；原始记录的格式；原始记录的审核；原始记录填制人的责任；原始记录签署；传递、汇集要求。

各单位应当建立定额管理制度。主要内容包括：定额管理的范围；制定和修订定额的依据、程序和方法；定额的执行；定额考核和奖惩办法等。

各单位应当建立计量验收制度。主要内容包括：计量检测手段和方法；计量验收管理的要求；计量验收人员的责任和奖惩办法。

各单位应当建立财产清查制度。主要内容包括：财产清查的范围；财产清查的组织；财产清查的期限和方法；对财产清查中发现问题的处理办法；对财产管理人员的奖惩办法。

各单位应当建立财务收支审批制度。主要内容包括：财务收支审批人员和审批权限；财务收支审批程序；财务收支审批人员的责任。

实行成本核算的单位应当建立成本核算制度。主要内容包括：成本核算的对象；成本核算的方法和程序；成本分析等。

各单位应当建立财务会计分析制度。主要内容包括：财务会计分析的主要内容；财务会计分析的基本要求和组织程序；财务会计分析的具体方法；财务会计分析报告的编写要求等。

13.4　会计档案管理办法

13.4 即测即评

13.4.1　会计档案的概念和内容

1. 会计档案的概念

《会计法》规定，各单位对会计凭证、会计账簿、财务会计报告和其他会计资料应当建立档案，妥善保管。2015 年 12 月，财政部、国家档案局印发新修订的《会计档案管理办法》(财政部 国家档案局令第 79 号)，其中所称的**会计档案** (accounting archives，accounting files)，是指单位在进行会计核算等过程中接收或形成的，记录和反映单位经济业务事项的，具有保存价值的文字、图表等各种形式的会计资料，包括通过计算机等电子设备形成、传输和存储的电子会计档案。

单位应当加强会计档案管理工作，建立和完善会计档案的收集、整理、保管、利用和鉴定销毁等管理制度，采取可靠的安全防护技术和措施，保证会计档案的真实、完整、可用、安全。单位的档案机构或者档案工作人员所属机构（以下统称单位档案管理机构）负责管理本单位的会计档案。单位也可以委托具备档案管理条件的机构代为管理会计档案。

2. 会计档案的内容

《会计档案管理办法》规定，下列会计资料应当进行归档：

(1) 会计凭证，包括原始凭证、记账凭证；

(2) 会计账簿，包括总账、明细账、日记账、固定资产卡片及其他辅助性账簿；

(3) 财务会计报告，包括月度、季度、半年度、年度财务会计报告；

(4) 其他会计资料，包括银行存款余额调节表、银行对账单、纳税申报表、会计档案移交清册、会计档案保管清册、会计档案销毁清册、会计档案鉴定意见书及其他具有保存价值的会计资料。

3. 电子会计档案

单位可以利用计算机、网络通信等信息技术手段管理会计档案。

同时满足下列条件的，单位内部形成的属于归档范围的电子会计资料可仅以电子形式保存，形成电子会计档案：

(1) 形成的电子会计资料来源真实有效，由计算机等电子设备形成和传输；

(2) 使用的会计核算系统能够准确、完整、有效接收和读取电子会计资料，能够输出符合国家标准归档格式的会计凭证、会计账簿、财务会计报表等会计资料，设定了经办、审核、审批等必要的审签程序；

(3) 使用的电子档案管理系统能够有效接收、管理、利用电子会计档案，符合电子档案的长期保管要求，并建立了电子会计档案与相关联的其他纸质会计档案的检索关系；

(4) 采取有效措施，防止电子会计档案被篡改；

(5) 建立电子会计档案备份制度，能够有效防范自然灾害、意外事故和人为破坏的影响；

(6) 形成的电子会计资料不属于具有永久保存价值或者其他重要保存价值的会计档案。

满足上述条件，单位从外部接收的电子会计资料附有符合《中华人民共和国电子签名法》规定的电子签名的，可仅以电子形式归档保存，形成电子会计档案。

13.4.2 会计档案的保管

1. 会计档案的归档

单位的会计机构或会计人员所属机构（以下统称单位会计管理机构）按照归档范围和归档要求，负责定期将应当归档的会计资料整理立卷，编制会计档案保管清册。

当年形成的会计档案，在会计年度终了后，可由单位会计管理机构临时保管一年，再移交单位档案管理机构保管。因工作需要确需推迟移交的，应当经单位档案管理机构同意。单位会计管理机构临时保管会计档案最长不超过三年。临时保管期间，会计档案的保管应当符合国家档案管理的有关规定，且出纳人员不得兼管会计档案。

单位会计管理机构在办理会计档案移交时，应当编制会计档案移交清册，并按照国家档案管理的有关规定办理移交手续。纸质会计档案移交时应当保持原卷的封装。电子会计档案移交时应当将电子会计档案及其元数据一并移交，且文件格式应当符合国家档案管理的有关规定。特殊格式的电子会计档案应当与其读取平台一并移交。单位档案管理机构接收电子会计档案时，应当对电子会计档案的准确性、完整性、可用性、安全性进行检测，符合要求的才能接收。

2020 年 3 月财政部、国家档案局印发《关于规范电子会计凭证报销入账归档的通知》（财会〔2020〕6 号），2021 年 2 月财政部、国家档案局、国家税务总局联合印发《关于增值税电子专用发票电子化管理与操作有关问题的答问》。这些文件均对包括电子发票在内的各类电子会计凭证的报销入账归档工作作出了明确规定。

（1）已建立电子档案管理系统的单位。

实施了会计信息系统、与电子发票相关的记账凭证、报销凭证等已全部实现电子化（不包括纸质凭证扫描，下同），可将电子发票与相关的记账凭证、报销凭证等电子会计凭证通过归档接口或手工导入电子档案管理系统进行整理、归档并长期保存，归档方法可参照《企业电子文件归档和电子档案管理指南》（档办发〔2015〕4 号）。

如与电子发票相关的记账凭证、报销凭证等未实现电子化，可单独将电子发票通过归档接口或手工导入电子档案管理系统进行整理、归档并长期保存；整理、归档、长期保存方法可参照《企业电子文件归档电子档案管理指南》（档办发〔2015〕4 号）。

（2）无电子档案管理系统的单位。

如果实施了会计信息系统，与电子发票相关的记账凭证、报销凭证等已全部实现电子化，可将电子发票与相关的记账凭证、报销凭证等移交会计档案管理人员保存，编制档号；同时，建立电子会计档案台账或者目录。

如果未实施会计信息系统，与电子发票相关的记账凭证、报销凭证未实现电子化，电子发票以电子形式移交会计档案管理人员保存；同时，建立电子发票台账或者目录。

2. 会计档案的保管期限

会计档案的保管期限分为永久、定期两类。定期保管期限一般分为 10 年和 30 年。会计档案的保管期限，从会计年度终了后的第一天算起。各类会计档案的保管期限原则上应当按照《会计档案管理办法》规定的期限执行，该期限为最低保管期限。

企业应该严格按照保管期限保管会计档案，否则会受到处罚。《证券法》（2020 年 3 月 1 日起施行）第二百一十四条规定，发行人、证券登记结算机构、证券公司、证券服务机构未按照规定保存有关文件和资料的，责令改正，给予警告，并处以十万元以上一百万元以下的罚款。

企业和其他组织会计档案保管期限如表 13－3 所示。

表 13-3 企业和其他组织会计档案保管期限表

序号	档案名称	保管期限	备注
一	会计凭证		
1	原始凭证	30年	
2	记账凭证	30年	
二	会计账簿		
3	总账	30年	
4	明细账	30年	
5	日记账	30年	
6	固定资产卡片		固定资产报废清理后保管5年
7	其他辅助性账簿	30年	
三	财务会计报告		
8	月度、季度、半年度财务会计报告	10年	
9	年度财务会计报告	永久	
四	其他会计资料		
10	银行存款余额调节表	10年	
11	银行对账单	10年	
12	纳税申报表	10年	
13	会计档案移交清册	30年	
14	会计档案保管清册	永久	
15	会计档案销毁清册	永久	
16	会计档案鉴定意见书	永久	

财政总预算、行政单位、事业单位和税收会计档案保管期限如表13-4所示。

表 13-4 财政总预算、行政单位、事业单位和税收会计档案保管期限表

序号	档案名称	保管期限			备注
		财政总预算	行政单位事业单位	税收会计	
一	会计凭证				
1	国家金库编送的各种报表及缴库退库凭证	10年		10年	
2	各收入机关编送的报表	10年			
3	行政单位和事业单位的各种会计凭证		30年		包括：原始凭证、记账凭证和传票汇总表
4	财政总预算拨款凭证和其他会计凭证	30年			包括：拨款凭证和其他会计凭证
二	会计账簿				
5	日记账		30年	30年	
6	总账	30年	30年	30年	
7	税收日记账（总账）			30年	
8	明细分类、分户账或登记簿	30年	30年	30年	

续表

序号	档案名称	保管期限			备注
		财政总预算	行政单位事业单位	税收会计	
9	行政单位和事业单位固定资产卡片				固定资产报废清理后保管 5 年
三	财务会计报告				
10	政府综合财务报告	永久			下级财政、本级部门和单位报送的保管 2 年
11	部门财务报告		永久		所属单位报送的保管 2 年
12	财政总决算	永久			下级财政、本级部门和单位报送的保管 2 年
13	部门决算		永久		所属单位报送的保管 2 年
14	税收年报（决算）			永久	
15	国家金库年报（决算）	10 年			
16	基本建设拨、贷款年报（决算）	10 年			
17	行政单位和事业单位会计月、季度报表		10 年		所属单位报送的保管 2 年
18	税收会计报表			10 年	所属税务机关报送的保管 2 年
四	其他会计资料				
19	银行存款余额调节表	10 年	10 年		
20	银行对账单	10 年	10 年	10 年	
21	会计档案移交清册	30 年	30 年	30 年	
22	会计档案保管清册	永久	永久	永久	
23	会计档案销毁清册	永久	永久	永久	
24	会计档案鉴定意见书	永久	永久	永久	

注：税务机关的税务经费会计档案保管期限，按行政单位会计档案保管期限规定办理。

3. 会计档案的查阅和复制

单位应当严格按照相关制度利用会计档案，在进行会计档案查阅、复制、借出时履行登记手续，严禁篡改和损坏。

单位保存的会计档案一般不得对外借出。确因工作需要且根据国家有关规定必须借出的，应当严格按照规定办理相关手续。

会计档案借用单位应当妥善保管和利用借入的会计档案，确保借入会计档案的安全完整，并在规定时间内归还。

4. 会计档案的鉴定和销毁

单位应当定期对已到保管期限的会计档案进行鉴定，并形成会计档案鉴定意见书。经鉴定，仍需继续保存的会计档案，应当重新划定保管期限；对保管期满，确无保存价值的会计档案，可以销毁。

会计档案鉴定工作应当由单位档案管理机构牵头，组织单位会计、审计、纪检监察等机构或人员共同进行。

经鉴定可以销毁的会计档案，应当按照以下程序销毁：

（1）单位档案管理机构编制会计档案销毁清册，列明拟销毁会计档案的名称、卷号、册数、起止年度、档案编号、应保管期限、已保管期限和销毁时间等内容。

（2）单位负责人、档案管理机构负责人、会计管理机构负责人、档案管理机构经办人、会计管理机构经办人在会计档案销毁清册上签署意见。

（3）单位档案管理机构负责组织会计档案销毁工作，并与会计管理机构共同派员监销。监销人在会计档案销毁前，应当按照会计档案销毁清册所列内容进行清点核对；在会计档案销毁后，应当在会计档案销毁清册上签名或盖章。电子会计档案的销毁还应当符合国家有关电子档案的规定，并由单位档案管理机构、会计管理机构和信息系统管理机构共同派员监销。

保管期满但未结清的债权债务会计凭证和涉及其他未了事项的会计凭证不得销毁，纸质会计档案应当单独抽出立卷，电子会计档案单独转存，保管到未了事项完结时为止。单独抽出立卷或转存的会计档案，应当在会计档案鉴定意见书、会计档案销毁清册和会计档案保管清册中列明。

5. 特殊情形下的会计档案保管要求

（1）单位合并、分立的情形。单位因撤销、解散、破产或其他原因而终止的，在终止或办理注销登记手续之前形成的会计档案，按照国家档案管理的有关规定处置。

单位分立后原单位存续的，其会计档案应当由分立后的存续方统一保管，其他方可以查阅、复制与其业务相关的会计档案。单位分立后原单位解散的，其会计档案应当经各方协商后由其中一方代管或按照国家档案管理的有关规定处置，各方可以查阅、复制与其业务相关的会计档案。单位分立中未结清的会计事项所涉及的会计凭证，应当单独抽出由业务相关方保存，并按照规定办理交接手续。单位因业务移交其他单位办理所涉及的会计档案，应当由原单位保管，承接业务单位可以查阅、复制与其业务相关的会计档案。对其中未结清的会计事项所涉及的会计凭证，应当单独抽出由承接业务单位保存，并按照规定办理交接手续。

单位合并后原各单位解散或者一方存续其他方解散的，原各单位的会计档案应当由合并后的单位统一保管。单位合并后原各单位仍存续的，其会计档案仍应当由原各单位保管。

（2）单位之间移交会计档案的情形。建设单位在项目建设期间形成的会计档案，需要移交给建设项目接受单位的，应当在办理竣工财务决算后及时移交，并按照规定办理交接手续。

单位之间交接会计档案时，交接双方应当办理会计档案交接手续。移交会计档案的单位，应当编制会计档案移交清册，列明应当移交的会计档案名称、卷号、册数、起止年度、档案编号、应保管期限和已保管期限等内容。交接会计档案时，交接双方应当按照会计档案移交清册所列内容逐项交接，并由交接双方的单位有关负责人负责监督。交接完毕后，交接双方经办人和监督人应当在会计档案移交清册上签名或盖章。

电子会计档案应当与其元数据一并移交，特殊格式的电子会计档案应当与其读取平台一并移交。档案接受单位应当对保存电子会计档案的载体及其技术环境进行检验，确保所接收电子会计档案的准确、完整、可用和安全。

单位的会计档案及其复制件需要携带、寄运或者传输至境外的，应当按照国家有关规定执行。

(3) 代理记账情形下的管理责任。单位委托中介机构代理记账的，应当在签订的书面委托合同中，明确会计档案的管理要求及相应责任。

关键术语

会计准则（accounting standards）
国际会计准则委员会（International Accounting Standards Committee，IASC）
国际会计准则理事会（International Accounting Standards Board，IASB）
国际会计准则（International Accounting Standard，IAS）
国际财务报告准则（International Financial Reporting Standard，IFRS）
注册会计师（certified public accountant，CPA）
财务总监（chief financial officer，CFO）
职业道德（professional ethics）
会计档案（accounting archives，accounting files）

思考题

Q13-1 简述我国会计法规体系的构成。
Q13-2 会计人员进行会计监督的依据是什么？
Q13-3 会计基础工作规范的意义是什么？请谈谈你的认识。
Q13-4 什么是会计档案？请简要阐释其保管要求。

案例题

康美药业虚增收入和资产

目的： 提升解决会计职业道德问题的能力，培养敬畏法律和规则的意识。
资料： 康美药业股份有限公司（股票代码：600518；以下简称“康美药业”）

成立于1997年，以中药饮片生产、销售为核心，实施中医药全产业链一体化运营模式，业务体系涵盖上游道地中药材种植与资源整合；中游中药材专业市场经营，中药饮片、中成药制剂、保健食品、化学药品及医疗器械的生产与销售，现代医药物流系统；下游集医疗机构资源、智慧药房、OTC零售、连锁药店、直销、医药电商、移动医疗等于一体的全方位多层次营销网络，实现了“中药材—中药饮片—医院”全产业链布局。

2019年8月，证监会对康美药业下发《行政处罚及市场禁入事先告知书》。告知书显示，康美药业虚增收入和资产信息如下：

（1）康美药业涉嫌累计虚增营业收入291.28亿元。

2016年年度报告虚增营业收入89.99亿元，多计利息收入1.51亿元，虚增营业利润6.56亿元，占合并利润表当期披露利润总额的16.44%。2017年年度报告虚增营业收入100.32亿元，多计利息收入2.28亿元，虚增营业利润12.51亿元，占合并利润表当期披露利润总额的25.91%。2018年半年度报告虚增营业收入84.84亿元，多计利息收入1.31亿元，虚增营业利润20.29亿元，占合并利润表当期利润总额的65.52%。2018年年度报告虚增营业收入16.13亿元，虚增营业利润1.65亿元，占合并利润表当期披露利润总额的12.11%。

（2）累计虚增货币资金887亿元。

康美药业2016年年度报告虚增货币资金225.49亿元，占公司披露总资产的41.13%和净资产的76.74%；2017年年度报告虚增货币资金299.44亿元，占公司披露总资产的43.57%和净资产的93.18%；2018年半年度报告虚增货币资金361.88亿元，占公司披露总资产的45.96%和净资产的108.24%。

也就是说，康美药业这几年虚增的300亿元左右的货币资金并不存在。

（3）虚增固定资产、在建工程、投资性房地产，共计36亿元。

康美药业在2018年年度报告中将前期未纳入报表的亳州华佗国际中药城、普宁中药城、普宁中药城中医馆、亳州新世界、甘肃陇西中药城、玉林中药产业园等6个工程项目纳入表内，分别调增固定资产11.89亿元，调增在建工程4.01亿元，调增投资性房地产20.15亿元，合计调增资产总额36.05亿元。

证监会已经向涉案当事人送达事先告知书，依法对康美药业及马兴田（原董事长兼总经理）等22名当事人予以行政处罚，并对6名当事人采取证券市场禁入措施。

要求：

（1）康美药业虚增营业收入和资产违背了哪些会计原则？

（2）康美药业虚增营业收入和资产会对投资者及证券市场带来什么损害？

（3）假如你是康美药业的会计人员，你会参与公司财务造假吗？

图书在版编目（CIP）数据

基础会计：原初级会计学：立体化数字教材版/秦玉熙，袁蓉丽，朱小平主编. -- 12 版. -- 北京：中国人民大学出版社，2024.5
中国人民大学会计系列教材
ISBN 978-7-300-32768-6

Ⅰ.①基… Ⅱ.①秦… ②袁… ③朱… Ⅲ.①会计学-高等学校-教材 Ⅳ.①F230

中国国家版本馆 CIP 数据核字（2024）第 081292 号

国家级教学成果奖
“十二五”普通高等教育本科国家级规划教材
中国人民大学会计系列教材
基础会计（原初级会计学）（第 12 版 · 立体化数字教材版）
主编　秦玉熙　袁蓉丽　朱小平
Jichu Kuaiji（Yuan Chuji Kuaijixue）

出版发行	中国人民大学出版社		
社　　址	北京中关村大街 31 号	**邮政编码**	100080
电　　话	010－62511242（总编室）		010－62511770（质管部）
	010－82501766（邮购部）		010－62514148（门市部）
	010－62511173（发行公司）		010－62515275（盗版举报）
网　　址	http://www.crup.com.cn		
经　　销	新华书店		
印　　刷	天津鑫丰华印务有限公司	**版　　次**	1993 年 9 月第 1 版
开　　本	787 mm×1092 mm　1/16		2024 年 5 月第 12 版
印　　张	21.25 插页 1	**印　　次**	2025 年 5 月第 6 次印刷
字　　数	456 000	**定　　价**	52.00 元

版权所有　侵权必究　　印装差错　负责调换

中国人民大学出版社　管理分社

教师教学服务说明

中国人民大学出版社管理分社以出版工商管理和公共管理类精品图书为宗旨。为更好地服务一线教师，我们着力建设了一批数字化、立体化的网络教学资源。教师可以通过以下方式获得免费下载教学资源的权限：

- 在中国人民大学出版社网站 www.crup.com.cn 进行注册，注册后进入“会员中心”，在左侧点击“我的教师认证”，填写相关信息，提交后等待审核。我们将在一个工作日内为您开通相关资源的下载权限。

- 如您急需教学资源或需要其他帮助，请加入教师 QQ 群或在工作时间与我们联络。

中国人民大学出版社　管理分社

教师 QQ 群： 648333426(工商管理)　114970332(财会)　648117133(公共管理)
教师群仅限教师加入，入群请备注(学校+姓名)

联系电话： 010-62515735，62515987，62515782，82501048，62514760

电子邮箱： glcbfs@crup.com.cn

通讯地址： 北京市海淀区中关村大街甲 59 号文化大厦 1501 室（100872）

管理书社　　人大社财会　　公共管理与政治学悦读坊